はじめに

『介護福祉士国家試験過去問解説集』は，第34回[illegible]36回の試験問題を解説した過去問解説集です。全375問について正答を導くためのヒントとともに丁寧な解説を加えています。

受験対策において，過去問の学習は基本中の基本といわれています。**合格する上で最大の秘訣は，まず相手（出題傾向）を知ること**です。

本書では，過去問の出題傾向を把握し，基本を確実に押さえて合格ラインを突破できるよう，次の３つを柱に編集しています。

●問題の○・×ポイントがよくわかる

問題で問われた○・×ポイントとなる知識を明確にした解説で，**「なぜ○なのか」「なぜ×なのか」がしっかりわかる**

●「解き方」や「考え方」が理解できる

単純な知識だけでは解けない事例問題では，状況の理解・解釈の仕方や知識を応用した判断の仕方を示した解説で，**「解き方」や「考え方」を理解する力が養える**

●最新情報をキャッチできる

法律や制度の動き，統計数値や調査の更新情報など最新の情報を踏まえた解説で，**次の国家試験に備えることができる**

本書が介護福祉士を目指す多くの方々に有効に活用され，１人でも多くの方が合格を勝ち取られることを心より願っています。

2024年４月

中央法規介護福祉士受験対策研究会

「過去問」を活用するための

STEP 1 試験について知ろう！

受験申込みから合格後の登録までの流れを確認しよう！
全 125 問の試験科目ごとの出題数のほか，過去の合格点を理解しよう！

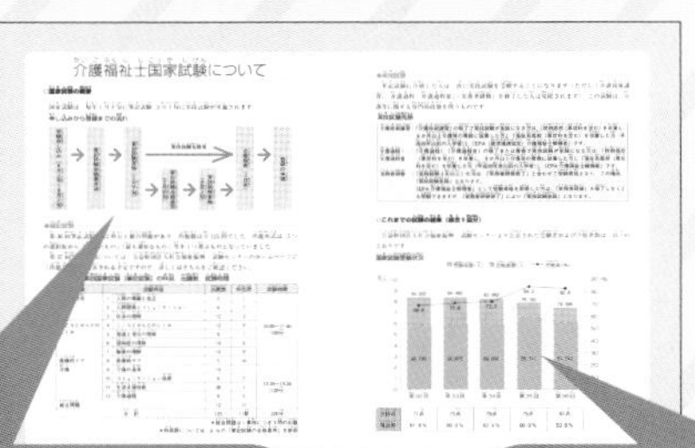

申込みから登録までの流れを確認しておこう！

過去 5 年間の合格率と合格点を把握しておこう！

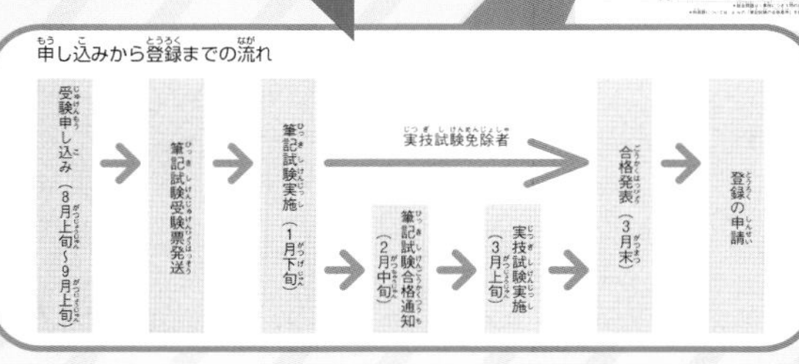

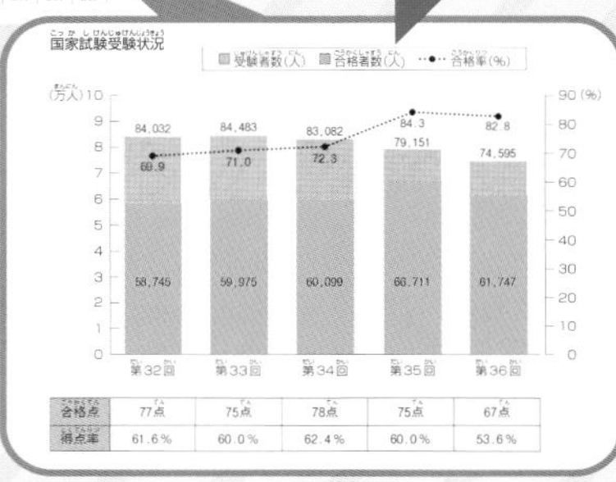

STEP 2 科目ごとの出題傾向をつかむ！

第 36 回試験の解説では，
科目別ポイントを各科目の冒頭に収載しています。

人間の尊厳と自立

●出題傾向の分析

この科目においては，人権や福祉の理念，さらに自立の概念について，幅広く尊厳のあり方が問われている。今回は利用者主体を目指した介護福祉職の対応や介護を必要とする人の自立について出題されており，前回までの出題傾向と比べ大きな変化はみられない。

出題基準		出題実績		
大項目	中項目	第34回（2022年）	第35回（2023年）	第36回（2024年）
1　人間の尊厳と人権・福祉理念	1）人間の尊厳と利用者主体			【1】利用者主体を目指した介護福祉職の対応
	2）人権・福祉の理念	【1】「ケアの本質―生きることの意味」の著者		
	3）ノーマライゼーション			
	4）QOL		【1】利用者の生活の質（QOL）を高めるための介護実践	
2　自立の概念	1）自立の概念		【2】網膜色素変性症の利用者の同行援護を担当する介護福祉職の対応	【2】介護を必要とする人の自立
	2）尊厳の保持と自立	【2】長男の暴力を訴える母親への訪問介護員の対応		

37 回試験に向けた学習ポイント
会福祉法・介護保険法等，人間の尊
本国憲法において規定されている平

第 37 回試験に備えた学習ポイントをつかもう！

過去 3 回でどのテーマから出題が多いのかチェックしよう！
重点的に学習するテーマが見えてくる。

●第 37 回試験に向けた学習ポイント

- 社会福祉法・介護保険法等，人間の尊厳を支える法律を理解しておく。
- 日本国憲法において規定されている平等権・自由権・生存権等を理解しておく。
- 人権尊重のために介護福祉士に求められる義務として，社会福祉士及び介護福祉士法に規定されている誠実義務や信用失墜行為の禁止・秘密保持義務等を理解しておく。
- 権利擁護・アドボカシー（advocacy）・エンパワメント（empowerment）等，利用者の生活者としての権利を擁護するキーワードを理解しておく。
- 虐待や身体拘束の具体的内容や対応策について学んでおく。

3つのSTEP

要チェック！

STEP 3 問題を解いて，自分の得意・不得意を知ろう！

「頻出問題」「重要問題」をチェック！

解けた問題にはチェック☑を入れよう！

問題● 12【社会の理解】

我が国の「障害者権利条約」の批准（2014年（平成26年））に向けて行われた障害者基本法の改正（2011年（平成23年））で新たに法律上に規定されたものとして，適切なものを1つ選びなさい。

1 自立支援医療（精神通院医療）の開始
2 共同生活援助（グループホーム）の制度化
3 成年後見制度の創設
4 社会的障壁の除去
5 東京2020パラリンピック競技大会の開催

（注）「障害者権利条約」とは，国際連合の「障害者の権利に関する条約」のことである。

赤シートで○×をかくして解いてみよう！

1＝ 自立支援医療（精神通院医療）は，通院による精神医療を続ける必要がある人の通院医療費の自己負担を軽減するための公費負担医療制度である。

（注）2006年（平成18年）に精神保健福祉法から障害者自立支援法（現・障害者総合支援法）に移行した。

法改正などの最新情報については（注）を設けています。

2＝ 共同生活援助（グループホーム）は，障害者に対して，主に夜間に共同生活を営む住居において，相談や日常生活に必要な援助を提供するサービスである。2006年（平成18年）に障害者自立支援法（現・障害者総合支援法）が施行され制度化されている。

3＝ 成年後見制度は，判断能力が不十分な人に対して財産管理や生活に必要な契約を支援する制度である。1999年（平成11年）の民法の改正により，禁治産・準禁治産制度に代わって成年後見制度が成立し，2000年（平成12年）から施行されている。

4＝○ 社会的障壁は，障害がある人にとって日常生活や社会生活を営む上で障壁となるもののことである。この考え方は，障害者権利条約において示され，障害は障害者本人にあるのではなく，社会が作り出しているという「社会モデル」に基づいている。条約を批准するために2011年（平成23年）に障害者基本法が改正され，第4条「差別の禁止」の第2項において社会的障壁の除去が新たに追加され，合理的配慮の考え方が取り入れられた。

重要キーワードや正誤のポイントを押さえよう！

5＝× 東京2020パラリンピック競技大会は，令和三年東京オリンピック競技大会・東京パラリンピック競技大会特別措置法によって開催された。

▶正答＝4

さらに深掘り！ 障害者基本法の改正以外にも，障害者権利条約の批准に向けて行われた障害者差別解消法の成立や障害者雇用促進法の改正などの法整備についても併せて整理しておく。

「ときテク！」「さらに深掘り！」「アドバイス！」「要点（過去問）チェック！」で学習のコツをつかもう！

問題番号	解	答	欄		
問題 1	①	②	③	④	⑤
問題 2	①	②	③	④	⑤
問題 3	①	②	③	④	⑤
問題 4	①	②	③	④	⑤
問題 5	①	②	③	④	⑤
問題 6	①	②	③	④	⑤
問題 7	①	②	③	④	⑤
問題 8	①	②	③	④	⑤
問題 9	①	②	③	④	⑤
問題10	①	②	③	④	⑤
問題11	①	②	③	④	⑤

問題番号	解
問題33	①
問題34	①
問題35	①
問題36	①
問題37	①
問題38	①
問題39	①
問題40	①
問題41	①
問題42	①
問題43	①

本番を意識したマークシート（午前・午後）を収載！
※コピーしてご使用ください。

本書を用いたオススメ勉強法は次ページで！

間違えた問題・わからなかった問題は，テキストで復習して知識の定着を図ろう！

本書を用いたオススメ勉強法

ここから始める

試験の全体像と出題傾向を把握

過去問解説集
第 34 回から第 36 回試験を完全解説！

本格的な試験勉強を始める前に

スタートブック
介護福祉士国家試験受験のための入門書

問題にチャレンジ！

合格ドリル
書き込み式問題でオリジナル参考書にカスタマイズ

模擬問題集
３回分の模擬問題で実力をつける

テキストでしっかり確認！

ワークブック上・下
科目ごとに要点をまとめた受験対策の教科書

国試ナビ
出題ポイントを図表やイラストで解説

合格テキスト
出題実績から試験に必要十分な知識を網羅

知識定着の仕上げに！

めざせ！10 点 UP

よくでる問題総まとめ

忘れない！暗記術

らくらく暗記マスター

即答力をゲット！

一問一答ポケットブック

いまの実力を知るために「模擬試験」で力試し！

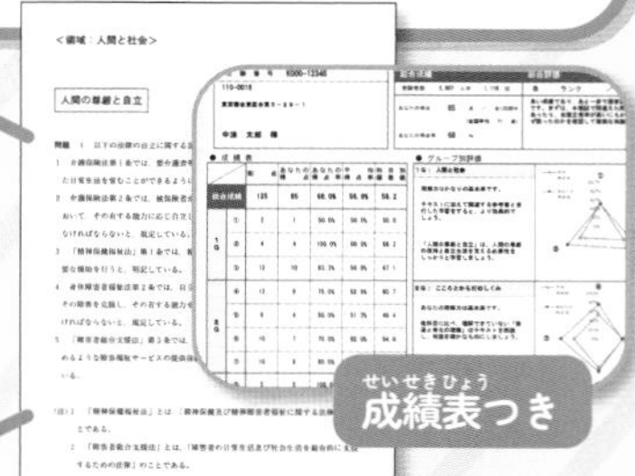

成績表つき

介護福祉士国家試験

過去問解説集

第34回ー第36回全問完全解説

2025

CONTENTS

※第36回（2024年1月実施）と第35回（2023年1月実施）は，新出題基準を踏まえた試験です。

介護福祉士国家試験について

◎国家試験の概要

国家試験は，毎年1月下旬に筆記試験，3月上旬に実技試験が実施されます。

申し込みから登録までの流れ

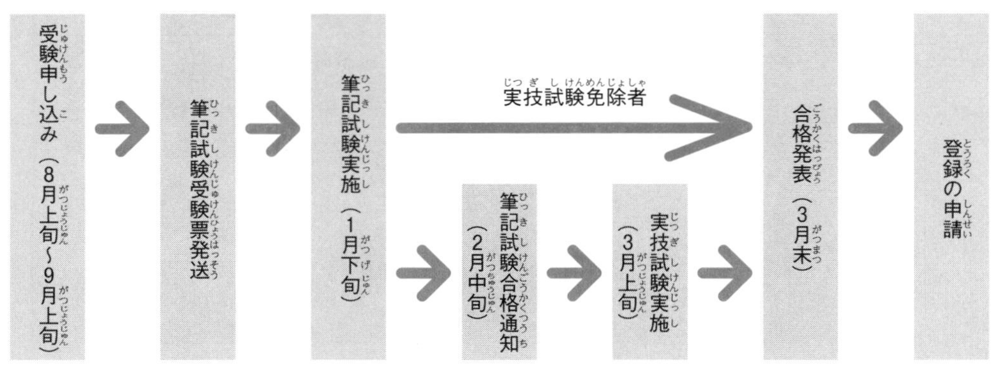

◉筆記試験

第36回筆記試験は12科目と総合問題があり，出題数は全125問でした。出題形式は，5つの選択肢から「正しいもの」「最も適切なもの」等を1つ選ぶものとなっていました。

第37回筆記試験については，公益財団法人社会福祉振興・試験センターのホームページに「出題基準」が公表される予定ですので，詳しくはそちらをご確認ください。

（参考）第36回国家試験【筆記試験】の科目，出題数，試験時間

領域	試験科目		出題数	科目群	試験時間
人間と社会	1	人間の尊厳と自立	2	①	10:00～11:40（100分）
	2	人間関係とコミュニケーション	4	②	
	3	社会の理解	12	③	
こころとからだのしくみ	4	こころとからだのしくみ	12	⑥	
	5	発達と老化の理解	8	⑦	
	6	認知症の理解	10	⑧	
	7	障害の理解	10	⑨	
医療的ケア	8	医療的ケア	5	⑩	
介護	9	介護の基本	10	①	13:35～15:35（120分）
	10	コミュニケーション技術	6	②	
	11	生活支援技術	26	④	
	12	介護過程	8	⑤	
総合問題			12	⑪	
合　計			125	11群	220分

＊総合問題は1事例につき3問の出題

＊科目群については，p. ivの「筆記試験の合格基準」を参照

◉実技試験

筆記試験に合格した人は，次に実技試験を受験することになります（ただし「介護技術講習」「介護過程・介護過程Ⅲ」「実務者研修」を修了した人は免除されます）。この試験は，介護等に関する専門的技能を問うものです。

実技試験免除

介護技術講習	：「介護技術講習」の修了で実技試験が免除になる方は，「特例高校（専攻科を含む）を卒業し，9か月以上介護等の業務に従事した方」，「福祉系高校（専攻科を含む）を卒業した方（平成20年以前の入学者）」，「EPA（経済連携協定）介護福祉士候補者」です。
介護過程・介護過程Ⅲ	：「介護過程」，「介護過程Ⅲ」の修了または履修で実技試験が免除になる方は，「特例高校（専攻科を含む）を卒業し，9か月以上介護等の業務に従事した方」，「福祉系高校（専攻科を含む）を卒業した方（平成20年度以前の入学者）」，「EPA介護福祉士候補者」です。
実務者研修	：「実務経験3年以上」の方は，「実務者研修修了」と合わせて受験資格となり，この場合，「実技試験免除」となります。 「EPA介護福祉士候補者」として受験資格を取得した方は，「実務者研修」を修了しなくても受験できますが，「実務者研修修了」により「実技試験免除」となります。

◎これまでの試験の結果（過去5回分）

公益財団法人社会福祉振興・試験センターより公表された受験者および合格者数は，以下のとおりです。

国家試験受験状況

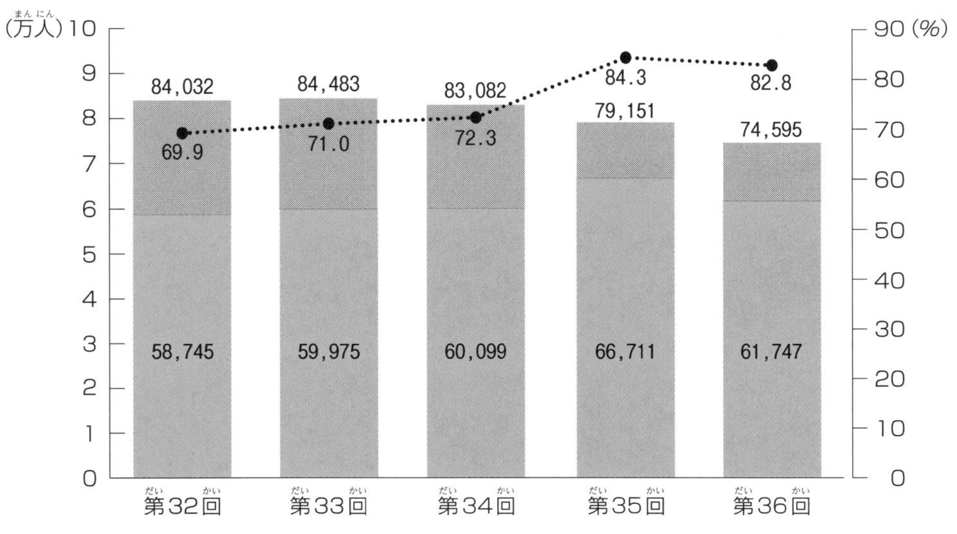

合格点	77点	75点	78点	75点	67点
得点率	61.6％	60.0％	62.4％	60.0％	53.6％

◎合格基準

◉筆記試験の合格基準

次の２つの条件を満たした者が筆記試験の合格者とされます。

ア　総得点 125 点に対し，60％程度以上の得点の者（割合は問題の難易度で補正されます。配点は１問１点です）。

イ　アを満たした者のうち，以下の「11 科目群」すべてにおいて得点があった者。

①人間の尊厳と自立，介護の基本

②人間関係とコミュニケーション，コミュニケーション技術　③社会の理解

④生活支援技術　⑤介護過程　⑥こころとからだのしくみ　⑦発達と老化の理解

⑧認知症の理解　⑨障害の理解　⑩医療的ケア　⑪総合問題

◉実技試験の合格基準

筆記試験の合格者のうち，課題の総得点の 60％程度以上の得点の者（割合は課題の難易度で補正されます）が実技試験の合格者とされます。

◎受験手続きについて

試験の実施に関する事務は，指定試験機関である公益財団法人社会福祉振興・試験センターが行います。受験者は，試験センターから「受験の手引」を取り寄せ，8 月上旬～9 月上旬の間に受験の申し込みを行います。第 37 回介護福祉士国家試験の受験申し込み手続きの詳細は，2024 年（令和 6 年）7 月上旬頃に下記のホームページで案内される予定となっています。申し込み忘れがないよう早めにご確認ください。

公益財団法人社会福祉振興・試験センター

〒 150-0002　東京都渋谷区渋谷１丁目５番６号　SEMPOS（センポス）ビル

TEL　03-3486-7559（国家試験情報専用電話案内）　ホームページ　https://www.sssc.or.jp/

◎ふりがな付き試験問題

第 34 回～第 36 回筆記試験のふりがな付き試験問題（すべての漢字にふりがなが付いたもの）は下記の URL または右の QR コードより，ご覧いただけます。

https://www.sssc.or.jp/kaigo/past_exam/index_epa.html

注意事項

1　試験時間等

試験時間は，受験票のとおりです。

午前の試験問題数は 63 問です。

2　解答用紙への氏名の記入

解答用紙には，すでに「受験番号（●塗りつぶし含む）」「カナ」氏名が印刷されています。「受験番号」と「カナ」氏名が正しいかどうか確認して，「氏名」欄に，受験票に印刷されている氏名を記入してください。

（例）　受験番号　K010－23456　の場合

介護福祉士国家試験
（午前）解答用紙

会　場	福祉大学
1	第1教室

カナ	フクシ　タロウ
氏名	

受験番号	K	0	1	0	−	2	3	4	5	6
	●	●	⓪	●	●	⓪	⓪	⓪	⓪	⓪
		①	●	①		①	①	①	①	①
		②	②	②		●	②	②	②	②
		③	③	③		③	●	③	③	③
		④	④	④		④	④	●	④	④
		⑤	⑤	⑤		⑤	⑤	⑤	●	⑤
		⑥	⑥	⑥		⑥	⑥	⑥	⑥	●
		⑦	⑦	⑦		⑦	⑦	⑦	⑦	⑦
		⑧	⑧	⑧		⑧	⑧	⑧	⑧	⑧
		⑨	⑨	⑨		⑨	⑨	⑨	⑨	⑨

3　解答方法

(1)　各問題には1から5まで5つの答えがありますので，そのうち，問題に対応した答えを1つ選び，次の例にならって解答用紙に解答してください。

〔例〕　**問題 201**　県庁所在地として，**正しいもの**を**1つ**選びなさい。

1　函館市

2　郡山市

3　横浜市

4　米子市

5　北九州市

正答は「3」ですので，解答用紙の

問題 201　①　②　③　④　⑤　のうち，③　を塗りつぶして，

問題 201　①　②　●　④　⑤　としてください。

(2)　採点は，光学式読取装置によって行います。解答は，鉛筆又はシャープペンシルを使用し，◯ **の外に，はみださないように濃く塗りつぶしてください**。ボールペンは使用できません。また，塗りつぶしが薄い場合は，正答であっても正しく読み取れないため，注意してください。

良い解答の例……●

悪い解答の例……（レ点）（塗り残し）（線）（なぞる）（中黒）（はみ出し（ずれ））（薄い）（解答したことになりません）

(3)　一度解答したところを訂正する場合は，消しゴムで消し残りのないように完全に消してください。鉛筆の跡が残ったり，☒のような消し方などをした場合は，訂正したことになりませんので注意してください。

(4)　1問に2つ以上解答したときは，誤りになります。

(5)　解答用紙は，折り曲げたり，チェックやメモなどで汚したりしないように特に注意してください。

4　その他の注意事項

(1)　印刷不良やページが抜けている場合は，手を挙げて試験監督員に連絡してください。

(2)　問題の内容についての質問には，一切お答えできません。

問題の中で使用している英語および振り仮名に関する注意事項

1　英字略語の一部には英語での正式名称を併記し，疾病名には英語を併記していますが，それらが正しいか否かを問う問題ではありません。

2　英語に原語をもつカタカナの一部に英語を併記していますが，それらが正しいか否かを問う問題ではありません。

3　振り仮名については，それらが正しいか否かを問う問題ではありません。

介護福祉士
（午前）解答用紙

カナ	
氏名	

受験番号	K				ー					
	●	0	0	0	●	0	0	0	0	0
		1	1	1		1	1	1	1	1
		2	2	2		2	2	2	2	2
		3	3	3		3	3	3	3	3
		4	4	4		4	4	4	4	4
		5	5	5		5	5	5	5	5
		6	6	6		6	6	6	6	6
		7	7	7		7	7	7	7	7
		8	8	8		8	8	8	8	8
		9	9	9		9	9	9	9	9

問題番号	解	答	欄		
問題 1	①	②	③	④	⑤
問題 2	①	②	③	④	⑤
問題 3	①	②	③	④	⑤
問題 4	①	②	③	④	⑤
問題 5	①	②	③	④	⑤
問題 6	①	②	③	④	⑤
問題 7	①	②	③	④	⑤
問題 8	①	②	③	④	⑤
問題 9	①	②	③	④	⑤
問題10	①	②	③	④	⑤
問題11	①	②	③	④	⑤
問題12	①	②	③	④	⑤
問題13	①	②	③	④	⑤
問題14	①	②	③	④	⑤
問題15	①	②	③	④	⑤
問題16	①	②	③	④	⑤
問題17	①	②	③	④	⑤
問題18	①	②	③	④	⑤
問題19	①	②	③	④	⑤
問題20	①	②	③	④	⑤
問題21	①	②	③	④	⑤
問題22	①	②	③	④	⑤
問題23	①	②	③	④	⑤
問題24	①	②	③	④	⑤
問題25	①	②	③	④	⑤
問題26	①	②	③	④	⑤
問題27	①	②	③	④	⑤
問題28	①	②	③	④	⑤
問題29	①	②	③	④	⑤
問題30	①	②	③	④	⑤
問題31	①	②	③	④	⑤
問題32	①	②	③	④	⑤

問題番号	解	答	欄		
問題33	①	②	③	④	⑤
問題34	①	②	③	④	⑤
問題35	①	②	③	④	⑤
問題36	①	②	③	④	⑤
問題37	①	②	③	④	⑤
問題38	①	②	③	④	⑤
問題39	①	②	③	④	⑤
問題40	①	②	③	④	⑤
問題41	①	②	③	④	⑤
問題42	①	②	③	④	⑤
問題43	①	②	③	④	⑤
問題44	①	②	③	④	⑤
問題45	①	②	③	④	⑤
問題46	①	②	③	④	⑤
問題47	①	②	③	④	⑤
問題48	①	②	③	④	⑤
問題49	①	②	③	④	⑤
問題50	①	②	③	④	⑤
問題51	①	②	③	④	⑤
問題52	①	②	③	④	⑤
問題53	①	②	③	④	⑤
問題54	①	②	③	④	⑤
問題55	①	②	③	④	⑤
問題56	①	②	③	④	⑤
問題57	①	②	③	④	⑤
問題58	①	②	③	④	⑤
問題59	①	②	③	④	⑤
問題60	①	②	③	④	⑤
問題61	①	②	③	④	⑤
問題62	①	②	③	④	⑤
問題63	①	②	③	④	⑤

介護福祉士
（午後）解答用紙

カナ	
氏名	

受験番号	K				ー					
	●	0	0	0	●	0	0	0	0	0
		1	1	1		1	1	1	1	1
		2	2	2		2	2	2	2	2
		3	3	3		3	3	3	3	3
		4	4	4		4	4	4	4	4
		5	5	5		5	5	5	5	5
		6	6	6		6	6	6	6	6
		7	7	7		7	7	7	7	7
		8	8	8		8	8	8	8	8
		9	9	9		9	9	9	9	9

問題番号	解	答	欄		
問題64	1	2	3	4	5
問題65	1	2	3	4	5
問題66	1	2	3	4	5
問題67	1	2	3	4	5
問題68	1	2	3	4	5
問題69	1	2	3	4	5
問題70	1	2	3	4	5
問題71	1	2	3	4	5
問題72	1	2	3	4	5
問題73	1	2	3	4	5
問題74	1	2	3	4	5
問題75	1	2	3	4	5
問題76	1	2	3	4	5
問題77	1	2	3	4	5
問題78	1	2	3	4	5
問題79	1	2	3	4	5
問題80	1	2	3	4	5
問題81	1	2	3	4	5
問題82	1	2	3	4	5
問題83	1	2	3	4	5
問題84	1	2	3	4	5
問題85	1	2	3	4	5
問題86	1	2	3	4	5
問題87	1	2	3	4	5
問題88	1	2	3	4	5
問題89	1	2	3	4	5
問題90	1	2	3	4	5
問題91	1	2	3	4	5
問題92	1	2	3	4	5
問題93	1	2	3	4	5
問題94	1	2	3	4	5

問題番号	解	答	欄		
問題95	1	2	3	4	5
問題96	1	2	3	4	5
問題97	1	2	3	4	5
問題98	1	2	3	4	5
問題99	1	2	3	4	5
問題100	1	2	3	4	5
問題101	1	2	3	4	5
問題102	1	2	3	4	5
問題103	1	2	3	4	5
問題104	1	2	3	4	5
問題105	1	2	3	4	5
問題106	1	2	3	4	5
問題107	1	2	3	4	5
問題108	1	2	3	4	5
問題109	1	2	3	4	5
問題110	1	2	3	4	5
問題111	1	2	3	4	5
問題112	1	2	3	4	5
問題113	1	2	3	4	5
問題114	1	2	3	4	5
問題115	1	2	3	4	5
問題116	1	2	3	4	5
問題117	1	2	3	4	5
問題118	1	2	3	4	5
問題119	1	2	3	4	5
問題120	1	2	3	4	5
問題121	1	2	3	4	5
問題122	1	2	3	4	5
問題123	1	2	3	4	5
問題124	1	2	3	4	5
問題125	1	2	3	4	5

※マークシートは第 36 回・第 35 回試験に合わせています。第 34 回試験に使用される場合は，午前は問題 1 ～問題 68 まで，午後は問題 69～問題 125 までを使用してください。

法令名等の略称の使用について

各問題の解説中では，法令名等について以下の略称を用いています。

◉高齢者虐待防止法

…高齢者虐待の防止，高齢者の養護者に対する支援等に関する法律（平成 17 年法律第 124 号）

◉個人情報保護法

…個人情報の保護に関する法律（平成 15 年法律第 57 号）

◉障害者虐待防止法

…障害者虐待の防止，障害者の養護者に対する支援等に関する法律（平成 23 年法律第 79 号）

◉障害者権利条約

…障害者の権利に関する条約（2006 年 12 月第 61 回国連総会採択／平成 26 年条約第 1 号）

◉障害者雇用促進法

…障害者の雇用の促進等に関する法律（昭和 35 年法律第 123 号）

◉障害者差別解消法

…障害を理由とする差別の解消の推進に関する法律（平成 25 年法律第 65 号）

◉障害者総合支援法

…障害者の日常生活及び社会生活を総合的に支援するための法律（平成 17 年法律第 123 号）

◉精神保健福祉法

…精神保健及び精神障害者福祉に関する法律（昭和 25 年法律第 123 号）

第36回

午前

午後

人間の尊厳と自立

●出題傾向の分析

この科目においては，人権や福祉の理念，さらに自立の概念について，幅広く尊厳のあり方が問われている。今回は利用者主体を目指した介護福祉職の対応や介護を必要とする人の自立について出題されており，前回までの出題傾向と比べ大きな変化はみられない。

出題基準		出題実績		
大項目	中項目	第34回（2022年）	第35回（2023年）	第36回（2024年）
1　人間の尊厳と人権・福祉理念	1）人間の尊厳と利用者主体			【1】利用者主体を目指した介護福祉職の対応
	2）人権・福祉の理念	【1】『ケアの本質―生きることの意味』の著者		
	3）ノーマライゼーション			
	4）QOL		【1】利用者の生活の質（QOL）を高めるための介護実践	
2　自立の概念	1）自立の概念		【2】網膜色素変性症の利用者の同行援護を担当する介護福祉職の対応	【2】介護を必要とする人の自立
	2）尊厳の保持と自立	【2】長男の暴力を訴える母親への訪問介護員の対応		

●第 37 回試験に向けた学習ポイント

- 社会福祉法・介護保険法等，人間の尊厳を支える法律を理解しておく。
- 日本国憲法において規定されている平等権・自由権・生存権等を理解しておく。
- 人権尊重のために介護福祉士に求められる義務として，社会福祉士及び介護福祉士法に規定されている誠実義務や信用失墜行為の禁止・秘密保持義務等を理解しておく。
- 権利擁護・アドボカシー（advocacy）・エンパワメント（empowerment）等，利用者の生活者としての権利を擁護するキーワードを理解しておく。
- 虐待や身体拘束の具体的内容や対応策について学んでおく。

問題● 1【人間の尊厳と自立】

Aさん（76歳，女性，要支援１）は，一人暮らしである。週１回介護予防通所リハビリテーションを利用しながら，近所の友人たちとの麻雀を楽しみに生活している。最近，膝に痛みを感じ，変形性膝関節症（knee osteoarthritis）と診断された。同時期に友人が入院し，楽しみにしていた麻雀ができなくなった。Aさんは徐々に今後の生活に不安を感じるようになった。ある日，「自宅で暮らし続けたいけど，心配なの…」と介護福祉職に話した。

Aさんに対する介護福祉職の対応として，**最も適切なものを１つ**選びなさい。

1　要介護認定の申請を勧める。
2　友人のお見舞いを勧める。
3　膝の精密検査を勧める。
4　別の趣味活動の希望を聞く。
5　生活に対する思いを聞く。

一人暮らしのAさんは定期的に介護予防通所リハビリテーションを利用しながら，近所の友人たちとの麻雀を楽しみにしている。しかしながら，自身の健康状態については，最近になり変形性膝関節症で膝の痛みが出現し，折しも同時期に友人が入院したことで楽しみだった麻雀もできなくなった。「自宅で暮らし続けたいけど，心配なの…」と話すAさんの気持ちを受け止めるには，介護福祉職の「**受容**」「**共感**」「**傾聴**」という対人援助における基本的態度が求められる。

「**受容**」とは，援助を求めている人を，一人の人格ある人間として受け入れようとすることである。そして，その人の周りで起こっている出来事やそれに対するその人の思いや考え方を，「正しい」「間違っている」というような自分の価値基準で判断せずに，ありのままに受け入れようとすることである。「**共感**」とは，できるだけ相手の感情に寄り添い，相手の気持ちやその気持ちの変化に気づいて理解しようとする態度のことである。相手の気持ちを察する力と，自身の経験や知識を活用しながらできる限り相手の思いや経験してきたことを想像し，それに近づいていこうとする姿勢が求められる。「**傾聴**」とは，耳を傾けて相手の伝えたいことを聴いて理解しようとすることである。何らかの援助を求めている相手に真剣に向き合い，その人の状況やその人自身を理解しようと努力することである。様々なことを提案する前に，まずは介護福祉職として**生活に対する思いを聞くこと**が大切である。

したがって，1＝×，2＝×，3＝×，4＝×，5＝○となる。

▶**正答＝５**

ときテク！

- 「介護福祉職の対応」を問う事例問題では，問題文には書かれていなくても，対人援助の基本的態度である「受容」「共感」「傾聴」の視点が問われていることも多いため，これらの視点を理解しておくことが大切である。
- 事例をしっかり読み込み，事例の主人公の気持ちに着目することも大切である。

問題● 2【人間の尊厳と自立】

次の記述のうち，介護を必要とする人の自立についての考え方として，**最も適切なもの**を１つ選びなさい。

1 自立は，他者の支援を受けないことである。
2 精神的自立は，生活の目標をもち，自らが主体となって物事を進めていくことである。
3 社会的自立は，社会的な役割から離れて自由になることである。
4 身体的自立は，介護者の身体的負担を軽減することである。
5 経済的自立は，経済活動や社会活動に参加せずに，生活を営むことである。

1 =× **自立**は，その人の意志・責任に基づいてニーズを表明し，様々なサービスを利用してより良い生活を営むことである。**他者の支援**を受けつつも，本人が主体的・選択的に生きていくことができていれば，自立しているということができる。

2 =○ 選択肢のとおりである。時には，自らが主体となって物事を進めても結果が思いどおりにならないこともある。しかしながら，その結果を受け止めながらも，生活の目標をもち，次の課題に主体的に取り組めることが，**精神的に自立している状態**だということができる。

3 =× 社会的自立は，社会的役割から離れて自由になることではなく，社会の法令やルールなどに従い，周りの人たちと良好な関係を保ちながら，**経済活動や社会活動などに参加し，社会の構成員としてその役割を担う状態**のことをいう。

4 =× 身体的自立は，介護者の身体的負担を軽減することではなく，**生活を維持，継続していくために必要となる身体的動作を自分で行うことができる状態**のことをいう。なお，身体的自立の評価においては，自力で動作ができるかどうかが主な基準となるが，必ずしも他人の助けを借りずに生活できるかどうかという評価には結びつかないことに留意したい。

5 =× 経済的自立は，これまでは，働くことにより自分で収入を得て，誰からも金銭的な援助を受けることなく生活を営むこととされてきた。しかしながら，最近では，様々な福祉施策や雇用施策を活用しながら生活することも「自立」ととらえるなど，経済的自立の考え方が変化してきており，**経済活動や社会活動とは密接に関係**している。

▶正答＝2

要点チェック！

- 残存機能とは，病気やけがなどにより障害された機能以外の残された機能のことをいう。障害があり制約された機能でも，機能的に活用できるものがあれば，それを含めて残存機能という。
- 残存機能を生かした自立支援のポイントとしては，①１つの目的に向けた行動を分解し，動作可能なところと困難なところを見極める，②身体的にも精神的にも「疲れない範囲」で自力動作を促すなどが挙げられる。

人間関係とコミュニケーション

●出題傾向の分析

前回から出題数が4問となり，チームマネジメントの理解がより求められるようになった。利用者の個別の介護目標をチーム全員で共有するための取り組み，準言語の活用，精神的健康を守るためのマネジメント，施設における指揮命令系統について出題されており，単に知識を問うだけでなく現場を意識した設問となっている。

出題基準		出題実績		
大項目	中項目	第34回（2022年）	第35回（2023年）	第36回（2024年）
1　人間関係の形成とコミュニケーションの基礎	1）人間関係と心理	【4】自己開示の目的		【3】介護福祉職のチーム全員での共有のための課題解決
	2）対人関係とコミュニケーション		【3】問題焦点型コーピング	
	3）コミュニケーション技法の基礎	【3】要介護者の家族への返答	【4】初対面の利用者への対応	【4】準言語を活用した対応
2　チームマネジメント	1）介護サービスの特性			
	2）組織と運営管理			【5】介護福祉職の精神的健康を守るためのマネジメント，【6】介護老人福祉施設における全体の指揮命令系統に必要なもの
	3）チーム運営の基本		【5】PDCA サイクル	
	4）人材の育成と管理		【6】OJT	

●第37回試験に向けた学習ポイント

- 自己覚知や受容・共感など，人間関係の形成に必要な事項を理解しておく。
- コミュニケーションを深めるために必要とされる言語的伝達媒体や非言語的伝達媒体について理解しておく。
- 対人距離について理解しておくとともに，共体験の重要性についても押さえておく。
- 福祉機器や道具の活用，記録の重要性について理解しておく。
- チームマネジメントの重要性について理解を深める。

問題● 3【人間関係とコミュニケーション】

U介護老人福祉施設では，利用者の介護計画を担当の介護福祉職が作成している。このため，利用者の個別の介護目標を，介護福祉職のチーム全員で共有することが課題になっている。

この課題を解決するための取り組みとして，**最も適切なもの**を１つ選びなさい。

1　管理職がチーム全体に注意喚起して，集団規範を形成する。

2　現場経験の長い介護福祉職の意見を優先して，同調行動を促す。

3　チームメンバーの懇談会を実施して，内集団バイアスを強化する。

4　チームメンバー間の集団圧力を利用して，多数派の意見に統一する。

5　担当以外のチームメンバーもカンファレンス（conference）に参加して，集団凝集性を高める。

1 = ✕ **集団規範**とは，就業規則のように，集団内の大多数のメンバーが共有する判断の枠組みや思考様式のことで，集団に属するメンバーに期待される価値観や判断，態度，行動などの基準である。利用者の個別の介護目標をチーム全員で共有するという課題の解決には適さない。

2 = ✕ **同調行動**とは，集団の中で自分の考えや行動が他のメンバーと異なるとき，特に多数派の意見と異なる場合に，他のメンバーと合致するように自分の考えや意見を変化させることである。利用者の個別の介護目標をチーム全員で共有するという課題の解決には適さない。

3 = ✕ **内集団バイアス**とは，内集団（自分が所属し，身内意識を持っている集団）に好意的な態度をとることをいい，「内集団ひいき」とも呼ばれる。内集団意識が明確化されると，仲間意識が強くなるが，他方，別の集団には差別的な態度をとる傾向があるので注意が必要である。利用者の個別の介護目標をチーム全員で共有するという課題の解決には適さない。

4 = ✕ **集団圧力**とは，少数意見を持つ人が多数意見に合わせるよう暗黙のうちに強制されることである。人は，集団圧力の前では，自己防衛的行動として多数派への同調行動を取りやすくなる。利用者の個別の介護目標をチーム全員で共有するという課題の解決には適さない。

5 = ○ **集団凝集性**とは，メンバーをその集団にとどまらせようとする力のことである。集団凝集性が高まると，メンバーは自身の社会的承認欲求が満たされて，集団から心理的な安定感を得ることができ，集団で課題解決する動機づけにもなる。ケアの統一を目指し，利用者の個別の介護目標をチーム全員で共有するという課題の解決に適している。

▶**正答＝５**

さらに深掘り！

●三隅二不二が提唱したマネジメント・リーダーシップの理論にPM理論がある。組織の目的を達成させる「目標を達成する機能：Performance function」と，②メンバー間の摩擦や葛藤を回避し，チーム意識を醸成させる「集団行動ー人間関係を維持する機能：Maintenance function」の２つで整理し，この２つを「場の力」をよい状態に保つために必要な要素としてとらえている。

問題● 4【人間関係とコミュニケーション】

Bさん（90歳，女性，要介護3）は，介護老人福祉施設に入所している。入浴日に，担当の介護福祉職が居室を訪問し，「Bさん，今日はお風呂の日です。時間は午後3時からです」と伝えた。しかし，Bさんは言っていることがわからなかったようで,「はい，何ですか」と困った様子で言った。

このときの，介護福祉職の準言語を活用した対応として，**最も適切なものを1つ選びなさい。**

1 強い口調で伝えた。

2 抑揚をつけずに伝えた。

3 大きな声でゆっくり伝えた。

4 急かすように伝えた。

5 早口で伝えた。

準言語コミュニケーションとは，言語そのものではなく，発話の明瞭さ（滑舌のよさ），声の大きさや高さ，声の質，抑揚やイントネーション，話の速度など言語に付随して，メッセージを修飾して伝える役割を持つ。要素としては，例えば，高齢者に話しかけるときの留意点として「大きな声で」「ゆっくり」「区切って」「メリハリをつけて」などが挙げられるが，これらは全て準言語コミュニケーションである。

介護老人福祉施設に入所しているBさんは高齢なので，聴力や見当識の状態について普段から把握しておく必要がある。また，介護福祉職が居室を訪問したときは注意が向いておらず，他のことに関心を持っていたとも考えられる。いずれにせよ，Bさんにわかりやすく丁寧に関わる上で，準言語コミュニケーションを活用した対応が大切である。

選択肢1の「強い口調で伝えた」は，Bさんを怖がらせてしまう可能性があるため適切ではない。選択肢2の「抑揚をつけずに伝えた」は，会話には適度に抑揚をつけないと相手に伝わりにくいため適切ではない。選択肢3の「大きな声でゆっくり伝えた」は，準言語コミュニケーションを活用した，Bさんが聞き取りやすい対応であるため適切である。選択肢4の「急かすように伝えた」は，Bさんを急かすことで，Bさんのペースも自身のペースも崩れてしまうため適切ではない。選択肢5の「早口で伝えた」は，高齢者にとって聞き取りづらく，またわかりにくくなってしまうため適切ではない。

したがって，1＝×，2＝×，3＝○，4＝×，5＝×となる。

▶正答＝3

さらに深掘り！

- 非言語には，音声的なものと非音声的なものがある。
- 音声的なものは，口調，声の大きさや高さ，抑揚，話す速さなどの「準言語」である。
- 非音声的なものは，外見，におい，身体接触，対人距離，動作，視線などがある。

問題● 5【人間関係とコミュニケーション】

V介護老人福祉施設では，感染症が流行したために，緊急的な介護体制で事業を継続することになった。さらに労務管理を担当する職員からは，介護福祉職の精神的健康を守ることを目的とした組織的なマネジメントに取り組む必要性について提案があった。

次の記述のうち，このマネジメントに該当するものとして，**最も適切なものを１つ選びなさい。**

1 感染防止対策を強化する。
2 多職種チームでの連携を強化する。
3 利用者のストレスをコントロールする。
4 介護福祉職の燃え尽き症候群（バーンアウト（burnout））を防止する。
5 利用者家族の面会方法を見直す。

1 = ✕ **感染防止対策の強化**は欠かすことができない事項である。主な感染防止対策としては，①感染源の排除，②感染経路の遮断，③宿主（ヒト）の抵抗力の向上が挙げられる。環境を客観的に見る目を養うとともに，感染に対して正しい知識を持ち，適切に対応する必要があるが，介護福祉職の精神的健康を守ることを目的とした組織的なマネジメントには該当しない。

2 = ✕ **多職種チームでの連携**については，常日頃から実践する必要がある。多職種チームで連携する意義としては，異なる専門性を持つ多職種が１つのチームになって利用者を支え合うことにより，互いの専門職としての能力を活用して効果的なサービスを提供できるところにあるが，介護福祉職の精神的健康を守ることを目的とした組織的なマネジメントには該当しない。

3 = ✕ 感染が流行しているため，利用者の日常生活が制限されることから，**ストレス**に着目することは大切である。環境を整え，利用者の思いに寄り添う姿勢が重要となるが，介護福祉職の精神的健康を守ることを目的とした組織的なマネジメントには該当しない。

4 = ○ 介護福祉職の**燃え尽き症候群を防止**することは最も重要な事項である。燃え尽き症候群になると，今まで熱心に仕事に打ち込んでいた人が，突然，燃え尽きたように仕事への気力を失って，心身ともに無気力状態になってしまう。介護福祉職の精神的健康を維持することは，質の高い介護をするために必要不可欠である。

5 = ✕ 感染が流行しているため，**利用者家族の面会方法**は見直す必要があるが，介護福祉職の精神的健康を守ることを目的とした組織的なマネジメントには該当しない。

▶正答＝４

アドバイス！

●新型コロナウイルス等の感染症や大地震などの災害が発生すると，通常のとおりに業務を実施することが困難になる。業務を中断させないように準備するとともに，中断した場合でも優先業務を実施するため，あらかじめ検討した方針，体制，手順等を示した計画をBCP（業務継続計画）という。

問題● 6【人間関係とコミュニケーション】

次のうち，介護老人福祉施設における全体の指揮命令系統を把握するために必要なものとして，**最も適切なものを1つ選びなさい。**

1 組織図
2 勤務表
3 経営理念
4 施設の歴史
5 資格保有者数

1＝○ **組織図**には，法人が関与している全ての事業や部門，職位が記載されており，組織の部門と担当者が一目瞭然になっている。組織には階層があり，それが指揮命令系統でつながっていることを目に見える形で示したものが組織図である。なお，職位による権限と責任の範囲も，おおむね組織図から読み取ることができる。

2＝× **勤務表**には，現場に人員不足が生じないようにするという役割がある。勤務表の作成に当たっては，ベテランと新人の比率，あるいは介護福祉職の男女比率等が考慮されるが，施設全体の指揮命令系統を把握するために必要なものとしては適さない。

3＝× **経営理念**とは，組織や利用者や社会に対して実現しようとしているメッセージであり，信念，理想のようなものである。経営理念は，「何のために事業を行うのか」という点を明らかにし，自分たちの存在意義や使命を明確にするものである。施設全体の指揮命令系統を把握するために必要なものとしては適さない。

4＝× **施設の歴史**を知ることは，過去から現在，そして未来のことを考えていく上で重要な知的基盤となり手段となる。施設の歴史を知ることにより，人の歴史や制度・価値観の変遷を学ぶことになるが，施設全体の指揮命令系統を把握するために必要なものとしては適さない。

5＝× 介護老人福祉施設には，介護福祉士をはじめとして，理学療法士や作業療法士等のリハビリテーション職，看護師，栄養士又は管理栄養士，介護支援専門員等が配置されている。全体における**資格保有者数**を把握することは，施設としてのサービス提供能力を知ることにつながるが，施設全体の指揮命令系統を把握するために必要なものとしては適さない。

▶**正答＝1**

さらに深掘り！

- 職務分掌とは，施設など組織において，役職者や担当者が果たすべき責任とその範囲，必要な権限を整理，配分することである。
- 業務分掌とは，施設など組織において，各部署やチームごとの業務内容，責任，権限を明確化することである。

社会の理解

●出題傾向の分析

出題数は12問である。例年，介護保険制度と障害者総合支援制度からの出題が多くみられたが，第36回は全ての大項目から出題され，特に「6　介護実践に関連する諸制度」からの出題が多くなっている。

出題基準		出題実績		
大項目	中項目	第34回（2022年）	第35回（2023年）	第36回（2024年）
1　社会と生活のしくみ	1）生活の基本機能	【7】2015年以降の日本の社会福祉		
	2）ライフスタイルの変化			
	3）家族	【6】2019年の日本の世帯状況		
	4）社会，組織			【8】NPO法人
	5）地域，地域社会			
	6）地域社会における生活支援			【7】セルフヘルプグループ
2　地域共生社会の実現に向けた制度や施策	1）地域福祉の発展		【7】社会福祉法に基づき都道府県や市町村における地域福祉の推進を図る目的の団体	【9】セツルメント
	2）地域共生社会	【5】「ニッポン一億総活躍プラン」にある「地域共生社会の実現」	【8】地域共生社会の考え方	
	3）地域包括ケア			
3　社会保障制度	1）社会保障の基本的な考え方			
	2）日本の社会保障制度の発達	【8】2020年の社会福祉法等の改正	【9】1950年の「社会保障制度に関する勧告」の内容	【10】社会福祉基礎構造改革
	3）日本の社会保障制度のしくみの基礎的理解			【11】高齢者に適用される公的医療制度
	4）現代社会における社会保障制度の課題			
4　高齢者福祉と介護保険制度	1）高齢者福祉の動向			
	2）高齢者福祉に関する制度			
	3）介護保険制度	【10】介護保険制度の保険給付の財源構成	【10】要介護認定有効期間内の要介護状態区分変更の申請先	【12】都道府県・指定都市・中核市が指定（許可），監督を行うサービス
5　障害者福祉と障害者保健福祉制度	1）障害者福祉の動向	【11】「2016年生活のしづらさなどに関する調査」における身体障害，知的障害，精神障害者の状況		
	2）障害者の定義			
	3）障害者福祉に関する制度		【11】先天性聴覚障害者の大学生の定期試験実施のための合理的配慮，【12】障害者権利条約批准のために2011年の障害者基本法改正で新たに規定された内容	【13】障害者差別解消法
	4）障害者総合支援制度	【12】特例子会社で働く知的障害者が一人暮らしをするために利用するサービス，【13】重度訪問介護	【13】障害者総合支援法の介護給付を利用するための最初の手続き，【14】障害者総合支援法の居宅介護利用時の利用者負担の考え方	【14】障害者総合支援法における移動の支援

出題基準		出題実績		
大項目	中項目	第34回（2022年）	第35回（2023年）	第36回（2024年）
6　介護実践に関連する諸制度	1）個人の権利を守る制度	【14】成年後見人等として活動している人が最も多い職種	【15】個人情報保護法に基づくプライバシー保護，【16】高齢者虐待防止法の内容	【15】悪質商法の相談先
	2）地域生活を支援する制度	【9】要支援1の利用者の住まいの場	【17】認知症が疑われる母親との二人暮らしを希望する発達障害がある人への助言	【16】災害時の福祉避難所
	3）保健医療に関する制度	【15】保健所		【17】感染症法に基づく医療費の公費負担の申請業務等を行う機関
	4）介護と関連領域との連携に必要な制度			
	5）貧困と生活困窮に関する制度	【16】生活保護制度	【18】生活困窮者自立支援法の内容	【18】ひきこもりの相談機関

●第37回試験に向けた学習ポイント

- 例年の出題傾向をみると，「介護保険制度」「障害者総合支援制度」からの出題が毎年みられる。そのため受験対策として，まずこの2つの制度を中心に学習していくことを勧める。
- 「3　社会保障制度」からの出題も多く，年金制度や医療制度を中心に学習しておく。また，昨今の福祉の主要テーマとなっている「地域共生社会」の内容も押さえておきたい。
- 第36回では「6　介護実践に関連する諸制度」からの出題が多くなっている。「個人の権利を守る制度」「地域生活を支援する制度」「貧困と生活困窮に関する制度」などを押さえておきたい。

問題● 7【社会の理解】

次のうち，セルフヘルプグループ（self-help group）の活動に該当するものとして，**最も適切なものを1つ選びなさい。**

1　断酒会
2　施設の社会貢献活動
3　子ども食堂の運営
4　傾聴ボランティア
5　地域の町内会

セルフヘルプグループとは，何らかの共通した問題や課題を抱えている**本人**や**家族等**で構成される**当事者**グループのことである。**当事者**であることが最大の特徴であり，**当事者**同士が助け合う点に重要な意味がある。セルフヘルプグループは，**当事者**同士が互いに理解し合い，支え合うことによって問題を解決していこうとする取り組みであり，組織である。同じ悩みを持つ人たちが体験を語り合い，共有し合うことによって，悩みや問題から解放される手段を獲得していくことができる。

セルフヘルプグループの具体例としては，日本身体障害者団体連合会，全日本ろうあ連盟，日本視覚障害者団体連合，全国手をつなぐ育成会連合会，断酒会などがある。選択肢**1**の断酒会は，アルコール依存症者による自助組織である。全日本断酒連盟によると，我が国における断酒会は1958年（昭和33年）に誕生した，酒害者（お酒に悩む人達）による，酒害者のための自助組織とされる。

したがって，**1**＝○，**2**＝×，**3**＝×，**4**＝×，**5**＝×となる。

▶正答＝1

要点チェック！

- セルフヘルプグループについては，断酒会，患者会，親の会などの具体的な団体について出題されることが多い。
- どのような団体が問われても対応できるように，「何らかの共通課題を抱えている本人や家族等で構成される」「当事者の組織である」「当事者同士が助け合う」といった要件を押さえておく。
- 仲間同士で支え合うことを「ピアカウンセリング（peer counseling）」ということも覚えておく。

問題● 8【社会の理解】

特定非営利活動法人（NPO 法人）に関する次の記述のうち，**最も適切なものを 1 つ選びなさい。**

1 社会福祉法に基づいて設置される。
2 市町村が認証する。
3 保健，医療又は福祉の増進を図る活動が最も多い。
4 収益活動は禁じられている。
5 宗教活動を主たる目的とする団体もある。

非営利組織（NPO：Non-Profit Organization）は，利益を追求しない民間組織のことである。日本では，1998 年（平成 10 年）に施行された特定非営利活動促進法によって特定非営利活動法人として法人格が与えられた。この法律によって認証を受けた法人は，2024 年（令和 6 年）2 月末日現在で 4 万 9987 法人となっている。

1 = × 特定非営利活動法人は，**特定非営利活動促進法**に基づいて設置される。

2 = × 特定非営利活動法人の認証を行うのは，原則として主たる事務所が所在する**都道府県知事**となる。また，その事務所が一の**指定都市**の区域内のみに所在する場合は，当該**指定都市**の長となる（特定非営利活動促進法第 9 条・第 10 条第 1 項）。

3 = ○ 特定非営利活動法人の活動分野において最も多いのは，「**保健，医療又は福祉の増進を図る活動**」（2 万 9636 法人）である（2023 年 9 月 30 日現在）。

4 = × 特定非営利活動法人であっても活動資金を集めるために**収益事業**を行うことができる。しかし，特定非営利活動法人は，**収益事業**によって利益が生じたときには，これを当該特定非営利活動に係る事業のために使用しなければならない（特定非営利活動促進法第 5 条）。

5 = × 特定非営利活動法人は，**宗教活動**や**政治活動**を主たる目的とする活動は禁じられている（特定非営利活動促進法第 2 条第 2 項第 2 号）。

▶**正答＝ 3**

アドバイス!

- 特定非営利活動法人だけでなく，社会福祉法人についてもまとめておこう。社会福祉法人は，主たる「社会福祉事業」に支障がない限り，「公益事業」や「収益事業」を行うことができる。
- 「特定非営利活動法人」「社会福祉法人」は重要キーワード。

問題● 9【社会の理解】

地域福祉において，19 世紀後半に始まった，貧困地域に住み込んで実態調査を行いながら住民への教育や生活上の援助を行ったものとして，**最も適切なものを 1 つ選びなさい。**

1 世界保健機関（WHO）
2 福祉事務所
3 地域包括支援センター
4 生活協同組合
5 セツルメント

1 =✕ **世界保健機関**は，1948 年に設立された国際機関で，国連システムの中にあって保健について指示を与え，調整する役割を持つ。

2 =✕ **福祉事務所**は，福祉六法に定める事務を司る社会福祉行政機関である。

●都道府県の設置する福祉事務所と市町村の設置する福祉事務所の司る事務

都道府県	生活保護法 ／ 児童福祉法 ／ 母子及び父子並びに寡婦福祉法
市町村	生活保護法 ／ 児童福祉法 ／ 母子及び父子並びに寡婦福祉法 老人福祉法 ／ 身体障害者福祉法 ／ 知的障害者福祉法

3 =✕ **地域包括支援センター**は，2006 年（平成 18 年）に介護保険法の改正によって各市区町村に設置され，地域において保健，福祉，医療などの様々な分野において総合的に高齢者の生活を支援する拠点となる機関である。

4 =✕ **生活協同組合**は，消費生活協同組合法に基づいて設立された法人で，同じ地域（都道府県内）に住む人たち，または同じ職場に勤務する人たちが，生活の安定と生活文化の向上を図るため，相互の助け合いにより自発的に組織する非営利団体のことである。

5 =○ **セツルメント運動**は，社会福祉援助者等がスラム街や工場街に住み込み，住民の生活を援助する地域改良運動のことである。その歴史は，1884 年にイギリス・ロンドンで**トインビー・ホール**が誕生したことに始まる。**セツルメント運動**はやがて，アメリカ，フランス，カナダ，日本など世界中に広がり，日本では隣保事業として広まった。

▶正答＝ 5

さらに深掘り！

● セツルメント運動の歴史としては，イギリス・ロンドンのトインビー・ホールとアメリカ・シカゴのハルハウスも押さえておこう。アダムズ（Addams, J.）は，ハルハウスを拠点に平和運動，市民運動を展開し，ノーベル平和賞を受賞した。
● 「トインビー・ホール」「ハルハウス」はセツルメント運動の重要キーワード。

問題● 10【社会の理解】

社会福祉基礎構造改革に関する次の記述のうち，**適切なものを1つ**選びなさい。

1 社会福祉法が社会福祉事業法に改正された。
2 利用契約制度から措置制度に変更された。
3 サービス提供事業者は，社会福祉法人に限定された。
4 障害福祉分野での制度改正は見送られた。
5 判断能力が不十分な者に対する地域福祉権利擁護事業が創設された。

1 =✕ **社会福祉法**は，社会福祉を目的とする事業の全分野における共通的基本事項を定めた法律である。1951年（昭和26年）に制定されてから50年間大きな改正がなかった**社会福祉事業法**は2000年（平成12年）に**社会福祉法**に改正された。**社会福祉事業法**をはじめとする関連の法律が一度に改正された一連の見直しを社会福祉基礎構造改革と呼んでいる。

2 =✕ 社会福祉基礎構造改革では，利用者の立場に立った社会福祉制度の構築が進められた。その1つに福祉サービスの利用制度化があり，従来の行政がサービス内容を決める**措置制度**から利用者が事業者と対等な関係に基づきサービスを選択する**利用契約制度**に変更された。

3 =✕ 社会福祉基礎構造改革では，多様な事業主体の参入を**促進**するため，それまで，国，地方自治体，社会福祉法人などに限られていたサービス提供事業者の範囲を拡大し，**民間営利企業**もサービス提供事業者として参入できるようにした。

4 =✕ 社会福祉基礎構造改革では，障害福祉分野についても，福祉サービスの新しい利用制度として，**措置制度**から**利用契約制度**への移行が提言され，2003年（平成15年）に**支援費制度**が施行された。

5 =○ 社会福祉基礎構造改革により，高齢者や障害者の福祉サービスの利用が**措置制度**から**利用契約制度**に移行することに伴い，認知症（dementia）や障害などにより判断能力の不十分な人が適切にサービス利用をできるよう，**地域福祉権利擁護事業**が1999年（平成11年）に創設された。2007年度（平成19年度）からは事業名が**日常生活自立支援事業**となっている。

▶**正答＝5**

さらに深掘り！

- 社会福祉基礎構造改革のその他の内容として，ケアマネジメント（care management）の導入などの「福祉サービスの質の向上」や地域福祉計画の導入などの「地域福祉の推進」などがある。
- 社会福祉法の改正として，地域共生社会の実現のために包括的な支援体制の構築などを規定した2020年（令和2年）の「社会福祉法等の改正」の内容も押さえておきたい。

問題● 11【社会の理解】

Cさん（77 歳，男性）は，60 歳で公務員を定年退職し，年金生活をしている。持病や障害はなく，退職後も趣味のゴルフを楽しみながら健康に過ごしている。ある日，Cさんはゴルフ中にけがをして医療機関を受診した。

このとき，Cさんに適用される公的医療制度として，**正しいもの**を **1 つ**選びなさい。

1 国民健康保険
2 後期高齢者医療制度
3 共済組合保険
4 育成医療
5 更生医療

Cさんは現在 77 歳であり，60 歳で公務員を定年退職し，年金生活をしていることから，これまで加入してきた医療保険制度は以下のように整理できる。

●Cさんが加入してきた医療保険制度

公務員となってから60歳の定年退職まで	共済組合保険
60歳の定年退職から74歳まで（無職）	国民健康保険
75歳から	後期高齢者医療制度

●医療保険の分類

- 被用者保険
  - 健康保険
    - 協会けんぽ…主に中小企業従業員
    - 組合健康保険…主に大企業従業員
  - 共済組合保険…国家・地方公務員，私立学校教職員
  - 船員保険…大型船舶乗組員
- 地域保険
  - 国民健康保険
    - 市町村・都道府県が保険者となるもの…ほかに該当しない者
    - 国民健康保険組合が保険者となるもの…同業種の自営業の集まり
- 後期高齢者医療制度…75歳以上（65歳以上の一定の障害者）

出典：介護福祉士養成講座編集委員会編『最新 介護福祉士養成講座 2 社会の理解 第 2 版』中央法規出版，2022年，p. 92を一部改変

したがって，1 =×，2 =○，3 =×，4 =×，5 =×となる。

なお，選択肢 4 の育成医療と選択肢 5 の更生医療は，障害者総合支援法に規定される自立支援医療費である。

▶正答= 2

アドバイス！

● 公的医療制度は，各制度の対象となる人を整理して覚えておきたい。
● 年金保険と医療保険の概要は，併せて覚えておきたい。

問題● 12【社会の理解】

次のうち，介護保険法に基づき，都道府県・指定都市・中核市が指定（許可），監督を行うサービスとして，**正しいもの**を１つ選びなさい。

1 地域密着型介護サービス
2 居宅介護支援
3 施設サービス
4 夜間対応型訪問介護
5 介護予防支援

介護保険サービスの指定等を行うのは都道府県・指定都市・中核市と市町村である。それぞれが指定等を行うサービスは以下のように分かれる。

●都道府県・指定都市・中核市と市町村が指定等を行うサービス

都道府県・指定都市・中核市	・居宅サービス ・介護予防サービス ・施設サービス
市町村	・地域密着型サービス ・地域密着型介護予防サービス ・居宅介護支援 ・介護予防支援

なお，選択肢４の夜間対応型訪問介護は地域密着型サービスの１つである。

したがって，1 =×，2 =×，3 =○，4 =×，5 =×となる。

▶正答＝3

アドバイス!

- 介護保険制度に関する内容は，毎年出題される頻出問題である。実施体制（国・都道府県・市町村の役割），保険者と被保険者，財源と利用者負担，利用手続きを押さえておきたい。
- 介護保険サービスの内容も頻出問題である。サービスの種類とその内容を整理しておこう。

問題● 13【社会の理解】

「障害者差別解消法」に関する次の記述のうち，適切なものを１つ選びなさい。

1　法の対象者は，身体障害者手帳を交付された者に限定されている。

2　合理的配慮は，実施するときの負担の大小に関係なく提供する。

3　個人による差別行為への罰則規定がある。

4　雇用分野での，障害を理由とした使用者による虐待の禁止が目的である。

5　障害者基本法の基本的な理念を具体的に実施するために制定された。

（注）「障害者差別解消法」とは，「障害を理由とする差別の解消の推進に関する法律」のことである。

1＝✕　障害者差別解消法では，第２条「定義」第１号において対象となる障害者を「身体障害，知的障害，精神障害（発達障害を含む。）その他の心身の機能の障害がある者であって，障害及び社会的障壁により継続的に日常生活又は社会生活に相当な制限を受ける状態にあるもの」としており，身体障害者手帳を交付された者に限定されない。

2＝✕　障害者差別解消法では，第７条「行政機関等における障害を理由とする差別の禁止」第２項，第８条「事業者における障害を理由とする差別の禁止」第２項において，障害者が合理的配慮を求めた場合，実施に伴う負担が過重でないときに行うとしている。

3＝✕　障害者差別解消法では，第 25 条，第 26 条において罰則規定がある。第 25 条は，障害者差別解消支援地域協議会に関わる者の秘密保持義務に関する罰則規定であり，第 26 条は，障害者差別に対する事業者の報告に関する罰則規定である。障害者差別解消法では，個人による差別行為への罰則規定はない。

4＝✕　選択肢の内容は，障害者差別解消法に関するものではなく，障害者虐待防止法に関するものである。障害者虐待防止法では，「第４章　使用者による障害者虐待の防止等」において使用者による虐待を禁止している。

5＝○　障害者差別解消法では，第１条「目的」において「障害者基本法の基本的な理念にのっとり」と明記されている。障害者基本法では，第４条「差別の禁止」第１項において「何人も，障害者に対して，障害を理由として，差別することその他の権利利益を侵害する行為をしてはならない」と規定しており，差別の禁止を具体的に実行するために障害者差別解消法が制定された。

▶正答＝5

さらに深掘り！

- 障害者差別解消法は，障害者権利条約を批准するための国内法の整備の１つである。障害者権利条約の内容を理解し，批准するためにどのような法整備が行われたかを理解しておく。
- 障害者差別解消法による合理的配慮の提供について，2024 年（令和６年）４月から行政機関だけでなく事業者に対しても義務化された。具体的な合理的配慮の内容も押さえておきたい。

問題● 14【社会の理解】

「障害者総合支援法」に規定された移動に関する支援の説明として，**最も適切なものを1つ選びなさい。**

1 移動支援については，介護給付費が支給される。

2 行動援護は，周囲の状況把握ができない視覚障害者が利用する。

3 同行援護は，危険を回避できない知的障害者が利用する。

4 重度訪問介護は，重度障害者の外出支援も行う。

5 共同生活援助（グループホーム）は，地域で生活する障害者の外出支援を行う。

（注）「障害者総合支援法」とは，「障害者の日常生活及び社会生活を総合的に支援するための法律」のことである。

1 = ✕ 移動支援は，障害者総合支援法第77条「市町村の**地域生活支援事業**」第1項第8号に明記されており，市町村や都道府県が地域の特性に合わせて柔軟な事業形態で実施する**地域生活支援事業**により支給される。

2 = ✕ 行動援護は，同法第5条第5項において「**知的障害**又は**精神障害**により行動上著しい困難を有する障害者等であって常時介護を要するものにつき，当該障害者等が行動する際に生じ得る危険を回避するために必要な援護，外出時における移動中の介護その他の主務省令で定める便宜を供与すること」と規定されている。

3 = ✕ 同行援護は，同法第5条第4項において「**視覚障害**により，移動に著しい困難を有する障害者等につき，外出時において，当該障害者等に同行し，移動に必要な情報を提供するとともに，移動の援護その他の主務省令で定める便宜を供与すること」と規定されている。

4 = ○ 重度訪問介護は，同法第5条第3項において「重度の肢体不自由者その他の障害者であって常時介護を要するものとして主務省令で定めるものにつき，（中略）入浴，排せつ又は食事の介護その他の主務省令で定める便宜及び**外出時における移動中の介護**を総合的に供与すること」と規定されており，外出支援についても明記されている。

5 = ✕ 共同生活援助は，同法第5条第17項において「障害者につき，主として夜間において，共同生活を営むべき住居において相談，入浴，排せつ又は食事の介護その他の日常生活上の援助を行うこと」と規定されており，移動に関する支援については規定されていない。

▶**正答＝4**

アドバイス!

- 障害者総合支援法は，毎年出題される頻出問題である。特に障害福祉サービスについて，対象となる障害者の定義，手続きの方法，利用者負担を理解しておく。
- 障害福祉サービスの内容も頻出問題であり，サービスの種類とその内容を整理しておこう。

問題● 15【社会の理解】

Dさん（80歳，男性，要介護２）は，認知症（dementia）がある。訪問介護（ホームヘルプサービス）を利用しながら一人暮らしをしている。

ある日，訪問介護員（ホームヘルパー）がDさんの自宅を訪問すると，近所に住むDさんの長女から，「父が，高額な投資信託の電話勧誘を受けて，契約しようかどうか悩んでいるようで心配だ」と相談された。

訪問介護員（ホームヘルパー）が長女に助言する相談先として，**最も適切なものを１つ**選びなさい。

1　公正取引委員会
2　都道府県障害者権利擁護センター
3　運営適正化委員会
4　消費生活センター
5　市町村保健センター

1 = × **公正取引委員会**は，独占禁止法に基づき，私的独占の規制に関すること，不当な取引制限の規制に関すること，不公正な取引方法の規制に関すること，独占的状態に係る規制に関することなどを行う機関である。

2 = × **都道府県障害者権利擁護センター**は，障害者虐待防止法に基づき，使用者による障害者虐待にかかる通報や届出の受理，障害者虐待に関する相談又は相談を行う機関の紹介などを行う機関である。

3 = × **運営適正化委員会**は，社会福祉法に基づき，福祉サービスに関する利用者等からの苦情を適切に解決するため，都道府県社会福祉協議会に設置される機関である。苦情解決に必要な助言や調査などを行い，不当な行為が確認された場合は，都道府県への通知を行うことができる。

4 = ○ **消費生活センター**は，消費者安全法に基づき，消費生活相談等の事務を行う機関である。Dさんの長女からの相談内容は，投資信託という消費生活に関するものであるため，最も適切である。

5 = × **市町村保健センター**は，地域保健法に基づき，住民に対し，健康相談，保健指導及び健康診査その他地域保健に関し必要な事業を行うことを目的とする施設である。

▶正答＝4

アドバイス！

- この事例は，高齢者などをねらった詐欺などの悪質商法の対応を問うものである。
- 介護福祉職は，相談内容に応じて，適切な相談先を助言できる必要がある。そのためには，権利擁護・消費者保護・虐待防止・保健医療・貧困と生活困窮など，様々な制度において相談先となる機関を理解しておく必要がある。

問題● 16【社会の理解】

災害時の福祉避難所に関する次の記述のうち，適切なものを１つ選びなさい。

1 介護老人福祉施設の入所者は，原則として福祉避難所の対象外である。
2 介護保険法に基づいて指定される避難所である。
3 医療的ケアを必要とする者は対象にならない。
4 訪問介護員（ホームヘルパー）が，災害対策基本法に基づいて派遣される。
5 同行援護のヘルパーが，災害救助法に基づいて派遣される。

福祉避難所については，内閣府「福祉避難所の確保・運営ガイドライン」（2016年（平成28年）4月（2021年（令和3年）5月改定））において，次のように示されている。

・福祉避難所は，**災害対策基本法**に基づいて指定される避難所である。
・福祉避難所は，災害時に，主として**高齢者**，**障害者**，**乳幼児**その他の配慮を要するもの（**妊産婦**，**傷病者**，**内部障害者**，**難病患者**，**医療的ケアを必要とする者**等）を滞在させる場所である。
・福祉避難所の対象者は，身体等の状況が特別養護老人ホーム又は老人短期入所施設等へ入所するには至らない程度の者であって，避難所での生活において，特別な配慮を要する者であることとされ，その**家族**まで含めて差し支えないとされる。
・特別養護老人ホーム又は老人短期入所施設等の入所対象者はそれぞれ緊急入所等を含め，**当該施設**で適切に対応されるべきであるため，原則として福祉避難所の対象者とは**なっていない**。
・福祉避難所におけるホームヘルパーや同行援護のヘルパーの派遣は，**福祉各法**による実施を想定しており，災害救助法に基づく派遣は**想定されていない**。

したがって，1＝○，2＝×，3＝×，4＝×，5＝×となる。

▶正答＝1

アドバイス！

●市町村長による福祉避難所の設置（指定）は義務となっていることを押さえておこう。
●「福祉避難所」は重要キーワード。
●災害時には，仮設住宅以外に，終生住み続けられる災害復興住宅（公営住宅）も建設されている。また，仮設住宅生活者の相談支援活動を業務とする生活支援相談員が配置され，相談支援活動のほか孤立防止のためのサロン活動などが展開されていることも押さえておこう。

問題● 17【社会の理解】

「感染症法」に基づいて，結核（tuberculosis）を発症した在宅の高齢者に，医療費の公費負担の申請業務や家庭訪問指導などを行う機関として，適切なものを１つ選びなさい。

1　基幹相談支援センター
2　地域活動支援センター
3　保健所
4　老人福祉センター
5　医療保護施設

（注）「感染症法」とは，「感染症の予防及び感染症の患者に対する医療に関する法律」のことである。

1 = ✕ **基幹相談支援センター**は障害者総合支援法に基づき，障害者が地域で安心して暮らしていけるように，地域における相談支援の中核的な役割を担う機関である。

2 = ✕ **地域活動支援センター**は障害者総合支援法に基づき，障害者等を通わせ，創作的活動又は生産活動の機会の提供，社会との交流の促進などを提供する施設である。

3 = ○ **保健所**は地域保健法に基づき，都道府県や政令指定都市などの地域保健の広域的，専門的技術拠点として設置された機関である。業務内容は，地域保健に関する思想の普及及び向上に関する事項のほか，感染症その他の疾病の予防に関する事項なども含まれる。

4 = ✕ **老人福祉センター**は老人福祉法に基づき，無料又は低額な料金で，老人に関する各種の相談に応ずるとともに，老人に対して，健康の増進，教養の向上及びレクリエーションのための便宜を総合的に提供することを目的とする施設である。

5 = ✕ **医療保護施設**は生活保護法に基づき，医療を必要とする要保護者に医療の給付を行うことを目的とする施設である。独立した施設ではなく，病院などの機能といえる。

▶正答＝３

アドバイス！

- 保健所については，過去には業務内容として「難病対策」についても問われたことがあるため，保健所の業務内容については押さえておく必要がある。
- 保健所については，根拠法，設置義務のある自治体，所長の要件なども覚えておきたい。

問題● 18【社会の理解】

Eさん（55歳，女性，障害の有無は不明）は，ひきこもりの状態にあり，就労していない。父親の年金で父親とアパートで暮らしていたが，父親が亡くなり，一人暮らしになった。遠方に住む弟は，姉が家賃を滞納していて，生活に困っているようだと，家主から連絡を受けた。

心配した弟が相談する機関として，**最も適切なものを1つ選びなさい。**

1　地域包括支援センター
2　福祉事務所
3　精神保健福祉センター
4　公共職業安定所（ハローワーク）
5　年金事務所

1 = ✕ **地域包括支援センター**は，地域における高齢者の生活を，保健，福祉，医療などの様々な視点から，包括的に支援する機関である。

2 = ○ **福祉事務所**は，福祉六法（生活保護法，児童福祉法，母子及び父子並びに寡婦福祉法，老人福祉法，身体障害者福祉法，知的障害者福祉法）に定める援護，育成，更生の措置に関する事務を行う福祉の行政機関である。Eさんは現在，働ける状況になく生活に困窮しているため，最低限度の生活を保障する生活保護が利用できるか，相談することが必要である。

3 = ✕ **精神保健福祉センター**は，精神障害者に関する，複雑又は困難な相談や指導を担当したり，精神障害者が適切な処遇を受けられるように調整する精神医療審査会の事務などを行う機関である。Eさんの障害の有無は不明のため，現時点では適切ではない。

4 = ✕ **公共職業安定所**は，仕事を探している求職者や，人材を探している求人事業主に対し，様々なサービスを無償で提供する公的機関である。Eさんは仕事ができる状況か不明のため，現時点では適切ではない。

5 = ✕ **年金事務所**は，老齢年金，障害年金，遺族年金の現業業務を行う機関であり，受給に関する相談場所としては適切である。しかし，遺族年金を受けることのできる「子」は18歳未満または障害の状態にある20歳未満を指し，障害年金の受給の有無に関しても事例では確認できないため，年金事務所は適切ではない。

▶正答＝2

過去問チェック！

- 生活困窮に関する事例問題では，第32回問題7でも相談先として「福祉事務所」が正答となる出題がある。
- 誤りの選択肢としても「福祉事務所」はよく出題されるため，「福祉事務所」が司る事務について把握しておく必要がある。

こころとからだのしくみ

●出題傾向の分析

第 36 回試験では，全ての大項目から出題された。ただし，「食事」「休息・睡眠」に関しては 2 問の出題であった。大項目が均等に出題されるのは近年の出題傾向でもある。出題内容は基本を確認する重要性が見てとれる。この科目は，「生活支援技術」の根拠となる知識を学ぶ科目であることも忘れてはならない。

出題基準		出題実績		
大項目	中項目	第34回（2022年）	第35回（2023年）	第36回（2024年）
1　こころとからだのしくみⅠ ア　こころのしくみの理解	1）健康の概念			
	2）人間の欲求の基本的理解			【19】マズローの欲求階層説
	3）自己概念と尊厳			
	4）こころのしくみの理解	【97】アルツハイマー型認知症の症状	【19】ライチャードの性格類型	
イ　からだのしくみの理解	1）からだのしくみの理解	【101】骨	【20】大脳の機能局在	【20】交感神経の作用，【22】中耳
	2）生命を維持するしくみ	【98】体温が上昇した原因		
2　こころとからだのしくみⅡ ア　移動に関連したこころとからだのしくみ	1）移動に関連したこころとからだのしくみ	【102】ボディメカニクスの原則	【21】抗重力筋	
	2）機能の低下・障害が移動に及ぼす影響		【22】廃用症候群，【23】褥瘡の好発部位	【21】骨粗鬆症の進行を予防するための支援
	3）移動に関するこころとからだの変化の気づきと医療職などとの連携			
イ　身じたくに関連したこころとからだのしくみ	1）身じたくに関連したこころとからだのしくみ			【23】成人の爪
	2）機能の低下・障害が身じたくに及ぼす影響	【99】老化に伴う視覚機能の変化，【100】言葉の発音が不明瞭になる原因	【24】口臭の原因	
	3）身じたくに関するこころとからだの変化の気づきと医療職などとの連携			
ウ　食事に関連したこころとからだのしくみ	1）食事に関連したこころとからだのしくみ	【103】三大栄養素	【25】誤嚥をしないようにするための最初の対応	
	2）機能の低下・障害が食事に及ぼす影響	【104】コントロール不良の糖尿病で高血糖時にみられる症状		【24】誤嚥が生じる部位
	3）食事に関連したこころとからだの変化の気づきと医療職などとの連携		【26】誤嚥しやすい高齢者の脱水予防	【25】食事の際の異変
エ　入浴・清潔保持に関連したこころとからだのしくみ	1）入浴・清潔保持に関連したこころとからだのしくみ			【26】入浴の作用
	2）機能の低下・障害が入浴・清潔保持に及ぼす影響	【105】浴槽から急に立ち上がったときにふらつく原因		
	3）入浴・清潔保持に関連したこころとからだの変化の気づきと医療職などとの連携			
オ　排泄に関連したこころとからだのしくみ	1）排泄に関連したこころとからだのしくみ	【106】ブリストル便性状スケールの普通便	【27】便の生成	
	2）機能の低下・障害が排泄に及ぼす影響			【27】女性に尿路感染症が起こりやすい要因
	3）生活場面における排泄に関連したこころとからだの変化の気づきと医療職などとの連携			

出題基準		出題実績		
大項目	中項目	第34回（2022年）	第35回（2023年）	第36回（2024年）
カ　休息・睡眠に関連したこころとからだのしくみ	1）休息・睡眠に関連したこころとからだのしくみ			
	2）機能の低下・障害が休息・睡眠に及ぼす影響	【107】熟睡できない原因	【28】睡眠薬の使用	【28】眠りが浅くなる原因，【29】概日リズム睡眠障害
	3）生活場面における休息・睡眠に関連したこころとからだの変化の気づきと医療職などとの連携			
キ　人生の最終段階のケアに関連したこころとからだのしくみ	1）人生の最終段階に関する「死」の捉え方	【108】死を表す用語		
	2）「死」に対するこころの理解		【29】大切な人を亡くした後にみられる反応	
	3）終末期から危篤状態，死後のからだの理解		【30】死が近づいているときの身体の変化	
	4）終末期における医療職との連携			【30】モルヒネ使用の利用者への医療職と連携した介護

●第 37 回試験に向けた学習ポイント

- 大項目はまんべんなく理解することが必要である。ここ 3 年，毎回複数問の出題があった「食事」に関しては，過去問を確認していれば，難なく正答が導ける内容でもあった。
- 過去問を確認することは基本中の基本である。問題だけではなく，解説から自分の理解度を知り，理解できていなかったことは何かを確認し，知識を深めることが重要である。
- この科目は「生活支援技術」と連携し，根拠を知る科目でもある。根拠を知ることは，なぜするのか，どうすればよいのか，してよいこと・してはいけないことを考え，判断する力となる。

問題● 19【こころとからだのしくみ】

次のうち，マズロー（Maslow, A. H.）の欲求階層説で成長欲求に該当するものとして，正しいものを１つ選びなさい。

1　承認欲求

2　安全欲求

3　自己実現欲求

4　生理的欲求

5　所属・愛情欲求

マズローは欲求には段階があるという欲求階層説を提唱し，下層にある欲求が，ある程度満たされることによって段階的に上位の欲求が生じるとした。「生理的欲求」から「承認欲求」までは「欠乏欲求」とされ，欠乏すると充足を求める。一方，「自己実現欲求」は高次の欲求であり，よりよく生きるといった自己の可能性を実現しようとする欲求であり「成長欲求」とされている。

●マズローの欲求階層説の概念図

自己実現欲求	成長欲求
承認欲求	欠乏欲求
所属・愛情欲求	欠乏欲求
安全欲求	欠乏欲求
生理的欲求	欠乏欲求

1 =✕　承認欲求は「欠乏欲求」であり，他者から認められることで満たされる欲求である。

2 =✕　安全欲求は「欠乏欲求」であり，心身の安心・安全を守ることで満たされる欲求である。

3 =○　自己実現欲求は「成長欲求」であり，自己の可能性を追求し達成することで満たされる欲求である。

4 =✕　生理的欲求は「欠乏欲求」であり，食事・排泄・睡眠など人が生きるために必要なことを欲する本能的欲求である。

5 =✕　所属・愛情欲求は「欠乏欲求」であり，集団に帰属したり，愛したり愛されたりすることで満たされる欲求である。

▶正答＝３

さらに深掘り！

●介護の分野では，食事や排泄といった生理的欲求の支援を中心に行うが，特に「自己実現欲求」は幸せになるための欲求ともいえ，本人の生きがいをサポートすることは，介護福祉職として，自己実現と尊厳の保持，自己決定といった利用者支援の大切な視点となるものである。

問題● 20【こころとからだのしくみ】

次のうち，交感神経の作用に該当するものとして，**正しいものを1つ**選びなさい。

1 血管収縮
2 心拍数減少
3 気道収縮
4 消化促進
5 瞳孔収縮

神経系は大きく**中枢神経系**と**末梢神経系**に分類されている。中枢神経系は脳神経と脊髄神経に区別され，各末梢神経から伝達された情報を判断し，全身に指令を出す働きをしている。末梢神経系は**体性神経**と**自律神経**に区別される。

体性神経は，痛みなどの刺激を伝えたり，手足を動かすなど運動に関わる働きを指令したりする神経である。**自律神経**は，内臓・血管平滑筋・腺分泌など意識して動かすことのできない器官に分布し，無意識に支配，調整している。生命活動のホメオスタシス（homeostasis）（恒常性）を保つために重要な働きをしている。

自律神経は**交感神経**と**副交感神経**に分けられる。１つの臓器を両方の神経が支配（二重支配）し，互いに拮抗的（正反対の作用）に働く。

●交感神経と副交感神経の特徴

交感神経	からだを活動・緊張・攻撃などの方向に向かわせる神経
副交感神経	内臓の働きを高め，からだを休ませる方向に向かわせる神経

●主な交感神経と副交感神経の働き

交感神経	作用する対象	副交感神経
収縮	**血管**	拡張
増加	**心拍数（脈拍）**	減少
弛緩	**気道**	収縮
抑制	**消化**	促進
散大	**瞳孔**	収縮

したがって，**1**＝○，**2**＝×，**3**＝×，**4**＝×，**5**＝×となる。

▶**正答＝1**

ときテク！

- 自律神経は交感神経と副交感神経に分けられる。１つの臓器を，この２つの神経が支配し（二重支配），拮抗的な働きをすることを知っておこう。
- 交感神経はからだの活動を活発にし，副交感神経はからだをリラックスさせる。このことを理解しておくと，解答するときの判断の根拠となる。
- 「生活支援技術」と関連して，どんなときにどちらの神経が優位に働くかを確認しておこう。
- 第29回問題98では副交感神経の作用について出題された。

問題● 21【こころとからだのしくみ】

Fさん（82 歳，女性）は，健康診断で骨粗鬆症（osteoporosis）と診断され，内服治療が開始された。杖歩行で時々ふらつくが，ゆっくりと自立歩行することができる。昼間は自室にこもり，ベッドで横になっていることが多い。リハビリテーションとして週 3 日歩行訓練を行い，食事は普通食を毎食 8 割以上摂取している。

Fさんの骨粗鬆症（osteoporosis）の進行を予防するための支援として，**最も適切なもの**を **1 つ**選びなさい。

1　リハビリテーションを週 1 日に変更する。
2　繊維質の多い食事を勧める。
3　日光浴を日課に取り入れる。
4　車いすでの移動に変更する。
5　ビタミンA（vitamin A）の摂取を勧める。

1 = × 現在行っている歩行のリハビリテーションを週 3 日から週 1 日に変更し，少なくすることは，骨粗鬆症の進行を予防する支援として適切ではない。リハビリテーションを維持継続することは，骨の強化や，自立歩行を維持向上させることにつながる。

2 = × 繊維質の多い食事を勧めることは，骨粗鬆症の進行を予防する支援として適切ではない。骨粗鬆症のある利用者への食事では，**カルシウム**（Ca），**ビタミンD**（vitamin D），**ビタミンK**（vitamin K）などの骨の形成に役立つ栄養素を積極的に摂るようにするとよい。

3 = ○ **日光浴**を日課に取り入れることは，骨粗鬆症の進行を予防する支援として適切である。骨の強度を保つためには，カルシウムなど必要な栄養素があるが，**カルシウムを腸から吸収するためにはビタミンDが必要**であり，ビタミンDは食事以外にも，**日光浴をすることでつくられる**。

4 = × 車いすでの移動に変更することは，骨粗鬆症の進行を予防する支援として適切ではない。骨に適度な力を加える運動として自立歩行を継続することで，骨粗鬆症の予防となる。

5 = × ビタミンAの摂取は，骨粗鬆症の進行を予防する支援として適切ではない。ビタミン摂取を積極的に行いたいのは，**ビタミンD**や**ビタミンK**である。

▶正答＝ 3

アドバイス！

- 骨粗鬆症は，骨量（骨密度）が減少し，骨の構造が壊れてもろくなり，骨折（fracture）の危険性が高まった状態で，その要因は，加齢，閉経，運動量の減少などが挙げられる。
- 予防のポイントは 3 つ。
  ①骨の強度を保つためのカルシウムやタンパク質，ビタミンDなどの栄養素を摂ること
  ②ビタミンDを皮膚で合成するために日光浴をすること
  ③骨に適度な力を加える運動を行うこと

問題● 22【こころとからだのしくみ】

中耳にある耳小骨として，正しいものを１つ選びなさい。

1 ツチ骨
2 蝶形骨
3 前頭骨
4 頬骨
5 上顎骨

耳は外耳・中耳・内耳の３つから構成されており，**聴覚**と**平衡感覚**を司る。頭部は，身体の司令塔である脳や五感に関わる感覚器などが，顔面を構成する頭蓋骨等によって保護され収納されている。頭部（顔面）の骨は様々なパーツが融合して構成されている。

選択肢１の**ツチ骨**は，中耳に３つある耳小骨の１つである。ほかには**キヌタ骨**，**アブミ骨**がある。耳小骨は，ツチ骨が鼓膜から音をキヌタ骨，アブミ骨に骨伝導し，内耳へと伝える役割がある。

選択肢２の蝶形骨，選択肢３の前頭骨，選択肢４の頬骨，選択肢５の上顎骨は全て顔面を構成する骨である。蝶形骨は頭蓋底の中央に位置する骨である。羽を広げた蝶の形に似ている。前頭骨は，前頭部の額をつくっている。頬骨は，一般的に「ほおぼね」と呼ばれる。上顎骨は上顎を形成する骨で，口腔の天井である口蓋を形成している。

したがって，1＝○，2＝×，3＝×，4＝×，5＝×となる。

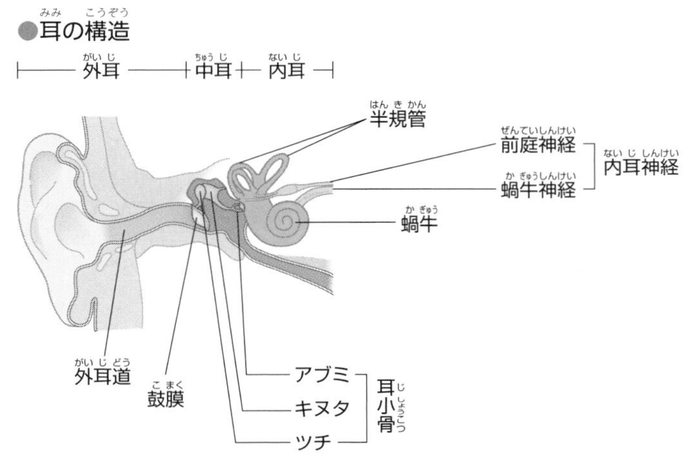

▶正答＝１

さらに深掘り！

- 人体を形成する骨は約200個とされ，全てを覚えることは難しいが，過去問での出題実績を踏まえて理解していくとよい。
- 音の伝わり方は，耳の構造を確認しながら理解すると覚えやすい。次に，外耳・中耳・内耳の各々の役割を理解するとよい。内耳は聴覚の経路に加え，平衡感覚にも関係する。
- 骨伝導で音を伝える福祉用具やICT機器などは，音を伝える仕組みを活用しているといえる。
- 過去問の骨に関する出題からは，骨折しやすい部位の理解も重要になるといえる。

問題● 23【こころとからだのしくみ】

成人の爪に関する次の記述のうち，正しいものを１つ選びなさい。

1　主成分はタンパク質である。

2　1日に1mm程度伸びる。

3　爪の外表面には爪床がある。

4　正常な爪は全体が白色である。

5　爪半月は角質化が進んでいる。

1 = ○ 爪は，皮膚の付属器官で，皮膚が角質化したものである。皮膚の成分である**タンパク質**の一種である「ケラチン」でできている。

2 = ✕ 爪は，爪上皮（甘皮ともいう）の下，爪根の内側にある爪母で細胞分裂によりつくられる。健康な爪は１日に**0.1mm**ずつ指先に向かって伸びる。爪は外部からの刺激を爪上皮が守ることで健康に成長する。

3 = ✕ 爪は，爪甲・爪床・爪根・爪母などから構成される。爪床は**爪甲の内側**にあり，薄いピンク色をしている柔らかい角質である。外表面は爪甲と呼ばれ，一般的に「爪」と呼ばれる部位である。爪根は爪の根元，皮膚の下に隠れた部分である。爪母は爪根の内側にあり新しい爪をつくる細胞が集結している。

4 = ✕ 正常な爪の色は**薄いピンク色**である。これは，指先には毛細血管が集結しているためである。爪の色は身体の状態を知るバロメーターにもなり，白く見えるときは貧血や栄養不足が，真っ白に混濁したり，黄ばんだりした状態のときは爪白癬（爪水虫）が疑われる。

5 = ✕ 爪半月は爪の根元にある部分で，**角質化していない成長途中の爪**である。水分を多く含んでいるため白く見える。

●爪の構成

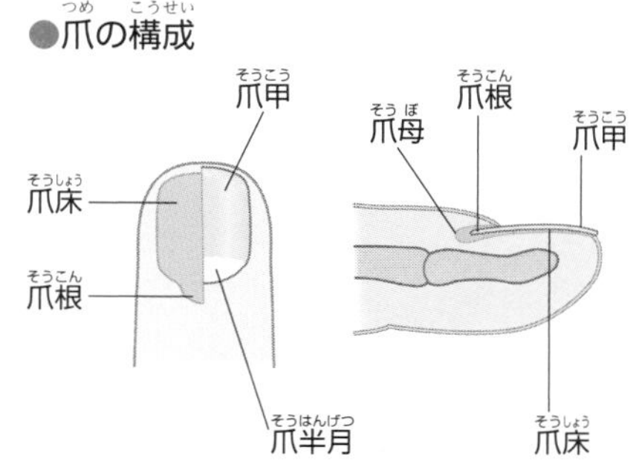

▶正答＝１

- タンパク質は，筋肉・臓器・皮膚・骨・爪・毛髪などの主要成分である。そのほか身体機能を調整するホルモン（hormone）や酵素の原料にもなる。
- 毛髪もケラチンでつくられ，骨はタンパク質やカルシウム（Ca）が主成分となっている。

問題● 24【こころとからだのしくみ】

食物が入り誤嚥が生じる部位として，適切なものを1つ選びなさい。

1 扁桃
2 食道
3 耳管
4 気管
5 咽頭

誤嚥とは「誤って食物や液体が気管に入ること」である。食物が口腔内から胃に運ばれていく過程は次の5段階に分けられる。

① 口腔内に食物を捕食する。
② 咀嚼し，食塊となり嚥下する準備をする。
③ 舌を硬口蓋に押しつけ，食塊を咽頭へ移送する。
④ 食塊は咽頭から喉頭を通り，食道へ移送される（喉頭を通る際，軟口蓋が鼻腔を閉鎖し，喉頭蓋が反転し，気管の入り口を閉鎖し誤嚥を防いでいる）。
⑤ 食塊は食道の蠕動運動により胃に移送される。

よって，食物が咽頭→喉頭→食道と移動する中で，喉頭において喉頭蓋が気管の入り口を閉鎖しないと食物が気管に入って誤嚥が起こる。咽頭は誤嚥が起こり得る喉頭の前，食道は誤嚥が起こり得る喉頭の後で食物が通過する部位となるため適切ではない。また，扁桃と耳管については，食物が口腔内から胃へと移動する嚥下のメカニズムには関係しない部位であるため適切ではない。

したがって，1 =×，2 =×，3 =×，4 =○，5 =×となる。

●口腔から食道までの構造

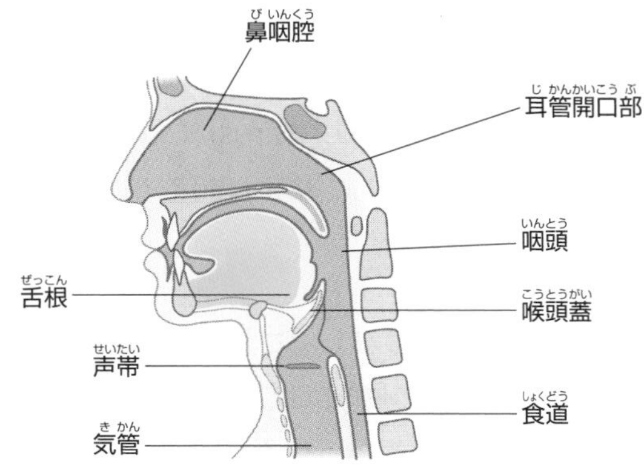

▶正答＝ 4

アドバイス!

● 摂食嚥下の5期モデル（①先行期，②準備期，③口腔期，④咽頭期，⑤食道期）のそれぞれの時期に，摂食嚥下機能として，どのような働きがあるか理解しておこう。
● 誤嚥は喉頭部分で食物が気管に入ることによって起こる。
● 口腔から胃までの各部位の名称も整理して覚えよう。

問題● 25【こころとからだのしくみ】

Gさん（79 歳，男性）は，介護老人保健施設に入所している。Gさんは普段から食べ物をかきこむように食べる様子がみられ，最近はむせることが多くなった。義歯は使用していない。食事は普通食を摂取している。ある日の昼食時，唐揚げを口の中に入れたあと，喉をつかむようなしぐさをし，苦しそうな表情になった。

Gさんに起きていることとして，**最も適切なもの**を 1 つ選びなさい。

1 心筋梗塞（myocardial infarction）
2 蕁麻疹（urticaria）
3 誤嚥性肺炎（aspiration pneumonia）
4 食中毒（foodborne disease）
5 窒息（choking）

1 = ✕ **心筋梗塞**とは，心臓に酸素や栄養を送る冠動脈が閉塞し，心筋に壊死が起こる状態のことである。主な症状は突然胸が締め付けられるような激しい痛み，胸痛である。Gさんは胸ではなく，「喉をつかむようなしぐさ」をしているため，胸痛ではないと考えられる。

2 = ✕ **蕁麻疹**とは，皮膚に膨疹と呼ばれる少し膨らんだ発疹が現れる病気である。原因は様々であり，ウイルス感染や食物アレルギー，寒冷・温熱刺激や，ストレスなどにより発症する。アナフィラキシーショック時にも現れ，命の危険にさらされることもある。Gさんには皮膚症状がみられないため，Gさんの症状には該当しない。

3 = ✕ **誤嚥性肺炎**とは，食物や液体が誤嚥により気管から肺に達し，肺に炎症を起こした状態のことである。誤嚥性肺炎では発熱や咳症状は出にくく，「元気がない」「食欲がない」などの症状がみられる。食事中むせていることから，誤嚥性肺炎を起こしている可能性はあるが，Gさんの他の主な症状には該当しない。

4 = ✕ **食中毒**は，食物の中のノロウイルス（Norovirus），カンピロバクター，サルモネラ菌などの細菌・ウイルスや，自然毒・寄生虫などにより起こる。下痢や嘔吐，発熱などが主症状である。Gさんの症状には該当しない。

5 = ○ Gさんの症状である「喉をつかむようなしぐさ」は，**窒息**のときに現れる「**チョークサイン**」である。固形物である「唐揚げ」を「かきこむように食べる」ことによって窒息を起こし，「苦しそうな表情になった」ものと考えられる。

▶**正答＝ 5**

ときテク!

- 事例問題の場合，年齢・生活の場・身体機能・生活状況・症状や訴えなどの問題を読み解く鍵をマークしながら読んでいこう。
- この問題の場合，「かきこむように食べる」「むせる」「唐揚げ」「喉をつかむようなしぐさ」「苦しそうな表情」をマークしよう。

問題● 26【こころとからだのしくみ】

Hさん（60 歳，男性）は，身長 170cm，体重 120kg である。Hさんは浴槽で入浴しているときに毎回，「お風呂につかると，からだが軽く感じて楽になります」と話す。胸が苦しいなど，ほかの訴えはない。

Hさんが話している内容に関連する入浴の作用として，**最も適切なものを1つ**選びなさい。

1 静水圧作用
2 温熱作用
3 清潔作用
4 浮力作用
5 代謝作用

入浴の作用には，**温熱作用**，**静水圧作用**，**浮力作用**の3つの作用がある。

1 = × **静水圧作用**とは，お湯の中に入っているときに受ける水圧によるからだへの影響のことである。お湯につかると，からだは一回り小さくなるほどの水圧を受ける。水圧を受けることで，血液は心臓に戻りやすくなり，血液循環が促進され，心臓の働きが活発になる。

2 = × **温熱作用**とは，お湯の温度によるからだへの影響のことである。からだが温まることで，皮膚の毛細血管や皮下の血管が拡張し，血行がよくなる。これにより，新陳代謝が促進され，体内の老廃物や疲労物質が排出されやすくなる。また，内臓や腎臓の働きが活発になる。

3 = × 入浴によって汚れを落とすことで，感染を予防し皮膚を健康に保つことができる。また，からだを清潔に保つことで心身の活性化，人間関係の円滑化を図ることができる。しかし，入浴の作用として清潔作用という言葉は用いられない。

4 = ○ **浮力作用**とは，お湯の中に入ることで**重力が軽減される**ことである。お湯の中に入ると体重が9分の1程度になり，重さから解放される。Hさんが「からだが軽く感じて楽になります」と話したのは，このためである。このようにからだの負担が軽減されるため，リラックスできる。また，腰や膝などへの負担が軽減されることで，動きやすくなるという効果もある。

5 = × お湯に入ってからだが温まり血行がよくなると，新陳代謝が促進される。しかし，入浴の作用として代謝作用という言葉は用いられない。

▶**正答＝4**

過去問チェック！

- 入浴の作用を踏まえた入浴前後の対応については，第 33 回問題 45（生活支援技術），第 27 回問題 103 にも出題されているので確認しておこう。
- 入浴に関連する過去の出題としては，湯温がからだに与える影響についても第 28 回問題 104，第 24 回問題 106 で出題されているので確認しておこう。

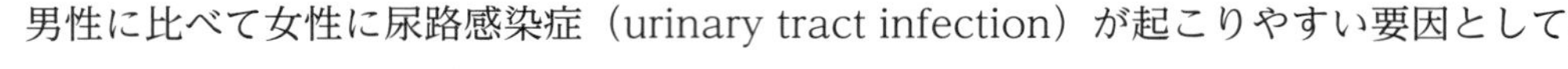

問題● 27【こころとからだのしくみ】

男性に比べて女性に尿路感染症（urinary tract infection）が起こりやすい要因として，最も適切なものを１つ選びなさい。

1　子宮の圧迫がある。

2　尿道が短く直線的である。

3　腹部の筋力が弱い。

4　女性ホルモンの作用がある。

5　尿道括約筋が弛緩している。

1 = ✕　女性の場合，膀胱の後方上部に子宮がある。妊娠中は，子宮が大きくなるにつれて膀胱が圧迫されて頻尿になりやすい。しかし，このことは尿路感染症の要因にはならない。

2 = ○　女性の尿道の長さは約 4cm であり，男性は約 16～20cm である。また，女性の尿道は直線的で細菌が尿道口から膀胱に入りやすい。そのため，男性に比べて女性は膀胱炎（cystitis）などの尿路感染症を発症しやすい。

3 = ✕　一般的に男性に比べて女性のほうが腹部の筋力が弱いが，尿路感染症の要因ではない。

4 = ✕　女性ホルモンには，卵胞ホルモン（エストロゲン）と黄体ホルモン（プロゲステロン）の２つの種類がある。卵胞ホルモンは女性生殖器の発育促進，第二次性徴の発現を促す作用が，黄体ホルモンは受精卵の着床と妊娠を維持する作用があり，尿路感染症の要因ではない。

5 = ✕　女性の場合は，出産・加齢などによって尿道括約筋が弛緩すると，くしゃみや咳など，お腹に力が入ったときに尿が漏れる腹圧性尿失禁が起こりやすくなる。しかし，このことは尿路感染症の要因にはならない。

●女性の陰部・尿道

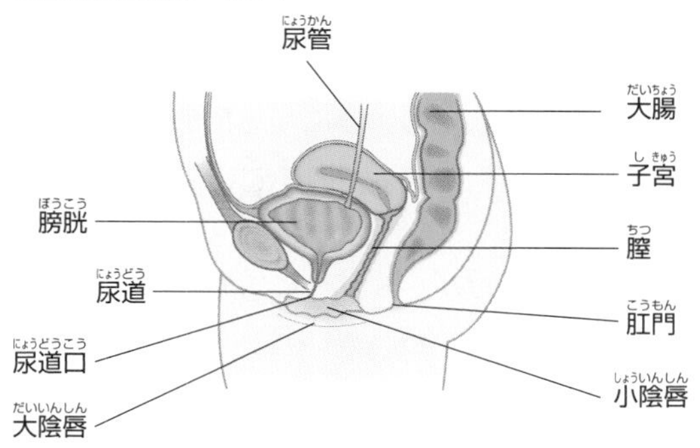

▶正答＝２

さらに深掘り！

- 女性の陰部は，前から尿道口，膣口，肛門の順にあり，尿道口や膣口が肛門に近い。
- 女性の陰部の特性から，陰部清拭の方法は，片手で大陰唇をしっかり開き，前から後ろに向かって拭くことが，尿路感染症を予防する上で重要である。

問題● 28【こころとからだのしくみ】

次のうち，眠りが浅くなる原因として，**最も適切なものを1つ選びなさい。**

1 抗不安薬
2 就寝前の飲酒
3 抗アレルギー薬
4 抗うつ薬
5 足浴

1＝× **抗不安薬**とは，主に不安や緊張などの症状がある際に服用する内服薬である。神経症（neurosis）やうつ病（depression），心身症（psychosomatic disorder）などに利用される。この薬を服用すると，軽度な不安の緩和や気持ちを落ち着かせることができるため，眠くなることも多く，**睡眠補助剤**としても用いられる場合がある。

2＝○ **就寝前の飲酒**は，一時的に入眠までの時間が早まるような印象がある。特に飲酒により，体の循環作用が増して，睡眠を改善する印象があり，初めはよく眠れるかもしれないが，その後は，眠りが浅くなり，夜間に目覚める原因となることが指摘されている。

3＝× **抗アレルギー薬**とは，花粉症や気管支喘息（bronchial asthma）等の疾患のほかにも，皮膚の炎症や鼻炎の症状に広く用いられる内服薬である。この薬の副作用としては，特に**眠気**や**倦怠感**があり，服用中の自動車の運転に関しては注意喚起が必要とされている。また，アレルギーを抑える内服薬として**抗ヒスタミン薬**が用いられることも多い。この内服薬は神経伝達物質の**ヒスタミン**の働きを抑えることでアレルギー反応を抑え，花粉症や喘息，鼻炎，咳などの症状を改善する薬である。同様に副作用として眠くなることが多いため，**睡眠補助剤**として用いられる場合もある。

4＝× **抗うつ薬**とは，心身症やうつ病の際に服用する内服薬のことである。抗うつ薬は，不安を取り除き，気持ちを落ち着かせる際に有効な内服薬である。また，副作用として眠くなることが多いため，**睡眠補助剤**として用いられる場合もある。

5＝× 就寝前の**入浴**や**手浴**・**足浴**は，寝つきをよくして入眠効果を高める働きがある。人体は，適度に体温を上げた後に体温が下がっていくタイミングで就寝すると寝つきがよくなる。そのために，就寝前に体温を上げる方法として，ぬるめのお風呂に入る，手浴・足浴を行う，適度な軽いストレッチ運動などを行うことが，入眠を促すために効果的である。

▶**正答＝2**

さらに深掘り！

- 寝る直前に飲食をすることは，胃腸の消化の働きが活発になり，寝つきが悪くなる原因となる。就寝前のおよそ3時間程度は，飲食を控えることが大切である。
- 寝る前のコーヒーやお茶などに含まれるカフェイン（caffeine）には，覚醒作用や利尿効果などもあり，夜間にトイレに行くことなどにより，睡眠の質を妨げられる。

問題● 29【こころとからだのしくみ】

概日リズム睡眠障害（circadian rhythm sleep disorder）に関する次の記述のうち，**最も適切なものを１つ選びなさい。**

1　早朝に目が覚める。

2　睡眠中に下肢が勝手にピクピクと動いてしまう。

3　睡眠中に呼吸が止まる。

4　睡眠中に突然大声を出したり身体を動かしたりする。

5　夕方に強い眠気を感じて就寝し，深夜に覚醒してしまう。

概日リズム（サーカディアンリズム（circadian rhythm））とは，朝起きて夜眠るといった１日（24時間）のサイクルのことであり，通常，体内時計によって保たれる。概日リズム睡眠障害とは，睡眠と覚醒のリズムが乱れてしまう障害であり，特に高齢者の場合，夕方に強い眠気を覚えて就寝し，深夜に覚醒してしまう状態がみられることが多い。

1 =× 早朝に目が覚めることは睡眠リズムの乱れともいえるが，他の情報はなく最も適切とはいえない。睡眠障害の中では**不眠症**（insomnia）の**早朝覚醒**の可能性がある。不眠症は他に**入眠障害**や**中途覚醒**，**熟眠障害**等がある。

2 =× 睡眠中に下肢が勝手にピクピクと動いてしまうのは，**周期性四肢運動障害**の症状である。睡眠中に上肢や下肢が勝手に動くこと（不随意運動）により，睡眠が浅くなり中途覚醒を引き起こす。

3 =× 睡眠中に呼吸が止まるのは，**睡眠時無呼吸症候群**（**sleep apnea syndrome**）の症状である。睡眠中に無呼吸の状態が頻繁に生じ，無呼吸から呼吸再開時に目が覚めてしまうため，熟睡できない状態となる。

4 =× 睡眠中に突然大声を出したり身体を動かしたりするのは，**レム睡眠行動障害**（REM sleep behavior disorder）の症状である。レム睡眠とは，浅い眠りであり，筋肉の緊張等は緩むが脳は比較的活発に動いているため夢を見やすく，夢の中と同じように行動して叫んだり動いたりすることがある。レム睡眠が終わるとそのような行動は消失する。レム睡眠行動障害は中年期以降に多く，特にレビー小体型認知症（dementia with Lewy bodies）やパーキンソン病（Parkinson disease）の人によくみられる。

5 =○ 夕方に強い眠気を感じて就寝し，深夜に覚醒してしまうのは，**概日リズム睡眠障害**の症状である。

▶**正答＝ 5**

アドバイス！

●睡眠障害については，この問題の選択肢を含めてよく問われるため，睡眠障害の種類と特徴について整理して覚えておく必要がある。

問題● 30【こころとからだのしくみ】

鎮痛薬としてモルヒネを使用している利用者に，医療職と連携した介護を実践するときに留意すべき観察点として，**最も適切なものを1つ選びなさい。**

1 不眠
2 下痢
3 脈拍
4 呼吸
5 体温

1 =✕ 一般的に痛み止めであるモルヒネを使用している利用者の多くは，加齢や病気により薬剤の副作用が生じやすく，傾眠や眠気などの症状が出現することが多い。そのために，モルヒネを使用している場合には，不眠よりも**傾眠**や**眠気**などの症状に対しての観察が必要となる。

2 =✕ 麻薬性鎮痛剤に用いられるモルヒネの使用は，腸の蠕動運動が抑制を受けるために，**便秘傾向**となる。便秘の原因には，生活習慣上における寝たきりの状態が続くことによる腸閉塞（intestinal obstruction）やうつ病（depression）などの疾患がある。モルヒネを使用している場合には，排泄の状態とともに全身の観察が大切となり，**下痢症状よりも特に便秘に注意が必要**である。

3 =✕ 終末期における脈拍数は血圧と関連して低下する。モルヒネの使用による症状ではないため，適切ではない。

4 =○ モルヒネを使用する終末期における**呼吸状態**の観察は大変重要である。特に終末期の身体機能の低下として，死が近くに迫ってくると生命の徴候であるバイタルサイン（vital signs）が低下し，呼吸の状態と循環状態に変化が出現する。これらは，薬剤による呼吸運動の抑制で起こる場合がある。その際には呼吸のリズムや間隔が不規則となり，酸素欠乏時に起こるチアノーゼ（cyanosis）や息切れ，動悸，痰や咳などの症状が出現する。状態の変化に気づいた際には，速やかに医療職と連携する必要性がある。

5 =✕ 終末期における体温の変化では，循環器である心臓機能が低下して血圧が低下し，身体全般に血液を運ぶことが難しくなることにより，身体の体温低下，四肢の冷感が出現してくる。モルヒネの使用による症状ではないため，適切ではない。

▶**正答＝4**

さらに深掘り！

- 終末期における疼痛の緩和に用いられるモルヒネは鎮痛剤であり，麻薬であることから，使用する時間・量においても管理され，施設では鍵のかかる場所で厳重に保管して管理される。
- 終末期の呼吸状態の変化においては，チェーンストークス呼吸，肩呼吸，下顎呼吸などがあり，呼吸の状態や間隔，呼吸の深さやリズムの乱れなども理解しておくこと。
- 専門職として医師や看護師とも情報共有の連携を深めておくことが大切となる。

発達と老化の理解

●出題傾向の分析

例年，出題基準を網羅して出題される。大項目で出題傾向をみると，過去は大項目「老化に伴うこころとからだの変化と生活」に出題が多かったが，近年は出題数に差がない傾向にある。今後もこの傾向が続くと予想される。中項目で出題傾向をみると，生理的老化より病的老化の特徴や疾病に関する出題数が多い傾向に変化がないのも特徴であった。第 36 回ではエイジズムや健康寿命の定義が問われた点も特徴があった。

出題基準		出題実績		
大項目	中項目	第34回（2022年）	第35回（2023年）	第36回（2024年）
1　人間の成長と発達の基礎的理解	1）人間の成長と発達の基礎的知識	【69】愛着行動，【70】乳幼児期の言語発達	【31】社会的参照，【32】コールバーグによる道徳性判断，【33】標準的な発育をしている子どもの体重	【31】スキャモンの発達曲線
	2）発達段階別に見た特徴的な疾病や障害			【32】広汎性発達障害のある男児への言葉かけ
	3）老年期の基礎的理解		【34】ストローブとシュトによる悲嘆のモデル	【33】生理的老化，【34】エイジズム
2　老化に伴うこころとからだの変化と生活	1）老化に伴う身体的・心理的・社会的変化と生活	【72】適応（防衛）機制，【73】記憶，【74】老化に伴う感覚機能や認知機能の変化，【75】高齢者の睡眠	【35】加齢の影響を受けにくい認知機能	
	2）高齢者と健康	【71】日本の寿命と死因		【36】健康寿命
	3）高齢者に多い症状・疾患の特徴と生活上の留意点	【76】高齢者の肺炎	【36】高齢期の腎・泌尿器系の状態や変化，【37】老年期の変形性膝関節症，【38】高齢者の脱水	【35】高血圧・高コレステロール血症の高齢者の急変，【37】前立腺肥大症，【38】高齢期に多い筋骨格系疾患
	4）保健医療職との連携			

●第 37 回試験に向けた学習ポイント

- まず過去問を繰り返し徹底的に解くこと。過去問を解いて出題傾向を分析し，頻出問題を抽出する。そして，単語を一つ一つ調べて言葉の定義をきちんと理解することで解きやすくなる。
- 大項目「老化に伴うこころとからだの変化と生活」では現場の実践的な知識や技能を問われるが，過去問から出題傾向は大幅には変わらない。例えば，生理的老化では「感覚器」「認知機能」，病的老化では「循環器」「呼吸器」「泌尿器」「運動器」が頻出テーマであり，今後も出題の軸となる傾向が予測できる。教本や参考書を熟読して疾病の特徴を理解してもらいたい。

問題● 31【発達と老化の理解】

スキャモン（Scammon, R. E.）の発達曲線に関する次の記述のうち，適切なものを１つ選びなさい。

1　神経系の組織は，4 歳ごろから急速に発達する。
2　筋骨格系の組織は，4 歳ごろから急速に発達する。
3　生殖器系の組織は，12 歳ごろから急速に発達する。
4　循環器系の組織は，20 歳ごろから急速に発達する。
5　リンパ系の組織は，20 歳ごろから急速に発達する。

1 =× 神経系の組織は脳髄や脊髄などである。受胎から 4 歳ごろまでに成人の 80 ％まで急速に発達するが，その後は非常に緩やかに発達する。

2 =× 筋骨格系の組織は乳幼児期に急速な発達を見せ，その後 10 歳ごろまでは緩やかに発達する。そして再び思春期に発達の速度が上昇する。

3 =○ 生殖器系の組織の発達曲線は，4 歳ごろから 12 歳ごろまでは横ばいであるが，第二次性徴に伴い 12 歳ごろから 20 歳までに急速に発達する。

4 =× 循環器系の組織も筋骨格系の組織と同様に，乳幼児期に急速な発達を見せ，その後は緩やかに発達する。思春期以降は再び発達の速度は上昇する。

5 =× リンパ系の組織は 12 歳ごろまでに成人を上回る著しい発達をする。そして，12 歳ごろにピークを迎え，徐々に衰退を始める。

●スキャモンの発達曲線

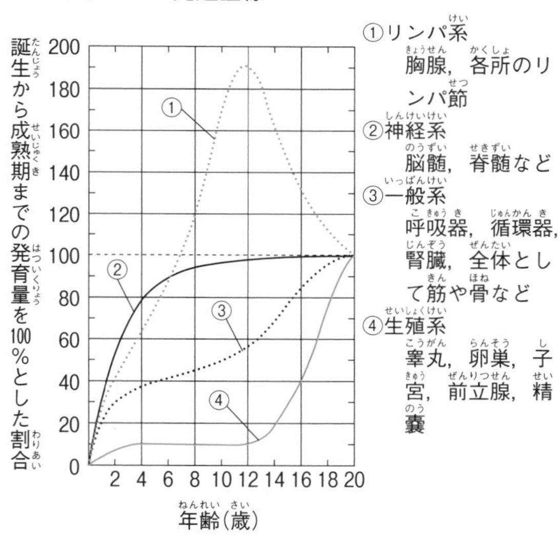

出典：Scammon, R. E., ‘The measurement of the body in childhood’, Harris, J. A., Jackson, C. M., Paterson, D. G. and Scammon, R. E. (Eds)., *The Measurement of Man*, University of Minnesota Press, 1930.

▶正答＝ 3

さらに深掘り！

● 発達とは量的な変化だけではなく，質的な変化に着目したとらえ方である。成長や発達は年齢に対して直線的に発達するのではなく，それぞれの原則性や法則性がある。
● アメリカの医学者スキャモンは受胎から 20 歳までの器官・臓器を 4 パターンに分類し，種類によって発達のスピードが異なることを発達曲線として示した。

問題● 32【発達と老化の理解】

幼稚園児のＪさん（6歳，男性）には，広汎性発達障害（pervasive developmental disorder）がある。砂場で砂だんごを作り，きれいに並べることが好きで，毎日，一人で砂だんごを作り続けている。

ある日，園児が帰宅した後に，担任が台風に備えて砂場に青いシートをかけておいた。翌朝，登園したＪさんが，いつものように砂場に行くと，青いシートがかかっていた。Ｊさんはパニックになり，その場で泣き続け，なかなか落ち着くことができなかった。

担任は，Ｊさんにどのように対応すればよかったのか，**最も適切なものを１つ選**びなさい。

1　前日に，「あしたは，台風が来るよ」と伝える。
2　前日に，「あしたは，台風が来るので砂場は使えないよ」と伝える。
3　前日に，「あしたは，おだんご屋さんは閉店です」と伝える。
4　その場で，「今日は，砂場は使えないよ」と伝える。
5　その場で，「今日は，おだんご屋さんは閉店です」と伝える。

広汎性発達障害とは，自閉症スペクトラム障害（autism spectrum disorder），アスペルガー症候群（Asperger's syndrome）などを含む総称である。特性としては，①社会的コミュニケーションと対人関係の構築に困難を生じることや，②パターン化した行動，興味，活動などに対する強いこだわりや，感覚に対する過敏さまたは鈍感さなどがある。それらの特性はおおむね3歳頃までに現れる。

Ｊさん（6歳，男性）の普段の幼稚園での様子は「砂場で砂だんごを作り，きれいに並べることが好き」「毎日，一人で砂だんごを作り続けている」とあり，砂だんごをきれいに並べることを好み，砂場で砂だんごを作ることを日課としている。これは広汎性発達障害のパターン化した興味，活動に対するこだわりという特性である。

広汎性発達障害の特性から，いったんパターン化されたルールや状況の変化があった場合，柔軟に対応することが難しいため，突然の変更は極力避けて，**変更が生じる場合には事前に伝える**ことが大切である。また，比喩を使った表現の理解が難しいため，具体的な事実を伝える必要がある。この場合の担任の対応としては，選択肢**2**のように，Ｊさんに**事前に変更の理由**とそのために生じる**具体的行動をわかりやすく伝える対応**が必要であった。

選択肢**1**は具体的な行動の変更指示がなく，選択肢**3**は変更の理由の説明がなく，選択肢**4**，**5**は先の理由以外にも変更を事前にではなく直前に伝えている。以上のことから，選択肢**1**，**3**，**4**，**5**は適切な対応ではない。

したがって，**1**＝×，**2**＝○，**3**＝×，**4**＝×，**5**＝×となる。

▶**正答＝ 2**

アドバイス！

●自閉症スペクトラム障害など発達障害に関するテーマは頻出問題である。
●広汎性発達障害以外にも発達障害に含まれる注意欠陥多動性障害と学習障害の特性と対応方法も理解しておこう。

問題● 33【発達と老化の理解】

生理的老化に関する次の記述のうち，最も適切なものを1つ選びなさい。

1 環境によって起こる現象である。
2 訓練によって回復できる現象である。
3 個体の生命活動に有利にはたらく現象である。
4 人間固有の現象である。
5 遺伝的にプログラムされた現象である。

1 =✕ 生理的老化の特徴に**内在性**がある。内在性とは老化が誕生や成長と同様に**遺伝的にプログラムされた現象**であることを意味する。そのため，環境によって引き起こされる現象ではない。

2 =✕ 生理的老化の特徴に**進行性**がある。個人差はあるが，老化は緩やかに進行する。そして，**一度生じた変化は元に戻らない**不可逆性の特質を持つため，訓練によって回復はできない。

3 =✕ 生理的老化の特徴に**有害性**がある。老化により起こる機能低下のため，個体の予備能力や免疫力などの低下をまねき疾病にかかりやすくなる。つまり，老化は個体の生命活動には**有害**にはたらく。

4 =✕ 生理的老化の特徴に**普遍性**がある。老化の速さに差はあっても，人間に限らず生命体全てに対して必ず起こる現象である。

5 =○ 生理的老化は，**遺伝的にプログラムされた現象**である。例えば，細胞はある一定数まで細胞分裂を繰り返すと，細胞の分裂を停止する。細胞分裂の回数は遺伝子によってあらかじめプログラムされており，このことが生体の老化，寿命に関係する。

●生理的老化の特徴

老化の特徴	説明
内在性	老化現象は，環境因子によって引き起こされるものではなく，遺伝的にプログラムされて必然的に生じる現象であること。
普遍性	生命体にすべて生じる現象であること。
進行性	一度生じた変化は元に戻ることはないこと。
有害性	その個体の機能低下を引き起こして，その個体の生命活動にとって有害である。

出典：Strehler, B. L., *Time, Cells and Aging*, Academic Press, 1962. ／介護福祉士養成講座編集委員会編『最新 介護福祉士養成講座12 発達と老化の理解 第2版』中央法規出版，2022年，p.76

▶正答＝ 5

アドバイス！

● 「生理的老化」とは，加齢により生じる身体・生理機能の低下であり，一般的な「老化」を表す。
● これに対して誰にでも生じるものではない病的な状態を引き起こす「病的老化」がある。

問題● 34【発達と老化の理解】

エイジズム（ageism）に関する次の記述のうち，**最も適切なものを１つ**選びなさい。

1 高齢を理由にして，偏見をもったり差別したりすることである。

2 高齢になっても生産的な活動を行うことである。

3 高齢になることを嫌悪する心理のことである。

4 加齢に抵抗して，健康的に生きようとすることである。

5 加齢を受容して，活動的に生きようとすることである。

1 =○ **エイジズム**とは年齢による差別や偏見のことである。そして，エイジズムの大部分は高齢者に対する偏見や差別である。高齢者へのエイジズムには「高齢者の仕事は非生産的だ」「高齢者の多くは衰弱している」など身体面に対する否定的なイメージのほか，「頑固である」などの心理的側面，経済面や高齢者の恋愛や結婚，性に対する偏見や差別がある。

2 =× 高齢になっても生産的な活動を行うことは，**プロダクティブエイジング**である。プロダクティブエイジングとは，老いを否定的にとらえず，有償労働だけではなくセルフケアも含めた幅広い活動を指す。

3 =× 高齢者に対して否定的なイメージが強く，高齢になることに嫌悪を抱く心理は**ジェロントフォビア**である。ジェロントフォビアは自身が抱く心理であるのに対して，偏見・差別はある対象に対する客観性のない偏った見方・行為である。

4 =× 加齢に抵抗して，健康的に生きようとすることは，**アンチエイジング**である。アンチエイジングとは加齢に伴う心身の機能低下に対して，予防や治療をして未然に老化を防ごうとする取り組みである。アンチエイジングでは食生活や運動などのライフスタイルの管理以外に，医療が加わる場合もある。

5 =× 加齢を受容して，活動的に生きようとすることは，**活動理論**である。活動理論は加齢に伴う喪失体験などの出来事や過程を受け止めながら，新しい社会参加や役割を見いだし，高齢者が社会の中で活動を継続することが**サクセスフルエイジング**につながるという理論である。

▶**正答＝ 1**

さらに深掘り！

● 老年学者のバトラー（Butler, R. N.）は，高齢者に対する固定観念や誤ったイメージがあることを指摘した。エイジズムはセクシズム（性差別），レイシズム（人種差別）と並ぶ主要な差別問題である。

● 高齢者に対する正しい知識を持ち，接触する機会を増やすことがエイジズムの解消につながる。

問題● 35【発達と老化の理解】

Kさん（80歳，男性）は，40歳ごろから職場の健康診査で高血圧と高コレステロール血症（hypercholesterolemia）を指摘されていた。最近，階段を上るときに胸の痛みを感じていたが，しばらく休むと軽快していた。喉の違和感や嚥下痛はない。今朝，朝食後から冷や汗を伴う激しい胸痛が起こり，30分しても軽快しないので，救急車を呼んだ。

Kさんに考えられる状況として，**最も適切なものを1つ選びなさい。**

1 喘息（bronchial asthma）
2 肺炎（pneumonia）
3 脳梗塞（cerebral infarction）
4 心筋梗塞（myocardial infarction）
5 逆流性食道炎（reflux esophagitis）

1 =✕ **喘息**は，気道（主に気管支）に炎症が起こった場合に，咳，痰，息苦しさ，喘鳴，胸苦しさなどの症状を認める。問題文から喘息は考えにくい。

2 =✕ **肺炎**は，細菌やウイルスの感染によって肺に炎症が起こり，風邪に似たような症状を認める。高齢者に多いのは嚥下機能の低下によって，口腔内の細菌が気管支内に誤嚥されて発症する誤嚥性肺炎（aspiration pneumonia）である。問題文から肺炎は考えにくい。

3 =✕ **脳梗塞**は，脳の血管が詰まり，その血管が支配する神経細胞が死んでしまう病気である。原因の1つに，動脈硬化によって起こる脳血栓がある。高コレステロール血症は動脈硬化の危険因子であり，また高血圧によって血栓が脳に流れる可能性は考えられる。しかし，脳疾患由来の前駆症状は主に一過性の脱力，麻痺，構音障害などであり，問題文から脳梗塞は考えにくい。

4 =○ **心筋梗塞**の原因は，冠動脈の動脈硬化である。動脈硬化は，血管壁にコレステロールが沈着することで血管が狭くなり，血管が詰まりやすい状態であり，冠動脈が詰まれば症状が出現する。一過性の場合は狭心症，心筋細胞が壊死した状態が心筋梗塞である。狭心症や心筋梗塞では胸痛を訴える。狭心症は数分から15分程度で軽快するが，心筋梗塞では**激しい胸痛**が20分以上続き，安静にしても**軽快しない**とされる。また，高齢者では痛みを感じず，**冷や汗**や倦怠感が症状として現れることがある。問題文よりKさんは朝食後から冷や汗を伴う激しい胸痛が起こり，30分しても軽快しないことから，心筋梗塞が考えられる。

5 =✕ **逆流性食道炎**とは，胃液や胃の内容物が食道に逆流し，食道の粘膜が傷つき生じる炎症である。主な症状は胸やけや呑酸で，症状は食事中や食後に訴えて，時間経過で軽快する。問題文から逆流性食道炎は考えにくい。

▶**正答＝4**

- 高齢者が罹患しやすい疾病の主な症状を覚える。
- 生理的老化，病的老化の特徴を勉強することで疾病の原因まで併せて勉強する。

問題● 36【発達と老化の理解】

次のうち，健康寿命の説明として，適切なものを１つ選びなさい。

1　0 歳児の平均余命
2　65 歳時の平均余命
3　65 歳時の平均余命から介護期間を差し引いたもの
4　介護状態に至らずに死亡する人の平均寿命
5　健康上の問題で日常生活が制限されることなく生活できる期間

1 =× 0 歳児の平均余命とは**平均寿命**のことである。2022 年（令和 4 年）の日本人の平均寿命は，男性が 81.05 歳，女性が 87.09 歳である（厚生労働省「令和 4 年簡易生命表」）。平均余命とは，各年齢の者が，平均してあと何年生きられるかという期待値である。

2 =× 65 歳時の平均余命とは，65 歳に達した人が平均してあと何年生きられるかという期待値のことである。2022 年（令和 4 年）の日本人の 65 歳平均余命は男性が 19.44 年，女性が 24.30 年である（厚生労働省「令和 4 年簡易生命表」）。

3 =× 65 歳時の平均余命から介護期間を差し引いたものは，「**65 歳健康寿命**（東京保健所長会方式）」と呼ばれ，「65 歳の人が，何らかの障害のために要介護認定を受けるまでの状態を健康と考え，その障害のために認定を受ける年齢を平均的に表すもの」である（東京都保健医療局「65 歳健康寿命の概要」）。

4 =× 要支援・要介護状態に至る時期は個々で違いがある。介護状態に至らずに死亡することは一般的な死亡例である。

5 =○ **健康寿命**とは，「健康上の問題で日常生活が制限されることなく生活できる期間」（厚生労働省）のことである。健康寿命は，平均寿命から介護期間を差し引いたものとして示されている。平均寿命と健康寿命に差があれば，日常生活で何らかの介護を要する期間（不健康な期間）があることを意味する。

▶正答＝ 5

アドバイス！

- 寿命には個体寿命（平均寿命）と健康寿命があり，その違いを整理しておこう。
- 加齢と老化，生理的老化と病的老化などのように用語の違いを勉強しておこう。

問題● 37【発達と老化の理解】

次のうち，前立腺肥大症（prostatic hypertrophy）に関する記述として，**最も適切なものを１つ選びなさい。**

1　抗利尿ホルモンが関与している。
2　症状が進むと無尿になる。
3　初期には頻尿が出現する。
4　進行すると透析の対象になる。
5　骨盤底筋訓練で回復が期待できる。

前立腺肥大症は，前立腺が肥大することで排尿障害を引き起こす病気である。前立腺は男性にしか存在しない臓器で，膀胱の直下で尿道を囲むクルミ大の臓器である。尿道を囲っているため肥大すれば尿道が圧迫され閉塞症状（細い尿線，残尿など）が起きる。原因は加齢によるものが多いため，高齢男性の有病率は高い。

●前立腺

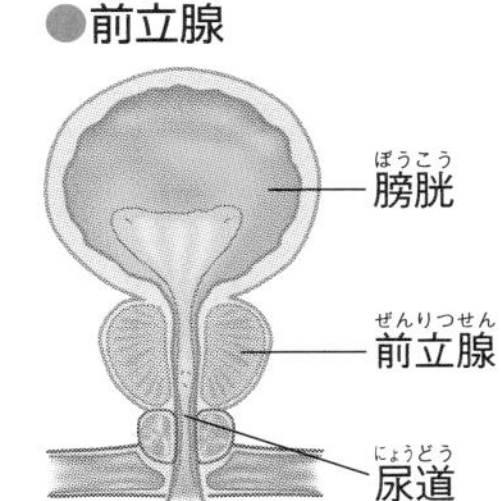

1 = ✕　抗利尿ホルモンは，利尿を妨げる働きがある。抗利尿ホルモンの分泌が低下すると，尿の濃縮機能が低下し**頻尿**が起こる。前立腺肥大症の症状には頻尿があるため，抗利尿ホルモンが関与しているとは考えられない。

2 = ✕　無尿は腎臓の機能障害が原因で１日尿量が 100ml 以下の状態をいう。通常，尿量は成人で１日 1000～1500ml とされる。前立腺肥大症では，症状が進むと**尿閉**が起こる。尿閉とは，尿は正常に作られるものの，膀胱に溜まった尿の排泄が困難になる状態をいう。

3 = ○　前立腺肥大症の症状として，初期には**夜間頻尿**，**軽度の排尿困難**が出現する。中期には**残尿**（30～150ml）が発現し，日中も**頻尿**となり，**排尿困難**が進行する。**切迫性尿失禁**も出現し，残尿による尿路感染が起きやすくなる。後期には**残尿**が 150ml 以上となり，**尿閉**のため**溢流性尿失禁**が出現する。

4 = ✕　透析療法は腎臓の機能低下が進行した際に行われる治療法であるため，前立腺肥大症で**透析療法の対象とはならない**。前立腺肥大症の重症例には**手術療法**で対応される。

5 = ✕　骨盤底筋訓練は，**腹圧性尿失禁**の治療法である。骨盤底筋訓練を行っても前立腺肥大症自体の回復は期待できない。前立腺肥大症では一般的に軽症から中等度例で**薬物療法**，重症例では**手術療法**で回復を図る。

▶正答＝ 3

ときテク！

- 老化による泌尿器の変化を勉強しておこう。
- 尿失禁の種類や原因も併せて勉強しておこう。
- 消化器系と排泄物の特徴なども勉強しておくとよい。

問題● 38【発達と老化の理解】

次のうち，高齢期に多い筋骨格系の疾患に関する記述として，適切なものを１つ選びなさい。

1 骨粗鬆症（osteoporosis）は男性に多い。
2 変形性膝関節症（knee osteoarthritis）ではＸ脚に変形する。
3 関節リウマチ（rheumatoid arthritis）は軟骨の老化によって起こる。
4 腰部脊柱管狭窄症（lumbar spinal canal stenosis）では下肢のしびれがみられる。
5 サルコペニア（sarcopenia）は骨量の低下が特徴である。

1 ＝ × 骨粗鬆症の有病率は加齢に伴い増加するが，特に閉経後の**女性**に多い。**骨粗鬆症**とは，骨密度の低下，骨質の劣化によって骨強度が低下した状態である。カルシウム（Ca）やビタミンD（vitamin D）不足，運動不足などの環境因子と，加齢や閉経後のエストロゲン（estrogen）減少によって生じる。

2 ＝ × 変形性膝関節症では**O脚**（内反変形，ガニ股）に変形することが多い。**変形性膝関節症**とは，中高年以降に多い病気で，特に女性（肥満傾向）に多い。加齢による筋力低下や体重増加などによって膝関節軟骨が擦り減り，膝に痛みが発生する。初期は運動開始時に痛みを感じる程度だが，進行すると持続的な痛みを伴う。重症例は歩行困難にもなる。

3 ＝ × **関節リウマチ**は，免疫の異常により関節に炎症が起こり，関節の痛みや腫れが生じる病気である。好発年齢は 40～60 歳代で，女性に多い。正確な原因は不明だが，遺伝的要因や免疫異常，環境要因などが複雑に関与していることが指摘されている。主な症状は，関節の痛み，腫れ，朝のこわばりなどである。手足の指，手首に症状を認めることが多いが，進行すると，大関節まで炎症が及び，関節の変形や機能障害を来す。

4 ＝ ○ 腰部脊柱管狭窄症とは，腰椎部に発生する脊柱管狭窄症のことである。**腰部脊柱管狭窄症**は，腰椎部の神経の通り道である脊柱管が狭くなると，その中を走る神経（神経根や馬尾）が圧迫され，**下肢のしびれ**，痛み，麻痺（脱力），間欠性跛行がみられる病気である。なお，間欠性跛行とは，しばらく歩くと下肢が重くなり痛みが出現し，歩くことが困難になり，しばらく休むとまた歩くことができる状態である。

5 ＝ × **サルコペニア**とは加齢に伴って生じる**骨格筋量の減少**や骨格筋力の低下をいい，転倒しやすくなる，歩行速度が減少することなどが起こる。骨量（骨密度）が低下するのは**骨粗鬆症**である。

▶正答＝ 4

さらに深掘り！

● 高齢者に発生しやすい骨・関節系の病気は頻出問題のため特徴や症状を理解しておく。
● 骨粗鬆症とともに，橈骨遠位端骨折，大腿骨頸部骨折，脊椎圧迫骨折などが出題されやすい。
● サルコペニアに似た概念にフレイル（frailty）がある。併せて勉強しておくとよい。

認知症の理解

●出題傾向の分析

第36回試験では，4つの大項目から出題された。「認知症を取り巻く状況」では，自動車運転免許に関する問題が出題された。「認知症の医学的・心理的側面の基礎的理解」の認知症の症状に関する問題や，「認知症に伴う生活への影響と認知症ケア」の認知症のある人への関わりに関する問題は例年出題されている。

出題基準		出題実績		
大項目	中項目	第34回（2022年）	第35回（2023年）	第36回（2024年）
1　認知症を取り巻く状況	1）認知症ケアの歴史			
	2）認知症ケアの理念			
	3）認知症のある人の現状と今後			【39】自動車運転免許
	4）認知症に関する行政の方針と施策		【39】認知症施策推進大綱の5つの柱	
2　認知症の医学的・心理的側面の基礎的理解	1）認知症の基礎的理解			
	2）認知症のさまざまな症状		【40】見当識障害，【48】アルツハイマー型認知症のある人の記憶	【40】行動・心理症状（BPSD）であるアパシー
	3）認知症と間違えられやすい症状・疾患			【41】認知症の人にみられるせん妄
	4）認知症の原因疾患と症状	【78】レビー小体型認知症の幻視の特徴	【42】慢性硬膜下血腫	【42】レビー小体型認知症の歩行障害，【44】アルツハイマー型認知症の症状
	5）若年性認知症	【80】若年性認知症		【43】若年性認知症の特徴
	6）認知症の予防・治療	【79】軽度認知障害，【81】行動・心理症状（BPSD）に対する抗精神病薬を用いた薬物療法の副作用		
	7）認知症のある人の心理		【41】もの盗られ妄想	
3　認知症に伴う生活への影響と認知症ケア	1）認知症に伴う生活への影響	【77】認知症ケアにおける「ひもときシート」		【45】認知機能障害による生活への影響
	2）認知症ケアの実際	【83】アルツハイマー型認知症の人への声かけ，【85】認知症の人に配慮した施設の生活環境		【47】アルツハイマー型認知症の人の優先検討事項
	3）認知症のある人への関わり	【82】リアリティ・オリエンテーション	【44】ユマニチュード	【46】バリデーションに基づくコミュニケーション技法
4　連携と協働	1）地域におけるサポート体制	【86】認知症初期集中支援チーム	【43】日常生活自立支援事業，【45】認知症サポーター	
	2）多職種連携と協働		【46】認知症ケアパス，【47】認知症ライフサポートモデル	
5　家族への支援	1）家族への支援	【84】アルツハイマー型認知症の人の家族への助言		【48】認知症の人の家族が利用できるサービス

●第 37 回試験に向けた学習ポイント

- 認知症の原因となる疾患と症状，認知症に伴う生活への影響，認知症のある人とのコミュニケーション（バリデーション等），生活支援，認知症のある人への関わり（音楽療法等）など，基本的な知識を理解しておく必要がある。
- 第 36 回には出題がなかったが，地域におけるサポート体制や家族への支援についても理解を深めておきたい。
- 「共生社会の実現を推進するための認知症基本法」が 2024 年（令和 6 年）1 月 1 日に施行されたため，目的，基本理念，国・地方公共団体等の責務等，基本的施策等の内容についても，他の認知症のある人への支援対策と併せて押さえておきたい。

問題● 39【認知症の理解】

高齢者の自動車運転免許に関する次の記述のうち，正しいものを1つ選びなさい。

1　75歳から免許更新時の認知機能検査が義務づけられている。
2　80歳から免許更新時の運転技能検査が義務づけられている。
3　軽度認知障害（mild cognitive impairment）と診断された人は運転免許取消しになる。
4　認知症（dementia）の人はサポートカー限定免許であれば運転が可能である。
5　認知症（dementia）による運転免許取消しの後，運転経歴証明書が交付される。

（注）「サポートカー限定免許」とは，道路交通法第91条の2の規定に基づく条件が付された免許のことである。

1＝○　70歳以上の人が運転免許証を更新する時には**高齢者講習**が，75歳以上の人が更新する時には**高齢者講習**に加えて，記憶力や判断力を測定する**認知機能検査**を受けることが義務づけられている。検査結果で認知症の恐れがあるとされた場合は，医師の診断を受ける。

2＝×　**運転技能検査**は，75歳以上の人で，一定の違反歴がある場合に導入される検査である。運転技能検査に合格しなければ，運転免許の更新を受けることができない。対象となる違反行為は，信号無視，通行区分違反，速度超過，携帯電話使用等の11種類がある。

3＝×　認知機能検査の判定結果において，「**認知症**の恐れがある」と判定された場合は，医師の診断を受ける必要があり，**認知症**と診断された場合は免許の取消しまたは効力の停止を受ける。道路交通法における**認知症**は第90条において「介護保険法第5条の2第1項に規定する認知症である者」と定義されている。軽度認知障害は，記憶などが低下しているが生活管理はできる**認知症**とはいえない中間の状態のため，運転免許取消しに該当しない。

4＝×　**サポートカー限定免許**は，高齢運転者を中心に，交通事故防止として衝突被害軽減ブレーキやペダル踏み間違い時加速抑制装置といった先進安全技術を搭載したサポートカーに限り運転することができる運転免許である。認知症と診断された場合は運転免許取消しになるため，サポートカー限定免許であっても運転はできない。

5＝×　**運転経歴証明書**は，運転免許証を自主返納した人や運転免許証の更新を受けずに失効した人が交付を受けることができる。認知症や交通違反等により免許取消しとなった人は交付を受けることができない。

▶**正答＝1**

さらに深掘り！

- 高齢者講習は，講義（座学），運転適性検査，実車指導の内容となっている。
- 認知機能検査の内容は，時間の見当識と手がかり再生の2つである。
- 運転技能検査は，コース内を走行して指示速度による走行など6つの課題を実施する。

問題● 40【認知症の理解】

認知症（dementia）の行動・心理症状（BPSD）であるアパシー（apathy）に関する次の記述のうち，**適切なものを1つ選びなさい。**

1 感情の起伏がみられない。

2 将来に希望がもてない。

3 気持ちが落ち込む。

4 理想どおりにいかず悩む。

5 自分を責める。

この問題は，「アパシー」と「うつ」との違いが理解できているかが問われている。「アパシー」は，問題文にもあるように認知症の行動・心理症状（BPSD）の1つである。「うつ」は，その状態で記憶機能が低下し，軽度の認知症様の症状となると**偽性認知症**といわれる。

「アパシー」と「うつ」の特徴は，以下の表のとおりである。

●「アパシー」と「うつ」の特徴

アパシー	うつ
・無気力である（感情の起伏がみられない）ことの自覚が**乏しい** ・悲哀的で**ない** ・病識が**低下**している	・無気力である（感情の起伏がみられない）ことの自覚が**ある** ・悲哀的で**ある**（気持ちが落ち込む） ・病識が**過剰**である ・将来に希望がもてない ・理想と現実の間で葛藤する（理想どおりにいかず悩む） ・自分を責める

選択肢**1**の「感情の起伏がみられない」という特徴は「アパシー」と「うつ」のどちらにもみられる特徴である。一方で，選択肢**2**～**5**については，「うつ」にみられる特徴である。

したがって，**1**＝○，**2**＝×，**3**＝×，**4**＝×，**5**＝×となる。

なお，アパシーがみられる場合，声かけや刺激がないと，1日中テレビの前に座っているなど，自発的な活動がみられない状態である。介護者側からみると，危険な行動や無断外出などがないため介護の必要性は少ないが，そのままの状態でいると廃用症候群（disuse syndrome）が進行し，認知機能の低下も加速する。

▶**正答＝1**

さらに深掘り！

●アパシーは，血管性認知症（vascular dementia）に多く出現する傾向があるが，重度の認知症になるとどの種類の認知症でも出現する。

●レビー小体型認知症（dementia with Lewy bodies）では，初期からうつ症状が現れる場合が多く，病識は比較的保たれ，不安も強い傾向にある。

問題● 41【認知症の理解】

認知症（dementia）の人にみられる，せん妄に関する次の記述のうち，**最も適切なもの**を１つ選びなさい。

1 ゆっくりと発症する。

2 意識は清明である。

3 注意機能は保たれる。

4 体調の変化が誘因になる。

5 日中に多くみられる。

1 = ✕ **ゆっくりと発症する**のは認知症の特徴の１つである。せん妄は，**急激に発症する**。また，せん妄は一時的であり夜間にせん妄を起こしても寝て起きるとせん妄が消失して翌日には認知機能が元に戻り，せん妄による行動・心理症状（BPSD）についても消失する。このように，せん妄になると認知症と似た症状が出現するが回復すると元に戻るために，認知症とは区別することが大切である。

2 = ✕ **意識が清明である**のは認知症の特徴である。せん妄では**意識の混濁がみられる**。**覚醒レベルの低下**がみられるが，認知症では基本的には**覚醒レベルは保たれる**。せん妄では意識が興奮して**幻覚**が見えたり，つじつまの合わないことを言ったりすることがある。

3 = ✕ せん妄では，呼びかけた時の反応がいつもと異なり適切でなかったり，簡単な命令に応じたりすることができないなどの状態になる。**注意機能は保たれない**。

4 = ○ せん妄においては，**体調の変化が誘因になる**。特に，高齢で認知症の人は，便秘，発熱，疼痛，身体の拘束などにおいて容易にせん妄が生じる。また，水分の摂取量が少ないと脱水になりやすく夜間せん妄を引き起こしやすくなる。１日の水分量を確認して援助していくことが大切となる。

5 = ✕ せん妄には，日中に多くみられるといった特徴はなく，せん妄の中でも，特に**夜間に出現する状態**を**夜間せん妄**という。また，認知症の人で見当識障害などのために入院するなどの場合には，環境の変化によりせん妄を起こすことがある。不慣れな場所での生活や環境が原因となり夜間せん妄を引き起こす。なるべく不安にさせないための対応が必要となる。

▶正答＝４

さらに深掘り！

- 血管性認知症（vascular dementia）においては，夜間に覚醒レベルが低下して夜間せん妄を起こしやすい傾向がある。
- レビー小体型認知症では，覚醒レベルが低下した際に，認知機能の低下により幻視やせん妄の症状が出現することがある。
- せん妄の経過は一過性であるのに対して，認知症の経過は持続性がある。

問題● 42【認知症の理解】

レビー小体型認知症（dementia with Lewy bodies）にみられる歩行障害として，**最も適切なもの**を１つ選びなさい。

1　しばらく歩くと足に痛みを感じて，休みながら歩く。
2　最初の一歩が踏み出しにくく，小刻みに歩く。
3　動きがぎこちなく，酔っぱらったように歩く。
4　下肢は伸展し，つま先を引きずるように歩く。
5　歩くごとに骨盤が傾き，腰を左右に振って歩く。

1 =× しばらく歩くと足に痛みを感じて，休みながら歩くのは，脊柱管狭窄症（spinal stenosis）や閉塞性動脈硬化症（arteriosclerosis obliterans）などを原因として生じる**間欠性跛行**と呼ばれる症状であり，適切ではない。

2 =○ 最初の一歩が踏み出しにくく，小刻みに歩くのは**パーキンソン症状**の１つである。レビー小体型認知症は**パーキンソン症状**を伴うのが特徴であり，最も適切である。

3 =× 動きがぎこちなく酔っぱらったように歩くのは，脊髄小脳変性症（spinocerebellar degeneration）などによって生じる**酩酊様歩行**と呼ばれる症状であり，適切ではない。

4 =× 下肢の伸展が見られ，つま先を引きずるような歩き方は，片側（両側）錐体路障害などによって生じる**痙性歩行**と呼ばれる症状であり，適切ではない。

5 =× 骨盤の傾きが見られ，腰を左右に振るような歩き方は，変形性股関節症などによって生じる**トレンデレンブルグ歩行**，あるいはその代償作用としての**デュシェンヌ歩行**と呼ばれる症状であり，適切ではない。

▶正答＝ 2

さらに深掘り！

● レビー小体型認知症の症状としては，本問題で取り上げられた「パーキンソン症状」とともに「リアルな幻視」が代表的なもの。
● 「認知機能の変動」と「レム睡眠行動障害（REM sleep behavior disorder）」も中核的症状として報告されているので，併せて理解しておきたい。

問題● 43【認知症の理解】

次の記述のうち，若年性認知症（dementia with early onset）の特徴として，**最も適切なものを1つ選びなさい。**

1 高齢の認知症（dementia）に比べて，症状の進行速度は緩やかなことが多い。
2 男性よりも女性の発症者が多い。
3 50歳代よりも30歳代の有病率が高い。
4 特定健康診査で発見されることが多い。
5 高齢の認知症（dementia）に比べて，就労支援が必要になることが多い。

1 = × 若年性認知症では，高齢発症の場合よりも進行が**速い**傾向がある。そのため，早期の診断が大切である。

2 = × 高齢の認知症の性別比では女性が多いが，日本医療研究開発機構（AMED）認知症研究開発事業「若年性認知症の有病率・生活実態調査」（2020年（令和2年））によれば，若年性認知症の発症者は**男性**のほうが多い。

3 = × 有病率は，30歳代より50歳代のほうが**高い**。選択肢2で挙げた調査では，30歳代の人口10万人あたりの有病率（人）は9.2人であるが，50歳代は，153.5人となり，約17倍である。

4 = × 診断のきっかけは，**職場でのミスなどにより職場の同僚や家族が気づくこと**が多く，年齢的にも認知症とは思わず，診断は遅れがちとなっている。特定健康診査とは，生活習慣病の予防のために，対象者（40～74歳）のメタボリックシンドローム（metabolic syndrome）に着目した健診のことである。

5 = ○ 若年性認知症は，特に一家の生計を支える働き盛りの男性が多いため，休職や退職により生活に困窮する可能性がある。そのため，**就労支援**が必要になることが多い。国は全国に**若年性認知症支援コーディネーター**を設置し，就労を含めた生活全般の相談窓口をおき，支援の充実を進めている。

▶正答＝5

アドバイス！

- 2022年（令和4年）に「若年性認知症支援ガイドブック 改訂5版」が発行されており，web上で見ることができる。https://y-ninchisyotel.net/wp-content/uploads/guidebook_2022.pdf
- 若年性認知症は，本人や配偶者が現役世代であることから，本人を含め家族全体の支援が必要になる。

問題● 44【認知症の理解】

Lさん（78歳，女性，要介護1）は，3年前にアルツハイマー型認知症（dementia of the Alzheimer's type）と診断された。訪問介護（ホームヘルプサービス）を利用し，夫の介護を受けながら二人で暮らしている。ある日，訪問介護員（ホームヘルパー）が訪問すると夫から，「用事で外出しようとすると『外で女性に会っている』と言って興奮することが増えて困っている」と相談を受けた。

Lさんの症状に該当するものとして，**最も適切なものを1つ選びなさい。**

1 誤認
2 観念失行
3 嫉妬妄想
4 視覚失認
5 幻視

1 =× **誤認**は，人物誤認のように相手が誰かわからないなどのあいまいな認識をいい，Lさんは，夫を認識しているため該当しない。アルツハイマー型認知症では病状がかなり進んでから起こる。

2 =× **観念失行**は，手足の機能は保たれていて個々の運動はできるが，複雑な一連の運動が困難になるもので，Lさんの症状には該当しない。

3 =○ **嫉妬妄想**は，「配偶者が不貞を働いている」とする妄想であり，様々な認知症でみられる。Lさんの症状は，夫が用事で外出することが女性と会っているという妄想になったものと考えられ，嫉妬妄想が最も適切である。特にアルツハイマー型認知症の症状では，このような健忘に起因する被害妄想として，**もの盗られ妄想**が特徴的である。

4 =× **視覚失認**は，目の前で見えていることが認識できない視覚に関連した症状で，Lさんの症状には該当しない。視覚失認は，後頭葉機能の低下が起こるレビー小体型認知症の特徴である。

5 =× **幻視**は，レビー小体型認知症の特徴的な症状で，何もないところに幻の同居人が見え，実際にいると信じ込み嫉妬妄想に結びつくことはあるが，Lさんの症状には該当しない。

▶正答＝3

アドバイス！

●認知症の原因疾患と症状の起こり方を具体的に関連づけて理解しておくとよい。

問題● 45【認知症の理解】

認知機能障害による生活への影響に関する記述として，**最も適切なものを１つ選びなさい。**

1 遂行機能障害により，自宅がわからない。
2 記憶障害により，出された食事を食べない。
3 相貌失認により，目の前の家族がわからない。
4 視空間認知障害により，今日の日付がわからない。
5 病識低下により，うつ状態になりやすい。

認知機能とは，人間がものを認識するために必要な能力のことで，認知機能障害は，言葉を記憶したり，物事に注意を向けたり，実際の作業を行うことができない状態を指す。

1 =✕ **遂行機能障害**とは，作業の段取りを考え，効率よく作業をこなす能力が障害され，段取りがうまくできなくなることであり，記述は適切ではない。自宅がわからないということに関連するのは，場所の**見当識障害**である。

2 =✕ 出された食事を食べないということに関連するのは，食事と認識できない**失認**やお箸の使い方がわからない**失行**などであり，記述は適切ではない。**記憶障害**では食べたこと自体を忘れるなどとなる。

3 =○ **相貌失認**とは，顔を見ても誰だかわからないといった症状をいい，目の前の家族がわからないという記述は適切である。

4 =✕ 今日の日付がわからないということに関連するのは，時間の**見当識障害**であり，記述は適切ではない。**視空間認知障害**は，空間の中で自分の体の位置や動きを把握する機能の障害で，自分のボディーイメージと服の空間的位置関係がわからなくなり，服が着られないといったことが起こる。

5 =✕ 病識が低下するほどうつ状態に**なりにくい**。病識が低下すると失敗の指摘に対し怒りが起こるなど，介護上の困難を引き起こす。アルツハイマー型認知症（dementia of the Alzheimer's type）の初期の失敗体験が増え病識が保たれている時期のほうが，うつ状態に**なりやすい**傾向がある。

▶正答＝ 3

ときテク！

●認知症（dementia）の中核症状と行動・心理症状（BPSD）は，主な症状の名称と何ができなくなるのかを表などに整理しておくとよい。

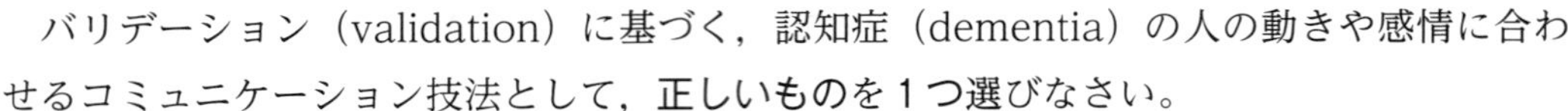

問題● 46【認知症の理解】

バリデーション（validation）に基づく，認知症（dementia）の人の動きや感情に合わせるコミュニケーション技法として，**正しいものを1つ**選びなさい。

1　センタリング（centering）
2　リフレージング（rephrasing）
3　レミニシング（reminiscing）
4　ミラーリング（mirroring）
5　カリブレーション（calibration）

※本問題については，2024年（令和6年）3月25日に，公益財団法人社会福祉振興・試験センターより，「選択肢4及び選択肢5に得点する」と採点上の取扱いが公表されました。その理由については以下のとおり公表されましたので，原文どおり掲載します。

理由

問題文からは，選択肢4と選択肢5のいずれも正答となるため。

1 = ✕ **センタリング**は，介護者自身が「怒り」や「イライラ」の感情から解放されることを目的として行われる精神集中のための技法のことである。よって誤りである。

2 = ✕ **リフレージング**は，認知症の人が話した言葉の中で最も重要だと思われる部分を，声の大きさや抑揚なども反映させながら繰り返す技法のことである。よって誤りである。

3 = ✕ **レミニシング**は，認知症の人に思い出話（昔話）をしてもらう技法のことである。よって誤りである。

4 = ○ **ミラーリング**は，鏡のように認知症の人と向き合い，共感を込めて認知症の人と同じ動作を行うことで，相手の動きや感情に合わせる技法のことである。よって正しい。

5 = ○ **カリブレーション**は，認知症の人の感情を観察し，介護者が自身の感情を一致させていくための，バリデーションにおける基本的態度であるとともにコミュニケーション技法でもある。よって正しい。

▶**正答＝4・5**

ときテク！

- この問題は「バリデーション」について深く学んでいる人ほど解答に迷う難問であったと推察される。
- 全ての問題にいえることだが，迷いが生じたら「問題文が何を求めているのか」という基本に立ち戻ることで，正答を選択する可能性が高まるということを常に念頭に置いておきたい。

問題● 47【認知症の理解】

Mさん（80歳，女性，要介護１）は，アルツハイマー型認知症（dementia of the Alzheimer's type）であり，３日前に認知症対応型共同生活介護（認知症高齢者グループホーム）に入居した。主治医から向精神薬が処方されている。居室では穏やかに過ごしていた。夕食後，表情が険しくなり，「こんなところにはいられません。私は家に帰ります」と大声を上げ，ほかの利用者にも，「あなたも一緒に帰りましょう」と声をかけて皆が落ち着かなくなることがあった。

Mさんの介護を検討するときに優先することとして，**最も適切なものを１つ**選びなさい。

1　Mさんが訴えている内容
2　Mさんの日中の過ごし方
3　ほかの利用者が落ち着かなくなったこと
4　対応に困ったこと
5　薬が効かなかったこと

1 =○ Mさんはグループホーム入居直後であり，環境の変化に起因して不安や恐れの感情が生じていることが推察される。この状況においてMさんに提供する介護を検討する際に「介護職」が優先すべき点は，Mさんが自身の言動を通して「**何を訴えようとしているのか**」ということをできるだけ正確に理解しようとすることである。よって適切である。

2 =× 夕食後の行動の変化が見て取れることから，日中の過ごし方との因果関係も検討したいところであるが，問われているのは介護職が「優先」することであり，選択肢**1**がよりふさわしいと判断される。よって適切ではない。

3 =× ほかの利用者が落ち着かなくなったことの原因がMさんの言動であることを踏まえると，Mさんの介護を検討する上でほかの利用者の状態が最優先されることではない。よって適切ではない。

4 =× 対応に困ったことというのは，介護職の視点からの表現であり，優先されるものではない。よって適切ではない。

5 =× 問題文からはMさんの言動の変化は，処方されている向精神薬の影響も推察されるが，問われているのは「介護福祉職」の視点であり，薬の効果を検討するのは「医療職」の視点であるため，優先事項ではない。よって適切ではない。

▶**正答＝ 1**

アドバイス！

●様々な介護場面における介護福祉職の優先事項として，まずは本人の訴えにしっかりと耳を傾ける（傾聴する）「利用者本位」の姿勢を問う類似問題が過去にも出題されている。介護福祉職の基本姿勢として理解しておきたい。

問題● 48【認知症の理解】

Aさん（80歳，男性，要介護1）は，認知症（dementia）で，妻の介護を受けながら二人で暮らしている。「夫は昼夜逆転がある。在宅介護を続けたいが，私が体調を崩し数日間の入院が必要になった」と言う妻に提案する，Aさんへの介護サービスとして，**最も適切なもの**を**1つ**選びなさい。

1　認知症対応型通所介護（認知症対応型デイサービス）
2　短期入所生活介護（ショートステイ）
3　認知症対応型共同生活介護（認知症高齢者グループホーム）
4　特定施設入居者生活介護
5　介護老人福祉施設

事例の情報から，「要介護1であるAさんが利用できること」「今後も在宅介護を続けられるように，妻が入院する数日間だけ，夜間も含めて利用できるサービスであること」が，Aさんへの介護サービスとして求められる要件となる。

1＝✕ **認知症対応型通所介護**は，認知症と診断された人のみが日帰りで利用できる通所サービスである。夜間も含めて利用できるサービスではないため，適切ではない。

2＝○ **短期入所生活介護**は，利用者が可能な限り自宅で自立した生活を送ることができるように，利用者の心身の状況が優れないときだけでなく，家族の疾病，身体的・精神的負担の軽減などの理由でも利用できるサービスである。そのため，レスパイトケア（respite care）としても効果がある。数日間だけ，夜間も含めて利用できるサービスであるため，適切である。

3＝✕ **認知症対応型共同生活介護**は，認知症と診断され，在宅生活が困難となった人が共同生活住居に入居して利用するサービスである。数日間だけ利用できるサービスではないため，適切ではない。

4＝✕ **特定施設入居者生活介護**は，特定施設（有料老人ホーム・養護老人ホーム・軽費老人ホーム）に入居して介護や日常生活上の世話，機能訓練，療養上の世話を受けるサービスである。数日間だけ利用できるサービスではないため，適切ではない。

5＝✕ **介護老人福祉施設**は，原則として要介護3以上の要介護者が，施設に入所して利用するサービスである（要介護1・2の人はやむを得ない理由がある場合以外は利用できない）。Aさんは要介護1であり，数日間だけ利用できるサービスでもないため，適切ではない。

▶**正答＝2**

アドバイス！

- レスパイトケアとは，家族が介護を続けていくために，介護を必要としている人から離れて，一時的に休息をとれるように支援を行うこと。
- 認知症の人の家族のレスパイトケアには，介護保険サービス以外に家族会，介護者教室，認知症カフェ等もあるので押さえておく。

障害の理解

●出題傾向の分析

出題数は10問である。各大項目から万遍なく出題されている。「障害の医学的・心理的側面の基礎的理解」では，障害の特性や症状について障害種別を変えて毎年出題されている。

出題基準		出題実績		
大項目	中項目	第34回（2022年）	第35回（2023年）	第36回（2024年）
1　障害の基礎的理解	1）障害の概念	【87】障害者の法的定義		
	2）障害者福祉の基本理念		【49】ストレングスの視点，【50】自立生活運動	【49】ノーマライゼーションの原理を盛り込んだ法律
	3）障害者福祉の現状と施策	【89】知的障害者への意思決定支援	【51】障害者虐待の類型	【50】成年後見人等を選任する機関
2　障害の医学的・心理的側面の基礎的理解	1）障害のある人の心理		【52】上田敏による障害受容モデル	【51】障害を受容した心理的段階の言動
	2）障害の理解	【88】半側空間無視，【91】頸髄損傷で重度の四肢麻痺になった人への対応	【53】四肢麻痺を伴う疾患や外傷，【54】学習障害の特徴	【52】統合失調症の特徴的な症状，【53】糖尿病性網膜症で末梢神経障害のある人
	3）難病の理解	【90】筋萎縮性側索硬化症で出現しにくい症状，【92】パーキンソン病の人の症状	【55】脊髄小脳変性症の症状	【54】ALSの人の状態
3　障害のある人の生活と障害の特性に応じた支援	1）障害に伴う機能の変化と生活への影響の基本的理解			
	2）生活上の課題と支援のあり方		【56】統合失調症の人の就労支援	【55】知的障害のある人への金銭管理
	3）QOLを高める支援のための理解			【56】障害者の権利を確保する考え方
4　連携と協働	1）地域におけるサポート体制	【93】障害者への理解を深めるためのアセスメントツール，【94】障害者総合支援法で定める協議会	【57】市（自立支援）協議会の機能・役割	
	2）多職種連携と協働	【95】相談支援専門員が作成する計画	【58】多職種連携による関係者が果たす役割	【57】サービス等利用計画を作成する専門職
5　家族への支援	1）家族への支援	【96】脳梗塞を発症した人の家族への支援		【58】家族の介護力をアセスメントするときの視点

●第37回試験に向けた学習ポイント

- 【介護の基本】と関連が深いため，基本的な概念や理念は並行して学習する（QOL，ノーマライゼーション，ICF，エンパワメント，ストレングス，リハビリテーションなど）。
- 重要な概念は，その定義・意味だけではなく，成り立ちや歴史的展開も理解しておく。
- 障害種別（身体障害・知的障害・精神障害・発達障害・高次脳機能障害・難病）ごとの具体的な特性や症状を理解しておく。
- 障害者の心理や障害の受容過程，家族の心理やその支援について理解しておく。
- 障害者総合支援法および障害福祉サービス利用の流れ，（自立支援）協議会について理解しておく。

問題● 49【障害の理解】

次のうち，ノーマライゼーション（normalization）の原理を盛り込んだ法律（いわゆる「1959 年法」）を制定した最初の国として，**正しいものを 1 つ**選びなさい。

1　デンマーク
2　イギリス
3　アメリカ
4　スウェーデン
5　ノルウェー

ノーマライゼーションは，動詞の normalize に状態を示す -tion をつけた造語である。社会福祉における基本理念の 1 つであり，ノーマルな状態を維持（提供）し続けたときの結果を表す概念である。その起源は**知的障害者**に関する問題であったが，現在では領域を問わず広く用いられている。

デンマークのバンク - ミケルセン（Bank-Mikkelsen, N.）は，ノーマライゼーションは人権そのものであり，社会的支援を必要としている人々を「いわゆるノーマルな人にすることを目的としているのではなく，その障害を共に受容することであり，彼らにノーマルな生活条件を提供すること」と定義した。バンク - ミケルセンは**デンマーク**の社会省行政官として，ノーマライゼーションの理念を法律（いわゆる「1959 年法」）に盛り込んだ。「ノーマライゼーションの父」といわれる人物である。

スウェーデンのニィリエ（Nirje, B.）は，バンク - ミケルセンによるノーマライゼーションの理念をもとに，「ノーマライゼーションの 8 つの原理」を提唱した。これは障害者であっても，住居や教育，労働環境，余暇の過ごし方など，日常生活の条件を，できる限り障害のない人と同じような条件にすることを目的とする考え方である。「ノーマライゼーションの育ての親」といわれる人物である。

ヴォルフェンスベルガー（Wolfensberger, W.）は，**アメリカ**に広まったノーマライゼーションの概念を「文化―特定的」に再構築した。「文化―特定的」とは，文化が異なることによって「通常」という概念が示す意味が違ってくることから，「特定の文化には特定の通常がある」という考え方である。

したがって，**1** =○，**2** =×，**3** =×，**4** =×，**5** =×となる。

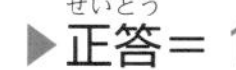
▶正答＝ 1

さらに深掘り！

● 日本でノーマライゼーションの理念が浸透する契機となったのは，「完全参加と平等」をテーマに掲げた国際障害者年（1981 年）である。
● 国際障害者年（1981 年）で，ノーマライゼーションとともに重視された理念がリハビリテーションである。

問題● 50【障害の理解】

法定後見制度において，成年後見人等を選任する機関等として，正しいものを１つ選びなさい。

1 法務局
2 家庭裁判所
3 都道府県知事
4 市町村長
5 福祉事務所

成年後見制度とは，認知症，知的障害，精神障害などにより，本人の判断能力が不十分になった人の代わりに，本人の財産管理や生活に必要な契約を行う援助者（成年後見人等（成年後見人・保佐人・補助人））を選ぶことで本人を保護し，法律的に支援する制度である。成年後見制度には，法定後見制度と任意後見制度がある。法定後見制度は，家庭裁判所によって，成年後見人等を選任して本人を支援する制度であり，本人の判断能力に応じて「後見」「保佐」「補助」の３つの類型がある。一方，任意後見制度は，本人の判断能力があるうちに，あらかじめ，判断能力が不十分になったときに備え，「誰に」「どのように」支援をしてもらうかを契約により決めておく制度である。

法定後見開始の手続きは，家庭裁判所に後見等の開始の申立てを行う必要があり，本人，配偶者，四親等内の親族，検察官，市町村長などが申立てできる。成年後見人等の権限は，援助の種類（類型）に応じて異なる。

●法定後見制度の概要

	後見	保佐	補助
対象者	判断能力が欠けているのが通常の状態の人（成年被後見人）	判断能力が著しく不十分な人（被保佐人）	判断能力が不十分な人（被補助人）
申立人	本人，配偶者，四親等内の親族，検察官，市町村長など		
申立て先	家庭裁判所		
成年後見人等に選任される者	配偶者，親族，社会福祉士，弁護士などの個人 社会福祉協議会等の社会福祉法人，株式会社などの法人		
代理権の範囲	財産に関するすべての法律行為	申立ての範囲内で家庭裁判所が審判で定める「特定の法律行為」	

したがって，1 =×，2 =○，3 =×，4 =×，5 =×となる。

▶正答＝ 2

アドバイス!

- この問題は，法定後見制度の基本的な理解が求められる問題である。
- 成年後見人等の種類（類型）や，選任する機関を正しく理解する必要がある。

問題● 51【障害の理解】

次の記述のうち，障害を受容した心理的段階にみられる言動として，**最も適切なもの**を1つ選びなさい。

1 障害があるという自覚がない。
2 周囲に不満をぶつける。
3 自分が悪いと悲観する。
4 価値観が転換し始める。
5 できることに目を向けて行動する。

障害の受容は，表に示す５つの過程（心理的段階）で進むものとされている。これは段階的に一直線に進むものではなく，それぞれの段階を行き来することもある。また，全ての障害者に同じ状況が起こるとは限らない。

なお，上田敏は，障害の受容を次のように定義している。

「障害の受容とはあきらめでも居直りでもなく，障害に対する価値観（感）の転換であり，障害をもつことが自己の全体としての人間的価値を低下させるものではないことの認識と体得を通じて，恥の意識や劣等感を克服し，積極的な生活態度に転ずること」（上田敏「障害の受容――その本質と諸段階について」『総合リハビリテーション』第８巻第７号，1980年，pp. 515–521）。

したがって，**1**＝×，**2**＝×，**3**＝×，**4**＝×，**5**＝○となる。

●障害受容の段階

第１段階 ―ショック期―	受傷直後でショックを受けている。障害は治療により回復するととらえている。意外と不安は強くない。
第２段階 ―否認期―	障害が残ることに対しての不安が強くなり，適応機制（拒否）により「自分には障害はない」と障害があることを否認する。
第３段階 ―混乱期―	障害の告知を受けて否認できなくなり，混乱したり悲嘆に暮れる。適応機制（攻撃）により周囲に当たったり，抑うつや自殺企図に至ることもある。
第４段階 ―解決への努力期―	障害があってもできることに気づくなど，前向きに努力をして，価値観（感）が転換し始める。
第５段階 ―受容期―	「障害があってもできることがある」という障害に対する新たな価値観（感）が形成され，積極的な生活態度で生きていく。

資料：介護福祉士養成講座編集委員会編『最新 介護福祉士養成講座14 障害の理解 第２版』中央法規出版，2022年，pp.51–52

▶正答＝5

- 障害の受容は人間の心理に密接に関連しているため，人間の欲求や適応機制，心理的支援についても併せて理解を深めておく必要がある。
- 環境的要因は障害の受容に大きく影響するため，物理的障壁，制度的障壁，情報の障壁，意識的障壁などの障害者を取り巻く社会的障壁を除去することは，障害の受容の促進につながる。

問題● 52【障害の理解】

統合失調症(schizophrenia)の特徴的な症状として，**最も適切なものを1つ選びなさい。**

1 振戦せん妄
2 妄想
3 強迫性障害
4 抑うつ気分
5 健忘

統合失調症は，人間が様々な情報を脳に取り込み，その情報を処理して活用するというプロセスに不具合（認知機能障害）が発生し，社会生活上の困難が生じる疾病である。代表的な症状は以下の表のとおりである。

●統合失調症の代表的な3症状

症状	内容
認知機能障害	・集中力・記憶力などの低下，物事に対して関係のない考えや突拍子もない考えをもつ ・状況に応じた柔軟な考えがむずかしくなる
代表的な陽性症状	・**妄想**：事実ではないことを事実であると思いこみ，修正できない ・幻覚：実際にはないものが見えたり，聞こえたりする（とくに幻聴が多い）
代表的な陰性症状	・**感情の平板化**：感情が揺さぶられるイベントに対して反応が鈍くなる ・意欲低下：物事に対して自分から行動することが少なくなる。ひきこもりがちになることもある

出典：介護福祉士養成講座編集委員会編『最新 介護福祉士養成講座14 障害の理解 第2版』中央法規出版，2022年，p.177

1 = × 振戦せん妄は，**アルコール依存症**（alcohol dependence）の離脱症状である。

2 = ○ 妄想は**統合失調症**の代表的な陽性症状である。

3 = × 強迫性障害は，強迫観念（非常に強い不安感）から強迫行為（不安を振り払おうと，同じ行動を何度も繰り返すこと）に至るものである。

4 = × 抑うつ気分は，**うつ病**（depression）や**双極性感情障害**（bipolar affective disorder）などで気分の落ち込みや無気力感などが強くなり，精神症状や身体症状がみられることである。

5 = × 健忘は，出来事を部分的または完全に思い出すことができない症状である。健忘の原因は，**脳の損傷**，**アルコール依存症**などである。心的外傷が原因である場合は，解離性健忘とされる。

▶正答＝ 2

さらに深掘り！

●統合失調症の発症時期は，思春期から30代に多いとされている。不治の病ではなく，服薬や適切な支援により寛解に至り，障害のない人と変わらない社会生活を送る人もいる。

問題● 53【障害の理解】

Bさん（60歳，男性）は，一人暮らしをしている。糖尿病性網膜症（diabetic retinopathy）による視覚障害（身体障害者手帳1級）があり，末梢神経障害の症状がでている。Bさんの日常生活において，介護福祉職が留意すべき点として，**最も適切なものを1つ選**びなさい。

1 水晶体の白濁
2 口腔粘膜や外陰部の潰瘍
3 振戦や筋固縮
4 足先の傷や壊疽などの病変
5 感音性の難聴

糖尿病（diabetes mellitus）は，インスリン（insulin）というホルモン（hormone）の不足や作用低下が原因で血糖値の上昇を抑える働きが低下し，高血糖が慢性的に続く病気である。糖尿病の三大合併症として，糖尿病性網膜症，糖尿病性神経障害（diabetic neuropathy），糖尿病性腎症（diabetic nephropathy）がある。

1＝× 水晶体の白濁は，白内障（cataract）の症状である。それにより，視力が低下したり，目がかすんだりする。

2＝× 口腔粘膜や外陰部の潰瘍は，ベーチェット病（Behçet's disease）の主症状の１つである。ほかに，皮膚症状，眼症状などがある。

3＝× 振戦や筋固縮は，パーキンソン病（Parkinson disease）の主症状の１つである。ほかに，無動，姿勢保持障害などがある。

4＝○ 糖尿病では，高血糖が続くことで，神経（運動神経・感覚神経・自律神経）に障害が生じる。感覚神経の障害による感覚鈍麻や代謝障害による易感染性（感染しやすくなること）から，知らないうちに足先などの末端部位にできた傷口から感染が進行すると，足指・下肢の壊疽や切断に至ることがある。設問のBさんは，糖尿病による末梢神経障害の症状がでている。本人が気づかないうちに足先の傷や壊疽などの病変が生じる可能性があるため，介護福祉職は日常生活においてその観察を行う必要がある。

5＝× 感音性の難聴は，内耳や聴神経の異常，騒音性難聴やメニエール病（Ménière disease）などの症状である。伝音性の難聴は，外耳や中耳の異常による症状である。

▶正答＝4

さらに深掘り！

- 糖尿病性網膜症では，糖尿病により高血糖が続くことで，網膜の毛細血管が動脈硬化を起こし，網膜剥離を起こしやすくなる。これは，糖尿病中期に出現することが多い。
- 糖尿病性腎症は，糖尿病により高血糖が続くことで，腎臓の細小血管の病変が糸球体の血管に及んで発症する。悪化すると腎不全に移行し，透析治療が必要になる場合もある。

問題● 54【障害の理解】

Cさん（55歳，男性）は，5年前に筋萎縮性側索硬化症（amyotrophic lateral sclerosis：ALS）と診断された。現在は症状が進行して，日常生活動作に介護が必要で，自宅では電動車いすと特殊寝台を使用している。

次の記述のうち，Cさんの現在の状態として，**最も適切なものを1つ**選びなさい。

1　誤嚥せずに食事することが可能である。
2　明瞭に話すことができる。
3　身体の痛みがわかる。
4　自力で痰を排出できる。
5　箸を上手に使える。

筋萎縮性側索硬化症は，脳や末梢神経からの命令を筋肉に伝える運動ニューロンがおかされ，手足の筋力低下やしびれに始まり，筋肉の萎縮が進行する。四肢の運動障害から症状の進行に伴って舌などの筋萎縮による嚥下障害や会話ができにくくなる構音障害，呼吸筋の萎縮による呼吸器障害などが生じ，痰の排出が困難になり，人工呼吸器の装着が必要になる。その一方で，症状が進行しても**感覚障害や排尿障害は現れにくく**，視力・聴力，内臓機能も正常であることが多く，意識障害がないことが特徴として挙げられる。

Cさんは，自宅で電動車いすと特殊寝台を使用していることから，歩行や起居動作など自立した移動動作ができない状態まで症状が進行していると推測され，四肢の運動障害に加えて，嚥下障害，構音障害および呼吸器障害も現れていると考えられる。

したがって，1＝×，2＝×，3＝○，4＝×，5＝×となる。

●筋萎縮性側索硬化症の特徴

主に60～70歳代に発症し，運動を司る神経（運動ニューロン）が変性し，徐々に**筋肉の萎縮**と**筋力の低下**をきたす原因不明の疾患。		
現れやすい症状		四肢の**運動障害**，球麻痺（**構音障害**，**嚥下障害**），**呼吸器障害**など
	球麻痺	延髄の運動核の障害による麻痺のことで，ろれつが回らない（構音障害），飲み込みが悪くなる（嚥下障害）などがみられる。
現れにくい症状		知的障害，**感覚障害**，**膀胱直腸障害**，眼球運動障害，褥瘡

資料：『見て覚える！ 介護福祉士国試ナビ2024』中央法規出版，2023年，p.184を一部改変

▶**正答＝3**

アドバイス！

- 筋萎縮性側索硬化症は，パーキンソン病（Parkinson disease）や悪性関節リウマチ（malignant rheumatoid arthritis），筋ジストロフィー（muscular dystrophy）などと並んで代表的な難病の1つ。
- 筋萎縮性側索硬化症の症状だけでなく，疾患のメカニズムについても理解しておこう。

問題● 55【障害の理解】

Dさん（36歳，女性，療育手帳所持）は，一人暮らしをしながら地域の作業所に通っている。身の回りのことはほとんど自分でできるが，お金の計算，特に計画的にお金を使うのが苦手だった。そこで，社会福祉協議会の生活支援員と一緒に銀行へ行って，1週間ごとにお金をおろして生活するようになった。小遣い帳に記録をするようにアドバイスを受けて，お金を計画的に使うことができるようになった。

次のうち，Dさんが活用した支援を実施する事業として，**最も適切なものを1つ**選びなさい。

1　障害者相談支援事業
2　自立生活援助事業
3　日常生活自立支援事業
4　成年後見制度利用支援事業
5　日常生活用具給付等事業

1＝✕　障害者相談支援事業は，障害者総合支援法に基づく市町村地域生活支援事業の必須事業であり，福祉サービスの利用援助（情報提供，相談等），社会資源を活用するための支援（各種支援施策に関する助言・指導等），社会生活力を高めるための支援等を行う事業である。

2＝✕　自立生活援助事業は，障害者総合支援法に基づく自立支援給付であり，居宅において単身等で生活する障害者につき，定期的な居宅訪問や随時の通報を受けて行う訪問，当該障害者からの相談対応等により，その日常生活における課題を把握し，必要な情報の提供及び助言，関係機関との連絡調整等の自立した日常生活を営むために必要な援助を行う事業である。

3＝○　日常生活自立支援事業は，社会福祉法に基づく事業であり，認知症高齢者，知的障害者，精神障害者等のうち判断能力が不十分な人が地域において自立した生活が送れるよう福祉サービスの利用援助等を行うもので，援助内容には，預金の払い戻し，預金の解約，預金の預け入れの手続等，利用者の**日常生活費の管理**（**日常的金銭管理**）がある。

4＝✕　成年後見制度利用支援事業は，認知症高齢者，知的障害者及び精神障害者に対して，成年後見制度の利用に要する費用のうち，成年後見制度の申立てに要する経費及び後見人等の報酬の全部又は一部を助成する事業である。介護保険法と障害者総合支援法に基づき行われる。

5＝✕　日常生活用具給付等事業は，障害者総合支援法に基づく市町村地域生活支援事業の必須事業であり，障害者，難病患者等に対して，日常生活がより円滑に行われるための用具（**日常生活用具**）を給付又は貸与すること等により，福祉の増進に資することを目的としている。

▶**正答＝3**

さらに深掘り！

●療育手帳は，児童相談所又は知的障害者更生相談所において知的障害があると判定された児・者に対して，都道府県知事及び指定都市市長が交付する。

問題● 56【障害の理解】

次のうち，障害の特性に応じた休憩時間の調整など，柔軟に対応することで障害者の権利を確保する考え方を示すものとして，**最も適切なものを1つ選びなさい。**

1 全人間的復権
2 合理的配慮
3 自立生活運動
4 意思決定支援
5 共同生活援助

1 = ✕ 全人間的復権とは，病気やけがにより障害を有した人が，再び身体的・精神的・社会的にその人らしく生きられるようになることである。元の生活に戻れるように支援するという，**リハビリテーション**の理念を表す言葉である。

2 = ◯ 障害のある本人から社会的障壁（バリア）の除去の申し出があった場合に，**負担が重すぎない範囲**で**必要かつ合理的**な対応を行うことを合理的配慮という。相互理解のもと，障害の特性に応じて休憩時間を調整することは，障害者の権利を確保する対応といえる。

3 = ✕ 自立生活運動（IL運動）は，「重度の障害があっても自分の人生を自立して生きる」という考えのもと，1960年代にアメリカのカリフォルニア州バークレーで重度の障害のある学生たちを中心に起こった運動である。**自己決定**できるように必要な社会サービスの構築や意識改革を求めた社会運動である。

4 = ✕ 2017年（平成29年）に厚生労働省が作成した「障害福祉サービス等の提供に係る意思決定支援ガイドライン」では，意思決定支援とは，自ら意思を決定することが困難な障害者が，自らの意思が反映された生活を送ることができるように，可能な限り本人が自ら意思決定できるように支援することとされている。本人の自己決定や意思確認ができない場合は，本人をよく知る関係者等が本人の意思や選好を推定する。

5 = ✕ 共同生活援助とは，障害者に対して，主に**夜間**や**休日**に**共同生活**を行う住居で，相談，入浴，排泄，食事の介護，日常生活上の援助を行う居住支援系サービスをいう。

▶**正答＝ 2**

アドバイス！

- 共生社会の実現を目指す改正障害者差別解消法が，2024年（令和6年）4月1日から施行され，行政機関等に加え，民間事業者に対しても，障害のある人から社会的障壁（バリア）の除去について申し出があった場合に，合理的な配慮を行うことが義務づけられた。
- 合理的配慮の概念は，2006年12月に国連総会で採択された障害者権利条約で取り上げられた。

問題● 57【障害の理解】

「障害者総合支援法」において，障害福祉サービスを利用する人の意向のもとにサービス等利用計画案を作成する事業所に置かなければならない専門職として，**最も適切なものを1つ**選びなさい。

1　介護支援専門員（ケアマネジャー）
2　社会福祉士
3　介護福祉士
4　民生委員
5　相談支援専門員

（注）「障害者総合支援法」とは，「障害者の日常生活及び社会生活を総合的に支援するための法律」のことである。

1 = ×　介護支援専門員は，介護保険法に規定された専門職で，居宅介護支援事業所や介護保険施設に必置とされている。要介護者や要支援者が適切にサービスを受けることができるように**居宅サービス計画や施設サービス計画等を作成**する。

2 = ×　社会福祉士は，「専門的知識及び技術をもって，身体上若しくは精神上の障害があること又は環境上の理由により日常生活を営むのに支障がある者の福祉に関する相談に応じ，助言，指導，福祉サービスを提供する者又は医師その他の保健医療サービスを提供する者その他の関係者との連絡及び調整その他の援助を行うこと（**相談援助**）」を業としている。

3 = ×　介護福祉士は，「専門的知識及び技術をもって，身体上又は精神上の障害があることにより日常生活を営むのに支障がある者につき心身の状況に応じた**介護**（喀痰吸引等を含む）を行い，並びにその者及びその介護者に対して**介護に関する指導**を行うこと」を業としている。

4 = ×　民生委員は，民生委員法に規定された非常勤の地方公務員であり，地域の住民の中から都道府県知事に推薦され，厚生労働大臣が委嘱する。住民の立場に立って**相談**に応じ，必要な**援助**を行うことで，社会福祉の増進に努めるものとされている。サービス等利用計画案の作成には関わらない。

5 = ○　相談支援専門員は，障害者の日常生活及び社会生活を総合的に支援するための法律に基づく指定計画相談支援の事業の人員及び運営に関する基準の第3条に規定する，**指定特定相談支援事業所**に置かなければならない専門職である。障害者総合支援法に基づくサービスを利用する際に必要な**サービス等利用計画案の作成**等の業務を担当する。この選択肢が正解となる。

▶正答＝5

さらに深掘り！

●相談支援専門員の作成するサービス等利用計画には，①利用者と家族の生活に対する意向，②総合的な援助の方針，③解決すべき課題，④サービスの目標（長期・短期），⑤その達成時期，⑥サービスの種類・内容・量，⑦サービス提供の留意事項等を記載する。

問題● 58【障害の理解】

家族の介護力をアセスメントするときの視点に関する記述として，**最も適切なものを1つ選びなさい。**

1 障害者個人のニーズを重視する。
2 家族のニーズを重視する。
3 家族構成員の主観の共通部分を重視する。
4 家族を構成する個人と家族全体の生活を見る。
5 支援者の視点や価値観を基準にする。

家族の介護力は，単に家族の構成や年齢，職業，健康状態等，表面的な情報から「家族が本人を介護する能力」ととらえがちだが，障害者の家族自体が支援を必要としていることを理解することが重要である。その支援の手がかりを見いだすために適切なアセスメントが必要である。

1 =× 障害者本人を中心にしながらも障害者個人のニーズの重視だけでなく，**家族のニーズ**にも配慮した家族介護者の生活そのものにも視野を広げたアセスメントの視点が必要となる。

2 =× 家族の介護力をアセスメントするときには，家族だけでなく，**障害者本人を中心にした視点**を持つことも必要である。また，家族介護者のニーズと障害者本人のニーズが相反することも多くみられるため，注意深くアセスメントすることが求められる。

3 =× 家族構成員の主観の共通部分を重視するだけでなく，**主観の差異**を認めることも重要である。人は，地域，学校，会社，サークルなどさまざまな集団に属して生活しており，これまでの環境からくる価値観，子どもには子どもの世代の，親には親の世代のそれぞれの価値観があり，それらの差異を尊重することも必要である。

4 =○ 家族の介護力をアセスメントするときには，家族を構成する個人だけにとどまらず，**家族全体の生活**を見わたし，アセスメントをすることが，家族の介護力を踏まえた支援を行うための基本である。この選択肢が適切である。

5 =× 支援者の視点や価値観を基準にしたアセスメントは，一方的に「こうあるべき」といった対応を招くことになる。そのため，障害者やその家族にとって不必要な支援となってしまい，障害者の生活への満足度は高まらない。

▶正答＝4

さらに深掘り！

- 家族介護者支援への視点として，障害者を含めた世帯全体に対して，どのような課題があるのかをとらえていく視点が重要である。
- 家族介護者の課題としては，老老介護や若年世代による介護，育児と介護や両親介護等のいわゆるダブルケア，遠方介護などによる介護負担問題，経済的不安を抱える世帯のほか，家族介護者のひきこもりなどが挙げられる。
- 介護福祉職として，家族と障害者，環境との関係性を理解することが必要である。

医療的ケア

●出題傾向の分析

第36回試験では，喀痰吸引等を実施する事業所の登録について1問，呼吸器官の部位とはたらきについて1問，喀痰吸引で使用する物品について1問，経管栄養で起こるトラブルについて1問，経管栄養注入中の違和感の訴えへの対応方法の短文事例1問の5問が出題された。例年，制度に関わる問題では基本的な内容が出題されていたが，今回は事業所の登録要件の知識が求められ，難易度が高かった。

出題基準		出題実績		
大項目	中項目	第34回（2022年）	第35回（2023年）	第36回（2024年）
1　医療的ケア実施の基礎	1）人間と社会	【109】介護福祉士が実施できる経管栄養の行為		【59】喀痰吸引等を実施する事業所の登録
	2）保健医療制度とチーム医療			
	3）安全な療養生活			
	4）清潔保持と感染予防		【59】消毒と滅菌	
	5）健康状態の把握		【60】成人の正常な呼吸状態	
2　喀痰吸引（基礎的知識・実施手順）	1）喀痰吸引の基礎的知識	【110】吸引後に注意すべき項目，【111】呼吸器官の換気とガス交換		【60】呼吸器官の部位
	2）喀痰吸引の実施手順		【61】喀痰吸引を行う前の準備	【61】痰の吸引の準備
3　経管栄養（基礎的知識・実施手順）	1）経管栄養の基礎的知識	【112】半固形タイプの栄養剤の特徴，【113】栄養剤の注入後に白湯をチューブに注入する理由	【63】胃ろうによる経管栄養中に嘔吐した利用者への対応	【62】経管栄養で起こるトラブル，【63】胃ろうによる経管栄養での違和感時の対応
	2）経管栄養の実施手順		【62】胃ろうによる経管栄養の生活上の留意点	

●第37回試験に向けた学習ポイント

- 「医療的ケア」は，出題数は5問と少ないが，大項目がまんべんなく出題されるため，基本的な知識を押さえておくとよい。
- 介護福祉士等が医行為を行うようになった背景，喀痰吸引等を行うための制度はしっかり押さえる。
- 感染の予防や応急手当について，心肺蘇生や気道確保の方法も押さえておこう。
- 呼吸器，消化器の構造とはたらきについて，「こころとからだのしくみ」の食事の分野も併せて理解しよう。
- 喀痰吸引と経管栄養の手技と起きやすいトラブル（事故）と対応方法について，授業や研修での演習時の手順を振り返り，手順の確認をしよう。

問題● 59【医療的ケア】

次の記述のうち，喀痰吸引等を実施する訪問介護事業所として登録するときに，事業所が行うべき事項として，正しいものを１つ選びなさい。

1 登録研修機関になる。
2 医師が設置する安全委員会に参加する。
3 喀痰吸引等計画書の作成を看護師に依頼する。
4 介護支援専門員（ケアマネジャー）の文書による指示を受ける。
5 医療関係者との連携体制を確保する。

喀痰吸引等の業務を行おうとする事業者は，事業所ごとに**都道府県知事**の登録を受けなければならない。登録を受けると，「登録喀痰吸引等事業者」（介護福祉士が行う場合）または「登録特定行為事業者」（認定特定行為業務従事者が行う場合）となる。

●**事業所が登録を受けるための主な登録要件**

① 医療関係者との連携に関する基準
・**医師の文書による指示**，**医療関係者との連携確保**と役割分担
・**喀痰吸引等計画書**・喀痰吸引等実施状況報告書の作成
② 喀痰吸引等を安全・適正に実施するための基準
・**安全委員会の設置**，安全確保のための体制の確保

1 = ✕ 登録研修機関とは，喀痰吸引等研修を行う機関を指す。介護福祉士等が業務として喀痰吸引等の行為を実施するには，①介護福祉士養成課程や実務者研修において「医療的ケア」に関する教育を受けるか，あるいは②都道府県または**登録研修機関**が行う喀痰吸引等研修を修了し，都道府県に登録して，「認定特定行為業務従事者認定証」の交付を受ける必要がある。

2 = ✕ 上記の表にもあるとおり，登録要件には，医師または看護職員を含む者で構成される**安全委員会の設置**が含まれる。安全委員会を設置するのは，医師ではなく，**事業所**である。

3 = ✕ 上記の表のとおり，登録要件には，**喀痰吸引等計画書の作成**が含まれる。看護師に作成を依頼するのではなく，事業所の**喀痰吸引等業務従事者（介護福祉士等）**が作成する。

4 = ✕ 上記の表にもあるとおり，登録要件には，介護福祉士による喀痰吸引等の実施に際し，**医師の文書による指示を受ける**ことが含まれる。

5 = ○ 上記の表にもあるとおり，登録要件には，医師，看護師その他の**医療関係者との連携が確保されている**ことが含まれる。

▶正答＝ 5

アドバイス！

●喀痰吸引等（喀痰吸引・経管栄養）を行うには，医師の指示が必要であることを覚えておこう。
●喀痰吸引や経管栄養は医行為であるため，介護福祉士は医師や看護職員その他の医療関係者との連携が求められることを押さえておこう。

問題● 60【医療的ケア】

次のうち，呼吸器官の部位の説明に関する記述として，**正しいもの**を１つ選びなさい。

1 鼻腔は，上葉・中葉・下葉に分かれている。
2 咽頭は，左右に分岐している。
3 喉頭は，食べ物の通り道である。
4 気管は，空気の通り道である。
5 肺は，腹腔内にある。

1＝× 鼻腔とは鼻の内部のことであり，呼吸のための空気の通り道やにおいを感じる（嗅覚）はたらきがある。上葉・中葉・下葉の３葉に分かれているのは，右の肺である。肺は呼吸によって酸素を取り込み，二酸化炭素を排出している。

2＝× 咽頭は，喉の奥の部分で，空気と食べ物の通り道である。左右に分岐しているのは，気管である。気管は喉頭の下にある空気の通り道である。

3＝× 喉頭は，舌根から気管までをいい，空気の通り道である。喉頭の入り口には喉頭蓋があり，ふたをして食べ物が気管に入らないよう遮断するため，空気は喉頭から気管へ，食べ物は食道に流れるしくみとなっている。食べ物の通り道となるのは，食道である。

4＝○ 気管は，喉頭の下に位置し，空気の通り道である。

5＝× 肺は，胸腔内にある。体の中心となる体幹は，横隔膜によって胸腔と腹腔の上下２つに分かれている。上部にある胸腔内には，肺や心臓などがあり，下部の腹腔内には胃や腸などの消化器，腎臓や膀胱などの泌尿器などがある。

●呼吸器官の部位

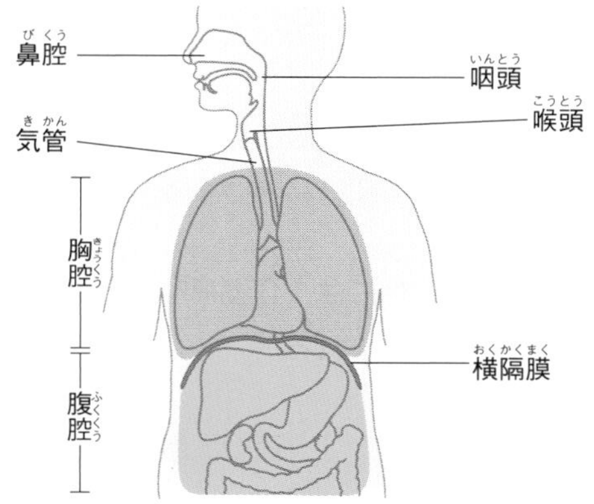

▶正答＝４

さらに深掘り！

● 上の図から，呼吸器官の部位を覚えておこう。
● 「こころとからだのしくみ」の内容と併せて学習しよう。

問題● 61 【医療的ケア】

次のうち，痰の吸引の準備に関する記述として，**最も適切なものを1つ選びなさい。**

1 吸引器は，陰圧になることを確認する。
2 吸引びんは，滅菌したものを用意する。
3 吸引チューブのサイズは，痰の量に応じたものにする。
4 洗浄水は，決められた消毒薬を入れておく。
5 清浄綿は，次亜塩素酸ナトリウムに浸しておく。

1 =○ 吸引器は，口腔内・鼻腔内，気管カニューレ内部にある痰などを吸い出すために使用する，小さな掃除機のような機械である。空気を吸い込む力（**陰圧**）によって，痰を吸い出すことができる。痰の吸引の準備では，吸引器の電源を入れ，**陰圧**がかかるか確認する。

2 =× 吸引びんは，吸引した痰などの分泌物を溜めるところである。吸引びん内に痰などの排液が70～80％の量になる前に捨て，洗剤で洗浄し**消毒**を行う。滅菌とは，すべての微生物を死滅させること，または除去することであり，滅菌された物品は無菌状態である。吸引びんは利用者に直接接触するものではなく，排出されたものを溜める場所であるため，**滅菌する必要はない。**

3 =× 吸引チューブとは，口腔や鼻腔，気管カニューレ内部に挿入し，痰を吸い出すものである。使用する吸引チューブのサイズは，**医師の指示に従う**。これは呼吸機能，鼻腔や気管カニューレの長さや太さ，粘膜の状態などにより一人ひとりに適したものを選定する必要がある。

4 =× 洗浄水には消毒薬を入れておく必要はない。洗浄水は，吸引後に洗浄水を吸引し，吸引チューブの内側の汚れを落とすために使用する。洗浄水には，口腔内・鼻腔内の吸引では**水道水**，気管カニューレ内部の吸引では**滅菌精製水**を使用する。消毒薬は，再利用する吸引チューブの消毒や保管時に使用する。

5 =× 清浄綿は，脱脂綿に低濃度の**ベンザルコニウム塩化物**（**塩化ベンザルコニウム**）などの殺菌消毒剤をしみこませたもので，皮膚・口腔などの清浄・清拭などに使用できるものである。喀痰吸引では，吸引後の吸引チューブの外側に付着した痰などを拭き取るために清浄綿を用いる。また吸引チューブを消毒液に漬けて保管している場合は，使用する前に吸引チューブの外側を拭き取る際に清浄綿を使用する。次亜塩素酸ナトリウムは，汚染したリネン類の洗浄や食器類の洗浄消毒に使用する。

▶**正答＝1**

さらに深掘り！

●喀痰吸引で使用する必要物品を覚えておこう。

問題● 62【医療的ケア】

次のうち，経管栄養で起こるトラブルに関する記述として，**最も適切なものを1つ選び**なさい。

1　チューブの誤挿入は，下痢を起こす可能性がある。
2　注入速度が速いときは，嘔吐を起こす可能性がある。
3　注入物の温度の調整不良は，脱水を起こす可能性がある。
4　注入物の濃度の間違いは，感染を起こす可能性がある。
5　注入中の姿勢の不良は，便秘を起こす可能性がある。

1 =× チューブの誤挿入は，経鼻経管栄養チューブを鼻腔から胃内に挿入し栄養剤を注入する経鼻経管栄養で起こることがある。このチューブの挿入は医師や看護職が行い，胃内に入るべきチューブが誤って気管に入ってしまうことや，何らかの刺激で口腔内に停留して胃より手前にチューブの先端があることもある。チューブを気管へ誤挿入した状態で栄養剤を注入してしまうと，激しい**むせ込み**や**呼吸苦**，さらには肺に入り命をも危険な状態になることもある。下痢を起こす原因は，栄養剤の注入速度が速い，注入する栄養剤の濃度が高い，経管栄養を不潔な状態で操作する，低温の経管栄養の注入などでみられる。

2 =○ 注入速度が速く，短時間に多量に注入物が入ってしまうと，注入物が逆流し**嘔気**や**嘔吐**が起きやすい。また，**下痢**も起きやすい。経管栄養の滴下速度は，利用者の状態や注入物の濃度により，医師から指示され，看護職が調整する。

3 =× 注入物の温度の調整不良により，**下痢**が生じやすい。体温より極端に低い温度で注入すると，刺激により腸蠕動が活発になり下痢を起こす。注入物は常温から人肌程度の温度が適切で負担が少ない。

4 =× 注入物の濃度が高いと**下痢**や急な**血糖の上昇**が起こり，濃度が低いとカロリーも低くなることから，**低栄養**になる。そのため，利用者の状態に合わせた注入物の濃度調整が必要である。感染は，汚染された注入物や不潔な物品の使用，実施者の手指などが感染源となり，食中毒などの感染が起こる。発熱や腹痛，嘔気・嘔吐などの症状が見られる。

5 =× 姿勢の不良により，胃や腸の消化器官に負担がかかり，**腹痛**や**腹部膨満感**，**嘔気・嘔吐**，逆流が起きることで**誤嚥**が生じる危険性もある。注入中は半座位（30～45 度挙上）や座位が基本的な姿勢である。便秘の原因としては，注入物の種類や水分不足，消化管の蠕動運動の低下などが挙げられる。

▶正答＝ 2

要点チェック！

- 経管栄養により起きやすい症状……咳こみ，しゃっくり，嘔気・嘔吐，腹痛，腹部膨満感，下痢
- 起きやすい事故……チューブが抜ける・抜けそうになる，チューブ挿入部の漏れ・出血
- 経管栄養時のリスクは頻出問題である。問題 63 も併せて押さえておこう。

問題● 63【医療的ケア】

Eさん（75歳，女性）は，介護老人福祉施設に入所している。脳梗塞（cerebral infarction）の後遺症があり，介護福祉士が胃ろうによる経管栄養を行っている。

ある日，半座位で栄養剤の注入を開始し，半分程度を順調に注入したところで，体調に変わりがないかを聞くと，「少しお腹が張ってきたような気がする」とEさんは答えた。意識レベルや顔色に変化はなく，腹痛や嘔気はない。

次のうち，介護福祉士が看護職員に相談する前に行う対応として，**最も適切なもの**を1つ選びなさい。

1 嘔吐していないので，そのまま様子をみる。
2 仰臥位（背臥位）にする。
3 腹部が圧迫されていないかを確認する。
4 注入速度を速める。
5 栄養剤の注入を終了する。

胃ろうによる経管栄養で，いつもと違う症状がみられたときの対応方法に関する問題である。Eさんは，お腹の張りを訴える以外は，変わった様子はみられないため，緊急性は要さないと読み取れる。そのため看護職員に相談する前に，介護福祉士がその場で行う対応についての理解が問われている。

1 = ✕ 嘔吐はしていないが，Eさんは「少しお腹が張ってきたような気がする」と腹部膨満感を訴えているので，そのまま様子をみるという対応は適切ではない。

2 = ✕ 仰臥位（背臥位）にすると，注入した栄養剤が**逆流しやすくなる**ので，適切ではない。**半座位**（30～45度体を起こした状態）の姿勢にし，**腹部の緊張を緩和する**体位とする。

3 = ○ 経管栄養実施中には，体の向きや**圧迫されている箇所がないかどうかを確認する**必要がある。腹部膨満感などの消化器症状は，腹部が圧迫されていることにより消化吸収能が低下して起こることもあるため，腹部が圧迫されていないかを確認する対応は適切である。

4 = ✕ 注入速度を速めることで，消化器への刺激や腸蠕動も亢進する。それにより，**腹痛**や**嘔吐**・**下痢**の原因ともなり，Eさんの症状はさらに強くなる可能性があるため，適切ではない。

5 = ✕ 経管栄養実施中に利用者にいつもと違う症状がみられる場合には，栄養剤の注入を**一時中止**し，**看護職員に連絡する**必要があるが，Eさんの場合は緊急性はないと考えられるため，腹部が圧迫されていないかなどを確認し，その後，看護職員に相談するという対応をとる必要がある。

▶正答＝3

アドバイス！

●想定されるリスクと対応例を覚えておこう。いつもと違う状態と感じたときにはすぐに看護職員に連絡することが重要！

介護の基本

●出題傾向の分析

第36回試験では，大項目「自立に向けた介護」「介護従事者の安全」は出題されなかったが，中項目「事故防止，安全対策」「感染対策」「薬剤の取り扱いに関する基礎知識と連携」について3問出題されるなど，大項目「介護における安全の確保とリスクマネジメント」からの出題が増えている。

出題基準		出題実績		
大項目	中項目	第34回（2022年）	第35回（2023年）	第36回（2024年）
1　介護福祉の基本となる理念	1）介護福祉を取り巻く状況			【64】介護を取り巻く状況
	2）介護福祉の歴史			
	3）介護福祉の基本理念	【18】利用者主体，【19】自立支援	【64】利用者主体の考えに基づいた訪問介護員の対応	【67】個別性や多様性を踏まえた介護
2　介護福祉士の役割と機能	1）介護福祉士の役割		【66】法における介護福祉士の責務	【65】介護福祉士の責務
	2）介護福祉士の機能		【65】求められる介護福祉士像	
3　介護福祉士の倫理	1）専門職の倫理	【24】介護福祉士の職業倫理，【25】個人情報の安全管理対策		【66】施設利用者の個人情報の保護
4　自立に向けた介護	1）介護福祉における自立支援	【20】ICFの参加制約の原因になっている環境因子	【67】意思決定支援	
	2）生活意欲と活動			
	3）介護予防			
	4）リハビリテーション			
	5）自立と生活支援		【68】ユニバーサルデザインの考え方	
5　介護を必要とする人の理解	1）生活の個別性と多様性	【17】性同一性障害	【69】認知症対応型共同生活介護の入居者への声かけ	
	2）高齢者の生活			
	3）障害者の生活		【70】聴覚障害者マーク	
	4）家族介護者の理解と支援	【21】ヤングケアラーへの対応		【68】若年性認知症の利用者の娘への対応
6　介護を必要とする人の生活を支えるしくみ	1）介護を必要とする人の生活を支えるしくみ			
	2）介護を必要とする人の生活の場とフォーマルな支援の活用	【23】フォーマルサービス		【69】脳梗塞の利用者が求めるサービスへの対応
	3）介護を必要とする人の生活の場とインフォーマルな支援の活用			
7　協働する多職種の役割と機能	1）他の職種の役割と専門性の理解		【71】介護保険施設の専門職の役割	【70】民生委員
	2）多職種連携の意義と課題	【22】サービス担当者会議	【72】介護の現場におけるチームアプローチ	
8　介護における安全の確保とリスクマネジメント	1）介護における安全の確保		【73】危険を回避するための介護福祉職の対応	
	2）事故防止，安全対策			【71】垂直避難誘導
	3）感染対策			【72】介護における感染症対策
	4）薬剤の取り扱いに関する基礎知識と連携			【73】服薬の介護
9　介護従事者の安全	1）介護従事者を守る法制度			
	2）介護従事者の心身の健康管理	【26】利用者・家族からのハラスメント		

●第 37 回試験に向けた学習ポイント

- 今回出題されなかった「自立に向けた介護」や「介護従事者の安全」については，次回の試験で出題される可能性があるので，ポイントを整理しておく。「自立に向けた介護」では，「介護予防」「リハビリテーション」について，また，「介護従事者の安全」では，労働基準法，労働安全衛生法，心の健康管理についてポイントを整理しておく。
- 社会福祉士及び介護福祉士法では，介護福祉士の定義，義務，登録，欠格事由について学習しておく。
- 「介護における安全の確保とリスクマネジメント」では，「事故防止，安全対策」「感染対策」などのポイントを整理しておく。

問題● 64【介護の基本】

介護を取り巻く状況に関する次の記述のうち，**最も適切なものを1つ選びなさい。**

1　ダブルケアとは，夫婦が助け合って子育てをすることである。

2　要介護・要支援の認定者数は，介護保険制度の導入時から年々減少している。

3　家族介護を支えていた家制度は，地域包括ケアシステムによって廃止された。

4　要介護・要支援の認定者のいる三世代世帯の構成割合は，介護保険制度の導入時から年々増加している。

5　家族が担っていた介護の役割は，家族機能の低下によって社会で代替する必要が生じた。

1＝× **ダブルケア**とは，晩婚化・晩産化を背景に，子育てを始める時期が遅くなったことにより，育児の時期と親の介護の時期が重なり，同時に担っている状態のことである。家族の身体的，精神的負担が大きいことから，昨今，大きな社会問題となっている。夫婦が助け合って子育てをすることとは異なるため，適切ではない。

2＝× 「令和3年度介護保険事業状況報告（年報）」によると，介護保険制度が導入された2000年度（平成12年度）の要介護（要支援）認定者数は約256万人，2010年度（平成22年度）は約506万人，2021年度（令和3年度）は約690万人と，**年々増加している。**

3＝× **地域包括ケアシステム**とは，「地域の実情に応じて，高齢者が，可能な限り，住み慣れた地域でその有する能力に応じ自立した日常生活を営むことができるよう，医療，介護，介護予防，住まい及び自立した日常生活の支援が包括的に確保される体制」のことであり，団塊の世代（第一次ベビーブーム世代）が75歳以上となる2025年（令和7年）までの整備を目指している。家制度とは関係がないので，適切ではない。

4＝× 「2022（令和4）年 国民生活基礎調査」によると，要介護・要支援の認定者のいる世帯の状況では，三世代世帯は，介護保険制度導入後の2001年（平成13年）には32.5％だったが，2010年（平成22年）に22.5％，2022年（令和4年）には10.9％と，**年々減少している。**

5＝○ **家族機能**には，①生活維持機能，②生命維持機能，③パーソナリティの安定化機能，④ケア機能などがある。近年では，三世代世帯の減少，単独世帯や夫婦のみ世帯の増加，共働き家庭の増加，離婚などによるひとり親家庭の増加などを背景に，とりわけ，ケア機能が弱体化してきている。これまで，主として家族が担ってきた育児や介護を社会全体で支える仕組みをつくる必要が生じている。

▶正答＝5

アドバイス!

● 「国民生活基礎調査」の「介護の状況」や，「介護保険事業状況報告（年報）」の最新のものを確認し，介護保険制度が導入された当時と比較して，どのように変化してきているのかを確認しておく。

● 家族機能の弱体化の背景およびそれにより生じている社会問題について確認しておく。

問題● 65【介護の基本】

介護福祉士に関する次の記述のうち，適切なものを１つ選びなさい。

1　傷病者に対する療養上の世話又は診療の補助を業とする。
2　喀痰吸引を行うときは市町村の窓口に申請する。
3　業務独占の資格である。
4　資格を更新するために５年ごとに研修を受講する。
5　信用を傷つけるような行為は禁止されている。

1 = ✕　傷病者に対する療養上の世話又は診療の補助を業とするのは，介護福祉士ではなく，保健師助産師看護師法第５条に規定される**看護師**である。介護福祉士は，社会福祉士及び介護福祉士法第２条第２項において，「介護福祉士の名称を用いて，専門的知識及び技術をもって，身体上又は精神上の障害があることにより日常生活を営むのに支障がある者につき心身の状況に応じた介護（喀痰吸引その他のその者が日常生活を営むのに必要な行為であって，医師の指示の下に行われるもの（厚生労働省令で定めるものに限る。以下「喀痰吸引等」という。）を含む。）を行い，並びにその者及びその介護者に対して介護に関する指導を行うことを業とする」と規定されている。

2 = ✕　介護福祉士が喀痰吸引等を行う場合には，介護福祉士ではなく，所属する**事業者が事業所ごとに**所在地を管轄する**都道府県知事**の登録を受けることになっている。

3 = ✕　介護福祉士は，業務独占ではなく，**名称独占**の国家資格である。社会福祉士及び介護福祉士法第48条（名称の使用制限）において，「介護福祉士でない者は，介護福祉士という名称を使用してはならない」と規定されている。

4 = ✕　介護福祉士国家資格は，**更新制ではない**。５年ごとの資格更新が必要なのは，介護福祉士ではなく，**介護支援専門員**（ケアマネジャー）である。

5 = ○　社会福祉士及び介護福祉士法第45条（**信用失墜行為の禁止**）において，「介護福祉士は，介護福祉士の信用を傷つけるような行為をしてはならない」と規定されている。介護福祉士が信用を失墜するような行為をした場合，登録の取り消しまたは名称の使用停止命令を受ける。

▶正答＝５

アドバイス!

●介護福祉士に関する法的根拠や改正内容について把握する。また，法的義務・責務規定である，誠実義務，信用失墜行為の禁止，秘密保持義務，連携，資質向上の責務，名称の使用制限に関する具体的な内容と罰則事項について把握しておく。
●名称独占と業務独占の内容について理解し，利用者を取り巻く関連職種が名称独占なのか業務独占なのかについて把握する。

問題● 66【介護の基本】

施設利用者の個人情報の保護に関する次の記述のうち，**最も適切なものを1つ**選びなさい。

1 職員がすべての個人情報を自由に閲覧できるように，パスワードを共有する。
2 個人情報を記載した書類は，そのまま新聞紙と一緒に捨てる。
3 個人情報保護に関する研修会を定期的に開催し，意識の向上を図る。
4 職員への守秘義務の提示は，採用時ではなく退職時に書面で行う。
5 利用者の音声情報は，同意を得ずに使用できる。

1＝× 「医療・介護関係事業者における個人情報の適切な取扱いのためのガイダンス」によると，技術的安全管理措置として，IDやパスワード等による認証，各職員の業務内容に応じて**業務上必要な範囲にのみ**アクセスできるようなシステム構成の採用等を求めている。

2＝× 「医療・介護関係事業者における個人情報の適切な取扱いのためのガイダンス」によると，不要となった個人データを廃棄・消去する場合には，①償却や溶解など，**個人データを復元不可能な形にして廃棄する**，②個人データを取り扱った情報機器を廃棄する場合は，記憶装置内の個人データを復元不可能な形にして廃棄する，③これらの廃棄業務を委託する場合には，個人データの取り扱いについても委託契約において明確に定めると記載されている。

3＝○ 「医療・介護関係事業者における個人情報の適切な取扱いのためのガイダンス」では，従業者に対する**教育研修の実施等**により，個人データを実際の業務で取り扱うこととなる従業者の啓発を図り，従業者の個人情報保護意識を徹底するように求めている。

4＝× 「医療・介護関係事業者における個人情報の適切な取扱いのためのガイダンス」によると，守秘義務の提示は，**採用時に**雇用契約や就業規則により行う必要がある。また，就業期間中だけでなく，退職後も含めた守秘義務を課すなど従業者の個人情報保護に関する規定を整備し，徹底を図るよう求めている。

5＝× 「医療・介護関係事業者における個人情報の適切な取扱いのためのガイダンス」では，個人情報について，「氏名，性別，生年月日等個人を識別する情報に限られず，個人の身体，財産，職種，肩書き等の属性に関して，事実，判断，評価を表す全ての情報であり，評価情報，公刊物等によって公にされている情報や，映像，**音声による情報**も含まれ，暗号化等によって秘匿化されているか否かを問わない」としている。

▶正答＝3

さらに深掘り！

● 「医療･介護関係事業者における個人情報の適切な取扱いのためのガイダンス」に目を通しておく。
● 個人情報保護法の「個人情報の定義」「個人情報取扱事業者の範囲」「利用目的の特定」「第三者提供の制限」「開示請求」などについて確認しておく。

問題● 67【介護の基本】

個別性や多様性を踏まえた介護に関する次の記述のうち，**最も適切なものを1つ選びなさい。**

1 その人らしさは，障害特性から判断する。
2 生活習慣は，生活してきた環境から理解する。
3 生活歴は，成人期以降の情報から収集する。
4 生活様式は，同居する家族と同一にする。
5 衣服は，施設の方針によって統一する。

1＝× 障害特性もその人らしさの一部であるが，障害特性のみでその人らしさを判断することはできない。**その人らしさ**は，性格や人格，価値観，生活歴，現病歴，既往歴，障害特性，利用者を取り巻く環境等を踏まえて，**総合的に判断する**ことが必要である。

2＝○ **生活習慣**は，長い期間，繰り返し行われてきた行為であり，日常生活を送るための生活様式である。生活習慣は，個々の利用者によって異なるため，利用者の**生活してきた環境から理解する**ことが必要である。

3＝× 成人期以降の情報から生活歴を収集するだけでは，利用者の個別性や多様性を理解することは困難である。**生活歴**は，**幼児期から老年期に至るまでの情報から収集**し，把握することが必要である。家族関係，職歴，結婚歴，趣味，嗜好等，利用者の生涯にわたっての生活歴について把握し，利用者の個別性や多様性を理解する。

4＝× 同居家族であっても，生活様式が一致するわけではない。**生活様式**は，個人の性格や価値観，直接・間接的経験等によって，**同居家族でも異なる**。同居家族と利用者の生活様式を同一化した介護は，利用者の個別性や多様性を無視した介護であり，一人の人間としての尊厳を尊重した介護ではない。

5＝× 施設の方針で利用者に同じ衣服を着させることは，利用者の個別性や多様性を完全に無視した介護となる。**衣服**は，利用者の**個性や趣味・趣向を表現できる大事な手段**の一つである。集団生活であるからこそ，利用者の趣味や趣向を尊重し，利用者自身がその日の気分で選べるようにするなど，個別性や多様性を尊重した日常生活介護を心がける必要がある。

▶正答＝2

アドバイス！

- 介護福祉の現場では，認知症（dementia）のある人や障害のある人に対しても，利用者の個別性や多様性を踏まえた個別ケアが重視されている。
- 個別性や多様性を踏まえた介護のためには，個々の利用者の生活歴の把握が不可欠であることを理解し，生活歴のとらえ方について把握しておく。

問題● 68【介護の基本】

Ａさん（48 歳，女性，要介護１）は，若年性認知症（dementia with early onset）で，夫，長女（高校１年生）と同居している。Ａさんは家族と過ごすことを希望し，小規模多機能型居宅介護で通いを中心に利用を始めた。Ａさんのことが心配な長女は，部活動を諦めて学校が終わるとすぐに帰宅していた。

ある日，夫が，「長女が，学校の先生たちにも相談しているが，今の状況をわかってくれる人がいないと涙を流すことがある」と介護福祉職に相談をした。

夫の話を聞いた介護福祉職の対応として，**最も適切なものを１つ選びなさい。**

1　長女に，掃除や洗濯の方法を教える。
2　家族でもっと頑張るように，夫を励ます。
3　同じような体験をしている人と交流できる場について情報を提供する。
4　介護老人福祉施設への入所の申込みを勧める。
5　介護支援専門員（ケアマネジャー）に介護サービスの変更を提案する。

1 ＝ ✕　長女は，掃除や洗濯の方法がわからなくて困っているわけではない。部活動を諦めて学校が終わるとすぐに帰宅する生活を送っており，今の状況をわかってくれる人がいないことに困っている。掃除や洗濯の方法を教えることは，長女の気持ちを踏まえた対応ではない。

2 ＝ ✕　Ａさんは，小規模多機能型居宅介護を利用しながら自宅で生活しているため，自宅での介護は，同居の夫と長女が担っている。現状についてわかってくれる人がいないことに悩んでいる長女について相談する夫に対して，家族でもっと頑張るように励ますことは適切ではない。

3 ＝ ○　長女に，同じような体験をしている人と交流できる場について情報を提供することは，長女の「今の状況をわかってくれる人がいない」という言葉や気持ちを汲み取った支援である。同じような体験をしている他のヤングケアラーとのつながりが持てることで，自分の苦しみが共有でき，精神的安定を得ることにつながる。

4 ＝ ✕　Ａさんは家族と過ごすことを希望している。介護老人福祉施設への入所の申込みを勧めることは，Ａさんの希望を無視した一方的な支援である。介護福祉職は，Ａさんの気持ちを踏まえながら，自宅で介護を担う家族に必要な支援について考えることが必要である。

5 ＝ ✕　現在の介護サービスが適切な内容ではなく，不十分であれば，介護支援専門員に介護サービスの変更を提案する必要がある。しかし，現段階では，Ａさんの状況や家族（特に長女）の負担になっていることに関する情報収集を優先すべきである。

▶**正答＝ 3**

アドバイス！

- ヤングケアラーは，病気や障害等で介護を必要とする家族のケアを担っている 18 歳未満の者の総称である。
- ヤングケアラーが抱える課題や支援，当事者会や家族会の意義や役割について理解する。

問題● 69【介護の基本】

Bさん（61歳，男性，要介護3）は，脳梗塞（cerebral infarction）による左片麻痺がある。週2回訪問介護（ホームヘルプサービス）を利用し，妻（58歳）と二人暮らしである。自宅での入浴が好きで，妻の介助を受けながら，毎日入浴している。サービス提供責任者に，Bさんから，「浴槽から立ち上がるのがつらくなってきた。何かいい方法はないですか」と相談があった。

Bさんへのサービス提供責任者の対応として，**最も適切なものを1つ選びなさい。**

1　Bさんがひとりで入浴できるように，自立生活援助の利用を勧める。

2　浴室を広くするために，居宅介護住宅改修費を利用した改築を勧める。

3　妻の入浴介助の負担が軽くなるように，行動援護の利用を勧める。

4　入浴補助用具で本人の力を生かせるように，特定福祉用具販売の利用を勧める。

5　Bさんが入浴を継続できるように，通所介護（デイサービス）の利用を勧める。

1 = ✕　**自立生活援助**は，障害者総合支援法に基づくサービスで，障害者が一人暮らしに必要な理解力・生活力等を補うため，定期的な居宅訪問や随時の対応により必要な支援を行う。入浴動作とは関係ないため，適切ではない。

2 = ✕　Bさんは，浴槽から立ち上がるのがつらくなってきているが，浴室を広くするために**居宅介護住宅改修費**を利用して改築を行っても，浴槽からの立ち上がり動作については改善しないため，適切ではない。

3 = ✕　**行動援護**は，障害者総合支援法に基づくサービスで，知的障害や精神障害に加え行動上著しい困難がある人が行動する際に生じる危険を回避するため，外出時の介護のほか，食事や排泄等必要な支援を行う。Bさんは知的障害，精神障害があるわけではないため，行動援護の利用は適切ではない。

4 = ○　**特定福祉用具販売**は，介護保険法に基づくサービスで，入浴や排泄に関連したレンタルになじまない用具などの購入費用を保険給付する。浴槽用手すりや浴槽内いすなどを活用することで，浴槽から立ち上がりやすくなる可能性があるため，適切である。

5 = ✕　Bさんは，自宅で入浴する際に，浴槽から立ち上がるのがつらくなってきていることに対して助言を求めているので，**通所介護**の利用を勧めるのは適切ではない。

▶**正答＝4**

さらに深掘り！

- 介護保険法における「居宅サービス」「地域密着型サービス」「施設サービス」について，その内容を確認しておく。
- 障害者総合支援法の「介護給付」「訓練等給付」「補装具」「自立支援医療」「計画相談支援」「地域相談支援」について，その内容を確認しておく。

問題● 70【介護の基本】

社会奉仕の精神をもって，住民の立場に立って相談に応じ，必要な援助を行い，社会福祉の増進に努める者として，**適切なものを１つ選びなさい。**

1 民生委員
2 生活相談員
3 訪問介護員（ホームヘルパー）
4 通所介護職員
5 介護支援専門員（ケアマネジャー）

1 =○ **民生委員**は，民生委員法第１条において，「社会奉仕の精神をもって，常に住民の立場に立って相談に応じ，及び必要な援助を行い，もって社会福祉の増進に努めるものとする」と定義づけられている。地区を担当して相談活動を行い，地域の声を吸い上げ，状況をよく把握し，関係機関につなぐ役割を持った地域福祉の担い手である。

2 =× **生活相談員**は，通所介護事業所や介護老人福祉施設等に配置され，利用者や家族に対する相談援助業務や初回面接（インテーク），利用契約，外部（事業所，行政など）との連絡・調整などを行う役割を担っている。

3 =× **訪問介護員**は，訪問介護事業所に配置され，利用者の居宅を訪問し，入浴，排泄，食事，移乗・移動等の身体介護，調理，買い物，洗濯，掃除，ごみ出しなどの生活援助サービスを行う介護職員である。

4 =× **通所介護職員**は，通所介護事業所に配置され，利用者に対し，入浴，排泄，食事，移乗・移動等の身体介護，身体機能・精神機能・日常生活動作の維持を目的とした機能訓練やレクリエーション，利用者の自宅への送迎などを行う介護職員である。

5 =× **介護支援専門員**は，居宅介護支援事業所や介護保険施設において，居宅サービス計画や施設サービス計画を作成し，在宅や介護施設で生活している者の相談に応じた介護サービスの利用調整や関係者間の連絡を行い，利用者の心身の状況に合わせて日常生活を営むことができるよう支援を行う専門職である。

▶正答＝１

アドバイス！

- 介護福祉に携わる各専門職がどのような役割を担っているのか把握しておく。
- 民生委員については，上記選択肢１の解説以外にも，①都道府県知事の推薦によって，厚生労働大臣が委嘱する，②児童委員も兼ねている，③任期は３年である，④給与は支給されないなどの規定についても押さえておく。

問題● 71 【介護の基本】

3階建て介護老人福祉施設がある住宅地に，下記の図記号に関連した警戒レベル3が発令された。介護福祉職がとるべき行動として，**最も適切なもの**を**1つ**選びなさい。

1 玄関のドアを開けたままにする。

2 消火器で，初期消火する。

3 垂直避難誘導をする。

4 利用者家族に安否情報を連絡する。

5 転倒の危険性があるものを固定する。

問題の図記号は，**洪水・内水氾濫**を示す災害種別避難誘導標識システムに用いるものである。2013年（平成25年）に災害対策基本法の一部改正において，異常な現象の種類として，「洪水・内水氾濫」以外にも，高潮・津波，土石流，崖崩れ・地滑り，大規模な火事などが設けられた。

洪水は，河川から水があふれだすことである。また，内水氾濫は，下水道等の排水能力を超える雨量を計測した場合に，下水道や水路等から雨水があふれだし，浸水被害を及ぼすことである。

警戒レベルとは，「避難情報に関するガイドライン」（内閣府）において，住民は「自らの命は自らが守る」意識を持ち，自らの判断で避難行動をとるとの方針が示され，この方針に沿って自治体や気象庁等から発表される防災情報を用いて住民がとるべき行動を直感的に理解しやすくなるよう，5段階の警戒レベル（レベル5：緊急安全確保，レベル4：避難指示，レベル3：高齢者等避難，レベル2：大雨・洪水・高潮注意報，レベル1：早期注意情報）を示したものである。そのうち「警戒レベル3」は，高齢者等避難を発令する目安となるため，介護福祉職には高齢者の避難誘導が求められる。

水害に対応する避難の基本は**垂直避難**である。「垂直避難」とは，低い土地から高い土地，低層階から高層階など「下から上へ」避難することをいう。

以上の内容から，「洪水・内水氾濫」の警戒レベル3が発令された際の介護福祉職がとるべき行動としては「垂直避難誘導」が適切である。

したがって，**1**＝×，**2**＝×，**3**＝○，**4**＝×，**5**＝×となる。

▶**正答＝3**

アドバイス！

- 災害が発生，または発生する恐れがある場合に，自ら避難することが困難な避難行動要支援者に対し，介護福祉職が迅速にどのような対応をとるべきか，理解を深めておく。
- 防災に関する記号および内閣府が示す警戒レベルでとるべき避難行動を確認しておく。

問題● 72【介護の基本】

次の記述のうち，介護における感染症対策として，**最も適切なものを1つ選びなさい。**

1 手洗いは，液体石鹸よりも固形石鹸を使用する。

2 配膳時にくしゃみが出たときは，口元をおさえた手でそのまま行う。

3 嘔吐物の処理は，素手で行う。

4 排泄の介護は，利用者ごとに手袋を交換する。

5 うがい用のコップは，共用にする。

1 = ✕ 固形石鹸の場合，他人と共有する場所で使用すると，固形石鹸の表面に菌などが残り，**菌に汚染される**可能性がある。それに比べて**液体石鹸**は，液体を出すごとに新しい石鹸液が供給されるため，菌に汚染される心配がない。ただし，液体石鹸ボトルのポンプの口を触わったり，ボトル詰め替え時に継ぎ足したりすることは，ボトル内で菌を増殖させる可能性があるため，避けなければならない。

2 = ✕ くしゃみが出たときに口元をおさえた手でそのまま配膳を行うと，手指等を介してウイルスが口に入る**接触感染のリスクが高まる**。口元をおさえた後，手洗いをすることが，感染防止の基本となる。くしゃみや咳の飛沫により，他人に感染させないために，マスクやハンカチ，とっさのときは袖などを使って，口や鼻をおさえることも効果的な手段である。

3 = ✕ 感染リスクを減少させるためには，全ての人の血液，体液，分泌物，嘔吐物，排泄物などに触れるとき，**手袋を着用する**。飛び散って触れる可能性がある場合にも，確実に着用する必要がある。必要に応じ，マスク，ゴーグル，エプロン，ガウン等を着用する。手袋を外したときは，必ず**液体石鹸**と**流水**で手洗いを行う。

4 = ○ 感染予防の視点から，排泄物は感染源になる恐れが高いため，手袋の使い回しはしない。必ず**利用者ごとに手袋を交換**し，汚れたおむつを処理した後には手袋を外し，新しい清潔なおむつを装着する。また，手袋着用の有無にかかわらず，利用者の血液，体液（唾液，リンパ液），分泌物（汗を除く），排泄物等に触れた際には，必ず**手指消毒**を行う。

5 = ✕ うがい用のコップを共有することは，細菌やウイルスの**接触感染経路となる可能性が非常に高い**ため，使い捨ての紙コップなどで代用することが望ましい。同様の視点から，手洗い後に布タオルを共有することも避け，使い捨てのペーパータオルなどを代用するとよい。

▶正答＝4

アドバイス！

- 介護現場は，感染症を発症するリスクが高い環境であること，一度感染すると広がりやすい特徴があることなどを理解しておく。
- 感染予防や対応策の基本的な知識として，①感染源の排除，②感染経路の遮断，③宿主（人間）の抵抗力の向上の3原則を理解しておく。
- スタンダード・プリコーション（標準予防策）や，正しい手洗いの方法についてもおさえておく。

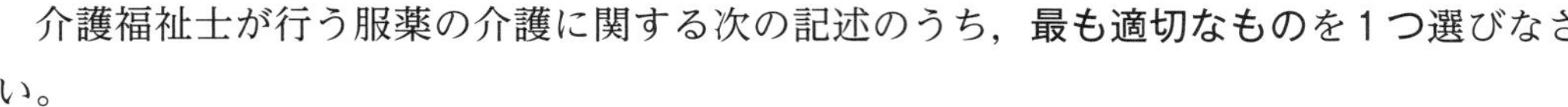

問題● 73【介護の基本】

介護福祉士が行う服薬の介護に関する次の記述のうち，**最も適切なものを1つ**選びなさい。

1 服薬時間は，食後に統一する。

2 服用できずに残った薬は，介護福祉士の判断で処分する。

3 多種類の薬を処方された場合は，介護福祉士が一包化する。

4 内服薬の用量は，利用者のその日の体調で決める。

5 副作用の知識をもって，服薬の介護を行う。

1＝× 服薬時間は，処方されたときに**指示された時間に服用**できるように介護しなくてはならない。指示された時間に服用できないと効果が出ないことや，逆効果になることもあるため，注意が必要である。

2＝× 服用できずに残った薬は，介護福祉士の判断で処分するのではなく，**主治医もしくはかかりつけの薬局に相談**の上，正しく処分する。

3＝× 一包化の必要性が認められた場合，**処方医に確認をして薬剤師が一包化**する。介護福祉士ができる服薬介護は，①皮膚への軟膏の塗布（褥瘡の処置を除く），②皮膚への湿布の貼付，③点眼薬の点眼，④一包化された内用薬の内服（舌下錠の使用も含む），⑤肛門からの坐薬挿入，⑥鼻腔粘膜への薬剤噴霧である。また，介護福祉士が服薬介護をしてはいけないケースは，①利用者の容態が安定していない場合，②医師または看護師による連続的な容態の経過観察が必要な場合，③服薬において専門的な配慮が必要な場合である。

4＝× 内服薬の用量は，利用者のその日の体調で決めるのではなく，**医師から指示された用量**，服薬の時間帯を正確に把握し，服薬時間を守らなければならない。特に，高齢者や障害者の場合，飲み忘れや過剰摂取などの間違いが起こりやすいため，服薬したかどうかの確認も大切である。利用者の体調が悪い場合には，必ず医師に相談する必要がある。

5＝○ 利用者が服用している**薬の副作用の知識**をもって介護することは，利用者を支援する上で重要である。また，薬の効果，効能の知識も必要である。服薬後は，利用者の様子に変化がないか**観察**する必要がある。

▶**正答＝5**

アドバイス!

- 介護福祉士が服薬の介護を行う場合，医行為との線引きを把握しておく必要がある。
- 高齢者は複数の疾患があり，処方される薬の種類や量が多くなることから，副作用を起こす危険性があることも知っておく必要がある。
- 服薬の介護では，誤嚥に注意が必要であることや，原則，水または白湯で服用してもらうことも知っておく必要がある。

コミュニケーション技術

●出題傾向の分析

第 34 回試験までは 8 問出題されていたが，第 35 回試験より出題数が 6 問になった。第 36 回試験では利用者への適切な対応（言葉かけ）を選ぶ短文事例問題が 4 問出題されている。そのほか，利用者の家族との信頼関係の構築を目的としたコミュニケーションに関する問題が 1 問，事例検討の目的に関する問題が 1 問出題された。

出題基準		出題実績		
大項目	中項目	第34回（2022年）	第35回（2023年）	第36回（2024年）
1　介護を必要とする人とのコミュニケーション	1）介護を必要とする人とのコミュニケーションの目的	【29】共感的理解を示す対応		【74】共感的理解を示す非言語コミュニケーション
	2）コミュニケーションの実際	【27】利用者とコミュニケーションをとるときの基本的な態度，【28】アサーティブ・コミュニケーション	【74】閉じられた質問	
2　介護場面における家族とのコミュニケーション	1）家族とのコミュニケーションの目的	【32】利用者の家族への対応	【75】利用者の家族と信頼関係を形成するための留意点	【75】家族との信頼関係の構築
	2）家族とのコミュニケーションの実際			
3　障害の特性に応じたコミュニケーション	1）障害の特性に応じたコミュニケーションの実際	【30】全盲の利用者の不安な気持ちを軽くする対応，【31】高次脳機能障害のある人とコミュニケーションをとるための方法	【76】老人性難聴のある人とのコミュニケーションの方法，【77】重度のアルツハイマー型認知症のある人とのコミュニケーションをとるための対応	【76】脳梗塞の人への対応，【77】抑うつ状態の人への言葉かけ，【78】網膜色素変性症の人への受容的な対応
4　介護におけるチームのコミュニケーション	1）チームのコミュニケーションの目的		【78】勤務交代時の申し送りの目的	
	2）チームのコミュニケーションの実際	【33】苦情があったときの上司への報告，【34】利用者の自宅で行うケアカンファレンス	【79】ケアカンファレンスでの報告	【79】事例検討の目的

●第 37 回試験に向けた学習ポイント

- 利用者や家族への適切な対応（言葉かけ）を選ぶ問題は頻出である。類似した問題が繰り返し出題されているため，過去問題は必ず解いておく。
- 「人間関係とコミュニケーション」で学習する「共感」や「受容」について理解を深め，実践するためのコミュニケーション技術を学んでおく。
- 視覚障害や聴覚障害，失語症の特徴や支援の方法，認知症のある人や精神障害のある人とのコミュニケーションのポイントや留意点を整理しておく。
- 職場内のコミュニケーションについては，記録，報告，ケアカンファレンス（care conference）における留意点や効果的な方法を押さえておく。

問題● 74【コミュニケーション技術】

Cさん(85歳, 女性, 要介護3)は, 介護老人保健施設に入所しており, 軽度の難聴がある。数日前から, 職員は感染症対策として日常的にマスクを着用して勤務することになった。

ある日, D介護福祉職がCさんの居室を訪問すると,「孫が絵を描いて送ってくれたの」と笑いながら絵を見せてくれた。D介護福祉職はCさんの言動に共感的理解を示すために, 意図的に非言語コミュニケーションを用いて対応した。

このときのD介護福祉職のCさんへの対応として, **最も適切なものを1つ選びなさい。**

1 「よかったですね」と紙に書いて渡した。
2 目元を意識した笑顔を作り, 大きくうなずいた。
3 「お孫さんの絵が届いて, うれしかったですね」と耳元で話した。
4 「私もうれしいです」と, ゆっくり話した。
5 「えがとてもじょうずです」と五十音表を用いて伝えた。

この問題を解くためには, 非言語コミュニケーションについての理解と, マスク着用の際のコミュニケーションについての理解が必要である。

コミュニケーションをとるための手段には, ①言語を用いる言語コミュニケーションと, ②言語を用いない非言語コミュニケーション, ③言語によるメッセージを修飾して伝える役割をもつ準言語コミュニケーションがある。

●コミュニケーションの手段

①言語コミュニケーション	音声によって言語メッセージを伝える話し言葉(音声言語), 音声を用いないで言語メッセージを伝える書き言葉(文字言語), 言語を用いたメッセージの伝達手段である手話や五十音表
②非言語コミュニケーション	顔の表情, アイコンタクト, ジェスチャー, うなずき, ボディタッチなど
③準言語コミュニケーション	話し言葉に伴う声のトーンや大きさ, 話す速度など

問題文には, Cさんが「孫が絵を描いて送ってくれたの」と笑いながら絵を見せてくれたことが記述されている。このCさんの言動に対して, 選択肢**1**, **3**, **4**, **5**では介護福祉職が話し言葉や書き言葉, 五十音表でメッセージを伝えているため, これらは言語コミュニケーションを用いた対応になる。選択肢**2**では介護福祉職が目元を意識した笑顔を作り, 大きくうなずくことで共感的理解を示しているため, これは非言語コミュニケーションを用いた対応になる。

したがって, **1**=×, **2**=○, **3**=×, **4**=×, **5**=×となる。

▶**正答= 2**

アドバイス!

●感染対策としてマスクを着用していると, 声が利用者に届きにくい上に, 口元の笑顔も隠されてしまい表情が伝わりにくくなる。そのため, 通常のコミュニケーションよりも多少大きな声でゆっくり言う, 目元を意識した笑顔を作る, 体全体で落ち着いた雰囲気をかもし出す, といった工夫が必要である。

問題● 75【コミュニケーション技術】

利用者の家族との信頼関係の構築を目的としたコミュニケーションとして，**最も適切なものを1つ選びなさい。**

1 家族に介護技術を教える。
2 家族に介護をしている当事者の会に参加することを提案する。
3 家族から介護の体験を共感的に聴く。
4 家族に介護を続ける強い気持ちがあるかを質問する。
5 家族に介護保険が使える範囲を説明する。

1 = ✕ 信頼関係の構築を目的としたコミュニケーションでは，これまでの家族の介護努力を肯定的に認めたうえで，よりよい方法を家族と一緒に考えることが大切である。

2 = ✕ 介護者同士の交流や情報交換をする機会を望む家族もいれば，そのような機会を望まない家族もいる。そのため，家族が悩みや不安を抱えている場合には，当事者の会に参加することを提案する前に，まず介護福祉職が家族の話を傾聴することが大切である。

3 = ○ 家族から介護の体験を共感的に聴くことは，家族との**信頼関係の構築**を目的としたコミュニケーションとして適切である。**共感的に聴く**とは，すぐに間違いを指摘したり，自分の意見を主張したりせず，家族の側に立って，家族の気持ちに寄り添いながら聴くことを意味する。介護福祉職が共感的な聴き方をすると，家族は安心して心を開いて話をすることができるようになる。

4 = ✕ 家族に介護を続ける強い気持ちがあるかを質問すると，家族にプレッシャーを与えてしまうこともある。そのため，信頼関係の構築を目的としたコミュニケーションでは，家族の話を丁寧に傾聴して，介護に対する考え方や気持ちを理解することが大切である。

5 = ✕ 信頼関係の構築を目的としたコミュニケーションでは，介護福祉職が一方的に説明することは望ましくない。家族が介護保険の知識や情報を必要としている場合や家族から質問された場合には，丁寧にわかりやすく説明することが求められる。

▶正答＝ 3

ときテク！

● 利用者の家族と信頼関係を構築するためには，家族の話を丁寧に聴くこと，共感的・受容的態度で対応すること，家族の介護努力を肯定的に認めて，ねぎらいの言葉をかけることが大切である。
● 国家試験では不適切な選択肢として，すぐに間違いを指摘する，介護技術や知識を一方的に家族に教える，利用者あるいは家族のどちらか一方の意向を優先するなどが繰り返し出題されている。

問題● 76【コミュニケーション技術】

Eさん（70歳，女性）は，脳梗塞（cerebral infarction）の後遺症で言語に障害がある。発語はできるが，話したいことをうまく言葉に言い表せない。聴覚機能に問題はなく，日常会話で使用する単語はだいたい理解できるが，単語がつながる文章になるとうまく理解できない。ある日，Eさんに介護福祉職が，「お風呂は，今日ではなくあしたですよ」と伝えると，Eさんはしばらく黙って考え，理解できない様子だった。

このとき，Eさんへの介護福祉職の対応として，**最も適切なものを1つ選びなさい。**

1 「何がわからないのか教えてください」と質問する。
2 「お風呂，あした」と短い言葉で伝える。
3 「今日，お風呂に入りたいのですね」と確かめる。
4 「あしたがお風呂の日で，今日は違いますよ」と言い換える。
5 「お・ふ・ろ・は・あ・し・た」と1音ずつ言葉を区切って伝える。

Eさんは脳梗塞の後遺症で言語に障害があり，問題文の内容から，**失語症**（aphasia）であると考えられる。

1＝✕ Eさんは，発語はできるが，話したいことをうまく言葉に言い表せない。そのため，「何がわからないのか教えてください」と質問をして，Eさんに話をすることを求めると，Eさんはうまく言葉にできない焦りや不安を感じてしまう。

2＝○ Eさんは日常会話で使用する単語はだいたい理解できるが，単語がつながる文章になるとうまく理解できない。そのため，「お風呂，あした」と**単語**で区切って，**短い言葉で伝える**と理解しやすくなる。

3＝✕ Eさんは，介護福祉職が伝えたことが理解できていない様子だった。そのため，「今日，お風呂に入りたいのですね」とEさんの意思確認をする前に，介護福祉職が何を伝えようとしたのかをEさんに理解してもらえるように対応する必要がある。

4＝✕ Eさんは，単語がつながる文章になるとうまく理解できない。そのため，別の文章に言い換えて伝えるより，文章を**単語**で区切って，**短い言葉で伝える**ほうが理解しやすくなる。

5＝✕ Eさんは，日常会話で使用する単語はだいたい理解できる。そのため，「お・ふ・ろ・は・あ・し・た」と1音ずつ区切るより，「お風呂，あした」と**単語**で区切って伝えるほうが理解しやすくなる。

▶正答＝2

アドバイス！

- 脳梗塞や脳出血（cerebral hemorrhage）などにより，大脳の言語に関わる部位が損傷を受けることで起こる言語の障害を失語症という。
- 失語症の人には，短く，ゆっくり，明瞭に話しかけることが大切である。
- 失語症の人は聴覚的理解（人の言うことを聞いて理解する）に障害があり，聴覚そのものに障害があるわけではないため，大きな声で話しかける必要はない。

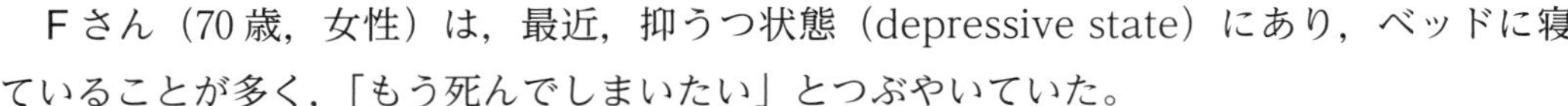

問題● 77【コミュニケーション技術】

Fさん（70歳，女性）は，最近，抑うつ状態（depressive state）にあり，ベッドに寝ていることが多く，「もう死んでしまいたい」とつぶやいていた。

Fさんの発言に対する，介護福祉職の言葉かけとして，**最も適切なものを1つ選びなさい。**

1 「落ちこんだらだめですよ」

2 「とてもつらいのですね」

3 「どうしてそんなに寝てばかりいるのですか」

4 「食堂へおしゃべりに行きましょう」

5 「元気を出して，頑張ってください」

1 = ✕ 一般に抑うつ状態にある人は，自分でも「このままではいけない」と思っていても，どうにもならない状況にあり苦しんでいると考えられる。「落ちこんだらだめですよ」という介護福祉職の言葉かけは，抑うつ状態にあるFさんの現状を否定することになり，プレッシャーを与えてしまうことになりかねないため，適切ではない。

2 = ◯ 抑うつ状態にある人への基本的対応は，本人の訴えに**耳を傾け**，**受け止める**受容的な対応であり，本人の気持ちに**共感**することである。Fさんの「もう死んでしまいたい」というつぶやきは，つらい気持ちを表現していると考えられる。それに対する「とてもつらいのですね」という介護福祉職の言葉かけは，Fさんの気持ちに寄り添い，共感を示したものであるため，適切である。

3 = ✕ Fさんは抑うつ状態にあり，好んでベッドに寝ているわけではない。その心情を理解することなく「どうしてそんなに寝てばかりいるのですか」という介護福祉職の言葉かけは，Fさんの現状を否定し責めるものであるため，適切ではない。

4 = ✕ 「食堂へおしゃべりに行きましょう」という介護福祉職の言葉かけは，行動の転換を提案したものであり，場合によっては気分転換となり効果を発揮する可能性もある。しかし，現段階において，最初に必要なのは，「もう死んでしまいたい」というFさんの気持ちに寄り添った対応をとることである。

5 = ✕ 抑うつ状態にある人への基本的対応として，極めて重要なのは，**安易に励まさない**ことである。励ましは抑うつ状態にある人にとって精神的に重い負担となる。「元気を出して，頑張ってください」という介護福祉職の言葉かけは，Fさんにプレッシャーを与えてしまうことになりかねないため，適切ではない。

▶正答＝2

アドバイス!

- 抑うつ状態にある人の言動に対しては，受容的・共感的に対応することが大切である。
- 抑うつ状態にある人に対して，励ますことは精神的に重い負担となり得るため安易に励まさない。

問題● 78【コミュニケーション技術】

Gさん（70歳，女性，要介護1）は，有料老人ホームに入居していて，網膜色素変性症（retinitis pigmentosa）による夜盲がある。ある日の夕方，Gさんがうす暗い廊下を歩いているのをH介護福祉職が発見し,「Hです。大丈夫ですか」と声をかけた。Gさんは,「びっくりした。見えにくくて，わからなかった…」と暗い表情で返事をした。

このときのGさんに対するH介護福祉職の受容的な対応として，**最も適切なものを1つ**選びなさい。

1 「驚かせてしまいましたね。一緒に歩きましょうか」
2 「明るいところを歩きましょう。電気をつけたほうがいいですよ」
3 「見えにくくなってきたのですね。一緒に点字の練習を始めましょう」
4 「白杖があるかを確認しておきます。白杖を使うようにしましょう」
5 「暗い顔をしないでください。頑張りましょう」

1 =○ Gさんの「びっくりした」という返事から，介護福祉職の声かけに驚いてしまったことが推察される。それに対する「驚かせてしまいましたね。一緒に歩きましょうか」という介護福祉職の対応は，Gさんの「びっくりした」という気持ちを受け止めた上で，安全のために一緒に歩くことを提案しており，**受容的な対応**といえる。

2 =× Gさんは，網膜色素変性症による夜盲があり，暗いところで見えにくいという症状があるので，「明るいところを歩きましょう。電気をつけたほうがいいですよ」という対応は，介護福祉職の提案としてはよいようにも思えるが，Gさんを驚かせてしまったことに対する受容的な対応ではない。

3 =× 点字は視覚に障害のある人が触って読む文字であり，問題文の場面において直接的な関係はなく，Gさんが点字を必要とするか否かの情報も読み取れない。また，Gさんを驚かせてしまったことに対する受容的な対応ではない。

4 =× 白杖は視覚に障害のある人が歩行するときに使う補装具である。白杖の使用には，利用者に合わせた白杖の長さを設定することが求められ，持ち方から使い方まで基本的な技術を習得する必要がある。また，Gさんを驚かせてしまったことに対する受容的な対応ではない。

5 =× 暗い表情をさせてしまった原因となったのは，突然，介護福祉職が声をかけたことにあると考えられる。それにもかかわらず,「暗い顔をしないでください」という声かけは理不尽であり，また「頑張りましょう」という声かけも何に向けてのものかが不明確であり，適切ではない。

▶**正答＝1**

さらに深掘り！

- 網膜色素変性症は，最初に夜盲（暗いところで見えにくい）がみられ，その後，少しずつゆっくりと視野狭窄が進んでいき，視力が低下する。
- 網膜色素変性症のある人の多くが，人や障害物への接触を経験し歩行に不安を抱えている。

問題● 79【コミュニケーション技術】

事例検討の目的に関する次の記述のうち，**最も適切なもの**を１つ選びなさい。

1　家族に介護計画を説明し，同意を得る。

2　上司に利用者への対応の結果を報告し，了解を得る。

3　介護計画の検討をとおして，チームの交流を深める。

4　チームで事例の課題を共有し，解決策を見いだす。

5　各職種の日頃の悩みを共有する。

1 = ✕　家族に介護計画を説明し，同意を得ることは，事例検討の目的ではなく，介護福祉職が立案した介護計画の内容（目標や支援内容・支援方法）を家族と共有することで，家族の協力姿勢や参加が得られやすくなり，同じ目標に向かって介護過程を展開することができる。

2 = ✕　上司に利用者への対応の結果を報告し，了解を得ることは，**報告**にあてはまる。報告とは，ある業務の指示や命令を受けた人が，その業務の結果や経過について，指示者に対して知らせることをいう。事例検討の目的にはあてはまらない。

3 = ✕　介護計画の検討をとおして，チームの交流を深めることは，事例検討の目的ではなく，複数の介護福祉職により意思統一されたよりよい介護を利用者に提供するためである。チームメンバーでコミュニケーションを図り，介護計画の目標・方針を確認し，情報を共有しながらメンバー間の合意形成を図り，課題解決に向けて話し合いを進めながら取り組んでいくことにより，チームメンバーの信頼関係が構築され，よりよい支援へとつながっていく。

4 = ○　チームで事例の課題を共有し，解決策を見いだすことは，事例検討を行う目的である。事例検討は，利用者の課題を解決していくために，チームで事例の**課題を共有する**とともに，実践から得られた事例を振り返り，分析を行うことで課題の**解決策を見いだす**ことを目的として行われるものである。

5 = ✕　各職種の日頃の悩みを共有することは，事例検討の目的ではない。利用者への支援は，介護福祉職だけでなく，他の福祉・保健・医療に関わる多職種が協働して行うものである。それぞれの専門職が業務を遂行する上で，困りごとや悩みごとはついてまわるものである。こうした悩みを解決することは，円滑な業務遂行につながり，よりよい支援を行うためにも大切である。その解決の手段の１つが相談である。

▶**正答＝ 4**

アドバイス！

●事例検討を行う目的について整理し，理解しておく。

●介護におけるチームのコミュニケーションを高めるための技術（報告・連絡・相談）を押さえておく。

生活支援技術

●出題傾向の分析

この科目の出題は「生活支援（家事）」「生活支援技術（介護技術）」「福祉用具・住環境」の大きく3つに分けられる。全科目の中で一番身近な科目で難易度は全体的には高くないが，毎年数問「高難度」の出題があり，印象に残る問題があるのも特徴といえる。

出題基準		出題実績		
大項目	中項目	第34回（2022年）	第35回（2023年）	第36回（2024年）
1　生活支援の理解	1）介護福祉士が行う生活支援の意義と目的			
	2）生活支援と介護過程		【80】生活支援	【80】レクリエーション
	3）多職種との連携	【46】食事支援での連携		
2　自立に向けた居住環境の整備	1）居住環境整備の意義と目的			
	2）居住環境整備の視点	【35】高齢者の住まい	【81】安全に配慮した階段	【82】心身機能が低下した高齢者の住環境の改善
	3）対象者の状態・状況に応じた留意点	【36】入浴のための福祉用具		【81】関節リウマチの人への住まいに関する助言
3　自立に向けた移動の介護	1）移動の意義と目的			
	2）移動介護の視点			【98】高齢者の靴下・靴選び
	3）移動・移乗の介護の基本となる知識と技術	【41】スライディングボードの活用，【42】トルクの原理の応用	【82】安定した歩行，【83】T字杖を使う左片麻痺の利用者	【83】ギャッチベッドの背上げを行うとき，【84】左片麻痺の人の端座位から立位，【85】標準型車いすの移動
	4）対象者の状態・状況に応じた留意点	【43】視覚障害のある人の外出支援		
4　自立に向けた身じたくの介護	1）身じたくの意義と目的			
	2）身じたくの介護の視点			
	3）身じたくの介護の基本となる知識と技術	【37】耳の清潔，【38】歯ブラシでの口腔ケア	【84】総義歯の取扱い，【85】爪の手入れ	【87】左片麻痺の利用者のズボンの着脱
	4）対象者の状態・状況に応じた留意点	【39】右片麻痺のある人の上着の着脱，【40】経管栄養を行っている人への口腔ケア	【86】左片麻痺の利用者の着脱	
5　自立に向けた食事の介護	1）食事の意義と目的			
	2）食事介護の視点			
	3）食事介護の基本となる知識と技術		【87】むせ込んだ場合の対応，【88】テーブルでの食事	【89】介護福祉職が管理栄養士と連携が必要な利用者の状態
	4）対象者の状態・状況に応じた留意点	【44】嚥下障害のある利用者への食事の助言，【45】慢性腎不全の利用者の食生活	【89】逆流性食道炎のある利用者	【88】嚥下機能の低下している利用者のおやつ，【90】血液透析を受けている人の食事介護
6　自立に向けた入浴・清潔保持の介護	1）入浴・清潔保持の意義と目的			
	2）入浴・生活保持の介護の視点	【47】入浴		
	3）入浴・清潔保持の介護の基本となる知識と技術	【48】シャワー浴	【90】ベッド上での洗髪，【91】目の周囲の清拭	【86】高齢者の爪の手入れ，【92】椅座位で行う足浴，【93】ストレッチャータイプの特殊浴槽
	4）対象者の状態・状況に応じた介護の留意点	【49】左片麻痺のある利用者の一部介助，【50】入浴関連用具の使用方法	【92】着衣失行	【91】右片麻痺の利用者に安全な入浴

出題基準		出題実績		
大項目	中項目	第34回（2022年）	第35回（2023年）	第36回（2024年）
7　自立に向けた排泄の介護	1）排泄の意義と目的			
	2）排泄介護の視点			【94】尿路感染症を予防する介護
	3）排泄介護の基本となる知識と技術	【51】便秘	【93】生理的排便，【95】女性の陰部洗浄	【96】浣腸器を用いた排便の介護使用
	4）対象者の状態・状況に応じた留意点	【52】機能性尿失禁，【53】認知症の利用者	【94】便失禁の改善，【96】尿失禁後の対応	【95】夜間の排泄を失敗する高齢者への助言
8　自立に向けた家事の介護	1）家事の意義と目的			
	2）家事支援の視点			【97】見守り的援助
	3）家事支援の基本となる知識と技術	【54】衣類用漂白剤，【55】手縫い	【97】ノロウイルス感染予防	【98】高齢者に適した靴・靴下
	4）対象者の状態・状況に応じた留意点		【98】弱視の利用者への対応，【99】関節リウマチのある人への対応	【99】もの忘れがある人への対応
9　休息・睡眠の介護	1）休息・睡眠の意義と目的			
	2）休息・睡眠の介護の視点		【100】睡眠環境	
	3）休息・睡眠の基本となる知識と技術	【56】ベッドメイキング，【57】良質な睡眠	【101】入眠	
	4）対象者の状態・状況に応じた留意点			【100】消化管ストーマを造設した人の睡眠介護，【101】いびきをかく利用者について収集する情報
10　人生の最終段階における介護	1）人生の最終段階にある人への介護の視点			
	2）人生の最終段階を支えるための基本となる知識と技術	【58】看取りに必要な情報，【59】終末期の家族支援，【60】死亡後の介護	【102】終日臥床の利用者	【102】誤嚥性肺炎で終末期にある人に確認すべきこと
	3）家族，介護職が「死」を受け止める過程		【103】家族への支援	【103】デスカンファレンス
11　福祉用具の意義と活用	1）福祉用具活用の意義と目的			【104】福祉用具を活用するときの基本的な考え方
	2）福祉用具活用の視点			
	3）適切な福祉用具選択の知識と留意点		【104】障害特性に適した選択，【105】安全使用の方法	【105】握力低下のある人が使用する杖

●第37回試験に向けた学習ポイント

- この科目では，生活支援や福祉用具・住環境に関する出題では「知識」が，生活支援技術に関する出題では「根拠に基づいた介護方法や留意点」「利用者の状態に応じた対応方法」が問われる。
- 「介護方法や留意点」を問う出題は日頃の業務を根拠立てて考えることで，「利用者の状態に応じた対応方法」を問う出題は「利用者主体」「自立支援」「受容・共感・傾聴」「安全」「疾患の知識」などの視点で解答が可能といえる。
- 介護技術では，日常生活動作に関する項目，近年は睡眠や終末期の問題が複数回出題される傾向があるので重点的に学習したい。全科目で一番多い出題数（26問）となるため，とにかく多くの得点を稼ぎたい科目である。

問題● 80【生活支援技術】

介護老人福祉施設における，レクリエーション活動に関する次の記述のうち，**最も適切なものを1つ**選びなさい。

1 利用者全員が参加することを重視する。
2 毎回，異なるプログラムを企画する。
3 プログラムに買い物や調理も取り入れる。
4 利用者の過去の趣味を，プログラムに取り入れることは避ける。
5 地域のボランティアの参加は，遠慮してもらう。

1 = ✕ 利用者全員が参加できることは理想である。しかし，人によっては好き嫌いもあり，体調などの状況も様々であると考えられる。さらに何を目的に，どのような効果をねらって内容を計画するかによって，対象者が限定される場合もある。全員が参加できれば，それが良いレクリエーションということではない。

2 = ✕ 毎回同じ内容のレクリエーションを繰り返すと飽きてしまうことが考えられる。しかし，利用者の状況などによっては，一度の実施で結果が出ない場合も多く，繰り返し実施したほうが良いプログラムもある。

3 = ○ 買い物や調理は身体的な活動だけでなく，脳の活性化にもつながる。買い物の際は「何を買おう」「こちらのほうが安い」などと考えたりし，調理でも「先にこれを作ろう」「味が薄いから醤油を足そう」などと考えたりする。何より，このような活動は楽しみにつながることも多い。

4 = ✕ 過去の趣味をプログラムに取り入れることで昔を思い出し，記憶を呼び起こすことにつながる。心理的な安定や他の利用者との交流にも役立ち，利用者のモチベーション向上にもつながる。

5 = ✕ 地域のボランティアの参加は避ける必要はなく，積極的に取り入れていきたい。様々な人との交流は精神的に良い効果をもたらすことが多い。さらに，地域にいる人の得意分野などを生かしてもらったレクリエーションの実施は，利用者の楽しみにもつながると考えられる。施設外からの参加となるため，感染症対策には留意する必要がある。

▶正答＝3

アドバイス！

- レクリエーションは「楽しく」参加できるものがよい。
- プログラムを計画する際は，「目的」「効果」などを適切に考えて企画する。
- 利用者の生きてきた時代に合わせたプログラムは，脳の活性化だけでなく，他の利用者との交流に役立ちコミュニケーションの機会にもなる。

問題● 81【生活支援技術】

関節リウマチ（rheumatoid arthritis）で，関節の変形や痛みがある人への住まいに関する介護福祉職の助言として，**最も適切なものを1つ選びなさい。**

1　手すりは，握らずに利用できる平手すりを勧める。
2　いすの座面の高さは，低いものを勧める。
3　ベッドよりも，床に布団を敷いて寝るように勧める。
4　部屋のドアは，開き戸を勧める。
5　2階建ての家の場合，居室は2階にすることを勧める。

1 = ○　**平手すり**とは，手すり表面が平らになっていて手の平や肘などで体を支えることができるものである。一般的な**丸型の手すり**は手指での握りやすさを重視した手すりである。関節リウマチでは炎症で手指での握る動作が難しいことが多いため，**平手すり**の設置が望ましい。

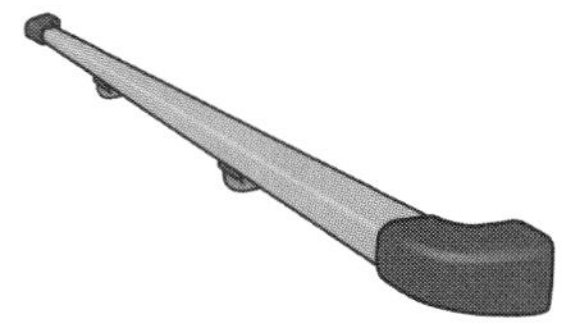

2 = ×　関節の変形や痛みのある人が，いすから立ち上がるときに座面の高さが**低い**と立ち上がりにくい。関節リウマチがあり，炎症で手指での握る動作が難しい場合は，なおさら立ち上がりにくくなる。座位が安定する範囲内で座面の高さが**高い**いすがよい。

3 = ×　床などの低い位置での臥位からの**起き上がり**は，かなりの筋力を要する。関節リウマチがあり，炎症で手指での握る動作や下肢の曲げ伸ばしなどが難しい人の場合は，**起き上がり**はかなりの負担となる。ベッドのほうが**起き上がり**の負担が少ない。

4 = ×　**開き戸**とは，押すか引く動作で開閉する扉のことである。関節リウマチによる炎症で手指での握る動作が難しい場合は，押すまたは引く動作がうまくいかずに開閉が難しい。関節リウマチのある人，杖使用者や歩行困難者などが使用する扉は，横に開閉する**引き戸**が望ましい。

5 = ×　居室は1日のうちで長い時間を過ごす部屋である。居室を2階にすると，移動時に階段の昇り降りなどの機会が増える。関節リウマチがあり，炎症で手指での握る動作や下肢の曲げ伸ばしなどが難しい人の場合は危険が増えてしまう。2階建て以上の家の場合，居室を**1階**にすると負担は少ない。

▶**正答＝1**

さらに深掘り！

- 関節リウマチは関節の痛み，炎症，動作制限などの症状がある。朝のこわばりが強く，季節や気候に左右され，女性に多い疾患である。
- 関節リウマチは介護保険の特定疾病に指定されている。手すりの取付け，扉や便器の取替え，段差の解消などの住宅改修は介護保険の支給対象となり，支給限度基準額は20万円である。

問題● 82【生活支援技術】

心身機能が低下した高齢者の住環境の改善に関する次の記述のうち，**最も適切なもの**を1つ選びなさい。

1　玄関から道路までは，コンクリートから砂利敷きにする。
2　扉の取っ手は，レバーハンドルから丸いドアノブにする。
3　階段の足が乗る板と板の先端部分は，反対色から同系色にする。
4　車いすを使用する居室の床は，畳から板製床材（フローリング）にする。
5　浴槽は，和洋折衷式から洋式にする。

1＝× 玄関から道路までは，**コンクリート**などの平らで固い素材がよい。砂利敷きは，歩行時の転倒のリスクや車いすでの移動のしづらさなどのデメリットが大きい。

2＝× 扉の取っ手は，レバーを下げて引く（押す）**レバーハンドル**のほうがよい。丸いドアノブは，手で握って回すため，握力が弱くなっていたり，握る動作が難しくなった人には適さない。

3＝× 階段の足が乗る板と板の先端部分は，**同系色**では段差が見分けづらく転倒のリスクがある。足が乗る板を「踏面」という。その踏面の先端部分には滑り止めをつけ，その先端部分を**反対色**などに色を変えることで段差を見分けやすくなる。

4＝○ 車いすでの移動の際，畳や柔らかい素材の床面では不安定になり，移動**しにくい**だけでなく，転倒などの危険も生じやすい。板製床材（フローリング）などの固い床材のほうが**よい**。

5＝× 浴槽の種類は，「和式」「洋式」「和洋折衷式」に分けられ，浴槽への出入りがしやすく，足を伸ばして安定した姿勢で入浴できる**和洋折衷式**が，心身機能が低下した高齢者に適している。

●浴槽の種類

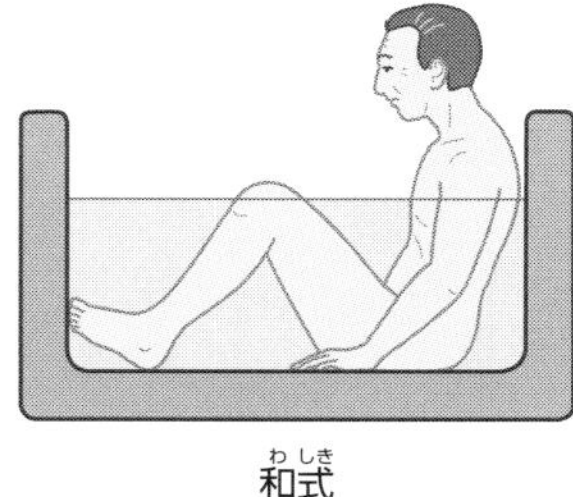
和式

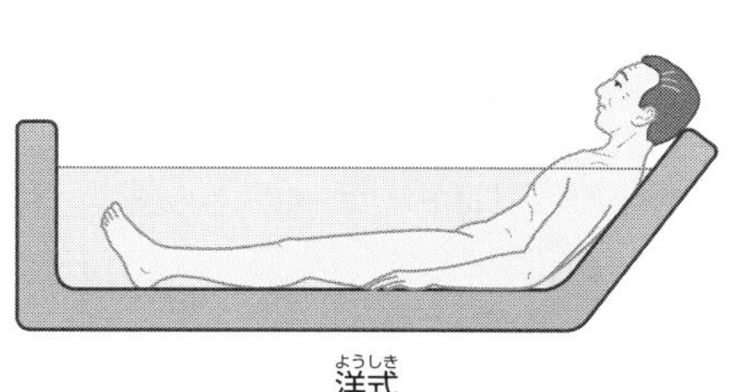
洋式

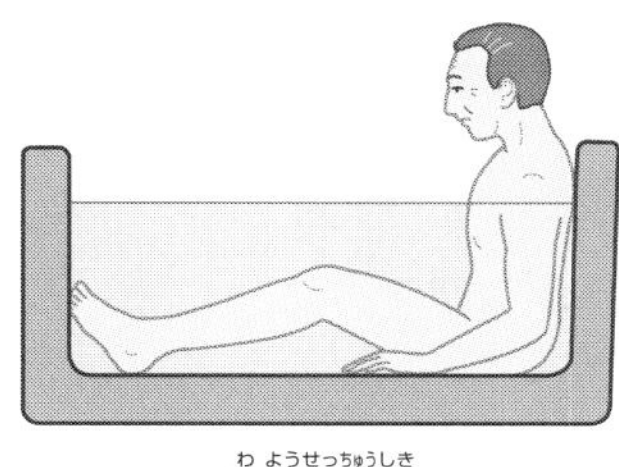
和洋折衷式

▶正答＝4

要点チェック！

●加齢に伴う生活空間の留意点は以下のとおり。
・日常生活は同一階で行えることが望ましい。
・各部屋や廊下は，車いすや介助のためのスペースを考えて広めのほうがよい。
・寝室とトイレの距離は近いほうがよい。

問題● 83【生活支援技術】

仰臥位（背臥位）から半座位（ファーラー位）にするとき，ギャッチベッドの背上げを行う前の介護に関する次の記述のうち，**最も適切なものを1つ選びなさい。**

1 背部の圧抜きを行う。
2 臀部をベッド中央部の曲がる部分に合わせる。
3 ベッドの高さを最も低い高さにする。
4 利用者の足がフットボードに付くまで水平移動する。
5 利用者のからだをベッドに対して斜めにする。

1 =× ベッドの背上げをすると，ベッドが上がろうとする力と利用者のからだの下がろうとする力がかかって，背部に「ずれ」が発生する。からだを一度ベッドから離して戻す背部の圧抜き（背抜き）をすることで「ずれ」が解消でき，**褥瘡**の予防につながる。したがって背部の圧抜きは，ギャッチベッドの背上げを行った**後**に実施する。

2 =○ 臀部を**ベッド中央部の曲がる部分**（ベッドの頭側が上がっていく下端部分）に合わせることでしっかりとした座位姿勢になり，ずり落ちにくくなる。背上げを行う**前**に実施すべきことである。

3 =× 介護福祉職がそばにいたり，サイドレールなどでベッド上の利用者の安全が確保できていたりする状況であれば，ベッドを適切な高さに調整することで，介助者の**腰**にかかる負担が減り，安全に背上げを行うことができる。

4 =× ギャッチベッドの背上げの際，利用者のからだの位置は**臀部**が基準となる。**ベッド中央部の曲がる部分**に**臀部**があると利用者に負担の少ない座位姿勢になる。足がフットボードに付くほど下方にいると，背中付近からベッドが上がった状態となってしまう。

5 =× 利用者のからだを斜めにすると，背上げを行った後に落下の危険性や利用者のからだのずり落ちの原因にもなる。利用者のからだをベッドに対して**真っすぐ**にするほうがよい。

●半座位（ファーラー位）

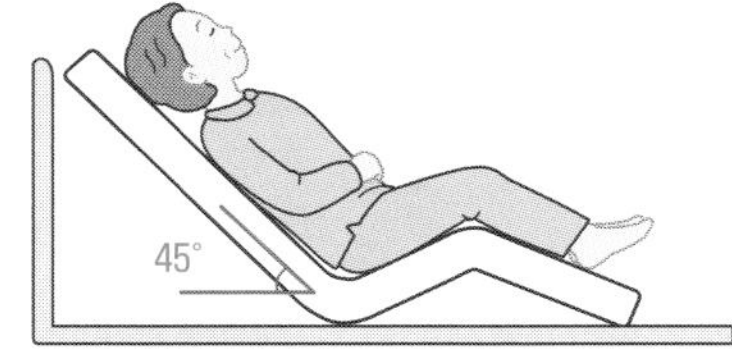

▶正答＝2

要点チェック！

●背部の圧抜きは背上げを実施した「後」に行う。
●ギャッチベッドの背上げでは利用者のからだが足元方向にずり落ちやすいので，注意が必要である。
●ベッドの高さは安全に配慮しながら，介護者の腰に負担がかからないように調整する。

問題● 84【生活支援技術】

回復期にある左片麻痺の利用者が，ベッドで端座位から立位になるときの基本的な介護方法に関する次の記述のうち，**最も適切なものを1つ**選びなさい。

1 利用者の右側に立つ。
2 利用者に，ベッドに深く座るように促す。
3 利用者に，背すじを伸ばして真上に立ち上がるように促す。
4 利用者の左側に荷重がかかるように支える。
5 利用者の左の膝頭に手を当てて保持し，膝折れを防ぐ。

1 = ✕ 片麻痺の利用者を介助するときは，転倒を防止するため患側に位置することが基本である。左片麻痺のある人の端座位から立位への介助をするとき，利用者の患側（左側）に立つ。患側に位置することで利用者が上体を前に倒すときや，立ち上がろうとするときなどバランスを崩しやすい状態のときにも保護がしやすく，スムーズな介助が可能となる。

2 = ✕ 端座位から立位をとるとき，重心位置を腰から足底に移動させる必要がある。端座位から立位をとるときは浅く座りなおし，足底を床にしっかりとつけた状態で行うことが重要である。ベッドに深く座ると，重心位置の移動がうまく行えない。また，足底が床についていないような状態からの立ち上がりは転倒の危険もある。

3 = ✕ 上体を前に倒して体重を前に移しながら，前かがみの姿勢で腰を持ち上げるとスムーズに立ち上がることができる。背すじを伸ばして真上に立ち上がろうとすると，体重を前に移すことが困難となり，うまく立ち上がることは不可能である。

4 = ✕ 利用者の左側は患側のため，荷重をかけると膝折れやバランスを崩す危険性がある。利用者が短下肢装具などの補助具を使用している場合であっても，荷重をかけすぎることでバランスを大きく崩し転倒する恐れがあるため避けるべきである。

5 = ○ 介護福祉職が左の膝頭に手を当てて保持することで，患側の膝頭が前方に出すぎることを防ぐことができ，膝を伸ばしやすくなることで安定した立位をとることができる。この際，介護福祉職は足を大きく開いて支持基底面積を広く取り，つま先を動く方向に向けるなどボディメカニクスを意識して介助を行うことで，腰への負担を少なくできる。

▶正答＝5

アドバイス！

- 片麻痺の利用者を介助するときの基本は，転倒を防止するため「患側」に位置すること。
- 端座位から立位になるときは浅く座り，上体を前に倒して体重を前に移しながら，前かがみの姿勢で腰を上げ，膝を伸ばしながら立ち上がるといった，一連の流れを理解しておきたい。

問題● 85【生活支援技術】

標準型車いすを用いた移動の介護に関する次の記述のうち，**適切なものを1つ**選びなさい。

1 急な上り坂は，すばやく進む。
2 急な下り坂は，前向きで進む。
3 踏切を渡るときは，駆動輪を上げて進む。
4 エレベーターに乗るときは，正面からまっすぐに進む。
5 段差を降りるときは，前輪から下りる。

1 =× 急な上り坂をすばやく進むと，利用者の恐怖心をあおり不快な気持ちにさせる可能性がある。また，利用者の座位を不安定にさせ，車いすからの転落など事故に発展する恐れがあるため適切ではない。急な坂道を進むときは，介護福祉職は車いすが後ろに下がらないようしっかりと脇をしめて両足を前後に大きく開き，**ゆっくり**進む。

2 =× 急な下り坂は前向きで進むと利用者が前のめりになりやすく，転落の恐れがある。また，利用者に恐怖感を与えてしまう恐れもある。急な下り坂を下るときは必ず**後ろ向き**で進む。介護福祉職はしっかりと脇をしめて両足を前後に大きく開き，後方の安全をしっかりと確認しながらゆっくり下る。

3 =× **前輪**は駆動輪と比べて小さいため，線路の溝に引っかかり利用者が前に転落するなど思わぬ事故につながることがあり，危険である。そのため踏切を渡るときは駆動輪ではなく，**前輪**を上げてゆっくり進む。**前輪**を上げるときはティッピングレバーを踏み込みながらグリップを押し下げるとスムーズである。

4 =○ エレベーターに乗るときは前輪がエレベーターの溝にはまらないように注意しつつ，**正面からまっすぐに**進む。正面から入るのは，ドアに挟まれそうになったときでもとっさの対応がしやすいためでもある。また，降りるときはあらかじめエレベーター内で方向転換をしておき，目的の階に到着したら前から降車する。ただし，人が乗っていてエレベーター内で方向転換ができない場合は，エレベーターに乗車したままの状態（後ろ向きのまま）で降車する。

5 =× 前輪から下りると利用者が前傾姿勢になり転倒や転落の恐れがあるため，段差を降りるときは後ろ向きで**駆動輪**から下りる。また，静かにゆっくり下りると利用者への衝撃がやわらぎ，痛みや不快感を軽減することができる。

▶**正答＝4**

- 歩行が困難な人が車いすを利用することで行動範囲が広がり，より一層の社会参加が期待できる。
- 利用者が安全で快適に移動できるよう，車いすの正しい操作方法を理解することは重要である。

問題● 86【生活支援技術】

医学的管理の必要がない高齢者の爪の手入れに関する次の記述のうち，**最も適切なもの**を１つ選びなさい。

1 爪は，入浴の前に切る。
2 爪の先の白い部分は，残らないように切る。
3 爪は，一度にまっすぐ横に切る。
4 爪の両端は，切らずに残す。
5 爪切り後は，やすりをかけて滑らかにする。

正しい爪の手入れは身だしなみや清潔保持だけでなく，巻き爪や爪肥厚などを防ぎ，安全な生活を維持するためにも必要な介護である。

1 =✕ 爪は水分にひたすことで柔らかくなるため切りやすく，また爪のひび割れを予防することができるため，入浴の**後**や手浴・足浴の**後**に切ることが望ましい。それらが困難な場合は，蒸しタオルなどで水分を与えると安全に切ることができる。

2 =✕ 爪の先の白い部分を切りすぎると深爪となり，かえって巻き爪の原因になる可能性がある。そのため，爪の先の白い部分は**少し残るくらいの長さ**で切り，手を軽く握ったときに手のひらに当たる爪が気にならない程度に整えるとよい。爪を切る前には利用者の希望の切り方などを確認しておく。また，途中で利用者の表情を見て，痛みや不快感の有無を確認しながら切り進める。爪に異常があることを発見した場合には，爪切りを中止して医療職に速やかに報告する。

3 =✕ 爪を切るときは，指先から少し上のあたりの伸びた部分を直線に切る。高齢者の場合，爪がもろくて割れやすいため，力を入れすぎたり大きく切ろうとせず，**少しずつ慎重に**切る。

4 =✕ 爪を切るときには，指先から少し上部分の伸びた部分を直線に切り，その後，爪の両端の角を少し切り，やすりをかけて仕上げる**スクエアオフ**が望ましい。

5 =◯ 皮膚や衣類を傷つけることや爪割れを防ぐためにも，手や足の爪は**やすりをかけて滑らかにしておく**ことが重要である。このとき，爪の表面が荒れている場合には爪クリームやオイルなどをつけて保護する。

▶**正答＝ 5**

要点チェック！

- 従来，爪切りは医療職が行うものとする医行為とされてきた。
- 現在は，爪そのものや爪の周囲に化膿や炎症がなく，糖尿病（diabetes mellitus）などの疾患により専門的な管理が不要の場合に限り，介護福祉職が爪切りで爪を切ることや，爪やすりでやすりがけをすることが可能になっている。

問題● 87【生活支援技術】

左片麻痺の利用者が，端座位でズボンを着脱するときの介護に関する次の記述のうち，最も適切なものを１つ選びなさい。

1　最初に，左側の腰を少し上げて脱ぐように促す。
2　右膝を高く上げて，脱ぐように促す。
3　左足を右の大腿の上にのせて，ズボンを通すように促す。
4　立ち上がる前に，ズボンを膝下まで上げるように促す。
5　介護福祉職は右側に立って，ズボンを上げるように促す。

1 = × 利用者には左片麻痺があるため，最初に患側である左側の腰からズボンを脱ぐのは適切ではない。端座位でズボンを脱ぐときは，最初に健側である右側の腰を浮かし臀部から下せるところまで下ろし，次に患側である左側を脱ぐ。健側下肢→患側下肢の順にズボンを脱ぐ。

2 = × 健側の右膝を高く上げると患側は力が入らないことでバランスを崩しやすく，転倒のリスクが高まるため適切ではない。健側のズボンを脱ぐときは足底を床につけて，前屈ぎみで脱ぐ。

3 = ○ 端座位でズボンを履く場合，健側上肢の活用が可能な位置（右大腿）に左足をのせることでズボンに足を通すことができるため，適切である。患側下肢→健側下肢の順にズボンを履く。

4 = × 片麻痺があり立位が可能な場合は，可能な限り上までズボンを上げてもらう。ズボンが膝下にある状態では立位時にズボンに手が届かないため，適切とはいえない。

5 = × 介護福祉職は患側である左側に立ち，介助する。健側である右側に立って，ズボンを上げるよう促すことは適切ではない。患側は力が入らないためバランスを崩しやすく，倒れやすいため，患側に位置することが重要である。

▶正答＝3

要点チェック！

- 片麻痺のある利用者の衣服の着脱の介護は「脱健着患」（脱ぐときは健側から，着るときは患側から）が基本。
- 介護福祉職は患側に位置することで，利用者が安全に着替えることができる。
- 肌を露出する場面では，プライバシーを守る・羞恥心に気配りをする。

問題● 88【生活支援技術】

次のうち，嚥下機能の低下している利用者に提供するおやつとして，最も適切なものを1つ選びなさい。

1 クッキー
2 カステラ
3 もなか
4 餅
5 プリン

1 =✕ クッキーは硬く，噛む力と十分な唾液分泌がないと口腔内でまとまりにくいため，飲み込むことが難しい。嚥下機能が低下している利用者に提供するおやつとして適切とはいえない。

2 =✕ カステラはスポンジ状で柔らかく，高齢者にとって理想的な食品であるが，水分含有量が少なく口腔内でまとまりにくいため，嚥下機能が低下している利用者のおやつとして適切とはいえない。

3 =✕ もなかは，咽頭にはりつきやすい上に取り除きにくいため，窒息のリスクが高い。嚥下機能が低下している利用者のおやつとして適切とはいえない。

4 =✕ 餅は粘り気が強いため，喉に詰まりやすい。嚥下機能が低下している利用者は，気道を塞がれて窒息してしまう恐れがあるため，おやつとして適切とはいえない。

5 =○ プリンは，口当たりがよく飲み込みやすいため，嚥下機能が低下している利用者に提供するおやつとして適している。

▶正答＝5

さらに深掘り！

●嚥下しにくい食品には以下のようなものがある。
・お茶・みそ汁等，さらさらした液体
・かまぼこ・こんにゃく・ピーナツ等，まとまりにくい食品
・わかめ・のり等，粘膜にはりつきやすい食品
・餅・だんご等，粘り気がある食品
・レモン・酢の物等，酸味が強い食品

問題● 89【生活支援技術】

介護老人福祉施設の介護福祉職が，管理栄養士と連携することが必要な利用者の状態として，**最も適切なもの**を１つ選びなさい。

1　利用者の食べ残しが目立つ。
2　経管栄養をしている利用者が嘔吐する。
3　利用者の食事中の姿勢が不安定である。
4　利用者の義歯がぐらついている。
5　利用者の摂食・嚥下の機能訓練が必要である。

1 = ○ 利用者の食べ残しが目立つ場合は，**管理栄養士**と連携することが必要である。利用者の状況を一番把握している介護福祉職が管理栄養士と連携することで，栄養面を考慮した献立を作成し，調理方法の調整・工夫を行い，毎日の食事提供について改善することができる。

2 = × 経管栄養をしている利用者が嘔吐した場合は，**看護師**と連携することが必要である。看護師は利用者の状態を確認し，経管栄養を一時中止する，安定している場合は再び経管栄養を開始するなど，医師の指示に基づき，経管栄養の実施に携わるとともに，介護福祉職が行う経管栄養の指導にあたる。

3 = × 利用者の食事中の姿勢が不安定である場合は，**機能訓練指導員（理学療法士，作業療法士など）**と連携することが必要である。機能訓練指導員は，自立した生活を送れるように利用者の状態や希望に沿った機能訓練を行う専門職である。機能訓練指導員は，**座位姿勢を保持するための体幹訓練**や，いすやクッション等を活用した**座位姿勢の改善**などを通して，**食事に適切な座位姿勢の確保**を図る。

4 = × 利用者の義歯がぐらついている場合は，**歯科医師**と連携することが必要である。歯科医師は，虫歯の治療や義歯の調整などを行う。

5 = × 利用者の摂食・嚥下の機能訓練が必要である場合は，**言語聴覚士**と連携することが必要である。**言語聴覚士**は，音声機能や言語機能，聴覚に障害のある人，摂食や嚥下など口腔に関する障害のある人に対して，機能の維持向上を図るための訓練や検査，助言などを行う専門職である。

▶正答＝ 1

アドバイス！

●利用者がいつまでも，おいしく，安全に食事がとれるように支援をする。
●食事に関する情報は，利用者の一番身近な専門職である介護福祉士が，他の専門職との連携，協働を図り支援を行うことが大切である。

問題● 90【生活支援技術】

次の記述のうち，血液透析を受けている利用者への食事の介護として，**最も適切なもの**を１つ選びなさい。

1　塩分の多い食品をとるように勧める。
2　ゆでこぼした野菜をとるように勧める。
3　乳製品を多くとるように勧める。
4　水分を多くとるように勧める。
5　魚や肉を使った料理を多くとるように勧める。

血液透析を受けている利用者の食事では，水分や塩分，カリウム（K），リン（P）などのとりすぎに気をつけ，適切なエネルギーを摂取し，バランスよく栄養素をとることが重要である。

1＝× 血液中のナトリウム（Na）濃度が高くなると，血圧上昇や浮腫が生じる。高血圧は腎不全（renal failure）を進行させるため，**塩分の制限**が必要である。塩分の多い食品をとるように勧めることは適切ではない。

2＝○ 血液透析を受けている場合，腎臓機能の低下によりカリウムが排出されにくく，血液中のカリウムが高くなりやすい傾向がある。高カリウム血症が進行すると，不整脈や心停止を起こす恐れがあるため，**カリウムの制限**が必要となる。野菜にはカリウムが多く含まれているが，カリウムは**水溶性**のため，ゆでこぼしや水にさらすといった調理方法にするとよい。

3＝× 乳製品の中にはリンが多く含まれるものがある。腎臓機能が低下すると，余分なリンが腎臓からうまく排出されず骨がもろくなり，骨折（fracture）しやすい高リン血症（hyperphosphatemia）となる。高リン血症では心疾患（heart disease）等を起こしやすくなるため，**リンの制限**が必要である。乳製品を多くとるように勧めることは適切ではない。

4＝× 血液透析を受けている利用者の場合，１日の尿量や透析による除水量に応じて，水分摂取量が決められている。**決められた水分量を守る**ためにも，水分を多くとるように勧めることは適切ではない。

5＝× 魚や肉を使った料理にはタンパク質が多く含まれている。タンパク質は体内でエネルギーとして使われると，老廃物が残って腎臓に負担をかけるため，**タンパク質の制限**が必要である。魚や肉を使った料理を多くとるように勧めることは適切ではない。

▶**正答＝2**

さらに深掘り！

●血液透析を受けている利用者の食事については，以下のように工夫する。
・サラダ油やマヨネーズを使用してエネルギーを確保する。
・ハム・ソーセージなどの加工食品にはリンが多く含まれているので注意する。
・果物は，缶詰ならOKだが，カリウムが溶け出しているシロップは飲まないようにする。

問題● 91【生活支援技術】

介護老人福祉施設の一般浴（個浴）で，右片麻痺の利用者が移乗台に座っている。その状態から安全に入浴をするための介護福祉職の助言として，**最も適切なものを1つ**選びなさい。

1 「浴槽に入るときは，右足から入りましょう」
2 「湯につかるときは，左膝に手をついてゆっくり入りましょう」
3 「浴槽内では，足で浴槽の壁を押すようにして姿勢を安定させましょう」
4 「浴槽内では，後ろの壁に寄りかかり足を伸ばしましょう」
5 「浴槽から出るときは，真上方向に立ち上がりましょう」

1 = ✕ 右片麻痺の利用者が移乗台から浴槽に移動する場合は，**健側**である**左足**から浴槽に入ることが原則である。患側である右足から浴槽に入ると，浴槽内でバランスを崩してしまう可能性が高い。

2 = ✕ 右片麻痺の利用者が湯につかるときは，利用者自身の左膝に手をつかず，**浴槽のふち**や**浴槽内にある手すり**を持つように声をかけることが望ましい。浴槽のふちや浴槽内にある手すりを持つことでバランスが安定し，安全に湯につかることができる。

3 = ○ 浴槽内では浮力作用が働き，姿勢が安定しにくい。そのため，介護福祉職は，利用者に健側の足で浴槽の壁を押すようにして**姿勢を安定させる**ように助言することが適切である。健側（左足）を活用することは，利用者の**自立支援**にもつながる。

4 = ✕ 右片麻痺の利用者が浴槽内で湯につかり，後ろの壁に寄りかかって足を伸ばす状態は，浮力作用によって姿勢を崩す原因になることや，座位バランスを安定させることができないため，適切ではない。浴槽内では**座位姿勢が安定する**ように，しっかりと浴槽の底に**臀部がついている**ことを確認し，身長が低い場合には**浴槽台や足台を浴槽の中に置く**ことで対応する。

5 = ✕ 浴槽から出るときは，**浴槽の壁面に沿って臀部をゆっくりと上げる**ように助言することが望ましい。浴槽内は，温熱作用や浮力作用により緊張を和らげる効果がある。そのため，真上方向に立ち上がることや急な立ち上がりは，起立性低血圧を生じる可能性があるため，適切ではない。

▶**正答**＝3

アドバイス!

- 片麻痺の利用者の入浴介護の場合，健側を活用し，利用者の残存機能を十分に発揮できるように助言することが大切である。
- 脱衣室と浴室の温度差をなくすことで，ヒートショックを予防することができる。
- 留置カテーテルやパウチを装着している場合も，そのまま入浴することができる。

問題● 92【生活支援技術】

次の記述のうち，椅座位で足浴を行う介護方法として，**最も適切なもの**を**1つ**選びなさい。

1　ズボンを脱いだ状態で行う。
2　湯温の確認は，介護福祉職より先に利用者にしてもらう。
3　足底は，足浴用容器の底面に付いていることを確認する。
4　足に付いた石鹸の泡は，洗い流さずに拭き取る。
5　足浴用容器から足を上げた後は，自然乾燥させる。

1 = ✕　足浴は全身浴に比べて温熱作用や水圧による影響が小さく，身体への負担が少ない。ズボンなどの衣服の裾をたくし上げれば足浴ができるため，**ズボンを脱ぐ必要はない**。介護福祉職は利用者の**プライバシーに配慮**し，下肢をバスタオルで覆うなど保温に努め，**できるだけ露出は避ける**ようにする。

2 = ✕　**やけどを防ぐ**ため，湯温の確認は必ず**介護福祉職**が先に行う。片麻痺がある場合には，利用者の健側の手で湯温を確認してもらってから，健側の足から入れる。足浴の湯温の目安は40℃前後であるが，湯温は利用者の好みを尊重する。

3 = ○　椅座位とはいすに座った姿勢のことで，足浴時は基本の座位姿勢（股関節，膝関節，足関節が90度）をとってもらう。背もたれのあるいすを使うと，支持基底面積が大きいため，安楽である。足浴は保温目的の場合もあるが，足を洗うこともある。そのため，**安定した姿勢を保つ**ためにも，**足底が足浴用容器の底面に付いている**ことが望ましい。

4 = ✕　石鹸が皮膚に残ると皮膚を刺激し，掻痒感や発赤などの皮膚トラブルになることがある。あらかじめ用意しておいたかけ湯用のお湯で，石鹸の泡をきれいに片方の足ごとに**洗い流す**。

5 = ✕　足に水分が残っていると，蒸発するときに体温が奪われ冷感が生じる。また，皮膚も乾燥する。そのため，かけ湯用のお湯で泡を洗い流した後，**バスタオルでくるむ**ようにして**優しく押し拭く**。指の間の水分もしっかりと拭き取る。

▶正答＝3

アドバイス！

- 手浴・足浴といった部分浴は，入浴とは違い，場所を選ばずに行うことができるとともに，安眠の技法としても用いられることを覚えておこう。
- 安定した姿勢で足浴ができるように，両足が重ならずに入る大きさの容器を使用することや，端座位ではベッド柵（サイドレール）などにつかまってもらい姿勢を安定させることなど，利用者が安全に介助を受けられる方法を理解しておくことが重要である。

問題● 93【生活支援技術】

身体機能が低下している高齢者が，ストレッチャータイプの特殊浴槽を利用するときの入浴介護の留意点として，**最も適切なものを1つ選びなさい。**

1 介護福祉職2名で，洗髪と洗身を同時に行う。
2 背部を洗うときは，側臥位にして行う。
3 浴槽に入るときは，両腕の上から固定ベルトを装着する。
4 浴槽では，首までつかるようにする。
5 浴槽につかる時間は，20分程度とする。

1 =× 特殊浴槽（機械浴）を使用した入浴においては，基本**2名以上**で介助を行う。しかし，介助者が2名同時に洗髪と洗身を行うと，利用者の身体が大きく揺れて不安定になる。そのため，**介助者の1人は身体を支え，1人は身体を洗う。**

2 =○ 背部を洗うときは，健側を下に**側臥位**にして行う。この時，介助者の1人は身体を支え，1人は身体を洗う。また，洗う順番や湯温は利用者の好みに合わせることも重要である。

3 =× 浴槽に入ると浮力作用が働きバランスを崩すことなどがあるため，身体に固定ベルトを装着する。しかし，**両腕は自由に**できるようにして，ストレッチャーに付いている手すりを持ってもらうことで，**身体の安定**や**利用者の不安軽減**につなげる。

4 =× 入浴時は静水圧作用が働く。静水圧の大きさは水面からの深さに関係するので，沈んだ部分が多いほど，受ける静水圧は大きくなる。首まで湯につかると，静水圧が大きくなって，**心臓に負担がかかる**ことになる。特に循環器や呼吸器に疾患がある人は，注意が必要なため，**心臓の位置くらい**で湯につかるほうがよい。

5 =× 湯につかる時間は**利用者の状態によって考慮する**が，入浴は心臓に負担をかけたり，血管を拡張させたりと刺激が強いため，入浴時間が長いと疲労が激しい。そのため，入浴時間の目安は**5分程度**とすることが望ましい。

▶正答＝2

要点チェック！

● 入浴は利用者の動作能力に応じて，利用者の意欲と動作能力を最大限に発揮できる方法（個浴，ストレッチャー浴，チェアー浴，シャワー浴など）を用いて介助する。
● 入浴効果として，温熱作用，浮力作用，静水圧作用などがあるため，それらの作用を理解しておく。
● 利用者が安全で快適な入浴ができるように入浴温度，入浴時間，プライバシーの確保，ヒートショック対策などを理解しておくことは重要である。

問題● 94【生活支援技術】

Jさん（84歳，女性，要介護3）は，認知症（dementia）があり，夫（86歳，要支援1）と二人暮らしである。Jさんは尿意はあるが，夫の介護負担を軽減するため終日おむつを使用しており，尿路感染症（urinary tract infection）を繰り返していた。夫が体調不良になったので，Jさんは介護老人福祉施設に入所した。

Jさんの尿路感染症（urinary tract infection）を予防する介護として，**最も適切なもの**を1つ選びなさい。

1　尿の性状を観察する。
2　体温の変化を観察する。
3　陰部洗浄の回数を検討する。
4　おむつを使わないで，トイレに誘導する。
5　膀胱留置カテーテルの使用を提案する。

尿路感染症の概要は，以下の表のとおりである。

●尿路感染症とは

概要	尿路に何らかの原因で病原体が侵入して炎症が起きる**感染症**である
原因	尿路感染症を起こす細菌は，**大腸菌**，**ブドウ球菌**，**腸球菌**などである
症状	上部尿路感染症（**腎盂腎炎**）→患側腰部の痛み，尿の混濁など（発熱あり）
	下部尿路感染症（**膀胱炎**）→排尿時痛，残尿感，頻尿，血尿など（発熱なし）
治療	重症化や生命への危険もあり，原則的には入院をして抗菌薬の点滴を行う
留意点	陰部・臀部を清潔に保ち，尿意を我慢せず，排尿時には残尿をなくす

Jさんは認知症があるが，尿意はある。自宅で尿路感染症を繰り返していたが，現在は介護老人福祉施設に入所している。したがって，夫の介護負担の軽減のために使用していた**おむつの着用を見直すことができる状況**である。

おむつを使わないで，トイレに誘導することで，①おむつをつけることで尿道口から細菌が入りやすい状態からの**尿路感染を回避する**ことができる，②適時に正しい姿勢での排尿により，尿を速やかに排出して**残尿を防ぐ**ことができる，③**陰部の拭き取りを適切に行う**ことで，清潔を保持できる，といった効果がある。

正答以外の選択肢は，感染状態の観察，おむつ使用を前提とした陰部洗浄の回数の検討，排尿が困難な場合の提案などであり，いずれも適切ではない。

したがって，1＝×，2＝×，3＝×，4＝○，5＝×となる。

▶正答＝4

ときテク！

● 尿路感染症については罹患者が多く，病気の知識と介護方法の出題が頻回にみられる。
● 「自立支援」の考え方を踏まえ，尿路感染症の予防策として適切なものを選ぶ。

問題● 95【生活支援技術】

夜間，自宅のトイレでの排泄が間に合わずに失敗してしまう高齢者への介護福祉職の助言として，**最も適切なものを１つ選びなさい。**

1 水分摂取量を減らすように勧める。
2 終日，リハビリパンツを使用するように勧める。
3 睡眠薬を服用するように勧める。
4 泌尿器科を受診するように勧める。
5 夜間は，ポータブルトイレを使用するように勧める。

1 =✕ 水分摂取量を減らすように勧めることは，**脱水症状の誘因**となり，健康状態を悪化させるため適切ではない。

2 =✕ 日中にトイレに行くことは可能であることが読み取れる。終日，リハビリパンツを使用するように勧めることは，**自立した排泄行為を妨げる**ことになるため，適切ではない。

3 =✕ 夜間の不眠について困っているのではなく，トイレでの排泄が間に合わずに失敗してしまうことについて困っている場面である。また，睡眠薬の服用は**医師が判断する**ものであり，介護福祉職の助言として適切ではない。

4 =✕ 排泄が困難であることについて困っているのではなく，排泄が間に合わずに失敗してしまうことについて困っている場面である。泌尿器科を受診するように勧めるよりも，夜間にトイレに**移動する距離や時間の短縮化を図る工夫**（ポータブルトイレの使用等）**を考える**ことが優先される。

5 =○ この場面では，夜間にトイレに移動する距離や時間を短くすることを考える必要がある。夜間に限り**ポータブルトイレ**を使用することは，**排泄に間に合わずに失敗することを回避する**ための一助となる。また，日中は引き続きトイレを使用することで，自立した排泄行為を維持することにもつながるため，適切である。

▶正答＝５

アドバイス！

- 介護福祉職の専門性を生かして助言できる内容について考える。
- 現状において「できていること」と「困っていること」を整理する。
- 「困っていること」について，「自立支援」に着目した支援方法を検討する。

問題● 96【生活支援技術】

介護福祉職が行うことができる，市販のディスポーザブルグリセリン浣腸器を用いた排便の介護に関する次の記述のうち，**最も適切なものを1つ**選びなさい。

1 浣腸液は，39℃～40℃に温める。
2 浣腸液を注入するときは，立位をとるように声をかける。
3 浣腸液は，すばやく注入する。
4 浣腸液を注入したら，すぐに排便するように声をかける。
5 排便がない場合は，新しい浣腸液を再注入する。

介護福祉職は，市販のディスポーザブルグリセリン浣腸器を扱うことが認められている（「医師法第17条，歯科医師法第17条及び保健師助産師看護師法第31条の解釈について」（平成17年7月26日付医政発第0726005号））。実施する場合には，以下の点に留意する必要がある。

●ディスポーザブル（使い捨て）グリセリン浣腸器を使用した排便の介護

【準備用品】
ディスポーザブルグリセリン浣腸器，潤滑剤，使い捨てエプロン，使い捨て手袋，トイレットペーパー，防水シーツ，ポータブルトイレや差し込み便器など

●浣腸液の注入における主な留意点

- 直腸内の温度（38℃）より低いと，末梢血管が収縮して**血圧上昇**や**寒気**を起こす
- 温度が高すぎる（43℃以上）と，腸粘膜に**炎症**を起こす危険がある
- 立位で行うと，直腸前壁に浣腸器のチューブが当たり直腸粘膜を傷つける
- 直腸への刺激や不快感，腹痛を和らげるため，浣腸液は**ゆっくりと注入する**
- 注入直後に排便すると，浣腸液だけが排出されてしまうことがあるため，**3～5分程度は排便を我慢する**ように声をかける
- 注入しても便が出にくい場合には，**左下腹部をマッサージ**して排便を促す
- **決められた用法，用量を守り**，排便がなくても浣腸液を再注入することはしない

市販のディスポーザブルグリセリン浣腸器（浣腸液）は常温で保存されており，38℃よりも低い温度である。そのため，使用時には身体への負担や副作用を防ぐため，浣腸液をお湯につけて**39℃～40℃に温める**必要がある。

したがって，1＝○，2＝×，3＝×，4＝×，5＝×となる。

▶正答＝1

さらに深掘り！

- 自然排便が困難な場合には，介護福祉職も座薬挿入や浣腸による排便の介助を行うことがある。
- 介護福祉職がディスポーザブルグリセリン浣腸器を使用する場面もあり，今後も知識を問う出題が予想される。
- 用法，用量，保存法などの使用上の注意書面は，製薬会社のホームページなどでも公表されており，一読することにより知識を拡げ，理解を深めることができる。

問題● 97【生活支援技術】

訪問介護員（ホームヘルパー）が行う見守り的援助として，**最も適切なものを1つ選び**なさい。

1 ゴミの分別ができるように声をかける。
2 利用者がテレビを見ている間に洗濯物を干す。
3 着られなくなった服を作り直す。
4 調理したものを盛り付け，食事を提供する。
5 冷蔵庫の中を整理し，賞味期限が切れた食品を捨てておく。

訪問介護員が行う見守り的援助は，以下のような内容が想定される。

●自立生活支援・重度化防止のための見守り的援助（一部抜粋）

- 利用者と一緒に手助けや声かけ及び見守りしながら行う掃除，整理整頓（安全確認の声かけ，疲労の確認を含む）
- ゴミの分別が分からない利用者と一緒に分別をしてゴミ出しのルールを理解してもらう又は思い出してもらうよう援助
- 認知症の高齢者の方と一緒に冷蔵庫のなかの整理等を行うことにより，生活歴の喚起を促す。
- 洗濯物を一緒に干したりたたんだりすることにより自立支援を促すとともに，転倒予防等のための見守り・声かけを行う。
- 利用者と一緒に手助けや声かけ及び見守りしながら行うベッドでのシーツ交換，布団カバーの交換等
- 利用者と一緒に手助けや声かけ及び見守りしながら行う衣類の整理・被服の補修
- 利用者と一緒に手助けや声かけ及び見守りしながら行う調理，配膳，後片付け（安全確認の声かけ，疲労の確認を含む）
- 車イス等での移動介助を行って店に行き，本人が自ら品物を選べるよう援助
- 上記のほか，安全を確保しつつ常時介助できる状態で行うもの等であって，利用者と訪問介護員等がともに日常生活に関する動作を行うことが，ADL・IADL・QOL向上の観点から，利用者の自立支援・重度化防止に資するものとしてケアプランに位置付けられたもの

資料：「訪問介護におけるサービス行為ごとの区分等について」（平成12年3月17日老計第10号）

1 = ○ 選択肢は，**見守り的援助に相当**し適切である。

2 = × 選択肢は，利用者がテレビを見ていて行動に関わっていない状況であるため，適切ではない。

3 = × 被服の補修ではなく作り直しは，見守り的援助に該当しない行為であるため，適切ではない。

4 = × 選択肢は，見守り的援助には該当しないため，適切ではない。

5 = × 賞味期限が切れた食品でも，利用者の同意を得ずに訪問介護員の判断で捨てておくことは，適切ではない。

▶正答＝1

ときテク！

- 自立支援をテーマとした問題は，他の科目でも出題されている。
- 「手助け」「見守り」「声かけ」などの文言に着目し，自立支援への正答を導き出す。

問題● 98【生活支援技術】

高齢者が靴下・靴を選ぶときの介護福祉職の対応として，最も適切なものを１つ選びなさい。

1　靴下は，指つきのきついものを勧める。
2　靴下は，足底に滑り止めがあるものを勧める。
3　靴は，床面からつま先までの高さが小さいものを勧める。
4　靴は，踵のない脱ぎやすいものを勧める。
5　靴は，先端部に0.5～1cmの余裕があるものを勧める。

1＝✕　高齢者が靴下を選ぶときは，**靴下の履き口や指先がきつくないもの**を勧める。靴下の履き口（ゴム）がきついと，足の血流を阻害してしまう可能性がある。5本指に分かれている靴下は，白癬菌から守り足趾の清潔を保持できるため望ましい。

2＝✕　足底に滑り止めがある靴下は，歩行時に滑り止めが働いて，**一歩が出しにくくなる**。床材によっても足が上がりにくくなる場合があり，転倒しやすい状態となるため，適切ではない。

3＝✕　転倒しにくい靴は，床面からつま先までの高さが**大きい**靴である。床面とつま先までの高さが小さい場合，すり足になりやすく転倒につながる。また，靴の重さは**軽い**ほうが歩きやすく，一歩が出しやすい。

4＝✕　踵のない脱ぎやすい靴は，高齢者の場合，**転倒しやすくなる**。踵のないスリッパやサンダルなどは踵が浮いてしまい，すり足になりがちとなる。すり足になると足が上がらず，転倒しやすい状態となる。踵がしっかりと覆われることで安定した歩行につながる。

5＝○　靴の先端部に**0.5～1cmの余裕**があると歩行しやすくなる。この余裕のことを「**捨て寸**」と呼ぶ。ただし，靴のサイズが大きすぎるとかえって歩行しにくくなる場合がある。高齢者の場合，足趾の肥大・肥厚を生じている場合もあり，つま先に余裕がある靴が望ましい。靴の重さ，脱ぎ履きのしやすさ，踵がしっかりと覆われることも靴選びのポイントとなる。

●靴の捨て寸

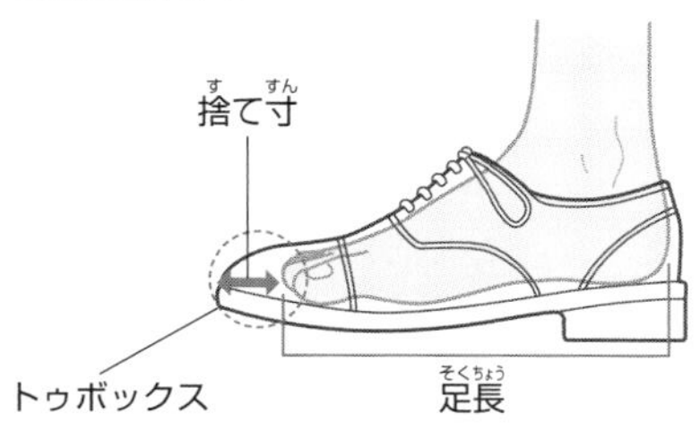

▶正答＝5

ときテク！

- 利用者の好みを最大限尊重しつつ，安全性に配慮した衣服を選ぶことが重要なポイントとなる。
- 浮腫や外反母趾などがある場合は，フットケア外来を受診し，医師に相談する。

問題● 99【生活支援技術】

Kさん（77歳，女性，要支援２）は，もの忘れが目立ちはじめ，訪問介護（ホームヘルプサービス）を利用しながら夫と二人で生活している。訪問時，Kさん夫婦から，「Kさんがテレビショッピングで購入した健康食品が毎月届いてしまい，高額の支払いが発生して困っている」と相談があった。

Kさん夫婦に対する訪問介護員（ホームヘルパー）の発言として，**最も適切なものを１つ選びなさい。**

1 「健康食品は処分しましょう」
2 「クーリング・オフをしましょう」
3 「買い物は夫がするようにしましょう」
4 「契約内容を一緒に確認しましょう」
5 「テレビショッピングでの買い物はやめましょう」

1＝✕ 購入したものが返品条件を満たしているケースでは，契約内容によっては返品できる場合がある。まずは，処分する前に契約内容を一緒に確認する必要がある。また，処分しようという発言はKさんの行動を否定しているような印象を与えかねない。

2＝✕ **クーリング・オフ**制度は，訪問販売，通常の店舗以外での契約を対象に，契約後一定期間内であれば，消費者側からの通知のみで無条件に解約できる制度である。テレビショッピングはクーリング・オフ制度の**対象外**となるため，適切ではない。

●クーリング・オフができる取引と期間

期間	取引
8日間	訪問販売，電話勧誘販売，特定継続的役務提供，訪問購入
20日間	連鎖販売取引，業務提供誘引販売取引

3＝✕ Kさんはもの忘れが目立ちはじめているが，夫の見守りや訪問介護員の助言のもとで，買い物をできる可能性もある。訪問介護員の判断で買い物の担当を決めるのは適切ではない。

4＝○ 選択肢２同様，テレビショッピングは**クーリング・オフ**制度の**対象外**となるため，まずは**契約内容を一緒に確認**し，その後の対応を考え，消費生活センターなどの相談専門機関の情報提供などを行う。

5＝✕ 選択肢は，Kさんの行動を否定し，制限しているような印象を与えかねない。今後，Kさん夫婦が**安心して買い物できるように支援**していく必要がある。

▶正答＝4

さらに深掘り！

- 訪問販売や電話勧誘販売で契約した後「やはり内容に納得できない」と感じた場合は，取引の種類によっては8日間もしくは20日間の間に申し出れば解約可能である。
- テレビショッピングなどの通信販売は，クーリング・オフ制度の対象にはならない。

問題● 100【生活支援技術】

消化管ストーマを造設した利用者への睡眠の介護に関する記述として，最も適切なものを１つ選びなさい。

1 寝る前にストーマから出血がある場合は，軟膏を塗布する。
2 寝る前に，パウチに便がたまっていたら捨てる。
3 寝る前に，ストーマ装具を新しいものに交換する。
4 便の漏れが心配な場合は，パウチの上からおむつを強く巻く。
5 睡眠を妨げないように，パウチの観察は控える。

1＝× 消化管ストーマを造設している利用者のストーマから出血を確認した場合は，**医療職へ報告**する。介護福祉職による**軟膏の塗布**は，**原則医行為にあたらない**とされているが，今回のような**出血がある**といった場合には，**医療職に連絡する**など，速やかな対応が求められる。ストーマを造設している皮膚は，装具や排泄物の刺激により，皮膚トラブルが起こりやすいため，**皮膚状態の観察が必要**である。

2＝○ 消化管ストーマを造設している利用者のパウチ（ストーマから排泄された排泄物をためる袋）に便がたまっていたら，**介護福祉職は捨てることができる**。この行為は**医行為には含まれず**，利用者あるいは家族が排泄物を処理できない場合は，介護福祉職が支援することができる。

3＝× 寝る前に，ストーマ装具を新しいものに交換することは，適切ではない。ストーマ装具の交換は，**入浴後や食事前，早朝の便の量が少ない時間**を選ぶなど，**交換する時間帯にも配慮**する。

4＝× 便が漏れることを心配し，パウチの上からおむつを強く巻くことは，**パウチの破損や皮膚状態の悪化につながる**ため，適切ではない。排泄物をためるパウチは，**3分の1から2分の1程度**たまったら定期的に交換することで，排泄物の漏れやにおいを抑えることができる。

5＝× 睡眠中においても，パウチ内に多量の排泄物がたまらないように，**パウチの観察**および**定期的な排泄物の処理**を行うことが求められる。

▶正答＝2

アドバイス！

- ストーマは，尿路ストーマと消化管ストーマに分類することができる。
- 消化管ストーマは，造設部位によって便の性状や量などが異なる。

問題● 101【生活支援技術】

Lさん（79歳，男性，要介護2）は，介護老人保健施設に入所して1か月が経過した。睡眠中に大きないびきをかいていることが多く，いびきの音が途切れることもある。夜間に目を覚ましていたり，起床時にだるそうにしている様子もしばしば見られている。

介護福祉職がLさんについて収集すべき情報として，**最も優先度の高いものを1つ選び**なさい。

1 枕の高さ
2 マットレスの硬さ
3 掛け布団の重さ
4 睡眠中の足の動き
5 睡眠中の呼吸状態

Lさんの睡眠時の情報は，①大きないびきをかいている，②いびきの音が途切れる，③夜間に目を覚ます，④起床時にだるそうな様子をしている点にまとめることができる。Lさんの情報から，**睡眠時無呼吸症候群（sleep apnea syndrome）の可能性が考えられる**。睡眠時無呼吸症候群は，睡眠中に何度も呼吸が止まる状態が繰り返され，体内が低酸素状態となる疾患である。肥満体型の男性に多い特徴がある。睡眠時無呼吸症候群の症状として，**いびきをかく**，**睡眠中によく目が覚める**（息苦しくなって目覚める場合もある），**起床時の身体のだるさ**のほか，日中の眠気や集中困難などが挙げられる。

無呼吸を伴う睡眠は，夜間に長時間続く低酸素血症のために，高血圧や動脈硬化が引き起こされ，**心筋梗塞**（myocardial infarction）や**脳梗塞**（cerebral infarction）のリスク因子になり得る。そのため介護福祉職は，まずはLさんの**睡眠中の呼吸状態についての情報を収集する**ことが求められる。なお，選択肢1～3の寝具（枕・マットレス・掛け布団）についての情報は，この場合においては，重篤な疾患につながる可能性のある睡眠中の呼吸状態についての情報よりも優先度の高いものではない。寝具に関しては，利用者の身体機能や生活スタイル，好みに応じて適切な寝具を選択する。選択肢4はレストレスレッグス症候群（restless legs syndrome）が疑われる場合に必要となる情報のため，Lさんの症状から該当しない。

したがって，1＝×，2＝×，3＝×，4＝×，5＝○となる。

▶正答＝5

ときテク！

- 近年，疾患や障害に応じた生活支援技術の出題が増えているため，まずは，「発達と老化の理解」「障害の理解」など他科目を通じた基本的な疾患や障害の理解が必要である。
- 疾患や障害の原因，その予後についての理解が必要である。
- 疾患や障害に応じた観察項目をまとめておこう。

問題● 102【生活支援技術】

Mさん（98歳，男性，要介護5）は，介護老人福祉施設に入所している。誤嚥性肺炎（aspiration pneumonia）で入退院を繰り返し，医師からは終末期が近い状態であるといわれている。

介護福祉職が確認すべきこととして，**最も優先度の高いものを1つ**選びなさい。

1 主治医の今後の見通し
2 誤嚥性肺炎（aspiration pneumonia）の発症時の入院先
3 経口摂取に対する本人の意向
4 経口摂取に対する家族の意向
5 延命治療に対する家族の希望

終末期において，介護福祉職は利用者の**人生の最終段階における意思決定への関わり**が求められる。**本人の尊厳を尊重し，最期までその人らしく**，限りある生がより輝かしいものとなるようなケアの検討を行うことが重要である。

1＝✕ Mさんは誤嚥性肺炎で入退院を繰り返しており，終末期であることから，主治医や医療従事者と十分に話し合い，今後の方針を検討する必要がある。しかしながら，介護福祉職が最優先すべきは，**Mさんの意思を確認し，ケアの方針を検討する**ことである。

2＝✕ 誤嚥性肺炎を発症した場合の対応について把握しておくことは重要であるが，最優先に確認するべきことではない。

3＝○ 誤嚥性肺炎を繰り返しているMさんにとって経口摂取はリスクがあると考えられるが，最期まで本人の意向を尊重した生活を支えるためにも，**経口摂取についてMさんはどのように考えているのかを確認する**ことが，介護福祉職が最も優先すべきことである。

4＝✕ ケアをする上で家族の意向について確認することも重要であるが，まずは**本人の意向を尊重**すべきである。本人から意思を確認できない場合には，家族ともよく話し合い，本人の意思を推定し，ケアの方針を決定する。

5＝✕ 人生の最終段階における医療やケアを本人が自ら選択できる権利が保障されていなければならない。延命治療については，家族の希望を優先するのではなく，判断能力があるうちに本人の意向を文書で事前指示する**リビングウィル**（living will）を作成することも必要である。そうすることで，家族の苦悩を取り除き，決断への一助となる。

▶正答＝3

アドバイス！

- 終末期を迎える利用者の「人生の最終段階における医療・ケアの決定」の関わりについてポイントを整理しておこう。
- 誤嚥性肺炎で入退院を繰り返しているケースであるが，終末期であることを考慮し，利用者の意思，生活の質（QOL）を尊重したケアを検討する必要がある。

問題● 103【生活支援技術】

デスカンファレンス（death conference）の目的に関する次の記述のうち，**最も適切なものを1つ**選びなさい。

1 一般的な死の受容過程を学習する。
2 終末期を迎えている利用者の介護について検討する。
3 利用者の家族に対して，死が近づいたときの身体の変化を説明する。
4 亡くなった利用者の事例を振り返り，今後の介護に活用する。
5 終末期の介護に必要な死生観を統一する。

デスカンファレンスは，関わった利用者の死後にそのケアを振り返り，今後のケアの質の向上や，終末期ケアに関する倫理的教育を図ることを目的とした**事例検討**である。また，デスカンファレンスを通じて，支援者自身の悲しみや喪失といった，**悲嘆感情の軽減を図る**ことも目的である。

1＝× 一般的な死の受容過程を学習することは，デスカンファレンスの目的ではない。なお，死の受容過程については，アメリカの精神分析医キューブラー・ロス（Kübler-Ross, E.）が，人間が死を受容する心の動きを5段階で提唱している。介護福祉職は死を受容するまでの各段階の理解を深めて，人生の最終段階におけるケアにあたっていくことが必要である。

2＝× デスカンファレンスは，関わった利用者の**死後**に行われるものであることから，適切ではない。

3＝× 利用者の家族に対して，死が近づいたときの身体の変化を説明するのは，デスカンファレンスの場ではなく，利用者の**終末期**に行われるものであることから，適切ではない。

4＝○ 先述のとおり，**亡くなった利用者の事例を振り返り**，**今後の介護に活用する**ことは，デスカンファレンスの目的である。

5＝× 終末期の介護に必要な死生観を統一することは，デスカンファレンスの目的ではない。死生観などの価値観は**人それぞれ**であり，統一する必要はない。

▶正答＝4

過去問チェック！

- デスカンファレンスを実施する意義は，①実施したケアを評価することで，利用者や家族の理解が深まること，②遺された家族に対する支援計画が立案できること，③多職種間の考えや思いを共有することで，よりお互いの理解が深まること，④職員の悲しみの軽減を図ることができる点である。
- 第33回問題60においても「デスカンファレンス」について出題されている。

問題● 104【生活支援技術】

福祉用具を活用するときの基本的な考え方として，**最も適切なものを1つ選びなさい。**

1 福祉用具が活用できれば，住宅改修は検討しない。
2 複数の福祉用具を使用するときは，状況に合わせた組合せを考える。
3 福祉用具の選択に迷うときは，社会福祉士に選択を依頼する。
4 家族介護者の負担軽減を最優先して選ぶ。
5 福祉用具の利用状況のモニタリング（monitoring）は不要である。

1 = × 住宅改修は，在宅介護を重視し，高齢者の自立を支援する観点から，福祉用具導入の際に必要となる段差の解消や手すりの設置等により，福祉用具とともに住環境を整えることを目的としている。そのため，**福祉用具と住宅改修の両面から検討する**必要がある。

2 = ○ 複数の福祉用具を使用する場合には，それぞれ単体で見るのではなく，動作や流れを考慮し，**どのように組み合わせて使用するとよいのかを検討する**ことが重要である。また，福祉用具を使用する際には，利用者本人の能力と福祉用具の性能が一致しているかを確認する。

3 = × 福祉用具の選択に迷う場合には，**福祉用具専門相談員**に相談することが望ましい。福祉用具専門相談員は，本人の福祉用具に対する思いや身体機能，住環境等を勘案し，より良い福祉用具の選択や活用法の指導を行う。

4 = × 福祉用具の活用は，**日常生活の自立**や**家族介護者の負担軽減**を図ることにつながる。しかし，福祉用具の重要な役割は，活動や社会参加，自己実現といった，**その人らしい生活を助ける**ことにある。そのため，福祉用具を選択する際は，**総合的なアセスメント（assessment）の視点を持つ**ことが重要であり，家族介護者の負担軽減を最優先に選ぶことは適切ではない。

5 = × 福祉用具の利用状況のモニタリングは**必要**である。介護保険法に基づく福祉用具の貸与および販売をする際には，福祉用具専門相談員による福祉用具サービス計画書の作成やモニタリングが義務づけられている。モニタリングでは，福祉用具の使用状況や利用目標の達成状況，利用者の状態像や環境の変化の有無を確認し，計画の見直しの必要性を検討することで，**情報の共有化**を図っている。

▶正答＝2

アドバイス！

●国を挙げて「福祉用具・介護ロボット実用化支援事業」が推進されており，第35回の試験から出題基準に「福祉用具の意義と活用」に関する項目が追加されている。これらを踏まえ，適切に福祉用具を選択するための知識や視点，留意点について理解しておくことが重要である。

問題● 105【生活支援技術】

以下の図のうち，握力の低下がある利用者が使用する杖として，最も適切なものを 1 つ選びなさい。

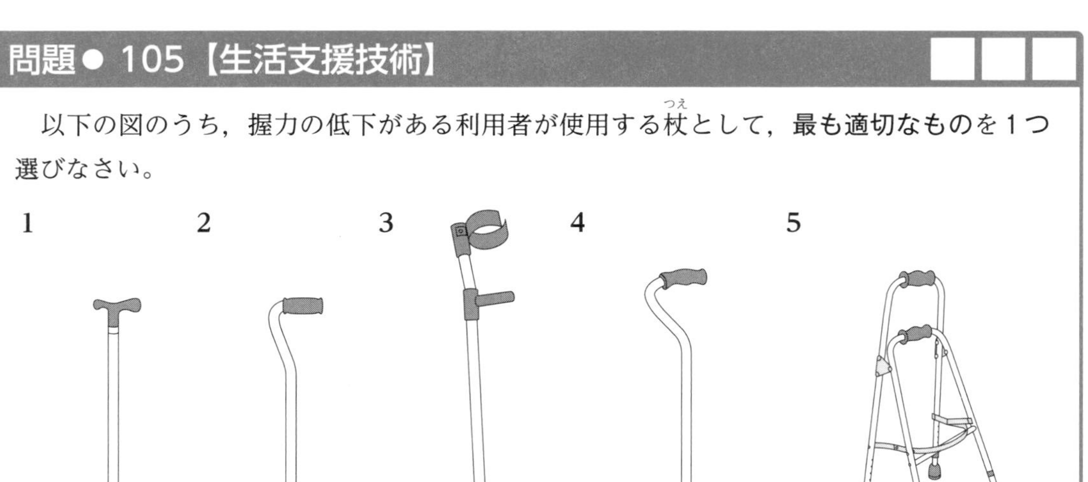

1 =✕ 選択肢は T 字杖である。T 字杖は，少ない支持で歩行が可能な利用者に用いる。しかし，グリップを握る必要があるため，握力の低下がある利用者が使用する杖としては適切ではない。

2 =✕ 選択肢はオフセット型杖である。オフセット型杖は T 字杖や L 字杖と同様に，少ない支持で歩行が可能な利用者に用いるが，オフセット型杖はシャフトを挟まずにグリップを握るため，T 字杖や L 字杖よりも安定して歩くことができる。しかし，グリップを握る必要があるため，握力の低下がある利用者が使用する杖としては適切ではない。

3 =○ 選択肢はロフストランドクラッチ（Lofstrand crutch）であり，握りと前腕の 2 点で体重を支えるタイプである。ロフストランドクラッチは，手指や手首に支障があり，握力が弱く，握った状態だけで身体を支えることが難しい利用者に用いる。

4 =✕ 選択肢は多点杖である。杖先が 3 脚または 4 脚に分かれており，支持基底面積が広いため，安定して歩くことができる。しかし，グリップを握る必要があるため，握力の低下がある利用者が使用する杖としては適切ではない。

5 =✕ 選択肢は歩行器型杖（ウォーカーケイン）である。多点杖よりも支持基底面積が広く，立ち上がりの際などにも使用できる。しかし，グリップを握る必要があるため，握力の低下がある利用者が使用する杖としては適切ではない。

▶正答= 3

アドバイス!

- 歩行のための道具・用具には，「手すり」「歩行器」「歩行補助杖」「シルバーカー（歩行車）」がある。歩行器は，歩行補助杖に比べて大きな支持性や安定性を必要とする人に適している用具である。
- 第 26 回問題 47 においても「歩行のための福祉用具」に関する問題が出題されている。

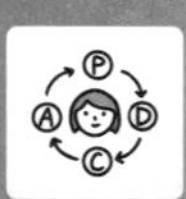

介護過程

●出題傾向の分析

第36回試験では，出題基準の大項目すべてを網羅する形で問題が出題された。例年出題されていた中項目の「介護過程の意義と目的」からは出題がなかった。介護過程展開のプロセスについては情報収集と評価に関する問題が2問，チームアプローチに関する問題が1問，事例研究に関する問題が1問出題された。さらに大項目の「介護過程の展開の理解」からは長文事例問題が第35回試験と同様に4問出題されていることから，介護福祉職が介護福祉実践で介護過程を展開していく上で必要とされる基本的な知識と展開方法についての理解が問われている。

出題基準		出題実績		
大項目	中項目	第34回（2022年）	第35回（2023年）	第36回（2024年）
1　介護過程の意義と基礎的理解	1）介護過程の意義と目的	【61】介護過程展開の意義	【106】介護過程展開の目的	
	2）介護過程を展開するための一連のプロセスと着眼点	【62】情報収集における留意点，【63】生活課題とは何か，【64】目標の設定，【65】介護計画における介護内容を決定する際の留意点	【107】評価の項目	【106】初回面談時の情報収集の留意点，【107】介護過程の評価
2　介護過程とチームアプローチ	1）介護過程とチームアプローチ		【108】居宅サービス計画と訪問介護計画の関係	【108】介護老人保健施設の多職種連携で介護福祉職の担う役割
3　介護過程の展開の理解	1）対象者の状態，状況に応じた介護過程の展開	【66】左片麻痺の利用者の介護老人保健施設入所時のアセスメント，【67】認知症の利用者の再アセスメント，【68】認知症の利用者のカンファレンスで介護福祉職が提案すべき内容	【109】軽度認知症の利用者の行動の解釈，【110】軽度認知症の利用者の短期目標と支援内容の見直しのカンファレンスで介護福祉職が提案すべきこと，【111】脳性麻痺があり重度訪問介護を利用している人の個別支援計画立案のために把握すべき情報，【112】スポーツクラブの体験を希望する脳性麻痺のある人への対応，【113】事例研究の目的	【109】認知症の進行が疑われる利用者の行動を解釈するために必要な情報，【110】認知症の進行が疑われる利用者の支援の見直しの方向性，【111】高次脳機能障害の人の行動の解釈の視点，【112】高次脳機能障害の人の短期目標を達成するために見直した支援内容，【113】事例研究における倫理的配慮

●第37回試験に向けた学習ポイント

- 介護過程を展開するために必要な基礎的知識と支援方法を中心に一つひとつ丁寧に学習することが重要である。
- 介護過程の展開の理解にはコミュニケーション技術や社会の理解，障害の理解など他の科目に関連する知識も求められ，科目間を関連づけ総合的に学習することが望まれる。
- 出題形式に関しては，端的な文章構成となっていることから，問題を解く際には設問に示された情報をしっかりと理解し，介護過程の展開をイメージしながら丁寧に解答を導き出す必要があり，その訓練として数多くの問題を解くことがポイントとなる。
- 設問に用いられている用語の意味や解答の根拠までしっかりと理解しておくことを心がけたい。

問題● 106【介護過程】

介護福祉職が，初回の面談で情報を収集するときの留意点として，**最も適切なものを1つ選びなさい。**

1　用意した項目を次から次に質問する。
2　目的を意識しながら話を聴く。
3　ほかの利用者が同席する状況で質問する。
4　最初に経済状態に関する質問をする。
5　家族の要望を中心に話を聴く。

1 ＝× 初回の面談では利用者と**信頼関係**を築くことが大切である。初回の面談で，用意した項目を次から次に質問すると，利用者は介護福祉職に心を開くことができず，信頼関係を築けなくなる。初回面談では自己紹介をしてからコミュニケーションの基本である傾聴，共感を意識して利用者と信頼関係を築けるように質問することが大切である。信頼関係を築くことで本人や家族の要望を知ることができる。情報収集の際，先入観を持たないようにすること，あるいは先入観を持っていることを自覚して情報収集を行う必要がある。

2 ＝○ **目的を意識しながら**利用者の生活像がイメージできるように「こんな生活がしたいのだろう」「こんな生活を送るためにはどのようなことに困っているのだろう」と利用者の立場で情報収集するよう心がける必要がある。また，面談の目的を説明することも忘れてはいけない。

3 ＝× ほかの利用者が同席する状況で質問を行うことは，介護福祉職の守秘義務違反になる可能性がある。**利用者本人・家族など支援の関係者のみ**の中で質問を行うことが基本である。また，面談に入る前に守秘義務に関する説明を行う必要がある。秘密保持義務に関しては社会福祉士及び介護福祉士法第46条に規定されており，個人情報保護法に基づき管理されている。

4 ＝× 経済状態に関する質問は，利用者のみならず誰もが聞かれたくない内容である。しかし，介護福祉職は支援を行っていく上で利用者の経済状態を知っておく必要がある。経済状態の質問は，初回の面談で最初に行うのではなく，必要性を説明して**タイミングをみて質問する**ように心がける。

5 ＝× 初回の面談では，家族の要望を中心に話を聴くのではなく，まず**利用者**の要望や気持ちを中心に話を聴くことが大切である。そうすることで利用者が望んでいる「よりよい生活」「よりよい人生」につなげることができる。

▶正答＝2

アドバイス！

- 情報収集がアセスメント（assessment）の出発点であることも理解しておこう。
- 一人ひとりに適切な介護を行うために情報収集が不可欠であることも覚えておこう。
- 初回面談は年齢，家族構成，住環境など基本的な情報を知るために行うことを知っておきたい。

問題● 107【介護過程】

介護過程の評価に関する次の記述のうち，**最も適切なものを1つ選びなさい。**

1 生活状況が変化しても，介護計画で設定した日に評価する。

2 サービス担当者会議で評価する。

3 相談支援専門員が中心になって評価する。

4 利用者の満足度を踏まえて評価する。

5 介護計画の実施中に評価基準を設定する。

1＝✕ 介護過程の評価は，短期目標，長期目標で設定されている期間の終了時に行うことが原則であるが，生活状況が変化した場合，**生活状況が変化した時点で評価を行い**，再アセスメントを実施して，新たな課題を抽出し，介護計画の修正を行う。そして修正した介護計画に基づく介護を実践して改めて評価を行う。この一連の介護過程の展開を繰り返すことによって，個々の利用者の状況に応じた介護が可能になる。

2＝✕ 介護過程の評価は，サービス担当者会議で評価を行うのではない。**サービス担当者会議**は，介護支援専門員（ケアマネジャー）が**ケアプランの作成**のために，利用者・家族の参加を基本としつつ，計画の原案に位置づけたサービス等の担当者を招集して行う会議である。

3＝✕ 相談支援専門員が中心になって評価するのではなく，**支援に関わった介護福祉職**が中心となって評価する。なお，**相談支援専門員**とは，障害者総合支援法におけるサービス等利用計画の作成などをする人である。

4＝○ **利用者の満足度を踏まえる**ことは評価をするときには大切である。その他，利用者の日々の様子，支援経過記録などから，また，家族の思いも取り入れ多角的に評価を行う必要がある。介護福祉職の支援が利用者の生活課題の解決にどの程度役立ったか，介護計画を実施する前と後でどの部分がどの程度変化があったかなども評価する。

●評価項目

① 計画どおり実施できたか。
② 目標の達成度はどうか。
③ 支援内容・支援方法は適切か。
④ 新たな課題や可能性はないか。

5＝✕ 評価にあたっての観察項目はできるだけ客観的に観察できるように，介護計画の実施中ではなく，**介護計画の立案の段階**で，数値化による**評価基準を設定しておく**。

▶正答＝4

アドバイス!

●介護過程における評価とは，介護計画に基づき介護を実施した結果，介護目標がどの程度達成できたかを客観的に判断することを理解しておく必要がある。

●評価は，介護計画で設定した評価期日に行うことが前提である。評価期日より前に目標が達成されたり利用者に変化が生じたりした場合には，その時点で評価を行う必要がある。

問題● 108【介護過程】

次の記述のうち，介護老人保健施設で多職種連携によるチームアプローチ（team approach）を実践するとき，介護福祉職が担う役割として，**最も適切なものを 1 つ選びなさい。**

1　利用者の生活状況の変化に関する情報を提供する。
2　総合的な支援の方向性を決める。
3　サービス担当者会議を開催する。
4　必要な検査を指示する。
5　ほかの職種が担う貢献度を評価する。

1 = ○　利用者の生活に最も近くで接する専門職が介護福祉職であり，そこで得られた利用者の**生活状況の変化**に関する情報を多職種に提供することは，介護福祉職の重要な役割である。

2 = ×　介護老人保健施設においては，**介護支援専門員（ケアマネジャー）**が，利用者の施設サービス計画（ケアプラン）を作成する。介護支援専門員が利用者の希望やアセスメント（assessment）の結果，医師の治療の方針に基づき，利用者と相談しながら**総合的な支援の方向性**を決めていく。そのため，総合的な支援の方向性を決めることは介護福祉職が担う役割ではない。

3 = ×　介護老人保健施設では，施設サービス計画（ケアプラン）に関する業務を担当する**介護支援専門員**（計画担当介護支援専門員）が**サービス担当者会議**を開催する。そのため，サービス担当者会議を開催することは介護福祉職が担う役割ではない。

4 = ×　医師法第 17 条において「**医師**でなければ，医業をなしてはならない」と定められており，必要な検査を指示することは，医師が担う役割である。

5 = ×　チームアプローチの実践は，介護サービスの提供を様々な専門職とチームを組んで行うことにより利用者にとって総合的な質の高いサービスを提供することが目的であり，そこでほかの職種が担う貢献度を評価することは介護福祉職が担う役割ではない。

▶正答＝ 1

アドバイス!

- 専門職によるチームでの支援をする方法がチームアプローチである。
- 福祉や医療，保健などの関連する分野の各専門職がばらばらに支援をするのではなく，それぞれの専門職の特徴を生かしながらチームによる連携のとれた支援が必要になる。
- その中で介護福祉職が担う役割をしっかりと押さえておく必要がある。

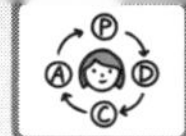

事例問題

次の事例を読んで，問題 109，問題 110 について答えなさい。

〔事　例〕

Aさん（75 歳，女性）は，一人暮らしで，身体機能に問題はない。70 歳まで地域の子どもたちに大正琴を教えていた。認知症（dementia）の進行が疑われて，心配した友人が地域包括支援センターに相談した結果，Aさんは介護老人福祉施設に入所することになった。入所時のAさんの要介護度は 3 であった。

入所後，短期目標を，「施設に慣れ，安心して生活する（3か月）」と設定し，計画は順調に進んでいた。Aさんは施設の大正琴クラブに自ら進んで参加し，演奏したり，ほかの利用者に大正琴を笑顔で教えたりしていた。ある日，クラブの終了後に，Aさんは部屋に戻らずに，エレベーターの前で立ち止まっていた。介護職員が声をかけると，Aさんが，「あの子たちが待っているの」と強い口調で言った。

事例の情報を整理する

●Aさんの情報

人物設定	75歳，女性，要介護度 3
心身の状況（疾患や障害）	• 身体機能に問題はない • 認知症の進行が疑われた
サービスの利用状況	• 地域包括支援センターに相談した結果，介護老人福祉施設に入所した
生活の状況	• 一人暮らしで，70歳まで地域の子どもたちに大正琴を教えていた • 短期目標を「施設に慣れ，安心して生活する（3か月）」と設定した計画は順調に進んでいた • 施設の大正琴クラブに自ら進んで参加し，演奏したり，ほかの利用者に大正琴を笑顔で教えたりしていた
Aさんの発言・思い	• クラブの終了後に，部屋に戻らずにエレベーターの前で立ち止まっており，介護職員の声かけに対して「あの子たちが待っているの」と強い口調で言った

要点チェック！

●Aさんの背景と発言に着目する

事例の情報を整理するためには，Aさんの「心身の状況（疾患や障害）」と「サービスの利用状況」，さらにその背景にある過去と現在の「生活の状況」について時制も踏まえた整理をすることが重要である。そしてAさんの「あの子たちが待っているの」という発言・思いが，過去のどのような「生活の状況」から出てきたものなのかをつなげて考えることが正答にたどりつくためには必要である。

問題● 109【介護過程】

大正琴クラブが終わった後のAさんの行動を解釈するために必要な情報として，**最も優先すべきもの**を1つ選びなさい。

1 介護職員の声かけのタイミング
2 Aさんが演奏した時間
3 「あの子たちが待っているの」という発言
4 クラブに参加した利用者の人数
5 居室とエレベーターの位置関係

大正琴クラブが終わった後のAさんの「部屋に戻らずに，エレベーターの前で立ち止まっていた」という行動を解釈するために必要な情報として，介護職員の声かけに対してAさんが**「あの子たちが待っているの」**と強い口調で言ったことにまず注目をしなければならない。

その背景として，Aさんは認知症（dementia）の進行が疑われて，介護老人福祉施設に入所することになった経緯がある。また，もともと70歳まで地域の子どもたちに大正琴を教えていたことから「あの子たち」という発言との関連性が考えられ，Aさんは認知症の症状により現在と過去の状況について混乱したことが推察される。

したがって，1＝×，2＝×，3＝○，4＝×，5＝×となる。

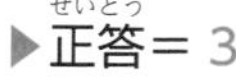

●事例問題において利用者の行動の解釈をするためには、事例にある情報を正しく読み取ろう。
●心身の状況（疾患や障害）と生活の状況などの背景を踏まえ，具体的な情報と併せて解釈をする必要がある。

問題● 110【介護過程】

Aさんの状況から支援を見直すことになった。

次の記述のうち，新たな支援の方向性として，**最も適切なものを1つ**選びなさい。

1 介護職員との関係を改善する。
2 身体機能を改善する。
3 演奏できる自信を取り戻す。
4 エレベーターの前に座れる環境を整える。
5 大正琴を教える役割をもつ。

1＝× Aさんと介護職員との関係を改善する必要性について事例からは読み取れない。

2＝× 事例の中で入所前のAさんの状況について「身体機能に問題はない」とあり，その後，身体機能の悪化や変化があったことなどの情報もない。

3＝× Aさんは施設の大正琴クラブに自ら進んで参加し，演奏したり，ほかの利用者に大正琴を笑顔で教えたりしていたことから，大正琴を演奏できる自信を失ったとは事例から読み取れない。

4＝× ある日，クラブの終了後に，Aさんは「部屋に戻らずに，エレベーターの前で立ち止まっていた」という状況はあったが，エレベーターの前で座りたいなどの希望や座れる環境を整える必要性は事例からは読み取れない。

5＝○ Aさんの「あの子たちが待っているの」という発言や，もともと70歳まで地域の子どもたちに大正琴を教えていた経験があり，現在も施設の大正琴クラブに自ら進んで参加し，演奏したり，ほかの利用者に大正琴を笑顔で教えたりしていることから，**「大正琴を教える役割をもつ」**ことは，新たな支援の方向性として最も適切である。

▶正答＝5

ときテク！

- 再アセスメントにあたっては，事例をしっかりと読み込み，どのような支援を優先すべきなのかをしっかりととらえる必要がある。
- 事例の中の情報を確実に読み取り，情報を解釈し関連づけ，新たな支援の方向性を定める必要がある。
- 本人の能力に着目し，できる活動を積極的に取り入れていく必要がある。

事例問題

次の事例を読んで，**問題 111，問題 112** について答えなさい。

〔事　例〕

Ｂさん（50 歳，男性，障害支援区分３）は，49 歳のときに脳梗塞（cerebral infarction）を発症し，左片麻痺で高次脳機能障害（higher brain dysfunction）と診断された。以前は大工で，手先が器用だったと言っている。

現在は就労継続支援Ｂ型事業所に通っている。短期目標を，「右手を使い，作業を自分ひとりで行える（３か月)」と設定し，製品を箱に入れる単純作業を任されていた。ほかの利用者との人間関係も良好で，左片麻痺に合わせた作業台で，毎日の作業目標を達成していた。生活支援員には，「将来は手先を使う仕事に就きたい」と希望を話していた。

将来に向けて，生活支援員が新たに製品の組立て作業を提案すると，Ｂさんも喜んで受け入れた。初日に，「ひとりで頑張る」と始めたが，途中で何度も手が止まり，完成品に不備が見られた。生活支援員が声をかけると，「こんなの，できない」と大声を出した。

事例の情報を整理する

●Ｂさんの情報

人物設定	50歳，男性，障害支援区分３
心身の状況 **(疾患や障害)**	• 脳梗塞による左片麻痺 • 高次脳機能障害
サービスの **利用状況**	• 就労継続支援Ｂ型事業所に通所
生活の状況	• 事業所では，短期目標を「右手を使い，作業を自分ひとりで行える（３か月)」と設定し，製品を箱に入れる単純作業を任されていた • 左片麻痺に合わせた作業台で，毎日の作業目標を達成していた • ほかの利用者との人間関係は良好
Ｂさんの **発言・思い**	• 以前は大工で，手先が器用だったと言っていた • 生活支援員に「将来は手先を使う仕事に就きたい」と希望を話していた • 生活支援員が新たに製品の組立て作業を提案すると，喜んで受け入れた • 組立て作業の初日に，「ひとりで頑張る」と始めたが，完成品に不備が見られ，生活支援員が声をかけると，「こんなの，できない」と大声を出した

問題● 111【介護過程】

生活支援員の声かけに対し，Bさんが大声を出した理由を解釈する視点として，**最も適切なもの**を1つ選びなさい。

1 ほかの利用者との人間関係
2 生活支援員に話した将来の希望
3 製品を箱に入れる毎日の作業量
4 製品の組立て作業の状況
5 左片麻痺に合わせた作業台

1 = ✕ 事例文には，ほかの利用者との人間関係は良好と記載があることから，Bさんが大声を出した理由ではないと考えられる。

2 = ✕ Bさんが，生活支援員に「将来は手先を使う仕事に就きたい」と希望を話した背景には，毎日の作業目標を達成できていることから自信を持ち，手先の器用さを生かした，より難しい作業に挑戦したいという前向きな気持ちがあったと推測できる。よって，生活支援員に話した将来の希望がBさんが大声を出した直接的な理由ではないと考えられる。

3 = ✕ 事例文には，製品を箱に入れる単純作業は，毎日の作業目標を達成していたと記載があることから，毎日の作業量がBさんが大声を出した理由ではないと考えられる。

4 = ○ 組立て作業の初日に，「ひとりで頑張る」と始めたが，途中で何度も手が止まり，完成品に不備が見られ，生活支援員が声をかけると，**「こんなの，できない」**と大声を出したことから，**製品の組立て作業の状況**がBさんが大声を出した理由であると解釈することは適切である。

5 = ✕ 左片麻痺に合わせた作業台について，事例文より課題があったとは記載がないため，Bさんが大声を出した理由ではないと考えられる。

▶**正答＝ 4**

ときテク！

- 情報の解釈とは，利用者をより深く理解し，利用者の生活のしづらさが何に由来しているのかを明らかにすることである。情報の解釈の仕方によっては，まるで違う生活課題が現れてしまう可能性があるので注意が必要である。
- 長文事例を読み解く1つの方法として，情報を時間軸で整理する方法がある。たくさんの情報の中から，利用者の現在の状況をピックアップしやすくなる。

問題● 112【介護過程】

Bさんに対するカンファレンス（conference）が開催され，短期目標を達成するための具体的な支援について見直すことになった。

次の記述のうち，見直した支援内容として，**最も適切なものを1つ**選びなさい。

1 完成品の不備を出すことへの反省を促す。
2 左側に部品を置いて作業するように促す。
3 完成までの手順を理解しやすいように示す。
4 生活支援員が横に座り続けて作業内容を指示する。
5 製品を箱に入れる単純作業も同時に行うように調整する。

初めに高次脳機能障害（higher brain dysfunction）の主な症状について整理しておこう。

●高次脳機能障害の主な症状

①**記憶障害**	物の置き場所，新しい出来事を忘れる
②**注意障害**	ぼんやりしてミスが多い。2つのことを同時にしようとすると混乱する
③**遂行機能障害**	自分で計画を立てて実行することや状況に応じた判断ができない
④**社会的行動障害**	依存，退行を起こす。欲求や感情がコントロールできない。人の立場や感情が理解できにくいなど。また，失敗体験を繰り返すことで自信を失い，意欲の低下，抑うつ状態になるなど，二次的な障害が現れることがある

1 = × 完成品の不備を出すことへの反省を促すことは，Bさんが自信を失い，意欲の低下につながる恐れがあるため，適切ではない。

2 = × 左片麻痺のあるBさんが，左側に部品を置いて作業するメリットはないため，適切ではない。

3 = ○ 上記の表の③の遂行機能障害があるBさんにとって，完成までの手順を理解しやすいように示すことは適切である。手順は具体的に短い文章で書くことが望ましく，イラストや写真など見て覚えられる方法も効果的である。

4 = × Bさんの短期目標は，「右手を使い，作業を自分ひとりで行える」であることから，生活支援員が横に座り続けて作業内容を指示することは目標が達成できないため，適切ではない。

5 = × 上記の表の②の注意障害があるBさんに，製品を箱に入れる単純作業も同時に行うように調整することは，Bさんがさらに混乱する恐れがあるため，適切ではない。

▶**正答＝3**

アドバイス!

●高次脳機能障害の症状と対応の留意点は，頻出問題である。「介護過程」以外に，「障害の理解」「総合問題」で出題されることもあるので，しっかり押さえておこう。
●カンファレンスは，計画の立案時，評価をする時，支援がうまくいかない時などに開催される。それぞれのカンファレンスの意義を理解しておきたい。

問題● 113【介護過程】

事例研究を行うときに，遵守すべき倫理的配慮として，適切なものを１つ選びなさい。

1 研究内容を説明して，事例対象者の同意を得る。
2 個人が特定できるように，氏名を記載する。
3 得られたデータは，研究終了後すぐに破棄する。
4 論文の一部であれば，引用元を明示せずに利用できる。
5 研究成果を得るために，事実を拡大解釈する。

1 = ○ 事例研究では，基本的には，どのような目的でどのような情報を用いるのか，事例対象者や家族の**同意を文書で得る**ことが望ましい。介護保険法に基づく指定基準では，サービス担当者会議等において利用者または家族の個人情報を用いる場合は，利用者や家族から文書による同意を得ておく必要があるとされている。

2 = × 事例研究で用いる資料は，事例対象者の**氏名を記載せず**，個人が特定されないように仮名や記号化する必要がある。また，氏名のほかにも生年月日，住所等，個人を特定する情報は取り除くことで個人を特定できないようにする。

3 = × 事例研究で得られたデータは，ほかの利用者に対しても応用のきく，**よりよい支援方法**や，**介護の原理原則**を導き出すことに活用される。ただし，得られた個人データを利用する必要がなくなったときは，遅延なく破棄するよう努めなければならない。

4 = × 論文の一部であっても事例研究に引用する場合は，引用した論文タイトル，著者，論文掲載元等を**明示する**など，著作権への配慮が必要である。

5 = × 事例研究は，介護実践の場で起こった「事実」を分析することにより事例対象者への理解を深め，そこから得られた知見をもとに，今後のよりよい実践を導き出す過程をいう。研究成果を得ることを急いで，「事実」を**拡大解釈してはならない**。

▶正答＝1

ときテク!

● 事例研究（ケーススタディ）など，利用者や家族等の個人情報を取り扱う問題を解く際には，倫理的な配慮に加えて個人情報の保護という法的な観点も押さえたい。
● 個人情報の保護については，「医療・介護関係事業者における個人情報の適切な取扱いのためのガイダンス」が一部改正され，2023年（令和５年）４月１日から施行されている。しっかりチェックしておこう。

総合問題

●出題傾向の分析

出題数は4事例から3問ずつの12問。第36回は介護保険の第1号被保険者1事例，第2号被保険者1事例，40歳未満の障害者2事例の構成で，「障害の理解」で学ぶ障害の医学的側面，「社会の理解」で学ぶ介護保険制度や障害者総合支援法に関する問題が多かった。毎年，疾患や障害の医学的知識，その特性に応じた介護方法，関連する社会制度から出題される傾向がある。

	問題番号	科目	大項目	中項目
総合問題1	問題114	認知症の理解	2　認知症の医学的・心理的側面の基礎的理解	4）認知症の原因疾患と症状
	問題115	社会の理解	4　高齢者福祉と介護保険制度	3）介護保険制度
	問題116	介護の基本	4　自立に向けた介護	1）介護福祉における自立支援
総合問題2	問題117	社会の理解	4　高齢者福祉と介護保険制度	3）介護保険制度
	問題118	社会の理解	4　高齢者福祉と介護保険制度	3）介護保険制度
	問題119	生活支援技術	2　自立に向けた居住環境の整備	3）対象者の状態・状況に応じた留意点
総合問題3	問題120	障害の理解	2　障害の医学的・心理的側面の基礎的理解	2）障害の理解
	問題121	生活支援技術	5　自立に向けた食事の介護	4）対象者の状態・状況に応じた介護の留意点
	問題122	社会の理解	5　障害者福祉と障害者保健福祉制度	4）障害者総合支援制度
総合問題4	問題123	障害の理解	2　障害の医学的・心理的側面の基礎的理解	2）障害の理解
	問題124	コミュニケーション技術	2　介護場面における家族とのコミュニケーション	1）家族とのコミュニケーションの目的
	問題125	社会の理解	5　障害者福祉と障害者保健福祉制度	4）障害者総合支援制度

●第37回試験に向けた学習ポイント

- 総合問題は他科目で学習する幅広い知識を，個人の生活の中で関連づけて解くことが求められる。
- 「発達と老化の理解」「認知症の理解」「障害の理解」で学ぶ，介護が必要な状態の原因となる疾患や障害の種類と特性を理解しておく。
- 疾患や障害の特性に応じたコミュニケーション方法や生活支援の方法・留意点を整理しておく。
- 社会制度は「社会の理解」から比較的出題頻度の高い，介護保険制度と障害者総合支援法の共通点と相違点を整理しておく。
- 自宅で生活する事例が多いので，介護保険制度や障害者総合支援法以外の，住まいや生活支援など在宅生活を支える社会資源も理解しておく。

総合問題▶1

次の事例を読んで，問題 114 から問題 116 までについて答えなさい。

〔事　例〕

Cさん（59 歳，男性）は，妻（55 歳）と二人暮らしであり，専業農家である。Cさんはおとなしい性格であったが，最近怒りやすくなったと妻は感じていた。Cさんは毎日同じ時間に同じコースを散歩している。ある日，散歩コースの途中にあり，昔からよく行く八百屋から，「Cさんが代金を支払わずに商品を持っていった。今回で 2 回目になる。お金を支払いにきてもらえないか」と妻に連絡があった。妻がCさんに確認したところ，悪いことをした認識がなかった。心配になった妻がCさんと病院に行くと，前頭側頭型認知症（frontotemporal dementia）と診断を受けた。妻は今後同じようなことが起きないように，Cさんの行動を常に見守り，外出を制限したが，疲労がたまり，今後の生活に不安を感じた。そこで，地域包括支援センターに相談し，要介護認定の申請を行い，訪問介護（ホームヘルプサービス）を利用することになった。

事例の情報を整理する

●Cさんの情報

人物設定	59歳，男性，第 2 号被保険者（介護保険）
心身の状況（疾患や障害）	前頭側頭型認知症
サービスの利用状況	訪問介護（ホームヘルプサービス）
生活の状況	• 妻（55歳）と二人暮らし。専業農家。 • 毎日同じコースを散歩している。 • よく行く八百屋から，代金を支払わず商品を持って帰ることが 2 回あった。 • 受診の結果，前頭側頭型認知症と診断された。

要点チェック！

●地域包括支援センター

地域において保健，福祉，医療などさまざまな分野から総合的に高齢者の生活を支援する拠点となる機関である。機関は，「介護予防ケアマネジメント（第 1 号介護予防支援事業）」「総合相談支援業務」「権利擁護業務」「包括的・継続的ケアマネジメント支援業務」の役割を担っている。本事例ではCさんの妻からの相談で総合相談支援業務を行い，介護保険申請へとつなげた。

問題● 114【総合問題】

Cさんが八百屋でとった行動から考えられる状態として，最も適切なものを1つ選びなさい。

1 脱抑制
2 記憶障害
3 感情失禁
4 見当識障害
5 遂行機能障害

1＝○ 脱抑制とは，我慢が苦手で，時計や看板が目に入ると読み上げる，店の中でほしい物があると持ち去る，いきなり怒る，急に立ち去るなど社会的なルールを無視して我が物顔で行動するような症状をいう。事例の，「Cさんが代金を支払わずに商品を持っていった」という行動はこれに当てはまるため，適切である。

2＝× 記憶障害は，新たなことが覚えられず自分の行為を忘れてしまうなどの記憶に関する障害である。

3＝× 感情失禁とは，（大泣き，大笑いするほどではない）軽度の刺激に対して，大泣き，大笑いなどしてしまう症状である。

4＝× 見当識は，自分の置かれた状況が理解できることである。見当識障害とは，時間，場所，人物の理解が阻害される症状である。例えば，今日は何月何日で，今いる場所はどこで，目の前の人物は誰かということが理解できなくなる。①時間，②場所，③人物の順に障害される。

5＝× 遂行機能は，作業の段取りを考えて効率よく作業をこなす能力をいう。遂行機能障害は夕食の準備などの段取りがうまくできなくなる障害である。

▶正答＝1

さらに深掘り！

- 前頭側頭型認知症（frontotemporal dementia）は脳の前頭葉や側頭葉で，神経細胞が減少して脳が萎縮する病気である。感情の抑制が効かなくなったり，社会のルールが守れなくなったりするといった症状がみられる。
- 前頭側頭型認知症では脱抑制のほかに，常同行動という同じ行動の繰り返しが特徴である。
- その他の症状として，①こだわりが強い，②決まった時間に決まったことをしないと気が済まない（時刻表的生活），③無断外出しても一定のルートを回って戻ってくるといった行動がみられる。

問題● 115【総合問題】

Cさんの介護保険制度の利用に関する次の記述のうち，**適切なものを1つ**選びなさい。

1 介護保険サービスの利用者負担割合は1割である。

2 介護保険料は特別徴収によって納付する。

3 要介護認定の結果が出る前に介護保険サービスを利用することはできない。

4 要介護認定の利用者負担割合は2割である。

5 介護保険サービスの費用はサービスの利用回数に関わらず定額である。

1＝○ Cさんは59歳なので第2号被保険者であり，第2号被保険者の利用者負担割合は1割である。第1号被保険者の場合は，原則は1割負担であるが，所得額が一定額以上である場合，2割または3割の自己負担となる。

●介護保険サービスの利用者負担割合

第1号被保険者（65歳以上）	・原則1割負担 ・前年度の所得が一定額以上ある場合は，2割または3割
第2号被保険者（40歳以上65歳未満）	・1割負担

2＝× 第2号被保険者の介護保険料は，加入する**医療保険者**が，**医療保険料**の一部として徴収する。特別徴収とは，第1号被保険者の保険料の徴収方法の一つで，年金保険者（日本年金機構など）が市町村に代わって，支給している年金から介護保険料を**天引き**することをいう。

3＝× 要介護認定は，介護認定審査会の審査結果を受けて，市町村が認定，不認定の決定を行う。決定の通知は，原則申請日から30日以内に行われることになっており，要介護認定の結果は，**申請日**にさかのぼって有効となる。したがって，認定の結果を待つことができない事情がある場合には，認定の申請後すぐに暫定的なケアプランを作成し，サービスを利用することができる。

4＝× 介護保険サービスを利用するために必要な要介護認定は，認定調査員による認定調査と主治医意見書等を踏まえて決定される。要介護認定の際に利用者の費用負担は**発生しない**。

5＝× 介護保険サービスには1か月単位で費用が設定されているもの（小規模多機能型居宅介護など）と，1回単位で費用が設定されているもの（訪問介護や訪問入浴介護など）がある。したがって，すべてがサービスの利用回数にかかわらず定額であるわけではない。

▶**正答＝1**

要点チェック！

●介護保険の利用の流れは，①市町村に申請→②認定調査を受ける→③要介護・要支援認定（介護認定審査会）→④結果の通知→⑤ケアプランの作成である。

問題● 116【総合問題】

その後，妻に外出を制限されたCさんは不穏となった。困った妻が訪問介護員（ホームヘルパー）に相談したところ，「八百屋に事情を話して事前にお金を渡して，Cさんが品物を持ち去ったときは，渡したお金から商品代金を支払うようにお願いしてはどうか」とアドバイスを受けた。

訪問介護員（ホームヘルパー）が意図したCさんへの関わりをICF（International Classification of Functioning, Disability and Health：国際生活機能分類）に当てはめた記述として，**最も適切なものを1つ選びなさい。**

1　個人因子への影響を意図して，健康状態に働きかける。
2　健康状態への影響を意図して，心身機能に働きかける。
3　活動への影響を意図して，身体構造に働きかける。
4　参加への影響を意図して，環境因子に働きかける。
5　環境因子への影響を意図して，個人因子に働きかける。

ICFは，人間の「生活機能と障害」の分類法として，2001年5月，世界保健機関（WHO）総会において採択された。**健康状態**（病気，失調，傷害など），**心身機能**（体の働きや精神の働き），**身体構造**（身体の一部の構成（肢体・器官など）），**活動**（個人が生きていく上で役立つ様々な生活行為のこと），**参加**（社会的な出来事に関与したり，役割を果たすこと），**環境因子**（生活するなかでの物的環境や人的環境，社会的環境），**個人因子**（個人の人生や生活の特有な背景，特徴）から構成されている。

● ICFのモデル

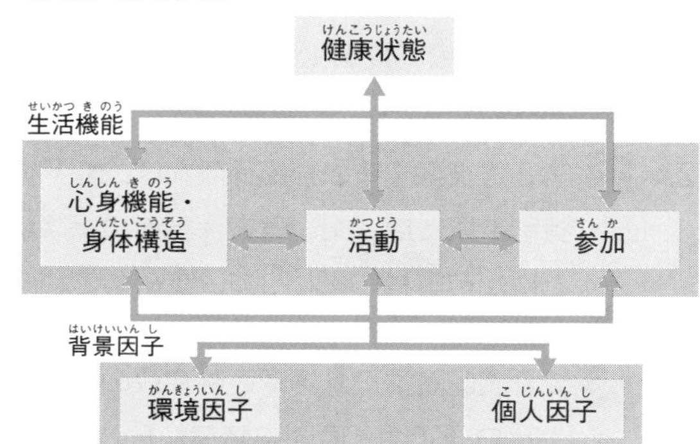

出典：障害者福祉研究会編『ICF 国際生活機能分類 ── 国際障害分類改定版』中央法規出版，2002年，p. 17を一部改変

それぞれの構成要素は相互に影響を及ぼし合う。事例では，外出を制限されて社会への参加（**参加**）を阻害されたCさんは不穏となっている。それを改善するために八百屋（**環境因子**）に協力を依頼することは，Cさんが社会と関わりを持ち続けること（**参加**）への影響を意図した関わりといえる。

したがって，1 =×，2 =×，3 =×，4 =○，5 =×となる。

▶正答＝4

ときテク!

● ICFの理解のためには上記の図を覚えることが必要である。
● 具体的にどのようなことが，ICFのどの構成要素に該当するのかを問われることが多い。

総合問題▶ 2

次の事例を読んで，**問題 117 から問題 119 まで**について答えなさい。

〔事　例〕

Dさん（70 歳，男性）は，自宅で妻と二人暮らしで，年金収入で生活している。ある日，車を運転中に事故に遭い救急搬送された。医師からは，第 4 胸髄節まで機能が残存している脊髄損傷（spinal cord injury）と説明を受けた。Dさんは，入院中に要介護 3 の認定を受けた。

Dさんは，退院後は自宅で生活することを望んでいた。妻は一緒に暮らしたいと思うが，Dさんの身体状況を考えると不安を感じていた。介護支援専門員（ケアマネジャー）は，「退院後は，在宅復帰を目的に，一定の期間，リハビリテーション専門職がいる施設で生活してはどうか」とDさんに提案した。Dさんは妻と退院後の生活について話し合った結果，一定期間施設に入所して，その間に，自宅の住宅改修を行うことにして，介護支援専門員（ケアマネジャー）に居宅介護住宅改修費について相談した。

事例の情報を整理する

●Dさんの情報

人物設定	70歳，男性，要介護 3
心身の状況（疾患や障害）	• 交通事故による脊髄損傷（第 4 胸髄節まで機能が残存）
サービスの利用状況	• 在宅復帰を目指して，リハビリテーション専門職がいる施設に入所を予定している • 自宅の住宅改修を視野に居宅介護住宅改修費の利用を検討している
生活の状況	• 事故による入院前は，自宅で妻と二人暮らしをしていた • 現在は病院に入院中である
Dさんの発言・思い	• 退院後は自宅での生活を望んでいる

要点チェック！

●脊髄損傷

脊髄が損傷すると損傷部位から末梢の感覚麻痺と運動麻痺が生じる。損傷する部位に応じて麻痺のみられる部位が異なるため，損傷する部位と麻痺がみられる部位の関係を理解しておくことが大切である。

問題● 117【総合問題】

次のうち，Dさんが提案を受けた施設として，最も適切なものを１つ選びなさい。

1　養護老人ホーム
2　軽費老人ホーム
3　介護老人福祉施設
4　介護老人保健施設
5　介護医療院

1 = ✕　**養護老人ホーム**は，老人福祉法に定められる老人福祉施設の１つである。65歳以上で，環境上の理由および経済的理由により居宅において養護を受けることが困難な者を対象としている。**リハビリテーション専門職が配置される施設ではない**ため適切ではない。

2 = ✕　**軽費老人ホーム**は，老人福祉法に定められる老人福祉施設の１つである。60歳以上の人に，無料又は低額な料金で，食事の提供その他日常生活上必要な便宜を提供する施設である。**リハビリテーション専門職が配置される施設ではない**ため適切ではない。

3 = ✕　**介護老人福祉施設**は，介護保険法に定められる施設サービスの１つである。入所している要介護者に対して入浴・排泄・食事などの介護や日常生活上の世話，機能訓練，健康管理，療養上の世話を行う施設である。**継続的**に施設での入所生活を送る人が多く，在宅復帰を目指しているDさんには適切ではない。

4 = ○　**介護老人保健施設**は，介護保険法に定められる施設サービスの１つである。看護，医学的管理のもとでの介護や機能訓練，その他必要な医療や日常生活上の世話を行い，**在宅生活への復帰**を目指す施設であり，病院からの退院と在宅生活復帰の中間に位置することから中間施設とも呼ばれる。Dさんの思いや身体状況から，介護支援専門員が提案した施設として適切である。

5 = ✕　**介護医療院**は，介護保険法に定められる施設サービスの１つである。主に**長期にわたり療養が必要な要介護者**を対象とし，療養上の管理，看護，医学的管理のもとでの介護や機能訓練，その他必要な医療や日常生活の世話を行う施設である。Dさんの身体状況から長期にわたる療養の必要はないと判断できるため適切ではない。

▶**正答＝ 4**

アドバイス!

- 介護保険法に基づく施設サービスは「介護老人福祉施設」「介護老人保健施設」「介護医療院」がある。
- 有料老人ホーム，養護老人ホーム，軽費老人ホーム等は，居宅サービスの１つである「特定施設入居者生活介護」の対象となる特定施設である。

問題● 118【総合問題】

次のうち，介護支援専門員（ケアマネジャー）がDさんに説明する居宅介護住宅改修費の支給限度基準額として，適切なものを1つ選びなさい。

1 10万円
2 15万円
3 20万円
4 25万円
5 30万円

この問題は，介護給付の1つである「居宅介護住宅改修費」の内容を問う問題である。支給限度基準額が問われているが，同時にどのような工事が住宅改修の対象となるのかについても覚えておく必要がある。

居宅介護住宅改修は，介護保険法第45条に基づく，居宅で利用できるサービスである。要介護状態になったことで住宅の改修が必要となった場合に，住宅改修にかかる費用が保険給付として支給される。支給対象となる改修の種類は以下のとおりである。

●居宅介護住宅改修の種類

1	手すりの取付け
2	段差の解消
3	滑りの防止及び移動の円滑化等のための床又は通路面の材料の変更
4	引き戸等への扉の取替え
5	洋式便器等への便器の取替え
6	その他1～5の住宅改修に付帯して必要となる住宅改修

住宅改修は，原則として1人1回しか保険給付を受けることができない。例外として「転居した場合」「要介護度が3段階以上上がった場合」には再度支給の対象となる。居宅介護住宅改修費の支給限度基準額は一律**20万円**までとなっている。

したがって，1＝×，2＝×，3＝○，4＝×，5＝×となる。

▶正答＝3

さらに深掘り！

- その他のサービスで支給限度基準額が一律で決まっているものとして，居宅介護福祉用具購入費の額が10万円である点も押さえておこう。
- 支給限度基準額は，居宅サービスと地域密着型サービス（居宅療養管理指導や入居・入所して利用するサービスを除く）にも適用されること，施設サービスには適用されないこと，要介護度によって異なることなども覚えておこう。

問題● 119【総合問題】

Dさんが施設入所してから３か月後，住宅改修を終えた自宅に戻ることになった。Dさんは自宅での生活を楽しみにしている。その一方で，不安も抱えていたため，担当の介護福祉士は，理学療法士と作業療法士に相談して，生活上の留意点を記載した冊子を作成して，Dさんに手渡した。

次の記述のうち，冊子の内容として，**最も適切なものを１つ**選びなさい。

1　食事では，スプーンを自助具で手に固定する。
2　移動には，リクライニング式車いすを使用する。
3　寝具は，エアーマットを使用する。
4　更衣は，ボタンエイドを使用する。
5　外出するときには，事前に多機能トイレの場所を確認する。

事例中の「第４胸髄節まで機能が残存している脊髄損傷（spinal cord injury）」という情報に着目する。第４胸髄節まで機能が残存している場合，胸部から末梢にかけての麻痺が起こる。そのため，上肢の機能は**維持されている**状態である。

1 = × 上肢の機能は**維持されている**状態である。手指機能についての機能障害は**ない**と考えられるため，スプーンを持つ際の自助具の活用は適切ではない。

2 = × 胸髄損傷（thoracic spinal cord injury）の場合，**体幹**と**下肢**に麻痺が認められるが，座位のバランスは**やや安定する**。通常の車いすでの座位が可能であるため，リクライニング式の車いすは適切ではない。

3 = × エアーマットは，就寝時に**寝返り**等が難しく，長時間の皮膚への圧力による褥瘡を予防する際に用いられる。Dさんの場合，上肢の機能を使って**寝返り**をすることができるため，最も適切とはいえない。

4 = × ボタンエイドとは，手指に障害がある人がボタンを留める際にボタン穴に差し込みボタンを引っかけて使用する補助具である。選択肢１の解説と同様に，手指機能についての機能障害は**ない**と考えられるため，ボタンエイドの使用は適切ではない。

5 = ○ Dさんは**車いす**での生活となっていると考えられる。**車いす**を使用している人がトイレを利用する場合，通常のトイレではスペースがなく移乗動作などができず，使用が難しい場合がある。外出するときには，事前に多機能トイレの場所を確認することは適切である。

▶**正答＝ 5**

過去問チェック！

●今回の「第４胸髄節まで機能が残存」といった事例のように，近年，脊髄損傷については細かな損傷レベルで出題される傾向にある。そのため，脊髄損傷については「頸髄損傷」「胸髄損傷」「腰髄損傷」という損傷レベルと併せて，細かな損傷レベルでも可能な動作を確認しておくとよい。

総合問題▶3

次の事例を読んで，問題 120 から問題 122 までについて答えなさい。

〔事　例〕

Eさん（34 歳，女性，障害支援区分 3）は，特別支援学校の高等部を卒業後，週 2 回，生活介護を利用しながら自宅で生活している。Eさんはアテトーゼ型（athetosis）の脳性麻痺（cerebral palsy）で不随意運動があり，首を振る動作が見られる。

食事は首の動きに合わせて，自助具を使って食べている。食事中は不随意運動が強く，食事が終わると，「首が痛い，しびれる」と言ってベッドに横になるときがある。

また，お茶を飲むときは取っ手つきのコップで飲んでいるが，コップを口元に運ぶまでにお茶がこぼれるようになってきた。日頃から自分のことは自分でやりたいと考えていて，お茶が上手に飲めなくなってきたことを気にしている。

Eさんは，生活介護事業所で油絵を描くことを楽しみにしている。以前から隣町の油絵教室に通い技術を高めたいと話していた。そこでEさんは，「自宅から油絵教室に通うときの介助をお願いするにはどうしたらよいか」と介護福祉職に相談した。

事例の情報を整理する

●Eさんの情報

人物設定	34歳，女性，障害支援区分 3
心身の状況（疾患や障害）	• アテトーゼ型の脳性麻痺で，不随意運動があり，首を振る動作が見られる • 食事中は不随意運動が強く，食事が終わると「首が痛い，しびれる」と言う
サービスの利用状況	• 週 2 回，生活介護を利用している
生活の状況	• 自宅で生活している • 食事は首の動きに合わせて，自助具を使って食べている • 食事後は首の痛みのために，ベッドに横になるときがある • お茶を飲むときは取っ手つきのコップで飲んでいるが，コップを口元に運ぶまでにお茶がこぼれるようになってきた
Eさんの発言・思い	• 自分のことは自分でやりたい（お茶が上手に飲めなくなってきたことを気にしている） • 油絵を描くことを楽しみにしており，油絵教室に通うための介助を希望している

要点チェック！

●生活介護

障害者総合支援法に基づく障害福祉サービスの１つで，自立支援給付の中の介護給付に分類される。常に介護を必要とする障害者の日中活動（創作的活動など）を支援するサービスである。

問題● 120【総合問題】

Eさんの食事の様子から，今後，引き起こされる可能性が高いと考えられる二次障害として，**最も適切なものを1つ選びなさい。**

1　変形性股関節症（coxarthrosis）
2　廃用症候群（disuse syndrome）
3　起立性低血圧（orthostatic hypotension）
4　脊柱側弯症（scoliosis）
5　頚椎症性脊髄症（cervical spondylotic myelopathy）

1 = ✕ **変形性股関節症**とは，股関節を構成する骨盤と大腿骨の間の軟骨がすり減ったり，骨自体が変形したりすることで，股関節の痛みや変形，可動域制限が生じる疾患である。脳性麻痺（cerebral palsy）の人は股関節の形成不全や非対称で強い筋緊張が原因で変形性股関節症に発展することもあるが，Eさんの食事の様子から股関節に関する影響は読み取りにくい。

2 = ✕ **廃用症候群**は動かない状態や動けない状態により，長期間身体の活動性が低下した結果生じる様々な心身機能の低下をいう。関節の拘縮や筋萎縮，意欲低下などがある。Eさんの自立した食事の様子から，廃用症候群の出現は考えにくい。

3 = ✕ **起立性低血圧**は自律神経障害により，寝た姿勢から急に座ったり，立ったりしたときに脳に行く血流が不足し，めまいや頭重感，吐き気などを引き起こす状態をいう。長期間寝たきり状態の人の廃用症候群や脊髄損傷（spinal cord injury）の合併症の1つとしてみられることがある。Eさんの情報からは該当すると判断しにくい。

4 = ✕ **脊柱側弯症**は脊柱が左右に弯曲し変形した状態のことをいう。脳性麻痺の人は非対称で強い筋緊張により，成長に伴い脊柱の変形が起こることが多い。しかし，Eさんの脊柱の変形を示す情報は見当たらない。

5 = ○ **頚椎症性脊髄症**は変形性頚椎症のうち，椎間板や頚椎の変形等により脊柱管が狭くなって脊髄（頚髄）が圧迫され，首や肩の痛み，四肢のしびれや麻痺などが出現するものをいう。頚椎症性脊髄症は不随意運動のあるアテトーゼ型（athetosis）に発生しやすい二次障害である。Eさんは食事中に首を振る不随意運動があり，すでに首の痛みとしびれが出現していることから，頚椎症性脊髄症が引き起こされる可能性が高い。

▶正答＝5

アドバイス！

- 二次障害とは，生活していくうちに本来の障害（一次障害）が影響して，後から出現する障害をいう。事例説明に書かれている具体的な症状や生活の様子が，どの選択肢の症状に近いかを判断する問題である。
- 膝や股関節の変形性関節症や廃用症候群，起立性低血圧は頻出用語である。それぞれどのような症状が出現するのか，押さえておこう。

問題● 121【総合問題】

Eさんがお茶を飲むときの介護福祉職の対応として，**最も適切なものを1つ**選びなさい。

1　吸い飲みに変更する。
2　ストローつきコップに変更する。
3　重いコップに変更する。
4　コップを両手で持つように伝える。
5　全介助を行う。

Eさんはお茶を飲むときに「コップを口元に運ぶまでにお茶がこぼれるようになって」きていて，それを気にしている。また「自分のことは自分でやりたいと考えている」人である。このようなEさんに対して介護福祉職は，Eさんの自分でやりたいという意向を尊重し，Eさんが自分でお茶をこぼさずに飲める方法を検討する必要がある。

そのためには，Eさんがお茶をこぼすようになってきた要因をEさんの健康状態，心身機能や環境因子などから考える。そして環境を工夫し，Eさんの持っている機能を活かす方法を考えることが大切である。事例説明を読むと，Eさんは首の強い不随意運動があり，食事後に首の痛みとしびれを訴えるときもある。そこから，**首を動かして**口をコップに近づけるとともに，**上肢を動かして**コップを口に近づける**動作が困難**になってきていることが予想される。Eさんが自分でこぼさずお茶を飲むためには，首の不随意運動があってもこぼれにくく，首や上肢の負担が少ない道具の検討が適切である。

選択肢2のストローつきコップは蓋つきのためこぼれにくく，ストローは首を大きく曲げなくても吸い口をとらえやすい利点がある。上肢の動きも少なく済む。選択肢1の吸い飲みは仰臥位，側臥位，半座位（ファーラー位）などの姿勢で水分摂取する人の介助を行うときに用いられる物である。選択肢3の重いコップでは，上肢の動きの負担となる恐れがある。選択肢4では首への負担は軽減できない。選択肢5は「自分のことは自分でやりたい」というEさんの意向に反している。

したがって，1 =×，2 =○，3 =×，4 =×，5 =×となる。

●薬飲み器（吸い飲み）　●ストローつきコップ

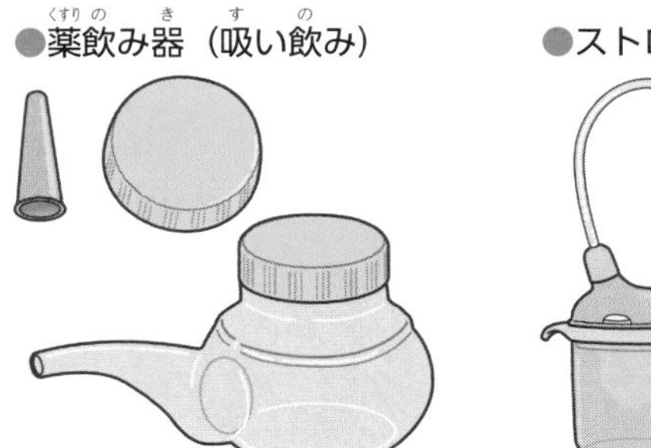

▶正答＝ 2

●介護系のテキストや介護施設で見られる自助具・福祉用具が，どのような心身機能障害に対応し，どのような動作を補うように作られているか，よく理解しておこう。
●介護施設では様々な呼称が用いられている。商品名でなく道具名を確認しておくとよい。

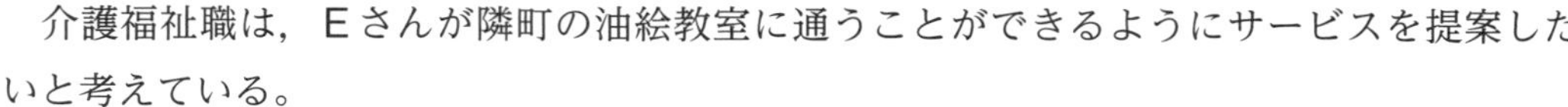

問題● 122【総合問題】

介護福祉職は，Eさんが隣町の油絵教室に通うことができるようにサービスを提案したいと考えている。

次のうち，Eさんが利用するサービスとして，**最も適切なものを1つ選びなさい。**

1 自立生活援助
2 療養介護
3 移動支援
4 自立訓練
5 同行援護

1 = × **自立生活援助**は，障害者支援施設やグループホーム等で生活していた利用者が，地域で一人暮らしを始めるにあたり，一定の期間，定期的および随時に訪問して相談に応じ，必要な情報の提供や関係機関等との連絡調整などを行うことにより，一人暮らしが問題なく継続できるように支援するサービスである。障害者総合支援法の訓練等給付の1つである。

2 = × **療養介護**は，病院において機能訓練や療養上の管理，看護，医学的管理下における介護や日常生活上の世話を提供するサービスである。障害者総合支援法の介護給付の1つである。

3 = ○ **移動支援**は，屋外での移動が困難な障害者等が，社会生活上必要な外出や余暇活動等のための外出をするときに，移動を支援するサービスである。障害者総合支援法の地域生活支援事業の1つであり，Eさんの希望に合うサービスとして適切である。

4 = × **自立訓練**は，障害者が自立した日常生活又は社会生活を営むことができるよう，一定の期間，訓練を受けるサービスである。理学療法や作業療法等のリハビリテーションを行う機能訓練と，入浴，排泄，食事等の自立した日常生活をしていくための訓練を行う生活訓練がある。障害者総合支援法の訓練等給付の1つである。

5 = × **同行援護**は，視覚障害のために移動に著しい困難のある障害者等の外出を支援するサービスである。移動に必要な情報の提供や移動の援護，排泄や食事等の介護等，外出時に必要な援助を提供する。障害者総合支援法の介護給付の1つである。

▶正答＝3

アドバイス!

- 事例問題における障害者総合支援法の給付・事業に関する設問では，多くのサービスの中から事例の年齢（障害者か障害児か）と障害の種類や程度，生活ニーズに合ったものを適切に選ぶ。
- 今回の選択肢にある移動支援と同行援護のように，似たような支援を行うサービスの対象や具体的支援内容等の違いを比較，整理して理解しておきたい。

総合問題▶4

次の事例を読んで，問題123から問題125までについて答えなさい。

〔事　例〕

Fさん（20歳，男性）は，自閉症スペクトラム障害（autism spectrum disorder）と重度の知的障害があり，自宅で母親（50歳），姉（25歳）と3人で暮らしている。

Fさんは生活介護事業所を利用している。事業所では比較的落ち着いているが，自宅に帰ってくると母親に対してかみつきや頭突きをすることがあった。また，自分で頭をたたくなどの自傷行為もたびたび見られる。

仕事をしている母親に代わり，小さい頃から食事や排泄の介護をしている姉は，これまでFさんの行動を止めることができていたが，最近ではからだが大きくなり力も強くなって，母親と協力しても止めることが難しくなっていた。

家族で今後のことを考えた結果，Fさんは障害者支援施設に入所することになった。

事例の情報を整理する

●Fさんの情報

人物設定	Fさん，20歳，男性
心身の状況（疾病や障害）	•自閉症スペクトラム障害 •事業所から自宅に帰ってくると母親に対して「かみつき」や「頭突き」をすることがあった •自分で「頭をたたく」などの自傷行為もたびたび見られる
サービスの利用状況	•生活介護事業所を利用している
その他	•仕事をしている母親に代わり，小さい頃から姉が食事や排泄の介護をしている •からだが大きくなり力も強くなって，止めることが難しくなってきたことから，障害者支援施設に入所することになった

要点チェック！

●自閉症スペクトラム障害

自閉症スペクトラム障害の症状・障害特性・主な対応方法などについて理解し，問題を解くことが重要なポイントである。

●傾聴・受容・共感などのコミュニケーション技術に関する知識

対人援助職としての傾聴・受容・共感などの対人関係を築くためのコミュニケーション技術に関する基礎的な知識を深め，問題を解くことが重要なポイントである。

問題● 123【総合問題】

次のうち，Fさんが自宅に帰ってきたときの状態に該当するものとして，**最も適切なものを1つ**選びなさい。

1　学習障害
2　注意欠陥多動性障害
3　高次脳機能障害
4　強度行動障害
5　気分障害

1 =× 学習障害は発達障害の1つであり，全体的な知的発達には遅れはないが，「読む」「書く」「計算する」など特定の能力の習得などに困難を示す障害である。Fさんの状態に該当しないため，適切ではない。

2 =× 注意欠陥多動性障害は発達障害の1つであり，不注意（注意を持続することが困難，注意散漫になりやすいなど）・多動性（着席中に手足を動かす，持続的に着席ができず離席するなど）・衝動性（思いついたまま行動する，カッとなって手が出るなど）を特徴とする障害である。Fさんの状態に該当しないため，適切ではない。

3 =× 高次脳機能障害とは，疾患や事故によって脳が損傷を受けたことによる，記憶障害・注意障害・遂行機能障害・社会的行動障害などの認知機能の障害であり，日常生活および社会生活への不適応が生じたりする。Fさんの状態に該当しないため，適切ではない。

4 =○ 本人に合う環境が整わない場合に，自閉症スペクトラム障害（autism spectrum disorder）と重度の知的障害のある人に出現する，かみつきや頭突き等の行動を強度行動障害という。これは障害名ではなく，行政的な用語として使用されている。Fさんが自宅に帰ってきたときの状態に該当するため，最も適切である。

5 =× 気分障害は，気分の変動によって日常生活に支障を来す病気の総称であり，大きく分けるとうつ病（depression）と双極性感情障害（bipolar affective disorder）の2つがある。うつ状態だけが続くものをうつ病，躁状態とうつ状態を繰り返すものを双極性感情障害という。Fさんの状態に該当しないため，適切ではない。

▶正答＝4

さらに深掘り！

● 自閉症スペクトラム障害の特徴として，以下のようなものが挙げられる。
① 先天的な脳の機能障害といわれている。
② 社会的コミュニケーション障害や限定・反復された障害などの特徴がある。
● また，自閉症スペクトラム障害と重度の知的障害がある人で，本人に合う環境が整わない場合，自傷・他傷・こだわり・もの壊しなどの「強度行動障害」が出現することがある。

問題● 124【総合問題】

Fさんが入所してからも月1，2回は，姉が施設を訪ね，Fさんの世話をしている。

ある日，担当の介護福祉職が姉に声をかけると，「小学生の頃から，学校が終わると友だちと遊ばずにまっすぐ家に帰り，母親に代わって，弟の世話をしてきた。今は，弟を見捨てたようで，申し訳ない」などと話す。

介護福祉職の姉への対応として，**最も適切なもの**を**1つ**選びなさい。

1 「これからもFさんのお世話をしっかり行ってください」
2 「Fさんは落ち着いていて，自傷他害行為があるようには見えませんね」
3 「お姉さんは，小さい頃からお母さんの代わりをしてきたのですね」
4 「訪問回数を減らしてはどうですか」
5 「施設入所を後悔しているのですね。もう一度在宅ケアを考えましょう」

1 = ✕ 姉は仕事をしている母親に代わり，小さい頃からFさんの介護をしており，Fさんの施設入所後もFさんを訪ね，世話をしている。選択肢は，姉の悩みや葛藤を無視しており，思いを受容していないため，適切ではない。

2 = ✕ Fさんは家族による在宅での介護が難しくなったため，施設入所に至っている。選択肢は，自宅でのFさんの様子や家族の選択を否定しているような印象を与えかねないため，適切ではない。

3 = ○ 選択肢は，姉のFさんに対する献身的な介護をねぎらうとともに，コミュニケーション技術の面接技法の1つである**共感的理解**を示す対応となり，適切である。

4 = ✕ 選択肢は，姉のFさんに対する思いに反する提案である。姉の悩みや葛藤を無視しており，思いを受容していないため，適切ではない。

5 = ✕ 選択肢は「今は，弟を見捨てたようで，申し訳ない」という発言の表面だけを汲み取って反応したものであり，発言の背景にある姉の心情を理解するべきである。また，Fさんは家族による在宅での介護が難しくなったため施設に入所していることから，在宅ケアに戻ることは再びFさんや家族が入所前の状況に戻ってしまう可能性があるため，適切ではない。

▶正答＝3

- この問題は，対人援助を主とする介護福祉職が行う，適切なコミュニケーション技術（面接技法）についての知識を深めることで正答を導き出すことができる。
- 面接技法をより良質なものとするためには，受容・共感・傾聴などの技術を用いることも大切である。

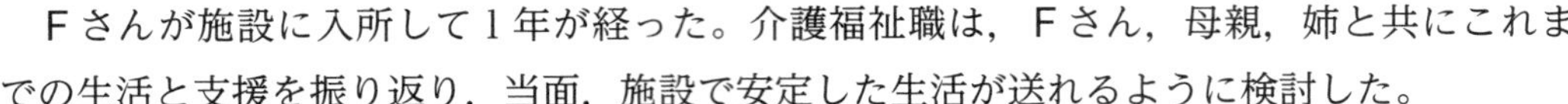

問題● 125【総合問題】

Ｆさんが施設に入所して１年が経った。介護福祉職は，Ｆさん，母親，姉と共にこれまでの生活と支援を振り返り，当面，施設で安定した生活が送れるように検討した。

次のうち，Ｆさんの支援を修正するときに利用するサービスとして，**正しいもの**を１つ選びなさい。

1　地域定着支援
2　計画相談支援
3　地域移行支援
4　基幹相談支援
5　基本相談支援

1＝× **地域定着支援**は，障害者総合支援法に定められた**相談支援**のうちの**地域相談支援**の１つである。居宅において単身で生活している障害者等に対し，常時の連絡体制を確保し，障害の特性から生じた緊急の事態等の場合に相談等を行う。

2＝○ **計画相談支援**は，障害者総合支援法に定められた**相談支援**の１つであり，計画相談支援は「**サービス利用支援**」と「**継続サービス利用支援**」の２つに分類される。障害者の心身の状況や環境等を勘案し，サービス等利用計画案を作成し，支給決定等が行われた後に，支給決定等の内容が反映されたサービス等利用計画を作成する**サービス利用支援**と，サービス等利用計画が適切かどうかを定められた期間ごとに検証し，その結果等を勘案してサービス等利用計画の見直し（モニタリング）などを行う**継続サービス利用支援**があり，Ｆさんの支援を修正するときに利用するサービスとして正しい。

3＝× **地域移行支援**は，障害者総合支援法に定められた**相談支援**のうちの**地域相談支援**の１つである。障害者支援施設等に入所している者や精神科病院に入院している者に対し，住居の確保その他の地域生活へ移行するための支援を行う。

4＝× 障害者総合支援法に定められた**相談支援**は，**基本相談支援**・**地域相談支援**・**計画相談支援**に分類され，基幹相談支援というサービスはない。

5＝× **基本相談支援**は，障害者総合支援法に定められた**相談支援**の１つである。障害福祉に関する様々な相談に応じ，障害者やその家族からの相談に応じ，必要な情報提供や助言を行い，市町村と障害福祉サービス事業者等との連絡調整等を行う。

▶**正答＝ 2**

ときテク!

- 障害者への相談支援には，「基本相談支援」「地域相談支援（地域移行支援・地域定着支援）」「計画相談支援（サービス利用支援・継続サービス利用支援）」がある。
- この問題を解くには，障害者総合支援法に基づく福祉サービスである「相談支援」に関する知識を深めることで，正答を導き出すことができる。

第35回

午前

午後

問題● 1【人間の尊厳と自立】

利用者の生活の質（QOL）を高めるための介護実践に関する次の記述のうち，**最も適切なものを1つ**選びなさい。

1　日常生活動作の向上を必須とする。
2　利用者の主観的評価では，介護福祉職の意向を重視する。
3　介護実践は，家族のニーズに応じて行う。
4　福祉用具の活用は，利用者と相談しながら進める。
5　価値の基準は，全ての利用者に同じものを用いる。

1 = × 日常生活動作は，人間が毎日の生活を送るための基本的動作であり，食事や移動，排泄，入浴などがこれに当たる。日常生活動作を向上させることは大切であるが，**日常生活動作ができない状態であっても，必要な支援や福祉用具を利用して，その人らしい人生を取り戻していくことが非常に重要である。**

2 = × 介護福祉職には，利用者の自己決定をできる限り尊重し，利用者を尊厳ある一人の人間として受け入れていくことが求められている。そのためには，利用者がどのような状況であっても，**利用者自身が判断できるように環境を整えていく**ことが重要である。利用者の自己決定を促し，尊重することによって，利用者と介護福祉職の信頼関係が深まり，より良い介護実践が展開できる。

3 = × 介護実践は，利用者の生活の質を高めるために行われる。病気や障害により，利用者の状況によっては本人のニーズを明確にできないことがあるが，できる限り**本人のニーズを把握し，家族とともに進めていく**ことが重要である。

4 = ○ 福祉用具とは，介護や介助を必要とする利用者の日常生活や機能訓練（リハビリテーション）をサポートするための用具や機器のことをいう。具体的な用具の例としては，車いすや歩行器，歩行補助つえ，手すりなどである。**福祉用具の活用については，利用者と相談しながら進める**とともに，福祉用具専門相談員や介護支援専門員（ケアマネジャー）と連携をとり，**利用者の状態に合わせた用具や機器を選定していく**とよい。

5 = × 利用者は，**一人ひとりが独立した別個の人格を持つ**人間である。全ての利用者に同じ価値の基準を用いるのは適切ではない。

▶正答＝4

アドバイス！

- その人らしい生き方を送るためにはどうあるべきか，人権を重視する介護実践のあり方について理解する。
- テキストに加えて，日本介護福祉士会倫理綱領にも目を通しておく。

問題● 2【人間の尊厳と自立】

Aさん（25歳，男性，障害支援区分3）は，網膜色素変性症（retinitis pigmentosa）で，移動と外出先での排泄時に介助が必要である。同行援護を利用しながら，自宅で母親と暮らしている。音楽が好きなAさんは合唱サークルに入会していて，月1回の練習に参加している。

合唱コンクールが遠方で行われることになった。同行援護を担当する介護福祉職は，Aさんから，「コンクールに出演したいが，初めての場所に行くことが心配である」と相談を受けた。

介護福祉職のAさんへの対応として，**最も適切なものを1つ選びなさい。**

1 合唱コンクールへの参加を諦めるように話す。
2 合唱サークルの仲間に移動の支援を依頼するように伝える。
3 一緒に交通経路や会場内の状況を確認する。
4 合唱コンクールに参加するかどうかは，母親に判断してもらうように促す。
5 日常生活自立支援事業の利用を勧める。

網膜色素変性症は，遺伝性の病気であり，夜盲に始まり，視野狭窄，視力低下が出現する。また，**同行援護**とは，視覚障害のために移動に著しい困難のある障害者等に対して，外出時に同行し，移動に必要な情報を提供するとともに，移動の援護，排泄や食事等の介護などの外出時に必要な援助を提供するものである。

音楽が好きなAさんにとって，合唱サークルが生きがいになっていると考えられる。したがって，本人が希望する合唱コンクールへの参加を諦めるように話をしたり，参加の可否を母親に判断してもらうことは，Aさんの自由な意思を否定するものであり適切ではない。また，Aさんが利用している同行援護は，外出時に同行し移動を支援するサービスであるため，同行援護を担当する介護福祉職の対応として，合唱サークルの仲間に移動の支援を依頼するように伝えることは適切ではない。介護福祉職は，**一緒に交通経路や会場内の状況を確認して，Aさんが安心して合唱コンクールに参加できるように対応する**ことが大切である。

なお，日常生活自立支援事業は，認知症高齢者，知的障害者，精神障害者等のうち判断能力が不十分な者に対して，福祉サービスの利用に関する援助等を行うことにより，地域において自立した生活が送れるよう支援することを目的としている。事例の情報からは，Aさんは判断能力が不十分であるとは読み取れないこと，事業の援助内容がAさんの相談内容に対応していないことから，適切ではない。法律や制度については，常日頃から確かな知識を備えておきたい。

したがって，1＝×，2＝×，3＝○，4＝×，5＝×となる。

▶正答＝3

ときテク！

- 利用者の主体性や尊厳を守ることの重要性をしっかりと理解する。
- その上で，障害福祉サービスである「同行援護」のサービス内容を正しく理解している必要がある。

問題● 3【人間関係とコミュニケーション】

ストレス対処行動の一つである問題焦点型コーピングに当てはまる行動として，適切なものを１つ選びなさい。

1　趣味の活動をして気分転換する。

2　トラブルの原因に働きかけて解決しようとする。

3　運動して身体を動かしストレスを発散する。

4　好きな音楽を聴いてリラックスする。

5　「トラブルも良い経験だ」と自己の意味づけを変える。

コーピングとは，個人と環境との相互作用の結果，個人の資源を脅かすと判断された場合に個人がとる認知行動的努力のことである。その中でも，ストレッサーや，ストレスと感じる環境を改善・変革することで，ストレスに対処しようとする方法が問題焦点型コーピングである。選択肢 2 では，「トラブルの原因に働きかけて解決しようとする」とあり，ストレッサーへの働きかけとなっていることから正答となる。なお，他の選択肢はすべて情動焦点型コーピングである。情動焦点型コーピングとは，ストレッサーそのものに対してではなく，それによってもたらされる反応を統制・軽減することで，ストレスに対処しようとする方法である。問題そのものの解決が難しく，ストレッサーそのものをなくすことができない場合に，引き起こされたストレス反応の軽減を図るものである。

したがって，1 =✕，2 =〇，3 =✕，4 =✕，5 =✕となる。

介護の現場においては，特に，認知症（dementia）により記憶障害や遂行機能障害，言葉や認識力の低下といった認知機能障害に加えて，不安，幻覚，妄想，うつ症状，興奮，暴言・暴力，徘徊などの認知症の行動・心理症状（BPSD）も見られ，対応が難しい場合は介護者のストレスになりやすい。また，認知症ケアについて十分な知識・技術がないこともストレスの要因となり，ひいては虐待の要因にもなり得る。

さらに，業務負担が大きいことへのストレスにも注意する必要がある。一人で業務をこなすしかなく，重い責任を持たされる場面があると大きなストレスとなる。また，ケアプランに沿ったケアができず，事故の危険性があるような場面や，職員同士の人間関係・ケアに対する考えの違いなど，あらゆる場面がストレスとなり得る。ストレス対処行動としてのコーピングを適切に導入し，対策を講じる必要がある。

▶正答＝ 2

さらに深掘り！

- ストレス対処行動として問題焦点型コーピングと情動焦点型コーピングの違いについて理解する。
- 介護の現場では利用者へのケアに関わる場面でストレスを感じることが多く，それにうまく対処できない場合にストレス反応として不適切なケアや虐待につながる可能性が高いので，コーピングを適切に導入する必要がある。

問題● 4【人間関係とコミュニケーション】

Bさん（80歳，女性）は，介護老人保健施設に入所が決まった。今日はBさんが施設に入所する日であり，C介護福祉職が担当者になった。C介護福祉職は，初対面のBさんとの信頼関係の形成に向けて取り組んだ。

C介護福祉職のBさんへの対応として，**最も適切なものを1つ選びなさい。**

1 自発的な関わりをもつことを控えた。
2 真正面に座って面談をした。
3 自分から進んで自己紹介をした。
4 終始，手を握りながら話をした。
5 孫のような口調で語りかけた。

1＝× 入所初日のBさんにとっては，これからどのような生活を送ることになるのか不安を感じていることが予測される。**自発的な関わり**は，互いを知ることにつながり，**信頼関係を形成するために非常に有用である。**

2＝× 真正面に座って面談する方法（**対面法**）は，Bさんの緊張感が高まってしまうことが考えられる。信頼関係を形成するためのコミュニケーションとしては，斜め45度の位置に座る（**直角法**），もしくは対面法では両者の間に飾り物などを置いて緊張感を和らげるなどの工夫が必要である。

3＝○ 選択肢の記述は，**自己開示**の手法である。**自己開示**とは，自分の考えや経験，感情などを自分の意思で開放して，他者に示すことである。初対面のBさんは，新たな環境の中でまだ緊張していることが考えられる。援助する側から適切に**自己開示**すれば，Bさんも相手を身近に感じることができ，徐々にC介護福祉職に対して心を開くようになる。

4＝× 対人距離は，相手に対する関心や気持ちの度合い（**心理的距離**）と関連する。身体的接触は，ある程度関係性ができてから行われるべきであり，初対面で終始行われることは適切ではない。

5＝× 相手に親しみを込めて接することは，相手に対する思いやりや尊敬の気持ちを表す。しかし，初対面の相手に対して孫のような口調で語りかけることは，遠慮がない態度としての印象を与えやすく，信頼関係を形成する対応としては適切ではない。

▶**正答＝3**

アドバイス!

- 信頼関係を形成するうえで大切なのは，先入観や思い込みをもって利用者に接することがないよう，自分自身の価値観や感情を認識しておくこと（自己覚知）。
- 初対面の際は，援助する側から適度に自己開示するなど，利用者から信頼してもらえるよう意図したコミュニケーションを展開していくことが重要である。

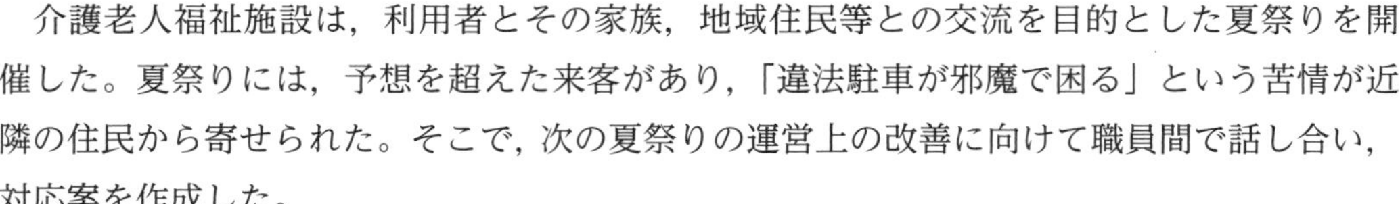

問題● 5【人間関係とコミュニケーション】

介護老人福祉施設は，利用者とその家族，地域住民等との交流を目的とした夏祭りを開催した。夏祭りには，予想を超えた来客があり，「違法駐車が邪魔で困る」という苦情が近隣の住民から寄せられた。そこで，次の夏祭りの運営上の改善に向けて職員間で話し合い，対応案を作成した。

次の対応案のうち，PDCA サイクルのアクション（Action）に当たるものとして，**最も適切なものを 1 つ選びなさい。**

1　近隣への騒音の影響について調べる。
2　苦情を寄せた住民に話を聞きに行く。
3　夏祭りの感想を利用者から聞く。
4　来客者用の駐車スペースを確保する。
5　周辺の交通量を調べる。

この問題では，「夏祭り」という 1 つのプロジェクトに関する PDCA サイクルが問われている。この問題における PDCA サイクルは以下のようになる。

Plan（計画）	夏祭りを開催する計画を立てる。
Do（実行）	夏祭りを開催する。
Check（評価）	夏祭りを開催した結果を検証し，課題を明確にする。
Action（改善）	次回の夏祭りに向けて，課題を改善する。

事例の状況は，夏祭りを開催した結果，「違法駐車が邪魔で困る」という苦情が近隣住民から寄せられたことを踏まえ，次の夏祭りの運営上の改善に向けて職員間で話し合い，対応案を作成した段階であるため，「Check（評価）」までが終わっている段階である。したがって，「違法駐車が邪魔で困る」という課題を具体的に改善するための対応策が「Action（改善）」に当たる。

選択肢 **4** 以外は「Check（評価）」に当たるため，**1** ＝×，**2** ＝×，**3** ＝×，**4** ＝○，**5** ＝×となる。

▶**正答＝ 4**

ときテク！

- PDCA サイクルとは，「Plan（計画）」を前提とし，その計画に基づく「Do（実行）」，実行した結果の「Check（評価）」，評価に基づく計画への「Action（改善）」を順に繰り返し進めることにより，効果を検証して改善していくフレームワークである。
- 「P」「D」「C」「A」それぞれの意味を理解した上で，選択肢がどれにあてはまるのかを判断することで正答を導くことができる。

問題● 6【人間関係とコミュニケーション】

D介護福祉職は，利用者に対して行っている移乗の介護がうまくできず，技術向上を目的としたOJTを希望している。

次のうち，D介護福祉職に対して行うOJTとして，**最も適切なものを1つ選びなさい。**

1 専門書の購入を勧める。
2 外部研修の受講を提案する。
3 先輩職員が移乗の介護に同行して指導する。
4 職場外の専門家に相談するように助言する。
5 苦手な移乗の介護は控えるように指示する。

1＝× 専門書の購入は，SDS（自己啓発援助制度）に該当する。SDSでは，自己啓発・自己研鑽を組織的に支える体制を整備し，個人の学習を支援する。施設で専門書を購入することや，研修を案内することなど，職員個人の関心・目的に合わせて情報を提供することが重要である。

2＝× 外部研修の受講は，Off-JTに該当する。Off-JTとは，現場を離れて行う教育訓練のことであり，具体的には講義形式，討議方式，事例研究など，目的に合わせて多様な形式・方法で行われる。内容としては，基本的な知識や技術を伝達するもの，全体で理念などの理解促進を図るもの，職位や職務内容に応じて行う階層別・職種別研修などがある。

3＝○ 先輩職員が移乗の介護に同行して指導することは，OJTである。OJTは，先輩と後輩の信頼関係を築き，相互の意思疎通を活発にする重要な役割がある。特に，利用者の介護実践における介護理念や方針といった介護の価値観は，身近にいる先輩の介護実践を実際に見ながら，先輩による具体的な指導教育を受ける中で理解が深まるものである。

4＝× 職場外の専門家に相談することは，コンサルテーションに該当する。コンサルテーションとは，組織体制や事業運営全般に及ぶ課題や問題の解決に関わる，専門的な相談，助言・指導やその過程のことをいう。

5＝× 苦手な移乗の介護は控えるように指示することは，技術向上を目的としたOJTを希望しているD介護福祉職には適切ではない。

▶正答＝3

さらに深掘り！

- OJTは，上司や先輩が部下や後輩に対して，日常業務を通して実務上の知識や技術を伝達する指導教育であり，一人ひとりの能力や個性に応じた実践的指導を行うことができる。
- 今後の出題に備えて，OJTと併せてOff-JTの特徴についても理解しておきたい。

問題● 7【社会の理解】

社会福祉法に基づく，都道府県や市町村において地域福祉の推進を図ることを目的とする団体として，正しいものを1つ選びなさい。

1 特定非営利活動法人（NPO 法人）

2 隣保館

3 地域包括支援センター

4 基幹相談支援センター

5 社会福祉協議会

この問題は，選択肢の各団体が規定されている「法律」が何か，各団体の「目的」が何かという2つのポイントで正答を判断することができる。

1 =✕ 特定非営利活動法人（NPO 法人）は，**特定非営利活動促進法**に基づく団体である。その目的は，**特定非営利活動を行うこと**である（同法第2条第2項）。

2 =✕ 隣保館は，**社会福祉法**に基づく団体である。その目的は，無料又は低額な料金でこれを利用させることその他その**近隣地域における住民の生活の改善及び向上を図るための各種の事業を行うこと**である（同法第2条第3項第11号）。

3 =✕ 地域包括支援センターは，**介護保険法**に基づく団体である。その目的は，地域住民の心身の健康の保持及び生活の安定のために必要な援助を行うことにより，**地域住民の保健医療の向上及び福祉の増進を包括的に支援すること**である（同法第115条の46第1項）。

4 =✕ 基幹相談支援センターは，**障害者総合支援法**に基づく団体である。その目的は，地域における相談支援の中核的な役割を担う機関として，**相談支援事業及び成年後見制度利用支援事業並びに身体障害者・知的障害者・精神障害者の相談等の業務を総合的に行うこと**である（同法第77条の2第1項）。

5 =○ 社会福祉協議会は，**社会福祉法**に基づく団体である。その目的は，**地域福祉の推進を図ること**である（同法第109条第1項，第110条第1項）。

▶正答＝5

さらに深掘り！

- 社会福祉法における地域福祉関連の問題としては，地域福祉計画なども問われる。
- 地域福祉計画の種類には，市町村地域福祉計画と都道府県地域福祉支援計画がある。
- 地域福祉計画の策定は努力義務であるが，ほかの分野別計画の「上位計画」として位置づけられている。

問題● 8【社会の理解】

近年，人と人，人と社会とがつながり，一人ひとりが生きがいや役割をもち，助け合いながら暮らしていくことのできる，包摂的なコミュニティ，地域や社会を創るという考え方が示されている。この考え方を表すものとして，**最も適切なものを１つ選びなさい。**

1　ナショナルミニマム（national minimum）
2　バリアフリー社会
3　介護の社会化
4　生涯現役社会
5　地域共生社会

1 =✕ ナショナルミニマムとは，国家が国民に保障する**最低限度の生活水準**のことである。日本では，日本国憲法第 25 条で「健康で文化的な最低限度の生活」を営む権利を規定している。

2 =✕ バリアフリー社会とは，障害の有無や年齢といった個々人の属性や置かれた状況にかかわらず，**安心して自由に生活ができる，障壁（バリア）のない社会**のことである。そこでは，社会生活を営む上でのバリアを除去するとともに，新しいバリアをつくらないことが必要とされる。

3 =✕ 介護の社会化とは，**高齢者の介護を社会全体で支えること**である。日本では，家族の介護負担や経済的負担を軽減するため，2000 年（平成 12 年）に介護保険制度が創設された。

4 =✕ 生涯現役社会とは，人生 100 年時代を見据え，働く意欲のある高齢者が培った能力や経験を活かし，**生涯現役で活躍し続けられる社会**のことである。

5 =○ 地域共生社会とは，2016 年（平成 28 年）に閣議決定された「ニッポン一億総活躍プラン」において提案された理念である。その理念とは，制度・分野の枠や，「支える側」「支えられる側」という従来の関係を超えて，人と人，人と社会とがつながり，**一人ひとりが生きがいや役割をもち，助け合いながら暮らしていくことのできる，包摂的なコミュニティ**，地域や社会を創るという考え方である。

▶**正答＝ 5**

過去問チェック！

- 「地域共生社会」については，第 34 回問題 5 において，「我が事・丸ごとの地域づくり」を問う問題が出題されている。
- 第 31 回問題 6 において，「地域共生社会」が目指すものを問う問題が出題されている。

問題● 9【社会の理解】

我が国の社会保障制度の基本となる，1950 年（昭和 25 年）の社会保障制度審議会による「社会保障制度に関する勧告」の内容として，**最も適切なものを 1 つ選びなさい。**

1　生活困窮者自立支援法の制定の提言
2　社会保障制度を，社会保険，国家扶助，公衆衛生及び医療，社会福祉で構成
3　介護保険制度の創設の提言
4　保育所の待機児童ゼロ作戦の提言
5　介護分野における ICT 等の活用とビッグデータの整備

1 =✕ 生活困窮者自立支援法は，厚生労働省が生活困窮者対策と生活保護制度の見直しを 2012 年（平成 24 年）から一体的に検討したものであり，**2013 年（平成 25 年）**に公布され，**2015 年（平成 27 年）**に施行された。生活保護に至る前段階における自立支援を目的とする制度である。

2 =○ 1947 年（昭和 22 年）に施行された日本国憲法第 25 条を受けて，社会保障制度審議会が 1950 年（昭和 25 年）に「社会保障制度に関する勧告」として意見・勧告したものである。国がすべき社会保障制度を「**社会保険**」「**国家扶助**」「**公衆衛生及び医療**」「**社会福祉**」の 4 つに明確に分類したことに意味がある。

3 =✕ 介護保険制度は，高齢化社会（高齢化率 7％以上）から高齢社会（高齢化率 14％以上）に移った 1990 年代半ばより検討が始まり，1997 年（平成 9 年）に介護保険法が成立し，**2000 年（平成 12 年）**より施行された。

4 =✕ 待機児童ゼロ作戦は，**2001 年（平成 13 年）**の閣議決定により展開されたものである。待機児童は現在も都市部を中心に社会問題になっている。

5 =✕ 医療・介護分野における ICT の活用については **2016 年（平成 28 年）**より開催されていた政府の未来投資会議で議論された。その中でも介護のビッグデータの活用については，厚生労働省が 2021 年（令和 3 年）より実施している **LIFE（科学的介護情報システム）**により具体化されている。LIFE とは，介護サービス利用者の状態やケアの内容などを入力すると，インターネットを通じて厚生労働省へ送信され，入力内容が分析されてフィードバックされるもので，データに基づく適切な介護の提供のためのシステムである。

▶正答＝ 2

ときテク！

- 1950 年（昭和 25 年）の社会保障制度審議会による「社会保障制度に関する勧告」（50 年勧告）の内容について問う問題は，初めての出題であった。
- しかし，バツ（×）の選択肢の時代背景はほとんど 2000 年（平成 12 年）以降のものであり，バツ（×）の選択肢を的確に判断することでも正答を導くことができた問題である。

問題● 10【社会の理解】

Eさん（75歳，女性，要介護２）は，訪問介護（ホームヘルプサービス）を利用している。最近，Eさんの認知症（dementia）が進行して，家での介護が困難になり，介護老人福祉施設の申込みをすることにした。家族が訪問介護員（ホームヘルパー）に相談したところ，まだ要介護認定の有効期間が残っていたが，要介護状態区分の変更の申請ができることがわかった。

家族が区分変更するときの申請先として，**正しいものを１つ選びなさい。**

1 介護保険の保険者
2 後期高齢者医療広域連合
3 介護保険審査会
4 国民健康保険団体連合会
5 運営適正化委員会

1＝○ 介護保険制度の新規の要介護認定，更新認定，要介護状態区分の変更の認定は，**介護保険の保険者**である**市町村**の窓口に申請する。

2＝× 後期高齢者医療広域連合とは，原則75歳以上の高齢者の医療事務を処理するために，都道府県単位ですべての市町村が加入する広域連合のことであり，**後期高齢者医療制度**の運営主体である。

3＝× 介護保険審査会は，都道府県に設置されており，保険者である市町村の行政処分に対して裁決などを行う機関である。要介護認定・要支援認定の結果に**不服**がある場合などに審査を行う。

4＝× 国民健康保険団体連合会（国保連）は，医療保険制度の国民健康保険に関連する事業を行うために設立された機関であるが，介護保険制度の**介護報酬の審査・支払業務**なども行っている。介護報酬の場合，介護サービス事業者は介護サービス利用料の１～３割を利用者に請求し，残りを国保連に請求している。

5＝× 運営適正化委員会は，介護保険サービスを含む福祉サービスに関する**苦情**を受け付ける機関であり，都道府県社会福祉協議会に設置されている。社会福祉，法律，医療の専門家で構成されている。

▶正答＝１

過去問チェック！

- 今回は疾病や障害など状況が悪化した際の要介護状態区分の変更の申請先を問うものであるが，介護保険制度の手続きについてはよく出題されるので，枠組みについてしっかり整理しておく。
- 各選択肢の内容（テーマ）はいずれもよく出題されるので，それぞれの役割をしっかり理解しておきたい。

問題● 11【社会の理解】

Ｆさん（19 歳，女性，身体障害者手帳２級）は，先天性の聴覚障害がある。Ｆさんは大学生で，授業のときは手話通訳者が配置されている。Ｆさんは筆記による定期試験を受けることになり，試験実施に関する配慮を大学に申し出た。

次の記述のうち，Ｆさんの申し出を踏まえた合理的配慮として，**最も適切なものを１つ**選びなさい。

1 受験時間を延長する。
2 試験問題の文字を拡大する。
3 テキストの持ち込みを許可する。
4 試験監督者が口頭で説明する内容を書面で渡す。
5 問題を読み上げる。

合理的配慮が示されたのは，2006年に国連総会で採択された障害者権利条約である。この条約では，特に合理的配慮の考え方が重要視され，合理的配慮を欠いた状態を差別とした。日本は，この条約を批准するため，合理的配慮の扱いを具体的に定めた障害者差別解消法を 2013 年（平成 25 年）に制定した。

合理的配慮は，すべてを一律に行うのではなく，障害者の性別，年齢，状態等に応じて柔軟に変更する。具体的には，本人からの意思表明が行われた上で，どのような配慮が必要であり提供可能であるのか，障害のある人と建設的な対話が行われ検討される。問題文をみると，「試験実施に関する配慮を大学に申し出た」とあることから意思表明は行われている。また，「先天性の聴覚障害」があり，「授業のときは手話通訳者が配置」となっていることから，**音声**で伝えられる連絡事項や指示・説明への対応が困難であり，**メモ**や**書面**で伝えるなどの合理的配慮が必要であると考えられる。

したがって，1 =×，2 =×，3 =×，4 =○，5 =×となる。

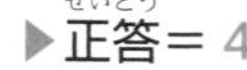

アドバイス!

- 合理的配慮とは，障害のある人から，社会の中にある社会的障壁を取り除くために何らかの対応を必要としているとの意思が伝えられたときに，負担が重すぎない範囲で対応することである。
- 具体的な合理的配慮については，事例の情報から何が社会的障壁となるのかを的確に読み取るために，疾病や障害についての基礎的理解が求められる。

問題● 12【社会の理解】

我が国の「障害者権利条約」の批准（2014 年（平成 26 年））に向けて行われた，障害者基本法の改正（2011 年（平成 23 年））で新たに法律上に規定されたものとして，**適切なものを 1 つ**選びなさい。

1 自立支援医療（精神通院医療）の開始
2 共同生活援助（グループホーム）の制度化
3 成年後見制度の創設
4 社会的障壁の除去
5 東京 2020 パラリンピック競技大会の開催

（注）「障害者権利条約」とは，国際連合の「障害者の権利に関する条約」のことである。

1 = ✕ 自立支援医療（精神通院医療）は，通院による精神医療を続ける必要がある人の通院医療費の自己負担を軽減するための公費負担医療制度である。**2006 年（平成 18 年）**に精神保健福祉法から障害者自立支援法（現・障害者総合支援法）に移行した。

2 = ✕ 共同生活援助（グループホーム）は，障害者に対して，主に夜間に共同生活を営む住居において，相談や日常生活に必要な援助を提供するサービスである。**2006 年（平成 18 年）**に障害者自立支援法（現・障害者総合支援法）が施行され制度化されている。

3 = ✕ 成年後見制度は，判断能力が不十分な人に対して財産管理や生活に必要な契約を支援する制度である。1999 年（平成 11 年）の**民法**の改正により，禁治産・準禁治産制度に代わって成年後見制度が成立し，**2000 年（平成 12 年）**から施行されている。

4 = ○ 社会的障壁は，障害がある人にとって日常生活や社会生活を営む上で障壁となるもののことである。この考え方は，障害者権利条約において示され，障害は障害者本人にあるのではなく，社会が作り出しているという「社会モデル」に基づいている。条約を批准するために**2011 年（平成 23 年）**に**障害者基本法**が改正され，**第 4 条「差別の禁止」**の第 2 項において**社会的障壁の除去**が新たに追加され，合理的配慮の考え方が取り入れられた。

5 = ✕ 東京 2020 パラリンピック競技大会は，**令和三年東京オリンピック競技大会・東京パラリンピック競技大会特別措置法**によって開催された。

▶正答＝ 4

さらに深掘り！

● 障害者基本法の改正以外にも，障害者権利条約の批准に向けて行われた障害者差別解消法の成立や障害者雇用促進法の改正などの法整備についても併せて整理しておく。

問題● 13【社会の理解】

次のうち,「障害者総合支援法」の介護給付を利用するときに,利用者が最初に市町村に行う手続きとして,適切なものを1つ選びなさい。

1 支給申請
2 認定調査
3 審査会の開催
4 障害支援区分の認定
5 サービス等利用計画の作成

(注)「障害者総合支援法」とは,「障害者の日常生活及び社会生活を総合的に支援するための法律」のことである。

障害者総合支援法による障害福祉サービスの利用手続きについては,まず居住する市町村に「**支給申請**」をする。申請者が,介護などの介護給付の利用を希望する場合は,障害支援区分の認定が必要となるが,生活能力の向上や就労に向けた訓練などの訓練等給付の利用を希望する場合には,障害支援区分の認定は必要ない。

介護給付を利用する場合の障害支援区分の認定にあたっては,まず初めに訪問調査による「**認定調査**」の結果と医師意見書の一部の項目によってコンピューターによる一次判定が行われる。その一次判定の結果と医師意見書を基に,「**市町村審査会を開催**」し二次判定が行われる。この結果を踏まえ市町村は1から6までの「**障害支援区分の認定**」を行う。

市町村は,障害福祉サービスの支給決定を行うため,介護給付や訓練等給付を利用したい申請者に対してサービス等利用計画案の提出を求める。市町村は,障害支援区分,サービス利用の意向などの聞き取り調査の結果,サービス等利用計画案などを踏まえて支給決定案を作成し,支給要否を決定する。市町村が支給決定をした場合は,障害福祉サービスの種類ごとの支給量,有効期間,負担上限月額の決定も行い,それらを記載した障害福祉サービス受給者証を申請者に交付する。受給者証に書かれている種類や支給量に基づいて指定特定相談支援事業所の相談支援専門員が「**サービス等利用計画の作成**」をし,サービスの利用が開始される。

したがって,1 =○,2 =×,3 =×,4 =×,5 =×となる。

▶正答= 1

過去問チェック!

● 障害者総合支援法に関する問題は頻出問題であり,制度の基本であるサービス利用までの支給決定プロセスを理解しておく必要がある。
● 日本の福祉制度の多くは申請主義をとっており,申請することによってサービスの利用が始まる。

問題● 14【社会の理解】

「障害者総合支援法」の居宅介護を利用したときの利用者負担の考え方として，**最も適切なものを１つ**選びなさい。

1　利用したサービスの種類や量に応じて負担する。
2　利用者の負担能力に応じて負担する。
3　利用したサービス費用の一定の割合を負担する。
4　利用したサービス費用の全額を負担する。
5　利用者は負担しない。

（注）「障害者総合支援法」とは,「障害者の日常生活及び社会生活を総合的に支援するための法律」のことである。

障害者総合支援法における利用者負担については，第29条「介護給付費又は訓練等給付費」第3項第2号に規定されている。障害福祉サービスを利用したときには，サービスの量と所得を踏まえた利用者負担金を１か月単位で支払う**応能負担**となる。利用者負担の額については，所得に応じて支払いの上限額（利用者負担上限月額）が決められており（表参照），この上限額がサービスにかかった費用の１割を超える場合は，利用者負担は１割となる。

したがって，**1**＝×，**2**＝○，**3**＝×，**4**＝×，**5**＝×となる。

●障害者の負担上限月額

	世帯の収入状況	負担上限月額
生活保護	生活保護受給世帯	0円
低所得	市町村民税非課税世帯[1]	0円
一般１	市町村民税課税世帯（所得割16万円[2] 未満） ＊入所施設利用者（20歳以上），グループホーム利用者を除く[3]	9,300円
一般２	上記以外	37,200円

注　1）３人世帯で障害基礎年金１級受給の場合，収入がおおむね300万円以下の世帯が対象
　　2）収入がおおむね600万円以下の世帯が対象
　　3）入所施設利用者（20歳以上），グループホーム利用者は，市町村民税課税世帯の場合，一般２となる。
資料　厚生労働省
出典：厚生労働統計協会編『国民の福祉と介護の動向2023/2024』2023年，p. 155

▶**正答＝ 2**

過去問チェック!

●障害者総合支援法における利用者負担については，問題13と同様に頻出問題の１つ。
●利用者負担は制度によって異なり，障害福祉サービスの応能負担（所得などの利用者の支払い能力に応じた負担）と，介護保険サービスの応益負担（受けたサービス量に応じた負担）がある。

問題● 15【社会の理解】

「個人情報保護法」に基づくプライバシー保護に関する次の記述のうち，**最も適切なもの**を1つ選びなさい。

1　電磁的記録は，個人情報には含まれない。
2　マイナンバーなどの個人識別符号は，個人情報ではない。
3　施設職員は，実習生に利用者の生活歴などを教えることは一切できない。
4　個人情報を第三者に提供するときは，原則として本人の同意が必要である。
5　自治会長は，本人の同意がなくても個人情報を入手できる。

（注）「個人情報保護法」とは，「個人情報の保護に関する法律」のことである。

1 = × **電磁的記録**によって記録された氏名，生年月日その他の記述等も個人情報である（個人情報保護法第2条第1項第1号）。

2 = × マイナンバーなどの**個人識別符号**も個人情報である（同法第2条第1項第2号）。

3 = × 個人情報保護委員会・厚生労働省「医療・介護関係事業者における個人情報の適切な取扱いのためのガイダンス」によると，「医療・介護関係事業者の通常の業務で想定される利用目的」の中に，「**介護保険施設等において行われる学生の実習への協力**」が含まれているので，施設職員は実習生に利用者の生活歴などを教えることは可能である。

4 = ○ 個人情報取扱事業者は，法令に基づく場合や，人の生命，身体又は財産の保護のために必要がある場合であって，本人の同意を得ることが困難であるとき等を除き，あらかじめ本人の**同意**を得ないで，個人データを第三者に提供してはならない（同法第27条第1項）。

5 = × 自治会も個人情報取扱事業者であるため，個人情報を取得する場合は，利用目的を特定し，本人に対して**利用目的を明示する**必要がある（同法第17条第1項，第21条第1項）。また，あらかじめ**本人の同意**を得ないで，特定された利用目的の達成に必要な範囲を超えて，個人情報を取り扱ってはならないとされている（同法第18条第1項）。

▶**正答＝4**

さらに深掘り！

- 個人情報保護は，国や独立行政法人，地方公共団体などはもちろん，個人情報を取り扱うすべての事業者や組織が守らなければならない共通のルールであり，理解しておく必要がある。
- 法に定める「個人情報」とは，生存する個人に関する情報であり，①氏名，生年月日，住所，顔写真など個人を識別できる情報（顔認証データなど身体の一部の特徴を電子処理したデータも該当する），②サービス利用や書類における個人情報（基礎年金番号，運転免許証番号，住民票コード，マイナンバー，保険者番号等）が該当する。
- 個人情報を，不正な利益を図る目的で取り扱った場合には，事業者に対して刑事罰が科される。

問題● 16【社会の理解】

「高齢者虐待防止法」に関する次の記述のうち，**最も適切なものを1つ選びなさい**。

1 虐待が起こる場として，家庭，施設，病院の3つが規定されている。
2 対象は，介護保険制度の施設サービス利用者とされている。
3 徘徊しないように車いすに固定することは，身体拘束には当たらない。
4 虐待を発見した養介護施設従事者には，通報する義務がある。
5 虐待の認定は，警察署長が行う。

（注）「高齢者虐待防止法」とは，「高齢者虐待の防止，高齢者の養護者に対する支援等に関する法律」のことである。

1 = ✕ 高齢者虐待防止法第2条第3項では，高齢者虐待を，**養護者**（高齢者を養護している，養介護施設従事者等以外のもの）によるものと，**養介護施設従事者等**（老人福祉法や介護保険法による施設などの業務に従事する者）によるものの2つに分類している。虐待が起こる場の規定はない。

2 = ✕ 対象は介護保険制度の施設サービス利用者以外も含まれる。高齢者虐待は，養護者によるものと養介護施設従事者等によるものの2つとされているため，自宅であっても自宅以外であっても対象とされる。

3 = ✕ 厚生労働省の「身体拘束ゼロへの手引き」によると，**切迫性**，**非代替性**，**一時性**の3要件を満たさない場合，徘徊しないように車いすに固定する行為は身体拘束であり不適切ケアである。身体の自由を奪い，不安にさせて，放置することは，身体的虐待，心理的虐待，ネグレクト（介護等放棄）に該当する場合がある。

4 = ○ 虐待を発見した**養介護施設従事者等**には，市町村に通報する義務がある（高齢者虐待防止法第21条第1項）。養介護施設従事者等以外の者が虐待を発見した場合は，市町村に通報する努力義務がある（同法第21条第3項）。なお，当該高齢者の生命又は身体に重大な危険が生じている場合は，市町村に通報する義務がある（同法第21条第2項）。

5 = ✕ 虐待の事実認定は**市町村**が行う。認定までの過程で必要がある場合は警察署長に対して援助を求めることができる（同法第12条）。

▶正答＝4

アドバイス！

- 2006年（平成18年）に施行された高齢者虐待防止法では，高齢者虐待を養護者によるものと養介護施設従事者等によるものの2つに分類している。
- 法に定める虐待の類型は，身体的虐待，ネグレクト，心理的虐待，性的虐待，経済的虐待の5つに分類している。その他，不適切ケアや通報先，事実認定機関，協力機関についても併せて覚えておきたい。

問題● 17【社会の理解】

発達障害のGさん（38 歳，男性）は，高校生の頃に不登校になり，ずっとアルバイトをしながら，統合失調症（schizophrenia）の母親（65 歳，精神保健福祉手帳 2 級）を介護してきた。母親に認知症（dementia）が疑われるようになったが，これからも二人で暮らし続けたいと考えたGさんは，相談支援事業所の介護福祉職に相談した。

Gさんに対する介護福祉職の助言として，**最も適切なものを 1 つ選びなさい。**

1 地域包括支援センターで，介護保険サービスの情報を得ることを勧める。
2 Gさんが正規に雇用されるように，ハローワークに相談に行くことを勧める。
3 Gさんの発達障害について，クリニックで適切な治療を受けることを勧める。
4 母親に，介護老人福祉施設を紹介する。
5 母親に，精神科病院への入院を勧める。

1 =○ 地域包括支援センターは**高齢者支援**の拠点となる施設であり，住民からの相談を幅広く受け付けている。事例の課題は認知症が疑われる母親への支援なので，地域包括支援センターに相談し，介護保険サービスの情報を得ることは適切である。

2 =× Gさんは不登校を経験しながらもアルバイトができている。今，正規に雇用される必要性は事例からは読み取れない。優先順位が高いのは母親の支援である。

3 =× Gさんがクリニックで適切な治療を受けているのか，発達障害の症状について事例からは確認できない。現時点で優先順位が高いのは母親の支援である。Gさんの**「これからも二人で暮らし続けたい」という思い**と，母親のために相談支援事業所で相談をしたことはGさんの**ストレングス**として大切にする必要がある。

4 =× Gさんは二人暮らしの継続を望んでおり，また介護老人福祉施設に新規で入所できるのは原則要介護 3 以上の者であるため，現時点で介護老人福祉施設を紹介するのは適切ではない。

5 =× Gさんは二人暮らしの継続を望んでいるため，現時点で入院を勧めるのは適切ではない。また，精神科病院への入院の必要性は，主治医との相談も必要である。

▶**正答＝ 1**

さらに深掘り！

- 正答を導くためには，事例の状況を把握するとともに，相談先である相談支援事業所や地域包括支援センターの役割を理解している必要がある。
- 介護福祉職も，実務経験と都道府県が実施する研修によって相談支援事業所に必置である相談支援専門員になることができる。

問題● 18【社会の理解】

生活困窮者自立支援法に関する次の記述のうち，**適切なものを1つ**選びなさい。

1 最低限度の生活が維持できなくなるおそれのある者が対象になる。
2 自立を図るために，就労自立給付金が支給される。
3 疾病がある者には，医療費が支給される。
4 子どもへの学習支援は，必須事業とされている。
5 最終的な，「第3のセーフティーネット」と位置づけられている。

1＝○ 生活困窮者自立支援法第3条に「この法律において『**生活困窮者**』とは，就労の状況，心身の状況，地域社会との関係性その他の事情により，現に経済的に困窮し，**最低限度の生活を維持することができなくなるおそれのある者**をいう」と規定されている。

2＝× 就労自立給付金は**生活保護法**第55条の4に定められたものであり，生活保護を受けていたものが安定した職業に就き，保護の必要がなくなったときに支給されるものである。

3＝× 生活困窮者自立支援法においては医療費の支給はない。他の制度を利用する必要がある。

4＝× 「子どもの学習・生活支援事業」のほか，「生活困窮者就労準備支援事業」「生活困窮者家計改善支援事業」「生活困窮者一時生活支援事業」などは任意事業である。必須事業は「**生活困窮者自立相談支援事業**」と「**生活困窮者住居確保給付金**」である。

5＝× 第1のセーフティーネットは防貧的な機能をもち，日常生活の中で困難が生じた場合にまず対応するものであり，社会保険制度が該当する。**第2のセーフティーネット**は低所得者を対象とするものであり，**生活困窮者自立支援制度**や求職者支援制度などがある。最終的な第3のセーフティーネットは**生活保護制度**である。

▶正答＝ 1

過去問チェック！

- 2015年（平成27年）に施行された（公布は2013年（平成25年））生活困窮者自立支援法の事業は，生活保護に至る前段階の支援である。
- 法における生活困窮者の定義や，法の目的，各事業について押さえておく必要がある。特に，どの事業が必須事業・任意事業にあたるのかは頻出問題である。

問題● 19【こころとからだのしくみ】

Hさん（75歳，男性）は，一人暮らしであるが，隣人と共に社会活動にも積極的に参加し，ゲートボールや詩吟，芸術活動など多くの趣味をもっている。また，多くの友人から，「Hさんは，毎日を有意義に生活している」と評価されている。Hさん自身も友人関係に満足している。

ライチャード（Reichard, S.）による老齢期の性格類型のうち，Hさんに相当するものとして，**適切なものを1つ**選びなさい。

1 自責型
2 防衛型（装甲型）
3 憤慨型
4 円熟型
5 依存型（安楽いす型）

1 =× 「**自責型**」人格タイプの人は，過去の自分の失敗や不幸を自分の責任としてとらえ，自分を責める特徴がある。Hさんの様子からは，「自責型」の特徴は読み取れない。

2 =× 「**防衛型（装甲型）**」人格タイプの人は，これまでの自分に対しては受容しているが，自身の老化については受容できずに不安をもっている。このため，若いときの活動が維持できている間は適応的であるが，これまでの活動水準を維持できなくなった場合には不適応になる恐れがある。Hさんは，年齢に即した多くの趣味を持って積極的に活動しており，「防衛型（装甲型）」の特徴とは合致しない。

3 =× 「**憤慨型**」人格タイプの人は，自分の不幸を他人のせいにし，他人を非難したり，攻撃したりする。Hさんは，友人関係にも満足し，多くの友人からも有意義な生活を送っていると評価されており，「憤慨型」の特徴とは合致しない。

4 =○ 「**円熟型**」人格タイプの人は，年をとった自己をありのままに受容し，人生に対して建設的な態度を持つ。社会活動にも積極的に参加し，友人関係においても満足しているHさんは，まさに「円熟型」といえる。

5 =× 「**依存型（安楽いす型）**」人格タイプの人は，社会的役割や責任から解放され，ねぎらわれることを好み，安楽に老後を暮らそうとする。適応的ではあるが，人生に対して建設的で積極的な態度を示すHさんの特徴とは異なる。

▶**正答＝4**

要点チェック！

- ライチャードの性格類型は，「円熟型」「依存型（安楽いす型）」「防衛型（装甲型）」「憤慨型」「自責型」の5つに分類される。
- このうち，「円熟型」「依存型（安楽いす型）」「防衛型（装甲型）」を適応的な人格タイプ，「憤慨型」「自責型」を不適応的な人格タイプとしている。

問題● 20【こころとからだのしくみ】

大脳の後頭葉にある機能局在として，適切なものを1つ選びなさい。

1 視覚野
2 聴覚野
3 運動野
4 体性感覚野
5 感覚性言語野（ウェルニッケ野）

1 =○ 視覚野は**後頭葉**にある。後頭葉には，視覚情報の中枢である**視覚連合野**と，視覚情報の受け取りを行う**視覚野**がある。

2 =× 聴覚野は**側頭葉**にある。側頭葉には，聴覚情報を受け取り認識する**聴覚野**，聴覚や視覚の情報を統合する**側頭連合野**，言葉を理解する**感覚性言語野（ウェルニッケ野）**がある。

3 =× 運動野は**前頭葉**にある。前頭葉にある**一次運動野**は身体の筋肉の動きに指令を出し，**前頭連合野**には，思考や判断，複雑な行動を計画し遂行する働きがある。

4 =× 体性感覚野は**頭頂葉**にある。体性感覚野は皮膚や筋肉，関節などからの感覚情報を受け取り，認識する働きがある。

5 =× 感覚性言語野（ウェルニッケ野）は**側頭葉**にある。

●大脳の機能局在

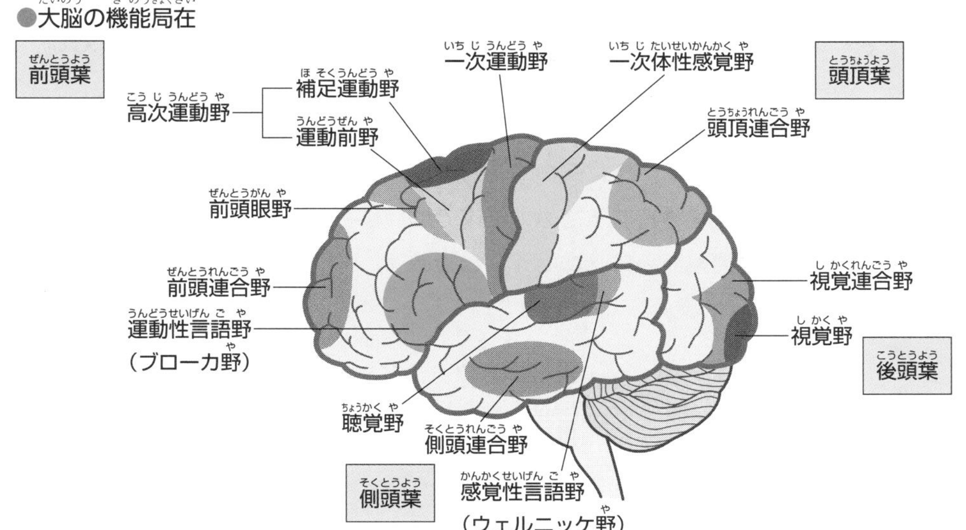

▶正答＝1

要点チェック！

●大脳は，脳の中で最も大きな部分であり，表層（大脳皮質）の灰白質と深部の白質からなる。
●大脳皮質は，前頭葉，頭頂葉，後頭葉，側頭葉に分類され，部位によって機能が異なる（大脳の機能局在）。機能局在を知ることは脳疾患により生じる症状などを理解する上で重要になる。

問題● 21【こころとからだのしくみ】

立位姿勢を維持するための筋肉（抗重力筋）として，**最も適切なもの**を１つ選びなさい。

1　上腕二頭筋
2　大胸筋
3　大腿四頭筋
4　僧帽筋
5　三角筋

1 = ×　上腕二頭筋は**上肢**の筋肉であり，肩，肘，前腕の運動に関与するものであるため，立位姿勢を維持するための筋肉（抗重力筋）ではない。主な働きは**肘関節を屈曲させる**ことである。また，前腕を回し手のひらを上に向ける働きもある。

2 = ×　大胸筋は**胸部**にある大きな筋肉であり，立位姿勢を維持するための筋肉ではない。主な働きは**肩関節を内転させる**ことである。

3 = ○　大腿四頭筋は，**下肢の大腿前面に位置する大きな筋群**をいう。大腿四頭筋の主な働きは**膝関節を伸ばす**ことであり，**体重**を支える役割も持ち，立位姿勢を維持するための筋肉である。

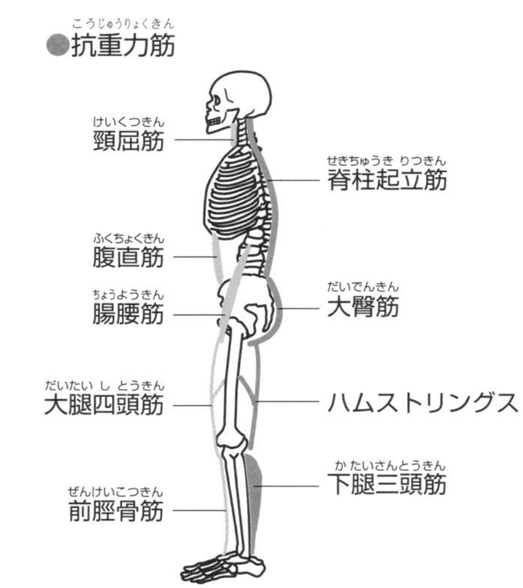

4 = ×　僧帽筋は，身体の**後面**に位置し，**頸部から背中の上部にかけて**の筋肉であり，立位姿勢を維持するための筋肉ではない。主な働きは**肩甲骨を動かす**ことである。頸部の動きで頭の位置を変えることにも関与しているとされる。

5 = ×　三角筋は，**肩関節を包むように三角形をした**筋肉であり，立位姿勢を維持するための筋肉ではない。主な働きは**肩関節を外転させる**ことである。

▶正答＝ 3

過去問チェック！

- 立位姿勢を維持するための筋肉（抗重力筋）に関しては第 29 回問題 100 でも問われた。
- 抗重力筋とは，重力に対して姿勢を保持するために働く筋肉のことであり，人が生活行動を行うためには，抗重力筋をつかって姿勢を変化させることが必要となる。
- 抗重力筋を鍛えることは介護予防にも有効である。

問題● 22【こころとからだのしくみ】

廃用症候群（disuse syndrome）で起こる可能性があるものとして，**最も適切なもの**を1つ選びなさい。

1 うつ状態
2 高血圧
3 関節炎
4 徘徊
5 下痢

1 =○ うつ状態は，**廃用症候群で起こる可能性がある**。廃用症候群は，**局所性**，**全身性**，**精神・神経性**に分類され，うつ状態は**精神・神経性廃用症候群**の症状である。うつ状態とは，気分が落ち込んでいる状態で抑うつ状態（depressive state）ともいわれる。長期臥床で五感への刺激が少なく，生活への意欲が低下することなどで生じる。

2 =× 廃用症候群で起こる可能性があるのは，高血圧ではなく**起立性低血圧**である。

3 =× 廃用症候群で起こる可能性があるのは，関節炎ではなく**関節の拘縮**である。

4 =× 徘徊は**認知症（dementia）の行動・心理症状（BPSD）**の1つである。廃用症候群で起こる可能性のあるものとして適切ではない。

5 =× 廃用症候群で起こる可能性があるのは，下痢ではなく**便秘**である。

●長期臥床による廃用症候群

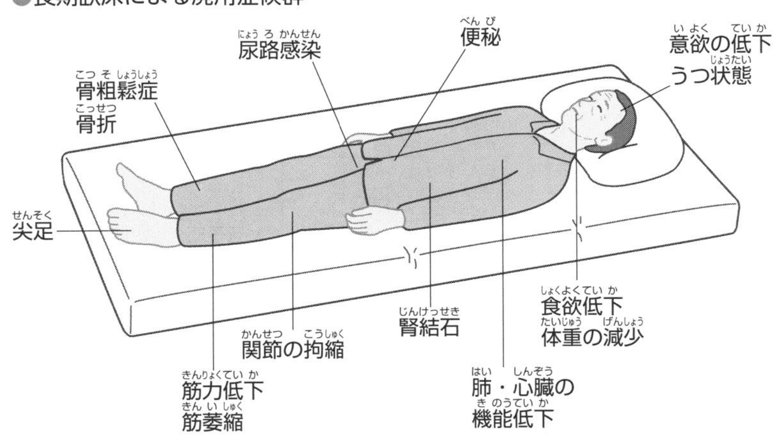

▶正答＝1

- 廃用症候群とは，長期間の臥床や活動の低下で「身体が動かない」「身体を動かせない」状態により，二次的に生じる機能低下（上記の図を参照）をいう。
- 廃用症候群は生活不活発病とも呼ばれる。
- 介護福祉職には，廃用症候群を予防する視点からの介護が求められる。

問題● 23【こころとからだのしくみ】

褥瘡の好発部位として，最も適切なものを１つ選びなさい。

1 側頭部
2 頸部
3 腹部
4 仙骨部
5 足趾部

褥瘡は，**骨が突出した部分**に圧迫やずれの力が持続的に起こることにより発症する。仰臥位では**仙骨部**が最も多く，ほかに**後頭部**，**肩甲骨部**，**踵骨部**などに発生する。側臥位では**耳介部**，**肩関節部**，**大転子部**，**足関節外果部**などに，座位では**坐骨部**や**尾骨部**などに発生しやすい。円背があれば，**脊柱部**などにも発生しやすい。いずれも骨が突出した部位になる。

側臥位時は頭部の下に耳介があるため，**側頭部**には発生しにくい。また，**頸部**，**腹部**には骨の突出部位がなく，圧迫されにくい。さらに**足趾部**は足の指先であり，圧迫や体重によるずれは生じにくい。

発生の原因としては圧迫以外にも，**皮膚の湿潤**や**栄養不足**もある。

予防としては，定期的な体位変換，皮膚を清潔に保つ，皮膚の乾燥を防ぐ，シーツや寝衣のしわをつくらない，栄養改善などがあげられる。予防用具としてエアマット，ムートン布団などを利用するとよい。

したがって，1＝×，2＝×，3＝×，4＝○，5＝×となる。

●仰臥位の場合

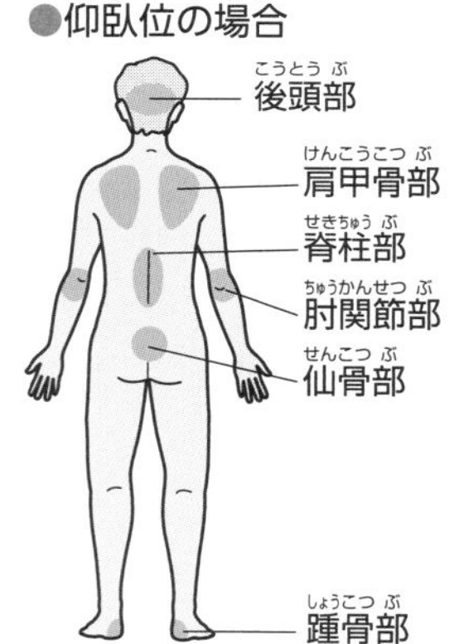

●側臥位の場合

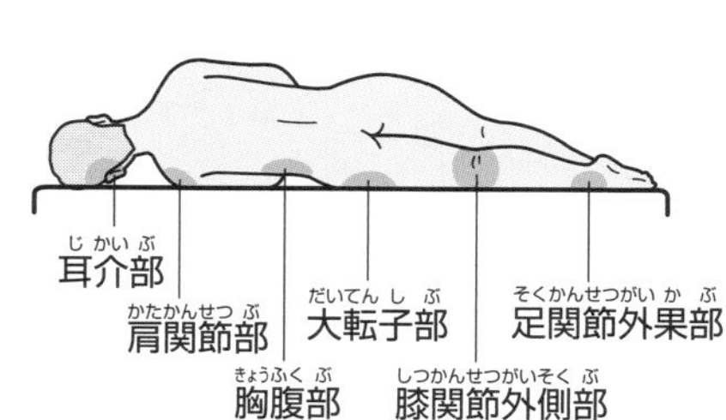

▶正答＝４

要点チェック！

- 褥瘡は，一般的な創傷と違い，局部的な皮膚への長時間にわたる圧迫による血流障害により細胞組織が壊死し発生する。
- 問題 22 の廃用症候群の１つとして，好発部位のみならず，発症の具体的な原因・予防についても理解しておこう。

問題● 24【こころとからだのしくみ】

次のうち，口臭の原因になりやすい状態として，**最も適切なものを1つ選びなさい。**

1　唾液の増加
2　義歯の装着
3　歯周病（periodontal disease）
4　顎関節症（temporomandibular joint disorder）
5　低栄養状態

1 = ✕　唾液の働きには，食物残渣を洗い流す**自浄作用**，消化酵素を含み消化を助ける**消化作用**，口腔内のphを一定に保つ**緩衝作用**，嚥下をスムーズに行うための**潤滑作用**，内服した薬物の一部を排出する**薬物排泄作用**，虫歯を防ぎ，体内への細菌の侵入を防ぐ**抗菌作用**などがある。唾液が増えると**自浄作用**や**抗菌作用**が働き，**口臭は発生しにくくなる。**

2 = ✕　歯肉と義歯の間の食物残渣が原因で**細菌繁殖**が起こり，口臭の原因となる可能性はある。しかし，毎食後義歯の洗浄を行うことで口腔内の清潔を保ち，口臭の発生を防ぐことができる。よって，義歯の装着自体が口臭の原因となる可能性は低いといえる。

3 = ○　**歯周病**とは，歯の周囲組織に起こる病気の総称である。歯垢（プラーク）内の細菌が繁殖することで歯肉が赤く腫れたり，歯が抜け落ちたりする病気である。細菌が繁殖することにより「玉ねぎや卵が腐ったような」**におい**を発する。

4 = ✕　**顎関節**は両耳の前あたりに位置し，顎と頭蓋骨をつなぐ，口の開閉時に働く関節である。顎関節症の主な症状は，顎の痛み，口が開けにくい，顎を動かしたときに音がするなどがある。咀嚼機能に影響はあるが，口臭の原因となる細菌繁殖には関わりが低いと考えられる。

5 = ✕　高齢者は食欲不振や消化機能の低下により，食事量が減り**低栄養状態**になる割合が多い。低栄養状態に陥るほど食事や水分摂取量が減少すると，脱水を起こし，口腔内の唾液の分泌が減り，自浄作用や抗菌作用の機能低下により口腔内の細菌が繁殖し，口臭につながることは考えられる。しかしながら，低栄養状態が口臭に直接関与するとはいえない。

▶**正答＝ 3**

アドバイス！

- 口臭はより良い人間関係の妨げとなるものであり，原因は大きく分けて，病気によるもの，口腔内の状態によるものの2つがある。
- 口腔内の機能維持・清潔保持のため，口臭除去にとどまらず，口腔ケアの必要性と正しい介助方法も理解しておく必要がある。

問題● 25【こころとからだのしくみ】

Jさん(82歳，女性)は，施設に入所している。Jさんは車いすで食堂に来て，箸やスプーンを使って，自分で食事をしている。主食は普通食，おかずは刻み食で全量摂取している。最近，車いすからずり落ちる傾向があり，首が後屈した姿勢で食事をし，むせることが多くなった。

Jさんが誤嚥をしないようにするための最初の対応として，**最も適切なものを1つ選びなさい。**

1 食事回数の調整
2 座位姿勢の調整
3 使用食器の変更
4 食事の量の調整
5 食事場所の変更

食物を食道の手前まで送る「**咽頭期**」において，食塊が気管ではなく，食道へ移送されるのは，食塊が咽頭に入ると喉頭蓋が反転して気管の入り口を閉鎖するからである。この働きを助けるのが，**姿勢**である。Jさんのように車いすからずり落ち，首が後屈すると，口腔から気管が**直線状**となり，さらに**喉頭蓋**が気管をふさぎにくくなるため，誤嚥しやすくなる。

そのため，首が後屈しないように，**座位姿勢の調整**を行い，**顎を引いた姿勢**とすることで，Jさんが誤嚥をしないようにすることができる。

したがって，1＝×，2＝○，3＝×，4＝×，5＝×となる。

なお，正しい姿勢とは，膝関節と股関節がそれぞれ約90度となり，テーブルを見下ろすように**顎を引いた**状態である。

●食事姿勢

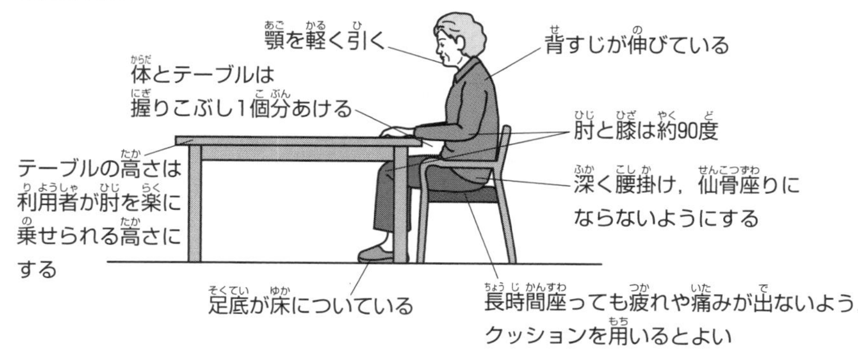

▶正答＝2

過去問チェック!

- 摂食・嚥下のプロセスと関連して，誤嚥や誤嚥を予防する知識に関する問題は頻出問題である。
- 誤嚥から肺炎（pneumonia）や窒息などにならないよう誤嚥予防について理解する必要がある。

問題● 26【こころとからだのしくみ】

次のうち，誤嚥しやすい高齢者の脱水予防のために確認することとして，**最も優先すべきもの**を1つ選びなさい。

1 義歯の装着状態
2 上肢の関節可動域
3 睡眠時間
4 夜間の咳込みの有無
5 摂取している水分の形状

脱水を予防するためには，**水分**を補給する必要がある。その際，誤嚥しないためには，**水分の形状**が重要になってくる。

したがって，1 =✕，2 =✕，3 =✕，4 =✕，5 =○となる。

なお，水分の形状としては，さらさらした形状だと誤嚥しやすいため，**とろみのついたものやゼリー状のもの**で水分を摂取することで，誤嚥を予防することができる。

●脱水の種類・観察のポイント・予防

脱水の種類	**高張性脱水**	水分が多く失われている状態
	低張性脱水	ナトリウムが多く失われている状態
	等張性脱水	水分とナトリウムがほぼ同じ割合で失われている状態
脱水の観察のポイント		口渇，口唇の乾燥，わきの下の乾燥，肌荒れ，尿量の減少・濃縮尿，頭痛，全身倦怠感，めまい，嘔気・嘔吐，食欲不振，発熱，意識低下，痙攣など 高齢者の場合，症状が現れにくいことに留意しておく
脱水の予防		こまめに水分をとる

▶**正答＝ 5**

●脱水とは，発汗や下痢，嘔吐と，水分摂取量の不足などにより，体内の水分や電解質（ナトリウム（Na）等）が欠乏している状態のことである。
●高齢者の脱水を予防するためには，水分を補給する必要があること，誤嚥を予防するためには誤嚥しにくい水分の摂取方法を理解していることが求められる。

問題● 27【こころとからだのしくみ】

健康な成人の便の生成で，上行結腸の次に内容物が通過する部位として，**正しいもの**を１つ選びなさい。

1　S 状結腸
2　回腸
3　直腸
4　下行結腸
5　横行結腸

大腸は，小腸から続く全長約 1.5m の管状の臓器で，盲腸，結腸（上行結腸，横行結腸，下行結腸，S 状結腸），直腸の順に肛門へと続く。ここを通過しながら，さらに水分の吸収が行われ，形のある便が生成されていく。なお，摂取した水分を最も多く吸収する臓器は**小腸**である。小腸は，胃から続き大腸につながる全長約 6m の臓器で，十二指腸，空腸，回腸に区分される。各部位の名称，便を生成するまでの内容物の形状，食事をしてからの到達時間は，下の図のとおりである。

●便の生成

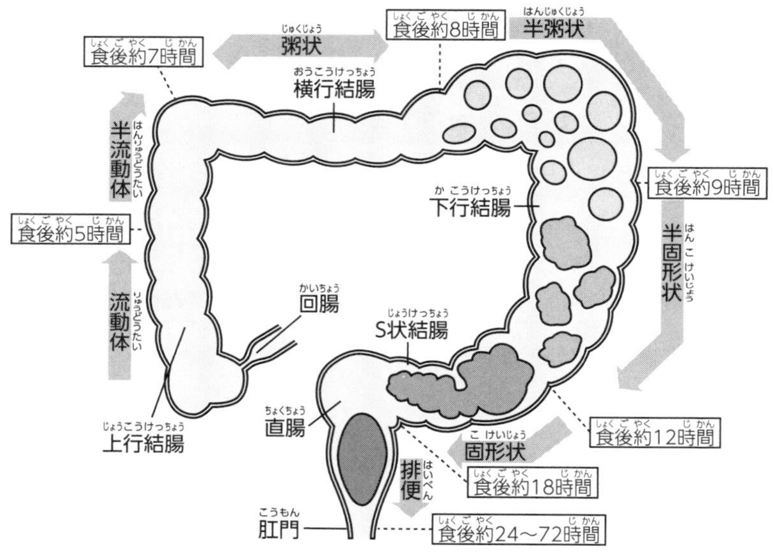

上行結腸の次に内容物が通過する部位は，**横行結腸**である。

したがって，1 =×，2 =×，3 =×，4 =×，5 =○となる。

▶正答＝ 5

アドバイス！

●正答を導き出すためには，人体の主要な器官の部位と名称を覚えておくことが必要。
●図のとおり，便の生成過程における内容物の状態と，食事をしてからその部位までの到達時間についても併せて理解しておこう。

問題● 28【こころとからだのしくみ】

高齢者の睡眠薬の使用に関する次の記述のうち，**最も適切なもの**を1つ選びなさい。

1 依存性は生じにくい。

2 翌朝まで作用が残ることがある。

3 食事後すぐの服用が望ましい。

4 アルコールと一緒に飲んでも効果は変わらない。

5 転倒の原因にはならない。

1 =✕ 使用方法や種類にもよるが，依存性が生じにくいとはいえない。

2 =○ 睡眠薬は作用時間で分類されるが，約20時間（中間型）から24時間以上（長時間型）作用するものもあることから，**翌朝まで作用が残る**ことがある。

3 =✕ 睡眠薬は様々な種類があり，いつ飲むかは症状によっても異なるため，必ずしも食事後すぐの服用が望ましいとはいえない。

4 =✕ アルコールと睡眠薬を一緒に飲むと，薬の作用が通常よりも強くなったり，副作用が生じやすくなる。

5 =✕ 長時間作用の継続する睡眠薬を服用している場合には，起床後も作用が継続している場合があり，**転倒**の原因になる可能性もある。

▶正答＝ 2

さらに深掘り！

- こころとからだを休息させるには睡眠時間と睡眠の質の確保が大切だが，加齢とともに睡眠の持続が困難になり，不眠が起こりやすくなる。
- 不眠に対してこだわりが強く悩みを訴える場合には，専門医に相談して睡眠薬を用いた治療を行う。
- 睡眠薬は症状に応じて使い分けられること，作用時間や特徴が異なることなど正しい知識を知っておく必要がある。

問題● 29【こころとからだのしくみ】

大切な人を亡くした後にみられる，寂しさやむなしさ，無力感などの精神的反応や，睡眠障害，食欲不振，疲労感などの身体的反応を表すものとして，**最も適切なものを1つ**選びなさい。

1　認知症（dementia）
2　グリーフ（grief）
3　リビングウィル（living will）
4　スピリチュアル（spiritual）
5　パニック障害（panic disorder）

1 =× 認知症とは，認知機能が発達して成人になった後に，認知機能が低下し，生活に支障が生じた状態のことをいう。

2 =○ グリーフとは，「死別による喪失感や，深い悲しみ，悲嘆，苦悩，嘆き」を意味する。グリーフの症状としては，以下の表のような精神的反応と身体的反応がある。

●グリーフの症状

精神的反応	寂しさ，むなしさ，無力感，孤独感，罪悪感，自責の念
身体的反応	睡眠障害，食欲不振，疲労感，頭痛，肩こり，めまい，動悸，胃腸症状，便秘，下痢，血圧上昇，白髪の急増

3 =× リビングウィルとは，自分の死に際して実施される医療やケアについての指示をあらかじめ書面に示しておくことをいう。

4 =× 終末期には，「身体的」「精神的」「社会的」「スピリチュアル」に関する4つの苦痛があるといわれている。この場合の「スピリチュアル」な苦痛とは，人生の意味への問い，罪の意識，死生観に対する悩みなどが挙げられる。

5 =× パニック障害とは，心因性精神障害の1つであり，パニック発作，予期不安，広場恐怖の三大症状が特徴である。

▶正答＝2

アドバイス！

●大切な人を亡くした後にみられる精神的反応や身体的反応を表す用語について理解する。
●正答を導くためには，選択肢で示されている5つの用語の意味を正しく理解する必要がある。

問題● 30【こころとからだのしくみ】

死が近づいているときの身体の変化として，最も適切なものを１つ選びなさい。

1 瞳孔の縮小
2 筋肉の硬直
3 発汗
4 結膜の充血
5 喘鳴

死が近づくと，循環器機能，呼吸器機能，代謝機能等，人体の様々な機能が低下する。それにより，バイタルサイン（vital signs）の数値が下降し，呼吸状態，意識状態，皮膚や粘膜などにも変化がみられるようになる。

●死が近づいているときの身体の変化

呼吸	不規則になり，チェーンストークス呼吸，肩呼吸，下顎呼吸がみられるようになる
死前喘鳴	気道内の分泌物がたまって，呼吸のたびにゼーゼーやゴロゴロといった音がする喘鳴がみられるようになる
体温	低下する。末梢の血液循環が悪くなるため，四肢が冷たくなる
脈拍・血圧	脈拍のリズムは乱れ，微弱になる。血圧は下降する
意識状態	意識が低下し，呼びかけに反応しなくなる。しかし，最期まで意識がしっかりしていることもある
チアノーゼ (cyanosis)	口唇や爪など，皮膚や粘膜が青紫色になる

資料：介護福祉士養成講座編集委員会編『最新 介護福祉士養成講座11 こころとからだのしくみ 第２版』中央法規出版，2022年，p. 290を一部改変

選択肢にある瞳孔の縮小，筋肉の硬直，発汗，結膜の充血は，外部からの刺激に対する生体の反応や心身の状態等によって起こるものであるが，必ずしも死に近づいているときの身体の変化とはいえない。

したがって，1＝×，2＝×，3＝×，4＝×，5＝○となる。

▶正答＝5

アドバイス!

- 死が近づくと，身体には観察で確認できる変化がみられるようになる。
- 正答を導くためには，死が近づくと起こる身体の変化を理解しておく必要がある。
- 死後の身体の変化についても問われることがあるので併せて覚えておきたい。

問題● 31【発達と老化の理解】

今，発達の実験のために，図のようなテーブル（テーブル表面の左半分が格子柄，右半分が透明な板で床の格子柄が透けて見える）の左端に，Kさん（1歳1か月）を座らせた。テーブルの反対側には母親が立っている。Kさんは，格子柄と透明な板との境目でいったん動くのをやめて，怖がった表情で母親の顔を見た。母親が穏やかにほほ笑むと，Kさんは母親の方に近づいていった。

Kさんの行動を説明する用語として，**最も適切なもの**を1つ選びなさい。

1　自己中心性
2　愛着理論
3　向社会的行動
4　社会的参照
5　原始反射

1 =✕ 自己中心性とは，ピアジェ（Piaget, J.）によって提唱された認知発達理論における2～6歳頃（前操作期）の認知の様式である。この時期は自分の視点を中心に外界を理解し，他者の視点に立って考えることが難しい傾向にある。

2 =✕ 愛着理論とは，ボウルビィ（Bowlby, J.）によって提唱された理論である。乳幼児と養育者との密接な関係の中で情緒的絆を形成することを愛着といい，愛着がその後の社会性の発達にも影響を及ぼす。

3 =✕ 向社会的行動とは，外的な報酬の有無にかかわらず，他者や他の集団の利益や恩恵のために自主的に手助けやボランティア活動などを行う行動のことである。

4 =○ 社会的参照とは，経験したことのないものや出来事，人に出会ったときに，信頼できる大人の表情や反応などを参照して自分の行動を決めることである。

5 =✕ 原始反射とは，生まれたときから備わっている刺激に対する一定の反応で，生後6か月頃に消失する。新生児が乳を飲むことができる吸啜反射などがある。

▶正答＝4

●乳幼児期は身体的な成長・発達に加えて，運動機能，言語機能，知的機能の発達とともに社会性も大きく発達する時期である。乳幼児期の社会性の発達順序と特徴を理解しておこう。

問題● 32【発達と老化の理解】

コールバーグ（Kohlberg, L.）による道徳性判断に関する次の記述のうち，最も高い発達の段階を示すものとして，**適切なもの**を１つ選びなさい。

1　権威に服従する。

2　罰を回避する。

3　多数意見を重視して判断する。

4　損得で判断する。

5　人間の権利や平等性などの倫理に従って判断する。

コールバーグによる道徳性判断の発達段階は，以下の表のように３水準６段階に分類されている。水準１の段階１が最も低い発達の段階を示し，**水準３の段階６が最も高い発達の段階を示している。**

●コールバーグによる道徳性判断の発達段階

水準	段階	内容
水準１　前慣習的水準		
	段階１	罰と服従志向 罰を回避し，権威に服従する
	段階２	道具主義的相対主義者志向 取引や有効性の観点から判断する
水準２　慣習的水準		
	段階３	対人関係の調和あるいは「良い子」志向 多数意見や承認されることを重視した判断をする
	段階４	「法と秩序」志向 規則や社会的秩序を守ることを重視する
水準３　脱慣習的水準		
	段階５	社会契約的遵法主義志向 個人の権利や社会全体の価値に従って合意することを重視する
	段階６	普遍的な倫理的原理志向 人間の権利や平等性などの倫理に従って判断する

出典：Kohlberg, L., ‘Stage and sequence : the cognitive-development approach to socialization’, In Goslin, D. A. Ed., *Handbook of socialization theory and research*, Rand McNally, 1969, p. 378.

したがって，**1**＝×，**2**＝×，**3**＝×，**4**＝×，**5**＝○となる。

▶**正答＝５**

アドバイス！

●コールバーグは，道徳性判断の発達には認知能力の発達や社会的経験などが影響すると考えた。

●上記の表に整理した道徳性判断の発達段階の内容を理解する必要がある。

問題● 33【発達と老化の理解】

標準的な発育をしている子どもの体重が，出生時の約２倍になる時期として，最も適切なものを１つ選びなさい。

1　生後３か月
2　生後６か月
3　生後９か月
4　１歳
5　２歳

男女ともに出生時の身長は約 50cm，体重は約 3kg である。身長は，1 歳頃には約 75cm となり，出生時の約 1.5 倍になる。体重は，出生後いったん減少するが，生後 7 日から 10 日で出生時の体重に戻る。その後，生後 1 ～ 2 か月に最も急激に増加し，生後 3 か月には約 6kg となり，出生時の約 2 倍になる。 1 歳頃には約 9kg となり，出生時の約 3 倍になる。

●乳幼児期の平均身長・体重

年・月齢	男性		女性	
	身長（cm）	体重（kg）	身長（cm）	体重（kg）
出生時	48.7	2.98	48.3	2.91
0 年 1 ～ 2 か月未満	55.5	4.78	54.5	4.46
2 ～ 3	59.0	5.83	57.8	5.42
3 ～ 4	61.9	6.63	60.6	6.16
4 ～ 5	64.3	7.22	62.9	6.73
5 ～ 6	66.2	7.67	64.8	7.17
6 ～ 7	67.9	8.01	66.4	7.52
7 ～ 8	69.3	8.30	67.9	7.79
8 ～ 9	70.6	8.53	69.1	8.01
9 ～10	71.8	8.73	70.3	8.20
10～11	72.9	8.91	71.3	8.37
11～12	73.9	9.09	72.3	8.54
1 年 0 ～ 1 か月未満	74.9	9.28	73.3	8.71

出典：厚生労働省「平成22年乳幼児身体発育調査」2011年より作成

したがって，1 =○，2 =×，3 =×，4 =×，5 =×となる。

▶正答＝ 1

さらに深掘り！

- 出生から１歳までの身長・体重の成長は特に著しく，筋力や各機能の向上・発達にも密接に関係するため，乳幼児期における標準的な身長・体重を把握し，理解しておく必要がある。
- 高齢期だけではなく，乳幼児期の知識も重要！

問題● 34【発達と老化の理解】

ストローブ（Stroebe, M.S.）とシュト（Schut, H.）による悲嘆のモデルでは，死別へのコーピングには喪失志向と回復志向の 2 種類があるとされる。

喪失志向のコーピングとして，**最も適切なものを 1 つ**選びなさい。

1 しばらく連絡していなかった旧友との交流を深める。
2 悲しい気持ちを語る。
3 新たにサークル活動に参加を申し込む。
4 ボランティア活動に励む。
5 新しい生活に慣れようとする。

二重過程モデルでは，死別への対処に 2 つのコーピングを想定し，この 2 つの間を振り子のように揺らぐことが適応的であると考える。コーピングの 1 つは悲しい気持ちを語り受け止めるグリーフワーク（grief work）や亡くなった人物の位置づけのし直しなど，死別で生じる心理的ストレスに対処する「喪失志向」で，もう 1 つは死別により起こる生活への変化のストレスに対処する「回復志向」である。ボランティア活動やサークル活動などの社会活動への参加，生活変化への適応やしばらく連絡していなかった旧友との交流も回復志向に含まれる。

●死別へのコーピングに関する二重過程モデル

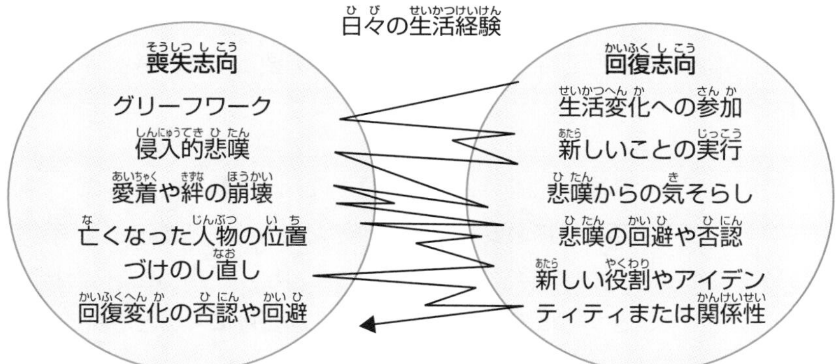

資料：Stroebe, M. S., Hansson, R. O., Schut, H. and Stroebe, W. (eds.), *Handbook of bereavement research : Consequences, coping, and care*, American Psychological Association Press, 2001.

出典：介護福祉士養成講座編集委員会編『最新 介護福祉士養成講座12 発達と老化の理解 第2版』中央法規出版，2022年，p. 93

したがって，1 =×，2 =○，3 =×，4 =×，5 =×となる。

▶正答＝ 2

要点チェック！

- 死別へのコーピング（ストレス対処法）に関する二重過程モデルには「喪失志向」と「回復志向」の 2 つがある。
- 死別による悲しみが癒され，心が平穏な状態に戻る過程を悲嘆過程という。
- 「喪失志向」と「回復志向」，それぞれの対処内容を理解しておきたい。

問題● 35【発達と老化の理解】

加齢の影響を受けにくい認知機能として，最も適切なものを１つ選びなさい。

1　エピソード記憶
2　作業記憶
3　選択的注意
4　流動性知能
5　意味記憶

1 =✕　エピソード記憶は長期記憶の一種で，個人的な体験や出来事の記憶（思い出）である。記憶機能の１つである再生（思い出すこと）が加齢に伴い低下するため，エピソード記憶は加齢に伴い低下する。

2 =✕　作業記憶は短期記憶の一種で，ワーキングメモリとも呼ばれる。この記憶は，情報の一時的な保持だけではなく，情報を数秒程度保持し，意識的に操作することができるという特徴がある。高齢者は若年者に比べて記憶を一時的に保存して，その他の作業を遂行することが困難となりやすく，作業記憶は加齢に伴い大きく低下する。

3 =✕　選択的注意は複数の刺激のうち，１つの対象に対して注意を向ける機能を指す。加齢によって，複数のことを同時に遂行することが難しい，気が散りやすく集中しにくい，いったん集中すると他のことに気が回らないなど，注意機能を必要とする日常生活上の行動に困難さが生じやすくなる。

4 =✕　知能は，流動性知能と結晶性知能の２つに分類される。流動性知能とは，新しいことの学習や新しい環境に適応するために必要な問題解決能力を指し，加齢による影響を受けやすい。一方，結晶性知能とは，過去の経験を生かす能力を指し，加齢とともに経験が増し，経験に基づく判断が加わることが特徴で，加齢による影響を受けにくいとされる。

5 =○　意味記憶は長期記憶の一種で，言葉の意味や普遍的な概念に関連する記憶である。例えば，「１分は 60 秒である」「日本の首都は東京である」といった一般的な知識が当てはまる。使用頻度の少ない単語や個人の名前は加齢の影響によって再生しにくくなることがあるが，全般的に意味記憶は加齢の影響を受けにくい。

▶正答＝ 5

アドバイス!

- 認知機能とは状況に応じて適切な対応が求められるときに必要な知的機能の総称。
- 認知機能は幅広い領域のため，記憶（短期記憶，長期記憶（陳述記憶，非陳述記憶）），知能（流動性知能，結晶性知能），注意（選択的注意，分散的注意）以外にも，認知機能の種類，内容，特徴を整理しておくこと。

問題● 36【発達と老化の理解】

高齢期の腎・泌尿器系の状態や変化に関する次の記述のうち，**最も適切なもの**を１つ選びなさい。

1　尿路感染症（urinary tract infections）を起こすことは非常に少ない。
2　腎盂腎炎（pyelonephritis）の主な症状は，頭痛である。
3　尿の濃縮力が低下する。
4　前立腺肥大症（prostatic hypertrophy）では，尿道の痛みがある。
5　薬物が排出される時間は，短くなる。

1＝× **尿路感染症**とは，尿路組織内に病原体（細菌など）が侵入したために起こる炎症反応のことである。加齢に伴い，残尿の増加や尿道括約筋の機能低下などが原因となって，尿路感染症を生じやすくなる。高齢者にとってかかる頻度の**高い**感染症とされる。

2＝× **腎盂腎炎**は腎臓の感染症で，**女性**に多い。**発熱**，**患側腰部の痛み**，**尿の混濁**等がみられる。また，膀胱炎（cystitis）の症状が先行することもある。主症状は頭痛ではない。

3＝○ 腎臓は加齢の影響を受けやすい臓器である。腎臓の糸球体で原尿が生成され，それが尿細管を通過する間に再吸収される。原尿は１日に約150l生成され，99％が再吸収され，1％にあたる約1.5lが尿となって排泄される。このような働きによって，体内の水分量と電解質のバランスが保たれている。糸球体は加齢によって**減少**する。これによりろ過する機能や原尿を生成する機能が**低下**する。よって，尿の濃縮力（尿を濃くする力）が**低下**する。

4＝× 前立腺肥大症は，膀胱の出口で尿道を取り囲む前立腺が肥大して尿道を圧迫し，その結果として**夜間頻尿**や**排尿困難**などの**排尿障害**を引き起こす。尿道の痛みは，前立腺が感染したことによる**前立腺炎**（prostatitis）で認められやすい。

5＝× 高齢期では腎臓機能の低下から，老廃物や薬物が排出されるまでの時間が**長くなる**。なお，薬を分解する肝臓などの機能も低下するため，血中の薬の濃度が上がった状態が長く続くことで，薬の効果が強く，副作用も出やすい傾向にある。

▶正答＝3

アドバイス！

- 腎臓は加齢の影響を受けやすいため，高齢期になると，腎・泌尿器系の疾患の発症頻度が高くなり，他の臓器の疾病や薬剤による影響を受け，機能低下を起こしやすい。
- 尿路の臓器（腎臓，膀胱，尿道）の加齢変化，尿の性状と特徴は必ず押さえておく。
- 泌尿器科では男性生殖器（前立腺，精巣，陰茎）の疾病も取り扱われるため，併せてチェックしておきたい。

問題● 37【発達と老化の理解】

老年期の変形性膝関節症（knee osteoarthritis）に関する次の記述のうち，**最も適切なもの**を１つ選びなさい。

1　外反型の脚の変形を伴うことが多い。
2　女性のほうが男性より罹患率が高い。
3　積極的に患部を冷やすことを勧める。
4　正座の生活習慣を勧める。
5　肥満のある人には積極的に階段を利用するように勧める。

1 = ✕　老年期の変形性膝関節症では**内反型**の変形（O脚，いわゆるガニ股）が認められやすい。O脚は両膝が外側に湾曲した状態を指し，両脚の内くるぶしを合わせた状態で，膝の内側が接しないことである。

2 = ○　変形性膝関節症の罹患率は，50 歳以上の男女比でみると，**女性**のほうが 1.5 倍～ 2 倍多く認められる。変形性関節症（osteoarthritis）の中では，変形性膝関節症の罹患率が最も高いとされる。

3 = ✕　患部を冷やすこと（寒冷療法）で最もよく用いられるのは，急性炎症（acute inflammation）による発熱・発赤・腫脹・疼痛といった場面である。変形性膝関節症の主症状は膝の痛みであり，積極的に患部を冷やすことで膝周辺が血行不良となり，膝関節痛やこわばりを強めかねないため，患部を**温める**（温熱療法）のほうがよい。

4 = ✕　変形性膝関節症は，病初期から運動開始時のこわばりや膝関節痛が認められる。膝を最大限曲げる上に体重の負荷も加わる正座は，膝関節に過度な負担をかけ，関節痛や変形を助長する可能性があるため，**膝に負担がかからない日常生活支援**を行うことが求められる。一般的に和式生活を避け，いすやベッドを使用した洋式生活が推奨される。

5 = ✕　変形性膝関節症は，膝関節痛が認められることが多い。肥満によって膝への負担が増す上に，階段の利用は関節痛や変形を助長する恐れがあるため，階段の利用はなるべく避け，やむを得ず利用する場合は**手すり**を使うなど，少しでも膝に負担をかけないように心がける。また，**適度な運動**によって体重増加を予防することも大切である。

▶正答＝ 2

要点チェック！

- 変形性膝関節症の原因は関節軟骨の老化によることが多く，肥満等とも関係している。
- 主な症状は，膝関節痛と関節可動域制限の 2 つである。
- 症状の進行に伴って立位・歩行が困難になるケースがあるため，症状を悪化させない日常生活支援の基本（体重減量，杖の使用，筋力の強化等）を押さえておく。

問題● 38【発達と老化の理解】

高齢者の脱水に関する次の記述のうち，**最も適切なものを1つ選びなさい。**

1 若年者よりも口渇感を感じやすい。
2 体内水分量は若年者よりも多い。
3 起立時に血圧が上がりやすくなる。
4 下痢が原因となることはまれである。
5 体重が減ることがある。

1 =× 高齢者は若年者よりも口渇感を**感じにくい**。これは，加齢による感覚機能の低下によって起こる。口渇感を感じにくいことで，自分で水分摂取をあまりしないために体内の水分量が減少し，脱水に陥ることがある。

2 =× 高齢者は若年者よりも体内水分量が**少ない**。これは加齢により筋肉量が減少し，脂肪組織の増加によって細胞内水分量が減少するためである。ほかにも，腎機能低下によって老廃物を尿として排泄するのに必要な水分量が増加し，必要な水分を溜めることができない，口渇感を感じにくいことから水分摂取量が減るなど，様々な原因により体内水分量が減少する。

3 =× 脱水と血圧には関連性がある。脱水により血液に含まれる水分量が減少すると，全体の血液量も**減少**する。そのため，主要な臓器（心臓や肝臓など）に栄養や酸素を含んだ血液を送り込むために，手や足など末端部位まで十分な血液が行き届かなくなる。その結果，末端部位まで血液を送ろうと心臓の拍動が増加して**頻脈**となる。したがって，脱水の場合，頻脈となり，相対的に血圧は**低下**する。

4 =× 下痢とは，泥状便や水様便のように便が水分を多く含んでいる状態で，通常の便以上に体内の水分を排出することになるため，**脱水を引き起こす可能性が高い**。高齢者は免疫力の低下から細菌やウイルス（virus）が原因となった下痢や，便秘解消のために服用する緩下剤の影響で下痢になることがある。

5 =○ 脱水とは，身体から水分ならびに電解質が失われることを指し，体重は**減少**する。脱水は，体重の減少率によって重症度が分けられている。1～2％の体重減少は軽度の脱水であり，10％以上は高度の脱水で多臓器不全がみられる。

▶正答＝5

さらに深掘り！

● 脱水は高齢者に起こりやすく，意識障害を起こすなど生命に危険を及ぼすこともあるため，正しい知識が重要。
● 脱水は，水分欠乏性脱水，ナトリウム欠乏性脱水，混合欠乏性脱水の3つに分類されるが，高齢者ではからだの中の水分が減る水分欠乏性脱水が多い。

問題● 39【認知症の理解】

次のうち，2019年（令和元年）の認知症施策推進大綱の5つの柱に示されているものとして，**適切なものを1つ**選びなさい。

1 市民後見人の活動推進への体制整備
2 普及啓発・本人発信支援
3 若年性認知症支援ハンドブックの配布
4 認知症初期集中支援チームの設置
5 認知症カフェ等を全市町村に普及

2012年（平成24年）の報告書「今後の認知症施策の方向性について」にて提起された7つの視点を実現するため，同年，オレンジプランが発表された。7つの視点は，①標準的な認知症ケアパスの作成・普及，②早期診断・早期対応（**認知症初期集中支援チームの設置**を含む），③地域での生活を支える医療サービスの構築，④地域での生活を支える介護サービスの構築，⑤地域での日常生活・家族の支援の強化，⑥若年性認知症施策の強化（**若年性認知症支援のハンドブック作成と配布**を含む），⑦医療・介護サービスを担う人材の育成である。

また，2014年（平成26年）の認知症サミット日本後継イベントの議論によって，オレンジプランの見直しが必要となり，2015年（平成27年）に新オレンジプランが発表された。認知症の人の意思を尊重し，住み慣れた地域にて自分らしく暮らせる社会の実現に向け，①認知症への理解を深めるための普及・啓発の推進，②認知症の容態に応じた適時・適切な医療・介護等の提供，③若年性認知症施策の強化，④認知症の人の介護者への支援（**認知症カフェの全市町村への普及**を含む），⑤認知症の人を含む高齢者にやさしい地域づくりの推進（成年後見制度等の周知や利用促進，**市民後見人の活動を推進**するための養成研修実施や組織体制整備等を含む），⑥認知症の予防法，診断法，治療法，リハビリテーションモデル，介護モデル等の研究開発及びその成果の普及の推進，⑦認知症の人やその家族の視点の重視からなる7つの柱に沿って施策を推進した。

その後，世界で最も速いスピードで進む高齢化に対応するため，2019年（令和元年）に認知症施策推進大綱がまとめられた。認知症の人の視点や家族の意見を重視し，予防と共生を両輪に，①**普及啓発・本人発信支援**，②予防，③医療・ケア・介護サービス・介護者への支援，④認知症バリアフリーの推進・若年性認知症の人への支援・社会参加支援，⑤研究開発・産業促進・国際展開の5つの柱に沿って施策を推進することとなった。

したがって，1＝×，2＝○，3＝×，4＝×，5＝×となる。

▶正答＝2

アドバイス！

●認知症の施策については2012年（平成24年）の「今後の認知症施策の方向性について」報告書が公表されて以降，年々取り組みが強化されている。
●認知症の人と家族らを支える取り組みとして，認知症施策推進大綱のほか，認知症施策推進5か年計画（オレンジプラン），認知症施策推進総合戦略（新オレンジプラン）の流れについてしっかり整理しておく。

問題● 40【認知症の理解】

次の記述のうち，見当識障害に関する質問として，最も適切なものを１つ選びなさい。

1 「私たちが今いるところはどこですか」
2 「100から７を順番に引いてください」
3 「先ほど覚えてもらった言葉をもう一度言ってみてください」
4 「次の図形を写してください」
5 「この紙を左手で取り，両手で半分に折って，私に返してください」

見当識障害を含めた認知機能の状態を評価する主な検査として，MMSE（Mini-Mental State Examination）とHDS-R（改訂長谷川式簡易知能評価スケール）がある。認知症（dementia）を診断する際には，認知機能や身体機能を評価する検査が用いられるため，評価の対象となる機能，評価方法，評価項目を整理し，学んでおくとよい。

	MMSE	HDS-R
カットオフ値※	30点満点のうち23点以下	30点満点のうち20点以下
評価項目	時間の見当識，場所の見当識 言葉の即時記銘，計算能力 遅延再生（短期記憶） 物品呼称（想起） 文章復唱（記銘と想起） 口頭指示，書字指示（言語理解） 文章書字（文章の構成能力） 図形的能力（空間認知）	年齢 時間の見当識，場所の見当識 言葉の即時記銘 計算能力，数字の逆唱 遅延再生（短期記憶） 物品の視覚記銘 言語の想起と流暢性

※認知症と疑われる得点
資料：Mini-Mental State Examination（MMSE），改訂長谷川式簡易知能評価スケール（HDS-R）

選択肢１は**場所に関する見当識**の状態を把握する項目である。選択肢２は**計算能力**，選択肢３は**短期記憶の遅延再生**の状態を把握する項目である。選択肢１から３の評価項目は，尋ね方に多少の差はあるが，MMSEとHDS-R両方に設定されている。選択肢４の**図形的能力**（**空間認知**），選択肢５の**口頭指示**（**言語理解**）の状態を把握する項目は，MMSEのみに設定されている動作性課題（回答の際に動作を伴う課題）である。

したがって，１＝○，２＝×，３＝×，４＝×，５＝×となる。

▶正答＝１

要点チェック！

- 見当識障害は，認知症の中核症状の１つである。
- 見当識とは，自分の置かれている状況を理解する認知機能であり，見当識障害は認知症によりその能力が低下した状態をいう。
- 見当識は，①時間，②場所，③人物の３つに分けられる。

問題● 41【認知症の理解】

アルツハイマー型認知症（dementia of the Alzheimer's type）の，もの盗られ妄想に関する次の記述のうち，**最も適切なものを１つ選びなさい。**

1　説明をすれば自身の考えの誤りに気づくことが多い。
2　本人の不安から生じることが多い。
3　現実に存在しない人が犯人とされる。
4　主に幻視が原因である。
5　症状の予防には抗精神病薬が有効である。

1＝✕　アルツハイマー型認知症の人は，自分の障害や程度を自覚する「病識」に乏しいことが特徴の１つに挙げられる。自身ではできないことがあったとしても「自分はできる」と考え，他者からのアドバイスや支援の受け入れを拒否することがある。認知症（dementia）の人の気持ちに添った支援を実施するためには，本人の病識がどの程度であるかを理解することが必須である。

2＝○　もの盗られ妄想は，記憶障害により物を収納した場所を思い出せず，病識低下の自覚も難しいことから，誰かに盗られた可能性があるのではないかと考えることから始まる。見つけたい物は，本人にとって大切なものであり，**大切なものが手元にない不安感**や収納した場所を**思い出せない自身のふがいなさ**等の心理が背景にあることを理解することが重要である。

3＝✕　もの盗られ妄想の対象は，多くの場合，長期間介護を担っている**家族**や**介護従事者**である。家族は犯人扱いされ，ショックや怒りを感じる。家族に適切な支援方法を伝えると同時に，ショックを受けた心にもケアを提供する必要がある。

4＝✕　せん妄中に幻視が見られることはあるが，アルツハイマー型認知症ではまれである。もの盗られ妄想は，**記憶障害**に環境因子が作用して引き起こされる。

5＝✕　認知症の行動・心理症状（BPSD）は**非薬物療法**が基本である。自傷他害の恐れがある場合などに鎮静作用のある抗精神病薬を使う場合がある。ただし，易怒性や過活動などは軽減するが，パーキンソニズムの発生，意欲低下，転倒リスクが高まるなどの影響がある。

▶正答＝２

さらに深掘り！

●記憶障害は認知症の中核症状の１つであり，もの盗られ妄想はBPSDの１つである。
●加齢による健忘（生理的健忘）と認知症による健忘（病的健忘）の違い，中核症状に環境因子が作用し，BPSDが発生する経過を理解しておくとよい。

問題● 42【認知症の理解】

慢性硬膜下血腫（chronic subdural hematoma）に関する次の記述のうち，**最も適切なもの**を**1つ**選びなさい。

1　運動機能障害が起こることは非常に少ない。
2　頭蓋骨骨折を伴い発症する。
3　抗凝固薬の使用はリスクとなる。
4　転倒の後，2～3日で発症することが多い。
5　保存的治療が第一選択である。

頭蓋骨の下には，骨に近いほうから硬膜，くも膜，軟膜の3つの膜があり，脳脊髄液とともに脳を包み保護している。しかし，転倒などにより頭部の打撲や頭部外傷があった場合に，硬膜下の血管から徐々に出血し，硬膜下腔（硬膜の下の空間）に血液や血腫が溜まる。血腫が大きくなるにつれて，頭痛，吐き気，麻痺，しびれ，認知機能低下，意欲低下などの症状が現れる。できるだけ速やかに頭部CT等で発見し，血腫を取り除く手術を行う必要がある。

1＝× 硬膜下血腫が脳を圧迫することにより，身体には麻痺やしびれ，歩行障害などの**運動機能障害**が生じる。

2＝× 慢性硬膜下血腫の原因は，軽度の頭部打撲や，直接頭部への打撲はないが脳が揺り動かされる転倒などであり，**必ずしも頭蓋骨骨折を伴わない**。

3＝○ 抗血小板薬や抗凝固薬を服用している人は，出血した場合に止血しづらい状態であるため，慢性硬膜下血腫の**リスクが高い**といえる。

4＝× 慢性硬膜下血腫は，頭部外傷後に**2週間から数か月**かけて，徐々に血腫が大きくなり，症状が現れる病気である。

5＝× 血腫が小さく，症状がごく軽い場合には内服薬を用いて保存的治療を行う場合もある。しかし，血腫が自然と吸収されることは少ないため，頭蓋骨に小さな穴をあけ，血腫を除去する**外科的手術**を実施する。

▶正答＝3

さらに深掘り！

- 慢性硬膜下血腫は，認知機能の低下などが現れても，短期間のうちに発見し，適切な治療を行うことで回復可能な疾患である。
- 慢性硬膜下血種のほかに治療可能な疾患としては，正常圧水頭症（normal pressure hydrocephalus），甲状腺機能低下症（hypothyroidism），うつ病（depression）などの気分障害（mood disorder）などがある。

問題● 43【認知症の理解】

Ｌさん（83歳，女性，要介護１）は，アルツハイマー型認知症（dementia of the Alzheimer's type）である。一人暮らしで，週２回，訪問介護（ホームヘルプサービス）を利用している。

ある日，訪問介護員（ホームヘルパー）が訪問すると，息子が来ていて，「最近，母が年金の引き出しや，水道代の支払いを忘れるようだ。日常生活自立支援事業というものがあると聞いたことがあるが，どのような制度なのか」と質問があった。

訪問介護員（ホームヘルパー）の説明として，**最も適切なものを１つ選びなさい。**

1 「申込みをしたい場合は，家庭裁判所が受付窓口です」
2 「年金の振込口座を，息子さん名義の口座に変更することができます」
3 「Ｌさんが契約内容を理解できない場合は，息子さんが契約できます」
4 「生活支援員が，水道代の支払いをＬさんの代わりに行うことができます」
5 「利用後に苦情がある場合は，国民健康保険団体連合会が受付窓口です」

1＝× 事業の実施主体は都道府県社会福祉協議会または指定都市社会福祉協議会であり，事業の一部を市区町村社会福祉協議会に委託することができる。したがって，申込みをしたい場合は，**市区町村社会福祉協議会**が受付窓口となる。

2＝× 事業内容の１つである**日常的金銭管理**に，年金の引き出しの援助が含まれている。口座名義を変更するなどの財産管理に関する支援は，成年後見制度の範疇であるため適切でない。

3＝× 事業は，契約内容についての判断能力を有することを原則に，**利用者本人との契約**によって実施される。息子がＬさんに代わって契約を締結することはできない。

4＝○ 事業内容の１つである日常的金銭管理に，**公共料金の支払い**が含まれる。市区町村社会福祉協議会の専門員が支援計画を策定し，生活支援員が実際の援助を行う。

5＝× 利用後の苦情は，**運営適正化委員会**に申し立てる。運営適正化委員会は，事業の適正な運営を確保するため，都道府県社会福祉協議会の第三者的機関として置かれている。国民健康保険団体連合会は，介護保険サービスにかかる苦情の受付窓口である。

▶**正答＝４**

過去問チェック！

- 日常生活自立支援事業とは，「認知症高齢者，知的障害者，精神障害者等のうち判断能力が不十分な方が地域において自立した生活が送れるよう，利用者との契約に基づき，福祉サービスの利用援助等を行うもの」である。
- 頻出問題でもあるので，事業を行う機関や事業の内容についてしっかり押さえておこう。

問題● 44【認知症の理解】

認知症ケアの技法であるユマニチュードに関する次の記述のうち，正しいものを１つ選びなさい。

1 「見る」とは，離れた位置からさりげなく見守ることである。
2 「話す」とは，意識的に高いトーンの大きな声で話しかけることである。
3 「触れる」とは，指先で軽く触れることである。
4 「立つ」とは，立位をとる機会を作ることである。
5 「オートフィードバック」とは，ケアを評価することである。

1 = × 「見る」とは，**同じ目線の高さで，近づき，正面から見る**ことである。これにより相手を大切に思っていることを伝えることができる。離れた位置からさりげなく見守るだけでは不十分である。

2 = × 「話す」とは，**低めの大きすぎない声**で話しかけることである。これにより落ち着いて安定した，穏やかな状況を作り出すことができ，相手を大切に思う気持ちが伝わる。

3 = × 「触れる」とは，指先だけではなく，**手のひら全体を使って広い面積**で触れ，つかまないようにゆっくりと下から支えることである。これにより痛みや不安定感などを軽減し，相手を大切に思っていることが伝わる。指先で軽く触れるだけでは不十分である。

4 = ○ 「立つ」ことは，人間らしさの象徴であり，それによって生理機能がうまく働くようにできている。このように「立つ」ことは人の尊厳を保ち，寝たきりを予防することにもつながることから，選択肢のとおり，日常的な生活行動に立位をとる機会を作ることは大切である。

5 = × 「オートフィードバック」とは，今行っている**ケアの内容を「ケアを受ける人へのメッセージ」と考え，その実況中継を行う**ことである。これは４つの柱の１つである「話す」を充実させるために用いられる方法である。

▶**正答＝４**

さらに深掘り！

- ユマニチュードは，フランス人のジネスト（Gineste, Y.）とマレスコッティ（Marescotti, R.）が開発した介護技法で，見る，話す，触れる，立つの「４つの柱」と一連の手順で行う「５つのステップ」でまとめられている。
- 「４つの柱」は，介護を受けている人に対して「あなたは大切な存在である」と伝えることを意図しているため，介護するときは，この「４つの柱」を同時に複数組み合わせて行うことが大切である。

問題● 45【認知症の理解】

現行の認知症サポーターに関する次の記述のうち，**最も適切なものを1つ**選びなさい。

1　ステップアップ講座を受講した認知症サポーターには，チームオレンジへの参加が期待されている。

2　100万人を目標に養成されている。

3　認知症介護実践者等養成事業の一環である。

4　認知症ケア専門の介護福祉職である。

5　国が実施主体となって養成講座を行っている。

1＝○　「認知症施策推進大綱」（以下，大綱）では，認知症サポーター養成講座を修了した者が復習も兼ねて学習する機会を設け，座学だけでないサポーター同士の発表・討議も含めた実践活動につなげる「ステップアップ講座」の開催を推進し，その受講者等が支援チームをつくり，認知症の人やその家族の支援ニーズに合った具体的な支援につなげる仕組み**チームオレンジ**を地域ごとに構築するとしている。

2＝×　2005年（平成17年）「認知症を知り地域をつくる10ヵ年」構想では「認知症サポーター100万人キャラバン」と称して，認知症サポーターを全国で100万人養成することを目標に掲げたが，**2009年（平成21年）5月末に目標は達成**され，2023年（令和5年）末現在その数は1500万人を超えている。今後も地域や職域，子どもや学生にも拡大していくことが進められている。

3＝×　認知症介護実践者等養成事業は，高齢者介護実務者およびその指導的立場にある者に実施されるものである。認知症サポーターの養成は，大綱に策定された**普及啓発・本人発信支援**の一環である。

4＝×　認知症サポーターは，認知症に関する正しい知識をもって，地域や職域で認知症の人や家族を手助けする**応援者**であり，医療・介護従事者等の専門職ではない。

5＝×　認知症サポーター養成講座の実施主体は，**都道府県**および**市町村**などの自治体や全国的な**職域組織**，**企業等の団体**である。

▶**正答＝1**

アドバイス!

- 認知症の人や家族を支援する認知症サポーターの養成は，2005年度（平成17年度）から2014年度（平成26年度）にかけて取り組まれた「認知症を知り地域をつくる10ヵ年」の構想の1つとして進められ，その後，2019年（令和元年）に「認知症施策推進大綱」が策定された。
- オレンジ色は，日本の認知症支援のシンボルカラー。
- 認知症サポーター養成講座の対象となるのは，住民，地域の生活関連企業・団体活動等に携わる人や学校関係者などで，さらに普及啓発を広げていくことが目標に掲げられている。

問題● 46【認知症の理解】

認知症ケアパスに関する次の記述のうち，**最も適切なものを 1 つ選びなさい。**

1　都道府県ごとに作られるものである。
2　介護保険制度の地域密着型サービスの 1 つである。
3　認知症（dementia）の人の状態に応じた適切なサービス提供の流れをまとめたものである。
4　レスパイトケアとも呼ばれるものである。
5　介護支援専門員（ケアマネジャー）が中心になって作成する。

1 =✕ 地域の様々なサービスを具体的に把握し，地域の特色を生かせるように，認知症ケアパスは**市町村ごと**に作成されている。

2 =✕ 認知症ケアパスは，2012 年（平成 24 年）に厚生労働省より発表された**認知症施策推進 5 か年計画（オレンジプラン）**の 7 つの柱の中で示された「標準的な認知症ケアパスの作成・普及」において提案されたものである。地域密着型サービスではない。

3 =○ 選択肢のとおりである。認知症ケアパスとは，認知症の人やその家族が「いつ」「どこで」「どのような」医療や介護サービスが受けられるのか，認知症の人の状態に応じた**サービス提供の流れ**を市町村ごとにまとめたものである。

4 =✕ レスパイトケアとは，**在宅で介護をする家族に，一時的な休息や息抜きを行う支援**のことである。介護保険サービスにおいては通所介護（デイサービス）や小規模多機能型居宅介護など，介護保険サービス以外では家族会や認知症カフェなどがレスパイトケアに当たる。

5 =✕ 認知症ケアパスは**各市町村**が作成する。介護支援専門員が作成するのはケアプランである。

▶**正答**＝ 3

要点チェック！

- 認知症ケアパスとは，認知症の人やその家族が「いつ」「どこで」「どのような」医療や介護サービスが受けられるのか，認知症の様態に応じたサービス提供の流れを市町村ごとにまとめたものである。
- 認知症ケアパスは，市町村ごとに認知症の発症予防から人生の最終段階まで，その状況に応じてどのようなサービスがあるのか，その流れを標準的に示したものである。

問題● 47【認知症の理解】

認知症ライフサポートモデルに関する次の記述のうち，**最も適切なものを1つ**選びなさい。

1 各職種がそれぞれで目標を設定する。
2 終末期に行う介入モデルである。
3 認知症（dementia）の人本人の自己決定を支える。
4 生活を介護サービスに任せるプランを策定する。
5 認知症（dementia）の人に施設入所を促す。

1 = × 認知症ライフサポートモデルは，専門職相互の役割・機能を理解しながら，認知症の人への**医療・介護を含む統合的な生活支援**を目指そうとするものである。

2 = × **早期から終末期までの継続的な関わりと支援**に取り組むこととしているため適切ではない。

3 = ○ **本人主体のケア**を原則としていることから，適切である。

4 = × **医療や福祉のトータルサポート**の実現を目指していることから適切ではない。

5 = × 社会とのつながりを継続しつつ，**生活の中でのケア**の提供を目指していることから，施設入所を促すものではない。

●認知症ライフサポートモデルにおいて示されている「認知症ケアの基本的な考え方」

①本人主体のケアを原則とすること ②社会とのつながりを継続しつつ，生活の中でのケアを提供すること ③本人の力を最大限に活かしたケアに取り組むこと ④早期から終末期までの継続的な関わりと支援に取り組むこと ⑤家族支援に取り組むこと ⑥介護・医療・地域社会の連携による総合的な支援体制を目指すこと

出典：「『認知症ライフサポートモデル』の普及・推進に向けた認知症ライフサポート研修テキスト（第2版）」（平成25年度老人保健事業推進費等補助金（老人保健健康増進等事業））2013年，p. 1

▶正答＝ 3

さらに深掘り！

- 認知症ライフサポートモデルとは，医療と福祉の分野で別々に教育されてきた認知症ケアを統一し，チームで認知症の人を支えていくための認知症ケアモデルのこと。
- 認知症ライフサポート研修は，2012年（平成24年）に発表された認知症施策推進5か年計画（オレンジプラン）の7つの柱の中の「医療・介護サービスを担う人材の育成」において提案され，2015年（平成27年）に発表された認知症施策推進総合戦略（新オレンジプラン）において位置づけられた。
- 認知症ライフサポートモデルで示されている「認知症ケアの基本的な考え方」を理解しておこう。

問題● 48【認知症の理解】

Mさん（88歳，女性）は，アルツハイマー型認知症（dementia of the Alzheimer's type）と診断された。夫と二人暮らしで，訪問介護（ホームヘルプサービス）を利用している。訪問介護員（ホームヘルパー）が訪問したときに夫から，「最近，日中することがなく寝てしまい，夜眠れていないようだ」と相談を受けた。訪問介護員（ホームヘルパー）は，Mさんが長年していた裁縫を日中にしてみることを勧めた。早速，裁縫をしてみるとMさんは，短時間で雑巾を縫うことができた。

Mさんの裁縫についての記憶として，**最も適切なものを1つ選**びなさい。

1 作業記憶
2 展望的記憶
3 短期記憶
4 陳述記憶
5 手続き記憶

1 = ✕ 作業記憶は，ワーキングメモリーとも呼ばれる。この記憶は，情報の一時的な保持だけではなく，情報を**数秒程度**保持し，意識的に操作することができる記憶である。Mさんは長年裁縫をしてきたという記述から，当てはまらない。

2 = ✕ 展望的記憶は，**未来に予定されている事柄**について記憶することである。裁縫は長年してきたMさんの過去の事柄についての記憶であるため，当てはまらない。

3 = ✕ 記憶は，保持時間の違いによって，感覚器官から入った情報を瞬間的に保持する感覚記憶，**短期間保持される**短期記憶，有意味のときに長期間保持可能な長期記憶の3つに分類される。Mさんは長年裁縫をしてきたため，裁縫についての記憶は短期記憶ではない。

4 = ✕ 長期記憶は，記憶の内容を**言葉で説明できる**陳述記憶と言葉で説明できない非陳述記憶に分類される。Mさんの裁縫は，言葉ではなく身体で覚えた技術であるため適切ではない。

5 = ○ 手続き記憶は，長期記憶の中の非陳述記憶に分類される。非陳述記憶はさらに，日常の何気ない動作などを無意識に繰り返すプライミング記憶と，**動作に関する身体的反応の記憶**である手続き記憶に分類される。長年裁縫をしてきたMさんの行動は，手続き記憶に当てはまる。

▶**正答＝5**

アドバイス！

● 人間の記憶の仕組み・種類については，科目「認知症の理解」だけでなく，「こころとからだのしくみ」や「発達と老化の理解」でもよく出題されるテーマであるのでしっかり理解しておく。

問題● 49【障害の理解】

ストレングス（strength）の視点に基づく利用者支援の説明として，**最も適切なものを1つ選びなさい。**

1　個人の特性や強さを見つけて，それを生かす支援を行うこと。
2　日常生活の条件をできるだけ，障害のない人と同じにすること。
3　全人間的復権を目標とすること。
4　権利を代弁・擁護して，権利の実現を支援すること。
5　抑圧された権利や能力を取り戻して，力をつけること。

ストレングスとは，「力，能力，精神的な強さ」などの意味を持つ“strength”であり，支援を必要としている人の持っている**意欲**や**能力**，**希望**や**長所**などを含む意味を持つ。日本語では「強さ」や「強み」とも訳されている。近年では，身体的にも心理的にも広く「力」を意味するものとして，「ストレングス」というカタカナ表記のまま用いられている。ストレングスの視点に基づく利用者支援は，ストレングスモデルやストレングスアプローチと称される。潜在的な力も含めて，**支援者が利用者の特性や強みに着目し，それを生かした支援**を行うことである。

1 =○ 上記のように，個人の特性や強さを見つけて，それを生かす支援を行うことは，**ストレングスの視点に基づく利用者支援の説明である。**

2 =× 日常生活の条件をできるだけ，障害のない人と同じにすることは，**ノーマライゼーション**（normalization）の視点に基づく利用者支援の説明である。

3 =× 全人間的復権を目標とすることは，**リハビリテーション**の説明である。

4 =× 権利を代弁・擁護して，権利の実現を支援することは，**アドボカシー**（advocacy）の説明である。

5 =× 抑圧された権利や能力を取り戻して，力をつけることは，**エンパワメント**（empowerment）の視点に基づく利用者支援の説明である。

▶正答＝ 1

アドバイス!

- 障害者福祉の基本理念，各法律等に規定される概念は，いずれも「障害の理解」に関する重要かつ基本的な知識であり，正確に理解しておく必要がある。
- それぞれの概念の定義だけではなく，成り立ちや歴史的展開も含めて理解する。
- 科目「介護の基本」と重複する内容であるため，並行して学習すると効率的である。

問題● 50【障害の理解】

1960年代のアメリカにおける自立生活運動（IL運動）に関する次の記述のうち，**最も適切なものを1つ選びなさい。**

1 障害があっても障害のない人々と同じ生活を送る。
2 一度失った地位，名誉，特権などを回復する。
3 自分で意思決定をして生活する。
4 医療職が機能回復訓練を行う。
5 障害者の社会への完全参加と平等を促進する。

アメリカにおける自立生活運動は，1960年代にカリフォルニア大学バークレー校の学生だったロバーツ（Roberts, E.）らが中心となって展開した。「重度の障害があっても自分の人生を自立して生きる」という考えのもと，障害者自身が**自己決定**できるように必要な社会サービスの構築を求めた運動である。この自立生活運動により，リハビリテーションの主体が支援者ではなく**障害者本人**であることが強調され，同時期に世界的に普及した**ノーマライゼーション**（normalization）の影響も受けたことで，障害のあるなしにかかわりなく生活できる社会の実現が目指されていくこととなった。その後，障害者自身が運営する自立生活センター（CIL）が設立され，自立生活運動に端を発した活動は世界に広がった。

1 = × 障害があっても障害のない人々と同じ生活を送るというのは，**ノーマライゼーション**の考え方である。

2 = × 一度失った地位，名誉，特権などを回復するというのは，**リハビリテーション（rehabilitation）の語源**（ラテン語でreは「再び」，habilisは「適した」という意味）である。

3 = ○ （障害者が）自分で意思決定をして生活するというのは，**自立生活運動**において主張された考え方である。

4 = × 医療職が機能回復訓練を行うというのは，**医学的リハビリテーション**の説明である。

5 = × 障害者の社会への完全参加と平等を促進するというのは，国際連合が掲げた，1981年の**国際障害者年**のテーマである。

▶正答＝3

さらに深掘り！

- 科目「障害の理解」において，リハビリテーションの展開や障害者の権利擁護において重要な転機となったアメリカの自立生活運動を理解することは重要である。
- 障害者分野におけるリハビリテーションは，1914年に始まった第一次世界大戦による戦傷者への機能回復訓練や職業訓練をきっかけに発展し，1939年に始まった第二次世界大戦以降は戦傷者だけではなく，障害がある一般市民へのリハビリテーションにも展開したことを理解しておく。

問題● 51 【障害の理解】

「障害者虐待防止法」における，障害者に対する著しい暴言が当てはまる障害者虐待の類型として，**最も適切なもの**を1つ選びなさい。

1 身体的虐待
2 放棄・放置
3 性的虐待
4 心理的虐待
5 経済的虐待

（注）「障害者虐待防止法」とは，「障害者虐待の防止，障害者の養護者に対する支援等に関する法律」のことである。

障害者虐待防止法における障害者虐待は，以下の3つに定義されている。

①養護者による障害者虐待 ②障害者福祉施設従事者等による障害者虐待 ③使用者による障害者虐待

障害者虐待の類型は，①身体的虐待，②放棄・放置（ネグレクト），③性的虐待，④心理的虐待，⑤経済的虐待の5つである。以下に，各類型の具体例をまとめた。

●障害者虐待の類型

類型	具体例
①身体的虐待	暴力，身体拘束など
②放棄・放置	食事をとらせない，必要な支援をせず長時間放置することなど
③性的虐待	わいせつな行為をする，させること
④心理的虐待	著しい暴言，著しく拒絶的な対応など
⑤経済的虐待	財産を不当に処分する，不当に財産上の利益を得ることなど

したがって，1＝×，2＝×，3＝×，4＝○，5＝×となる。

▶正答＝4

アドバイス！

● 2011年（平成23年）に制定された障害者虐待防止法における障害者虐待の5つの類型と具体例はしっかりと整理しておく。
●障害者虐待防止法による障害者の定義，虐待防止施策，障害者虐待発見時の通報義務やスキーム，市町村や都道府県，国等の役割・責務についても併せて理解しておく。

問題● 52【障害の理解】

上田敏の障害受容のモデルにおける受容期の説明として，**最も適切なもの**を1つ選びなさい。

1 受傷直後である。
2 障害の状態を否認する。
3 リハビリテーションによって機能回復に取り組む。
4 障害のため何もできないと捉える。
5 障害に対する価値観を転換し，積極的な生活態度になる。

上田敏は，障害の受容を以下のように定義している。

「障害の受容とはあきらめでも居直りでもなく，障害に対する価値観（感）の転換であり，障害をもつことが自己の全体としての人間的価値を低下させるものではないことの認識と体得を通じて，恥の意識や劣等感を克服し，積極的な生活態度に転ずること」

障害の受容は，次の5つの過程で進むものとされている。これは一直線に進むものではなく，各段階を行き来することもある。また，全ての障害者に同じ状況が起こるわけではない。

●**障害受容の段階**

第1段階 ―ショック期―	受傷直後でショックを受けている。障害は治療により回復するととらえている。意外と不安は強くない。
第2段階 ―否認期―	障害が残ることに対しての不安が強くなり，適応機制（拒否）により「自分には障害はない」と障害があることを否認する。
第3段階 ―混乱期―	障害の告知を受けて否認できなくなり，混乱したり悲嘆に暮れる。適応機制（攻撃）により周囲に当たったり，抑うつや自殺企図に至ることもある。
第4段階 ―解決への努力期―	障害があってもできることに気づくなど，前向きに努力をして，価値観（感）が転換し始める。
第5段階 ―受容期―	「障害があってもできることがある」という障害に対する新たな価値観（感）が形成され，積極的な生活態度で生きていく。

資料：介護福祉士養成講座編集委員会編『最新 介護福祉士養成講座14 障害の理解 第2版』中央法規出版，2022年，pp. 51–52

したがって，**1**＝× (ショック期)，**2**＝× (否認期)，**3**＝× (解決への努力期)，**4**＝× (混乱期)，**5**＝○ (受容期) となる。

▶**正答＝5**

さらに深掘り！

● 障害受容のモデルの5つの過程については，障害者のある本人やその家族を支援する上で必ず理解しておく必要がある。

● 障害の受容は環境要因による影響を受けるが，人間の心理に密接に関連しているため，人間の欲求や適応機制，心理的支援についても併せて理解を深めておく。

問題● 53【障害の理解】

次のうち，四肢麻痺を伴う疾患や外傷として，適切なものを１つ選びなさい。

1　右脳梗塞（right cerebral infarction）
2　左脳梗塞（left cerebral infarction）
3　頸髄損傷（cervical cord injury）
4　腰髄損傷（lumbar spinal cord injury）
5　末梢神経損傷（peripheral nerve injury）

1＝× 右脳梗塞は，右脳の血管が詰まる病気である。右脳が損傷すると，身体の左側部分の感覚障害と運動障害が出現する（**左片麻痺**）ほか，左半分の空間認識ができない半側空間無視が出現することが多いことから，適切ではない。

2＝× 左脳梗塞は，左脳の血管が詰まる病気である。左脳が損傷すると，身体の右側部分の感覚障害と運動障害が出現する（**右片麻痺**）ほか，言語中枢が損傷されることで，「聞く」「話す」「読む」「理解する」などの言語機能障害が出現することが多いことから，適切ではない。

3＝○ 頸髄損傷は，損傷部位より下位である下肢・上肢の感覚と運動機能が失われる**四肢麻痺**が出現することから，適切である。

4＝× 腰髄損傷は，主に両下肢の感覚と運動機能が失われる**対麻痺**が出現するため，適切ではない。

5＝× 末梢神経とは，脳や脊髄などの中枢神経以外の神経を指す。全身に分布している末梢神経が部分的に損傷を受けることで，部分的に運動神経の障害や，感覚神経の障害が出現する（**単麻痺**）ため，適切ではない。

●麻痺の種類

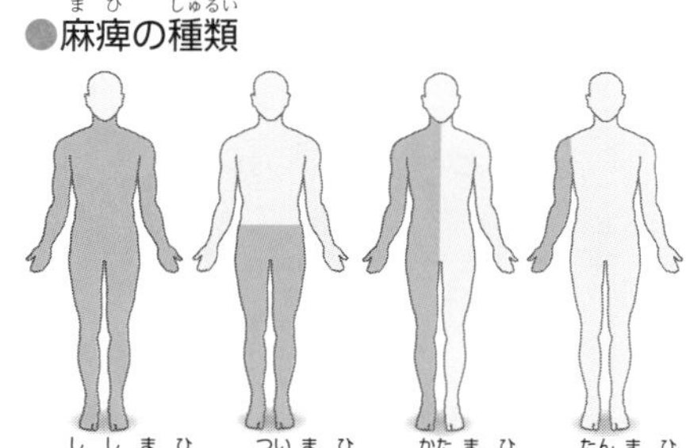

出典：太田貞司・上原千寿子・白井孝子編『介護職員初任者研修テキスト【第２巻】自立に向けた介護の実際 第３版』中央法規出版，2023年，p. 136

▶正答＝３

要点チェック！

●麻痺の種類と，その原因となる疾患や外傷について整理しておくこと。
●脳，脊髄（頸髄，胸髄，腰髄，仙随，尾髄），末梢神経などの障害される部位により，現れる麻痺の種類（上記の図を参照）が異なる。

問題● 54【障害の理解】

学習障害の特徴に関する次の記述のうち，**最も適切なものを1つ選びなさい。**

1 読む・書く・計算するなどの習得に困難がある。
2 注意力が欠如している。
3 じっとしているのが難しい。
4 脳の機能に障害はない。
5 親のしつけ方や愛情不足によるものである。

1 =○ 読む・書く・計算するなどの習得に困難がある症状は，**学習障害**の特徴であるため，適切である。読み書きや計算など限られた領域であることから限局性学習障害とも呼ばれる。

2 =× 注意力が欠如している状態は，**注意欠陥多動性障害（注意欠如多動性障害）**の特徴とされる。具体的には，ケアレスミスが多い，注意の持続が難しい，話を聞いていないように見える，指示に従えず宿題などの課題を果たせない，課題や活動を整理することができない，外部からの刺激で注意散漫となりやすい，忘れっぽいなどであり，学習障害の特徴ではないため，適切ではない。

3 =× じっとしているのが難しい状態は，**注意欠陥多動性障害（注意欠如多動性障害）**の特徴の1つである衝動性・多動性に由来する。具体的には，じっとしていられない，喋りすぎる，他の人の邪魔をしたり，割り込んだりするなどであり，学習障害の特徴ではないため，適切ではない。

4 =× 学習障害を含む発達障害は，**脳機能障害**などが原因と考えられている。乳幼児の頃から行動面や精神面において発達に遅れがみられ，学童期の授業等の中で不得意さが明確になることで明らかになる場合が多い。したがって，脳の機能に障害はないとする記述は，適切ではない。

5 =× 選択肢**4**で解説したように，学習障害を含む発達障害は，脳機能障害によるものとされており，**親のしつけ方や愛情不足が直接の原因となるものではない**。したがって，適切ではない。

▶**正答＝ 1**

要点チェック！

- 学習障害は，全般的に知的発達に遅れはないものの，「聞く」「話す」「読む」「書く」「計算する」「推論する」といった学習に必要な基礎的な能力のうち，1ないし複数の特定の能力についてなかなか習得できなかったり，うまく発揮することができなかったりすることによって，学習上，様々な困難に直面している状態をいう（文部科学省の定義）。
- 学習障害の特徴と，その他の発達障害との違いについて理解しておく。

問題● 55【障害の理解】

Aさん（60歳，男性）は，脊髄小脳変性症（spinocerebellar degeneration）のため，物をつかもうとすると手が震え，起立時や歩行時に身体がふらつき，ろれつが回らないため発語が不明瞭である。

次のうち，Aさんの現在の症状に該当するものとして，**最も適切なものを1つ選びなさい。**

1 運動麻痺
2 運動失調
3 関節拘縮
4 筋萎縮
5 筋固縮

1＝× 運動麻痺は，神経または筋肉組織の損傷，疾病等により，**筋肉の随意的な運動機能が低下または消失した状態**のことで，**感覚麻痺**を伴うことが多い。四肢麻痺（首から下の麻痺），対麻痺（両下肢が麻痺），片麻痺（左右どちらか片側の麻痺），単麻痺（四肢の一肢の麻痺）がある。Aさんの現在の症状には該当しないので，適切ではない。

2＝○ 脊髄小脳変性症は，**運動失調**を主症状とする神経疾患である。運動失調は，**起立時や歩行時のふらつき**，**手がうまく使えない**，しゃべる時に口や舌がもつれ，**ろれつが回らない**といった症状があることから，適切である。

3＝× 関節拘縮は，関節や皮膚，関節周辺の筋肉，靭帯，腱が何らかの原因で短縮や癒着を起こし，弾性を失って，他動的に伸張しても正常の長さに戻らず，**関節が固くなり可動域に制限が起きている状態**をいう。Aさんの現在の症状には該当しないので，適切ではない。

4＝× 筋萎縮は，筋肉がやせて細くなることで，**筋力が低下する症状**である。Aさんの現在の症状には該当しないので，適切ではない。

5＝× 筋固縮は，筋肉の収縮と弛緩のバランスがくずれて筋肉が強くこわばり，**手足の動きがぎこちなくなること**である。Aさんの現在の症状には該当しないので，適切ではない。

▶正答＝2

要点チェック！

- 脊髄小脳変性症は，小脳および脳幹から脊髄にかけての神経細胞の変性で起こる障害であり，ふらつき歩行や，ろれつが回らないなどの運動失調が主症状である。
- 小脳や脊髄は，体幹や筋力のバランスを保ち，歩行の調節を行うのに非常に重要な役割を担っているため，運動障害による基本的な身体的特性を理解する。

問題● 56【障害の理解】

Bさん（21歳，男性）は，統合失調症（schizophrenia）を発症し，継続した内服によって幻覚や妄想などの症状は改善しているが，意欲や自発性が低下して引きこもりがちである。現在，Bさんは，外来に通院しながら自宅で生活していて，就労を考えるようになってきた。

介護福祉職が就労に向けて支援するにあたり留意すべきこととして，**最も適切なものを1つ選びなさい。**

1 あいまいな言葉で説明する。
2 代理で手続きを進める。
3 介護福祉職が正しいと考える支援を行う。
4 Bさんに意欲をもつように強く指示する。
5 Bさん自身が物事を決め，実行できるように関わる。

1 = × 精神障害のある人は，症状やこれまでの経験から，自分の希望や目標を整理するのが苦手な場合がある。そのため，あいまいな言葉での説明では，内容を理解したり整理することが難しく，さらに混乱してしまう可能性が高い。就労に向けて取り組むべき内容などは，**具体的に明確な言葉で説明する**ことが重要である。

2 = × 精神障害のある人への支援としては，支援者が代わりとなって物事を進めるのではなく，彼らが**自分自身で決定し，実行できるように関わる**必要がある。Bさんは，就労し，自立した生活を模索している時期である。そのため，本人の意思に寄り添いながら，自分自身で物事を決め，実行できるように環境を整えていく支援が大切である。

3 = × 自己決定の原則は，精神障害のある人への支援においても重要である。介護福祉職が正しいと考える支援を押しつけるのではなく，例えば，課題の整理や情報の提供などを行い，あくまでも**自分自身で選択ができるような環境整備や支援を行う**ことが望ましい。

4 = × 意欲の低下は，統合失調症の代表的な陰性症状の1つであり，本人のやる気の問題ではない。意欲をもつように強く指示することは，**さらなる混乱や自信の喪失につながる危険性がある**ため，適切ではない。

5 = ○ 選択肢2で解説したとおりである。Bさんは，症状が改善しているとはいえ，引きこもりがちである。介護福祉職として，病気の特性を踏まえつつ，**Bさん自身が物事を決め，実行できる**ように，理解しやすい形で支援を行う必要がある。

▶正答＝5

- 統合失調症など精神障害のある人への支援は，信頼関係を築くために本人の長所に焦点を当てながら，自分自身で物事を決め，実行できるように関わる必要がある。
- 「自立支援」という基本的な考え方に立ち返ることで正答を導くことができる。

第35回
障害の理解

問題● 57【障害の理解】

Cさん（3歳）は，24時間の人工呼吸器管理，栄養管理と体温管理が必要であり，母親（32歳）が生活全般を支えている。Cさんの母親は，「発達支援やショートステイを活用したいのに，市内に事業所がない。ほかにも困っている家族がいる」とD相談支援専門員に伝えた。

D相談支援専門員が，課題の解決に向けて市（自立支援）協議会に働きかけたところ，市内に該当する事業所がないことが明らかになった。

この事例で，地域におけるサービスの不足を解決するために，市（自立支援）協議会に期待される機能・役割として，**最も適切なもの**を**1つ**選びなさい。

1 困難な事例や資源不足についての情報の発信
2 権利擁護に関する取り組みの展開
3 地域の社会資源の開発
4 構成員の資質向上
5 基幹相談支援センターの運営評価

この問題では，市町村が設置する（自立支援）協議会（障害者総合支援法第89条の3）の持つ6つの機能（情報機能・調整機能・開発機能・教育機能・権利擁護機能・評価機能）のうち，どの機能・役割が，この地域におけるサービスの不足を解決するために適切かを問うている。

1＝× 困難な事例や資源不足についての情報の発信は**情報機能**であり，この事例では適切ではない。

2＝× 権利擁護に関する取り組みの展開は**権利擁護機能**であり，この事例では適切ではない。

3＝○ 地域の社会資源の開発は**開発機能**であり，この事例において期待される機能・役割である。例えば，市内に発達支援やショートステイの事業所がないということが，（自立支援）協議会を通じて共有され，専門部会での検討を踏まえ，新たな地域資源の開発や改善が必要な場合は，全体会を通じて地域に提案される。

4＝× 構成員の資質向上は**教育機能**であり，この事例では適切ではない。

5＝× 基幹相談支援センターでは，地域の相談支援の拠点として，総合的な相談支援および成年後見制度利用支援事業等を地域の実情に応じて行っている。基幹相談支援センターの運営評価は**評価機能**であり，この事例では適切ではない。

▶正答＝3

ときテク！

- 市町村が設置する（自立支援）協議会の持つ6つの機能（情報機能・調整機能・開発機能・教育機能・権利擁護機能・評価機能）をしっかり整理しておく。
- 正答を導くためには，市（自立支援）協議会の機能・役割を踏まえ，事例の情報から早急に地域の社会資源の開発が必要であることを読み取ることが求められる。

問題● 58【障害の理解】

Eさん（38歳，男性）は，脳梗塞（cerebral infarction）を発症し，病院に入院していた。退院時に，右片麻痺と言語障害があったため，身体障害者手帳2級の交付を受けた。現在，Eさんと家族の希望によって，自宅で生活しているが，少しずつ生活に支障が出てきている。Eさんの今後の生活を支えるために，障害福祉サービスの利用を前提に多職種連携による支援が行われることになった。

Eさんに関わる関係者が果たす役割として，**最も適切なものを1つ**選びなさい。

1 介護支援専門員（ケアマネジャー）が，介護サービス計画を作成する。
2 医師が，要介護認定を受けるための意見書を作成する。
3 基幹相談支援センターの職員が，障害福祉計画を立てる。
4 地域包括支援センターの職員が，認定調査を行う。
5 相談支援専門員が，サービス担当者会議を開催する。

1＝× 介護支援専門員（ケアマネジャー）が介護サービス計画を作成するのは，介護保険サービスを利用する場合である。障害福祉サービスを利用する場合は，主に市町村が指定した指定特定相談支援事業者の**相談支援専門員**が**サービス等利用計画**を作成する。

2＝× 医師が作成する要介護認定を受けるための意見書は，介護保険の要介護認定の際の判断材料として用いられる。なお，障害福祉サービスの利用についても障害支援区分の認定を受ける必要があり，主治医の意見書はその判定材料の1つとなる。

3＝× 障害福祉計画とは，障害者総合支援法第88条・第89条の規定に基づき，障害福祉サービス，相談支援及び地域生活支援事業の提供体制の確保にかかる目標に関する事項などを定めた計画であり，市町村・都道府県が作成するものである。

4＝× 障害支援区分における認定調査は，地域包括支援センターではなく，**市町村**の職員が行う。市町村は，認定調査を指定一般相談支援事業者等に委託することができる。

5＝○ 相談支援専門員には，サービス等利用計画案の作成と市町村への提出などの役割がある。市町村から障害福祉サービスの支給決定を受けた後は，**サービス担当者会議**を開催し，関係する職種とアセスメント（assessment）の結果を共有し，サービス等利用計画の原案に対する専門的見地からの意見を求め，各サービスの実施の土台となるサービス等利用計画を作成する。

▶正答＝5

アドバイス！

● 障害福祉サービスと介護保険サービスでは，居宅介護と訪問介護（ホームヘルプサービス）など，サービスの内容で類似するサービスがあるため，整理しておくことが大切。
● 正答を導くためには，「障害福祉サービス」と「介護保険サービス」を利用するための手続きや法に基づく計画などを，混同することなく理解しておく必要がある。

問題● 59【医療的ケア】

消毒と滅菌に関する次の記述のうち，正しいものを１つ選びなさい。

1　消毒は，すべての微生物を死滅させることである。

2　複数の消毒液を混ぜると効果的である。

3　滅菌物には，有効期限がある。

4　家庭では，熱水で滅菌する。

5　手指消毒は，次亜塩素酸ナトリウムを用いる。

1 = ✕ 消毒とは，病原性の微生物を死滅させること，または弱くすることである。一方，滅菌とは，すべての微生物を死滅させること，または除去することである。消毒ではすべての微生物を死滅させることはできない。すべての微生物を死滅させることが必要な場合には，滅菌を行う。

2 = ✕ 複数の消毒液を混ぜることは避ける必要がある。消毒液には様々な種類や特徴がある。混ぜることで中和されたり，悪影響を与えることがある。例えば，塩素系漂白剤と酸性洗剤（トイレ用洗剤）を混ぜることで有毒な塩素ガスが発生し危険である。

3 = ○ 滅菌物には有効期限がある。滅菌済みの物は，滅菌済みであることが明確にわかるように目印がある。滅菌物を使用する前には，滅菌済みの表示を確認すること，滅菌物の有効期限を確認すること，開封していないことを確認することが重要である。

4 = ✕ 滅菌は，専用の施設や設備が必要であり，酸化エチレンガスや高圧蒸気，放射線等を用いて行うので，家庭で滅菌をすることはできない。家庭で行えるのは消毒である。消毒の主な方法には，熱水によるものと薬液によるものがある。熱水消毒には家庭用の食器洗浄機を利用し，薬液による消毒には次亜塩素酸ナトリウムやアルコールを使用する。

5 = ✕ 手指消毒には，エタノール含有の速乾性手指消毒液を用いることが多い。この薬剤には塩化ベンザルコニウムとアルコールが含まれている。次亜塩素酸ナトリウムは，汚染されたリネン類の洗浄や食器類の洗浄消毒に有効である。塩素系漂白剤，殺菌剤として家庭用に販売されている。これらは強アルカリ性のため皮膚に直接付着するとやけどのようになり，肌が荒れてしまうため，使用時には十分注意が必要である。そのため，手指消毒には次亜塩素酸ナトリウムは使用しない。

▶正答＝３

アドバイス！

● 感染対策の１つである消毒と滅菌の知識を整理しておく。
● 医療的ケアを受ける人は特に感染しやすい状況にあり，使用する物品や環境は消毒や滅菌をすることが求められる。
● 消毒と滅菌の違い，消毒や滅菌の方法，消毒薬の使用上の留意点などの正しい理解が必要である。

問題● 60【医療的ケア】

次の記述のうち，成人の正常な呼吸状態として，**最も適切なもの**を1つ選びなさい。

1 胸腹部が一定のリズムで膨らんだり縮んだりしている。

2 ゴロゴロとした音がする。

3 爪の色が紫色になっている。

4 呼吸数が1分間に40回である。

5 下顎を上下させて呼吸している。

1 =○ 正常な呼吸の仕方は，安静時には**胸部や腹部が呼吸に合わせて比較的一定のリズムで膨らんだり縮んだりしている**。

2 =× 正常な呼吸の音は，**スースーといった空気の通るかすかな音**が聞こえる程度である。空気の通り道である「口腔・鼻腔・咽頭・喉頭・気管・気管支」のいずれかで，空気の通りが悪くなった場合に，呼吸の音が変化する。ゴロゴロとした音は，痰や分泌物で空気の通りが悪くなっている場合に出やすい。そのほかの異常音としては，ゼーゼー，ヒューヒューなどがある。

3 =× 爪の色が紫色になっている状態は，**チアノーゼ**（cyanosis）の状態と考えられる。チアノーゼは，換気（空気を吸って吐く）が不十分になると，肺胞から血中に入る酸素の量が減り**低酸素状態**になることから，**爪**や**口唇**などが**青紫色**に変色する。動脈の血液中の酸素の量（**動脈血酸素飽和度**）を調べるには，**パルスオキシメーター**（皮膚の表面から測定する機器）を用いる方法がある。

4 =× 正常な呼吸の回数は，「吸って吐く」を1回と数え，成人では1分間に**約12～18回程度**になる。呼吸の回数は，何らかの呼吸器官の障害や発熱などにより体内で酸素を必要とするときに，不足する酸素を補うために増える。また，体内（脳）の酸素が不足しすぎると，逆に呼吸の回数が減ったり，停止してしまうこともある。

5 =× 下顎を上下させる呼吸は，**下顎呼吸**と考えられる。下顎呼吸は，下顎を上下させ口をパクパクさせてあえぐような呼吸で，**死期が近づいている**徴候の1つである。

▶正答＝1

アドバイス！

- 呼吸はバイタルサイン（vital signs）の1つであり，体温，脈拍，血圧，意識の状態などとともに身体の変化をみる要素である。
- バイタルサインにおいて正常値を学び，いつもと違う身体の変化に気づけることが大切である。
- 喀痰吸引においては，呼吸の仕組みと働きに関する知識が重要となる。

問題● 61【医療的ケア】

喀痰吸引を行う前の準備に関する次の記述のうち，**最も適切なものを1つ**選びなさい。

1 医師の指示書の確認は，初回に一度行う。

2 利用者への吸引の説明は，吸引のたびに行う。

3 腹臥位の姿勢にする。

4 同室の利用者から見える状態にする。

5 利用者に手指消毒をしてもらう。

1 =× 医師の指示書の確認は，**喀痰吸引を実施するたび**に行う必要がある。実施時の状況は常に同じではないため，喀痰吸引実施前には必ず**医師の指示書の確認**と，**看護職からの指示や引き継ぎ事項の確認**をする必要がある。

2 =○ 利用者への吸引の説明は，**吸引のたび**に行う必要がある。喀痰吸引は苦痛を伴う行為であるため，利用者自身の協力や吸引の実施者との信頼関係が必要となる。説明を省くことは，利用者に驚きや緊張を与え，苦痛を増大させ，吸引に対する嫌悪感にも結びつきやすい。そのため，利用者の理解の程度や意識レベルに応じた丁寧な説明を行うことにより，吸引への協力を得られることが大切である。

3 =× 喀痰吸引時の基本的な姿勢は，**吸引をできる限り楽に受けられるような姿勢**や，**吸引チューブを挿入しやすい姿勢**や，**観察しやすい姿勢**がよい。そのため，ベッド上では利用者が安楽を保てる角度の挙上や座位のまま行うことが望まれる。なお，腹臥位（うつぶせ）は，重力を利用して痰を出しやすくする姿勢（体位ドレナージ）の1つである。

4 =× 喀痰吸引は，口を開けて行われたり，鼻腔にチューブを挿入して行われるため，苦痛を伴う処置である。そのため，施設等で他の利用者と同室の場合は，**プライバシー保護のために必要に応じてカーテン・スクリーンをして**，同室の利用者から見えないようにする。

5 =× 手指消毒を行うのは，喀痰吸引を行う**介護福祉士等の実施者**である。手指には目に見えない微生物が存在し，それにより感染症を起こす可能性がある。喀痰吸引は，吸引チューブを体内に挿入する行為であるため，感染リスクは非常に高い。そのため実施者は，喀痰吸引を行う前に**手指消毒を行う**必要がある。

▶正答＝ 2

要点チェック！

●吸引実施準備段階では，必ず医師の指示書，看護職からの指示・引き継ぎ事項の確認を行い，次に手洗いまたは手指消毒を行い，必要物品の確認と設置を行うことが重要となる。

●その次の段階では，利用者に吸引の説明を行い，吸引をするために環境を整備し，吸引を受けやすいように利用者の姿勢を整え，利用者の状態の観察をする。

●各段階のポイントと留意点を正しく押さえておこう。

問題● 62【医療的ケア】

胃ろうによる経管栄養での生活上の留意点の説明として，**最も適切なもの**を１つ選びなさい。

1 「日中は，ベッド上で過ごします」
2 「夜寝るときは，上半身を起こした姿勢で寝ます」
3 「便秘の心配はなくなります」
4 「口から食べなくても口腔ケアは必要です」
5 「入浴は清拭に変更します」

1 =× 経管栄養を実施している以外の時間は，**通常の生活が可能**である。経管栄養時の一定時間の同一体位の継続は身体・精神的負担が生じる。そのため，利用者の状況に合わせて日中離床し，散歩や適度な運動を行うことで，消化機能や筋肉，関節機能を保つだけでなく，精神的な効果も得られる。

2 =× 経管栄養を実施している以外の時間は，利用者にとって負担なく**安楽な姿勢**が望ましい。経管栄養の注入中や注入後にとる上半身を起こす姿勢は，逆流や誤嚥を防ぐために行われる姿勢である。したがって，夜寝るときの姿勢として上半身を起こす必要はない。

3 =× **便秘**は，**経管栄養を行っている人によくみられる**消化器症状の１つである。経管栄養時にみられる便秘の原因として，**水分不足**や**食物繊維不足**になりやすいことや，**運動不足**，**腸蠕動機能の低下**などがある。このように便秘がみられる可能性は高いため，適切な説明ではない。

4 =○ 経管栄養を実施している利用者の場合は，口から食べることがないことから，**唾液の分泌が減少**し，唾液による**自浄作用が低下**して細菌感染や細菌の繁殖が起こりやすい状態になっている。自浄作用の低下は，口腔内に繁殖した細菌により口臭だけでなく，誤嚥性肺炎（aspiration pneumonia）や消化器感染を引き起こす原因にもなる。**口腔ケア**は，感染予防のみならず，爽快感を与えることもできるので，口から食べなくても口腔ケアは必要である。

5 =× 胃ろうを造設しても，全身状態に問題がなければ，**シャワー浴や浴槽に入る入浴は可能**である。胃ろうによる経管栄養を行っている人は，ろう孔周囲の皮膚に発赤や水疱などのスキントラブルが起きやすい。そのため，清拭だけでなく，入浴で石鹸を使って周囲の皮膚を洗浄し，スキンケアを行うことが望ましい。

▶**正答＝４**

アドバイス！

- 経管栄養は，本人の生活や行動範囲を制限するものではないが，経管栄養によって生じるリスクもあるため，日常生活での留意点を理解しておく必要がある。
- 胃ろうによる経管栄養の場合での口腔ケアの重要性を問う問題は多いので，しっかり覚えておこう。

問題● 63【医療的ケア】

Fさん（87歳，女性）は，介護老人福祉施設に入所している。嚥下機能が低下したため，胃ろうによる経管栄養が行われている。担当の介護福祉士は，Fさんの経管栄養を開始して，しばらく観察した。その後，15分後に訪室すると，Fさんが嘔吐して，意識はあるが苦しそうな表情をしていた。介護福祉士は，すぐに経管栄養を中止して看護職員を呼んだ。

看護職員が来るまでの介護福祉士の対応として，**最も優先すべきものを1つ選びなさい。**

1 室内の換気を行った。
2 ベッド上の嘔吐物を片付けた。
3 酸素吸入を行った。
4 心臓マッサージを行った。
5 誤嚥を防ぐために顔を横に向けた。

1＝× 換気とは，室内の空気を室外の新鮮な空気と入れ換えることである。嘔吐物によるにおいなどで汚れた空気により，不快感が増長される可能性があるが，Fさんは苦しそうな表情をしていることから，換気は最も優先すべき行為ではない。

2＝× Fさんは意識はあるが苦しそうな表情をしていることから，状態の悪化や生命の危機に至る可能性もある。したがって，嘔吐物を片付けることは最も優先すべき行為ではない。

3＝× **酸素吸入**とは，低酸素状態の改善や，その予防として行い，不足している酸素を高濃度の酸素として吸入する治療法である。酸素吸入の判断を行うのは**医師**であり，緊急時であっても介護福祉士が判断して行うことはできない。

4＝× **心臓マッサージ**とは，呼吸が止まり心臓が動いていない人に対し，胸骨の下半分を両手で圧迫して血液の循環を促す応急処置であり，**胸骨圧迫**ともいう。Fさんは意識のある状態で苦しそうな表情をしていることから，心臓マッサージを行うことは適切ではない。

5＝○ 嘔吐した吐物により，誤嚥のみならず気道の閉塞を起こし呼吸ができない状態になる危険性がある。そのため介護福祉士は利用者が嘔吐した場合には，**窒息や誤嚥を防ぐために顔を横に向け**吐物を口の外に出させ，逆流しない姿勢にすることが重要となる。

▶正答＝5

アドバイス！

- 喀痰吸引や経管栄養時の事故発生は，身体に危害を与える恐れがあるため，さらに事故・リスクが大きくならないよう，迅速かつ確実な対処をすることが重要となる。
- 経管栄養時のリスクは，事例にある嘔吐のほか，挿入しているチューブの抜け，注入中の痰がらみなど想定されるリスクの対応方法についても整理しておく必要がある。

問題● 64【介護の基本】

利用者主体の考えに基づいた訪問介護員（ホームヘルパー）の対応に関する次の記述のうち，**最も適切なものを1つ選びなさい。**

1　トイレの窓は換気が必要であると判断し，開けたままにしておいた。
2　認知症（dementia）の人が包丁を持つのは危険だと判断し，訪問介護員（ホームヘルパー）が調理した。
3　煮物を調理するとき，利用者に好みの切り方を確認してもらった。
4　糖尿病（diabetes mellitus）のある利用者には，買い物代行で菓子の購入はしないことにした。
5　次回の掃除のために，訪問介護員（ホームヘルパー）が使いやすい場所に掃除機を置いた。

1＝✕ トイレは，**プライバシーの確保**を必要とする空間である。換気は，排泄を済ませた後に行えばよいので，窓を開けたままにしておくことは適切ではない。

2＝✕ 認知症の人でも，包丁の使い方などの手続き記憶は比較的保持されやすい。本人に調理をしたいという意欲がある場合には，**訪問介護員と一緒に行う**など，安全への配慮をしながら，できるだけ続けられるように支援することが望ましい。

3＝○ 介護福祉職がサービスを提供するときに目指す介護福祉の理念に，**利用者主体**という視点がある。一人の人間としてその**尊厳を支える**ためには，**その人らしさを支える**ことが重要である。食材の切り方など，利用者の好みや意向を確認することは，その人らしさを支えることであり，利用者主体の考え方として適切である。

4＝✕ 糖尿病のある利用者への食事管理は大切であるが，何をどのくらい食べたいかなどについて，**本人の意向**をよく聴く必要がある。菓子の購入についても話し合う場を設けるなど，本人が納得できるような支援が望ましい。

5＝✕ 訪問介護員が使いやすい場所に掃除機を置くのは，利用者の**その人らしい暮らし**，**生活習慣**などを踏まえていないことから，利用者主体の考えに基づいた支援とはいえない。掃除機の置き場所について，安全面で問題があるのであれば，利用者の意向を確認しつつ，利用者の生活の支障にならない場所に置くなどの配慮が必要である。

▶正答＝3

アドバイス!

- 「利用者主体の考え方」については，その根底にある「尊厳を守る介護」「自立支援」「安全・安楽な介護」「自己決定の尊重」等について理解している必要がある。
- 自立を支援するという視点から，利用者が自分で行うことが危険であったり，職員から見て望ましくなかったりしたとしても，安全・安楽に配慮しつつ，利用者の自己決定を尊重した支援が重要であることを押さえておきたい。

問題● 65【介護の基本】

「求められる介護福祉士像」で示された内容に関する次の記述のうち，**最も適切なもの**を1つ選びなさい。

1　地域や社会のニーズにかかわらず，利用者を導く。
2　利用者の身体的な支援よりも，心理的・社会的支援を重視する。
3　施設か在宅かに関係なく，家族が望む生活を支える。
4　専門職として他律的に介護過程を展開する。
5　介護職の中で中核的な役割を担う。

（注）「求められる介護福祉士像」とは，社会保障審議会福祉部会福祉人材確保専門委員会「介護人材に求められる機能の明確化とキャリアパスの実現に向けて」(2017年(平成29年)10月4日)の中で示されたものを指す。

「求められる介護福祉士像」には，以下の10項目が示されている。

●求められる介護福祉士像

1．尊厳と自立を支えるケアを実践する
2．専門職として**自律的**に介護過程の展開ができる
3．身体的な支援**だけでなく**，心理的・社会的支援も展開できる
4．介護ニーズの複雑化・多様化・高度化に対応し，本人や家族等のエンパワメントを重視した支援ができる
5．QOL（生活の質）の維持・向上の視点を持って，介護予防からリハビリテーション，看取りまで，対象者の状態の変化に対応できる
6．地域の中で，施設・在宅にかかわらず，**本人**が望む生活を支えることができる
7．関連領域の基本的なことを理解し，多職種協働によるチームケアを実践する
8．本人や家族，チームに対するコミュニケーションや，的確な記録・記述ができる
9．制度を理解しつつ，地域や社会のニーズに**対応できる**
10．介護職の中で**中核的**な役割を担う

＊これらすべてに共通するものとして「高い倫理性の保持」が示されている。

選択肢**1**は，項目9から適切ではない。選択肢**2**は，項目3から適切ではない。選択肢**3**は，項目6から適切ではない。選択肢**4**は，項目2から適切ではない。選択肢**5**は，項目10から適切である。

したがって，**1**＝×，**2**＝×，**3**＝×，**4**＝×，**5**＝○となる。

▶**正答＝5**

アドバイス!

●「求められる介護福祉士像」は，介護福祉士に必要な資質についてまとめられたものであり，介護福祉士となるにあたっては必ず確認しておく必要がある。
●厚生労働省のホームページやテキストでその内容を確認しておこう。

問題● 66【介護の基本】

社会福祉士及び介護福祉士法に規定されている介護福祉士の責務として，最も適切なものを１つ選びなさい。

1 地域生活支援事業その他の支援を総合的に行う。
2 介護等に関する知識及び技能の向上に努める。
3 肢体の不自由な利用者に対して必要な訓練を行う。
4 介護保険事業に要する費用を公平に負担する。
5 常に心身の健康を保持して，社会的活動に参加するように努める。

社会福祉士及び介護福祉士法に規定されている介護福祉士の責務には，以下の表の５つがある。

●社会福祉士及び介護福祉士法に規定された介護福祉士の責務（義務）

誠実義務（第44条の２）	その担当する者が個人の尊厳を保持し，自立した日常生活を営むことができるよう，常にその者の立場に立って，誠実にその業務を行わなければならない。
信用失墜行為の禁止（第45条）	介護福祉士の信用を傷つけるような行為をしてはならない。
秘密保持義務（第46条）	正当な理由がなく，その業務に関して知り得た人の秘密を漏らしてはならない。介護福祉士でなくなった後においても，同様とする。
連携（第47条第２項）	その業務を行うに当たっては，その担当する者に，認知症であること等の心身の状況その他の状況に応じて，福祉サービス等が総合的かつ適切に提供されるよう，福祉サービス関係者等との連携を保たなければならない。
資質向上の責務（第47条の２）	介護を取り巻く環境の変化による業務の内容の変化に適応するため，介護等に関する知識及び技能の向上に努めなければならない。

注１：「誠実義務」「資質向上の責務」については，2007年（平成19年）に追加。
注２：「連携」については，2007年（平成19年）に対象を拡大。

選択肢２の記述が「資質向上の責務」に該当するため，1＝×，2＝○，3＝×，4＝×，5＝×となる。

▶正答＝２

過去問チェック!

- 社会福祉士及び介護福祉士法に規定された介護福祉士の責務（義務）については過去問を踏まえて整理しておこう。
- この他，介護福祉士の業や欠格事由についても出題されることが予想されるので，しっかりとその内容を理解しておく。

問題● 67【介護の基本】

Ａさん（85 歳，女性，要介護１）は夫と二人暮らしで，訪問介護（ホームヘルプサービス）を利用している。Ａさんは認知症（dementia）の進行によって，理解力の低下がみられる。ある日，Ａさんが訪問介護員（ホームヘルパー）に，「受けているサービスをほかのものに変更したい」「夫とは仲が悪いので話したくない」と，不安な様子で話した。

意思決定支援を意識した訪問介護員（ホームヘルパー）の対応として，**最も適切なもの**を１つ選びなさい。

1　Ａさんとの話し合いの場に初めから夫に同席してもらった。

2　Ａさんにサービス変更の決断を急ぐように伝えた。

3　Ａさんと話す前に相談内容を夫に話した。

4　サービスを変更したい理由についてＡさんに確認した。

5　訪問介護員（ホームヘルパー）がサービス変更をすることを判断した。

1 = ✕ 「夫とは仲が悪いので話したくない」と不安な様子で話しているＡさんの状況から，Ａさんの同意も得ずに，話し合いの場に初めから夫に同席してもらうと，Ａさんが意思表示しにくい環境になる。夫との関係に配慮し，Ａさんが**意思決定しやすい環境を整える**ことは，意思決定支援において重要である。

2 = ✕ Ａさんにサービス変更の決断を急がせるのではなく，Ａさんが**自分のペースで意思決定できるように支援する**ことが大切である。訪問介護員は，Ａさんがサービスを変更したい理由を傾聴し，再度，情報収集が必要なのか，再アセスメントや計画の修正が必要なのかを確認するなど，Ａさんの意思を尊重した支援を行う。

3 = ✕ Ａさんの同意も得ずに，Ａさんと話す前に相談内容を夫に話すことは，Ａさんの意思を無視したことになり，意思決定の妨げになる。

4 = ○ まずは訪問介護を利用しているＡさん本人にサービスを変更したい理由を確認することは，Ａさんの**意思決定支援**において必要不可欠である。

5 = ✕ 利用者本人による意思決定が困難な場合，訪問介護員が本人の意思を代弁する場合もある。しかし，Ａさんは自分で意思表示ができるため，訪問介護員が**勝手にサービス変更の判断をしてはならない**。訪問介護員として，Ａさんが利用したいサービスを自己選択し，自己決定できるように，Ａさんの意思決定を支援することが望ましい。

▶正答＝４

アドバイス！

- 利用者の望む日常生活の支援には，利用者への意思決定支援が不可欠であり，認知症の進行によって理解力の低下がみられる場合でもそれは変わらない。
- 事例のように訪問介護を利用している場合，利用者の心身の状況のみならず，家族関係等，利用者を取り巻く環境に配慮した意思決定支援が重要である。

問題● 68【介護の基本】

すべての人が暮らしやすい社会の実現に向けて，どこでも，だれでも，自由に，使いやすくという考え方を表す用語として，**適切なものを1つ**選びなさい。

1 ユニバーサルデザイン（universal design）
2 インフォームドコンセント（informed consent）
3 アドバンス・ケア・プランニング（advance care planning）
4 リビングウィル（living will）
5 エンパワメント（empowerment）

1＝○ ユニバーサルデザインとは，障害や年齢に関係なく，すべての人にとって使いやすいように，建物や製品などをデザインすることである。ユニバーサルデザインには，以下の7つの原則がある。

①誰でも公平に利用できる，②使う人の好みや能力に合うように作られている，③使い方が簡単ですぐわかる，④必要な情報がすぐに理解できる，⑤ミスや危険につながらないデザインである，⑥身体への過度な負担がなく，少ない力でも楽に使用できる，⑦誰にでも使える大きさと広さが確保されている。

2＝× インフォームドコンセントとは，患者の権利に端を発し，医師から十分な説明を受けて患者が納得して同意をするというプロセスである。介護福祉現場においても，インフォームドコンセントに基づいたサービス提供がなされている。

3＝× アドバンス・ケア・プランニングとは，終末期を含めた緊急時のケアについて，利用者や家族と介護福祉職，医療職等が話し合って，利用者が自分の最期の過ごし方やケアについて自己決定できるように支援する取り組みである。介護福祉職は，利用者の気持ちに変化がないか確認し，利用者が最期を自分らしく生きられるように支援する。

4＝× リビングウィルとは，利用者が自分の意思で終末期の過ごし方や過ごす場所，延命治療などについて，事前に自己決定することである。近年は，入所時に「事前指示書」などの名称で，緊急時の対応に関する利用者の意思を確認する福祉施設が多くなっている。

5＝× エンパワメントは，当事者自らの潜在的可能性，尊厳を引き出して，その能力を強化していく過程である。介護実践においては，介護福祉職は利用者の潜在能力を信じ，利用者自らが困難を解決していくパワーを発揮できるように支援する。

▶正答＝1

過去問チェック！

- 利用者の自立に向けた介護の用語に関する知識は頻出問題である。
- 「インフォームドコンセント」や「エンパワメント」など外来語の用語の意味については様々な科目でよく出題されるため，それぞれの用語の意味を正しく理解しておく必要がある。

問題● 69【介護の基本】

Bさん（82歳，女性，要介護2）は，若いときに夫を亡くし，家で仕事をしながら子どもを一人で育てた。夫や子どもと過ごした家の手入れは毎日欠かさず行っていた。数年前に，アルツハイマー型認知症（dementia of the Alzheimer's type）と診断され，認知症対応型共同生活介護（認知症高齢者グループホーム）に入居した。夕方になると，「私，家に帰らないといけない」と介護福祉職に何度も訴えている。

Bさんに対する介護福祉職の声かけとして，**最も適切なものを1つ選びなさい。**

1 「仕事はないですよ」
2 「ここが家ですよ」
3 「外に散歩に行きますか」
4 「家のことが気になるんですね」
5 「子どもさんが『ここにいてください』と言っていますよ」

アルツハイマー型認知症は，脳の病変の進行とともに症状が徐々に進行していく。初期段階では，記憶障害や見当識障害，手段的日常生活動作の低下などがみられる。認知症（dementia）の進行は，利用者を取り巻く環境や本人の生き方などの影響も強く受けるため，認知症に対しての正しい理解と介護福祉職の接し方がとても重要となる。この問題では，夕方になると「私，家に帰らないといけない」と何度も訴えるBさんの**言葉の裏に隠れている意味**を，家で仕事をしながら子どもを一人で育てたBさんの生活史や気持ちから汲み取った介護福祉職としての声かけについて問われている。

1 = ✕ 「仕事はないですよ」という**否定する**声かけは，Bさんを**不安にさせてしまう**ため，適切ではない。

2 = ✕ 「ここが家ですよ」という**事実とは異なる**声かけは，見当識障害のあるBさんを**不安にさせてしまう**ため，適切ではない。

3 = ✕ 「外に散歩に行きますか」という声かけは，Bさんの**生活史や気持ちを汲み取っていない**ため，適切ではない。

4 = ○ 「家のことが気になるんですね」という声かけは，Bさんの**生活史や気持ちを汲み取った上で，受容し共感する**声かけであり，Bさんの**心身の安定につながる**ため，適切である。

5 = ✕ 「子どもさんが『ここにいてください』と言っていますよ」という声かけは，Bさんの**生活史や気持ちを汲み取っていない**ため，適切ではない。

▶**正答＝4**

アドバイス！

●認知症の利用者が尊厳ある日常生活を送るためには，本人の心身の状況や家族関係，生活史などを把握し，本人の発する言葉や行動の裏に隠れている意味を汲み取った支援が求められる。

問題● 70【介護の基本】

介護保険施設の駐車場で，下記のマークを付けた車の運転手が困った様子で手助けを求めていた。介護福祉職の対応として，**最も適切なものを 1 つ**選びなさい。

1 手話や筆談を用いて話しかける。
2 杖を用意する。
3 拡大読書器を使用する。
4 移動用リフトを用意する。
5 携帯用点字器を用意する。

この問題で出題されたマークは，聴覚障害者標識（聴覚障害者マーク）である。このマークは，2008 年（平成 20 年）6 月の道路交通法改正により聴覚障害者に係る免許の欠陥事由の見直しに伴い導入されたもので，補聴器により補われた聴力も含め，10 m の距離で 90 dB の警音器の音が聞こえることを条件に運転を許可される。

1 =○ 手話や筆談を用いて話しかけるのは，**聴覚障害のある人への対応**のため，適切である。

2 =✕ 杖を用意するのは，**歩行に障害がある人への対応**のため，適切ではない。

3 =✕ 拡大読書器を使用するのは，**視覚に障害がある人への対応**のため，適切ではない。

4 =✕ 移動用リフトを用意するのは，**移動に障害がある人への対応**のため，適切ではない。

5 =✕ 携帯用点字器を用意するのは，**視覚に障害がある人への対応**のため，適切ではない。

▶**正答＝ 1**

要点チェック！

- 障害者に関係するマークは，障害のある人に対応した施設，設備，ルール等の存在を示したり，障害のある人が支援を必要としていることをわかりやすく伝えるため，障害者に関係する様々な省庁・自治体・団体が作成・所管している。
- 正答を導くためには「聴覚障害者マーク」であることを理解した上で，障害に応じた適切な支援方法を把握していることが求められる。

問題● 71【介護の基本】

介護保険施設における専門職の役割に関する次の記述のうち，**最も適切なものを1つ選びなさい。**

1 利用者の栄養ケア・マネジメントは，薬剤師が行う。

2 認知症（dementia）の診断と治療は，作業療法士が行う。

3 利用者の療養上の世話又は診療の補助は，社会福祉士が行う。

4 日常生活を営むのに必要な身体機能改善や機能訓練は，歯科衛生士が行う。

5 施設サービス計画の作成は，介護支援専門員が行う。

1 = ✕ **薬剤師**は，主な業務として，病院や薬局で薬の管理や調剤・供給，薬の効能や服用方法，保管方法等の情報提供を行っている。また，入院患者に対しては，医師や看護師とともに直接患者のもとを訪ねて薬の服用指導も行っている。利用者の栄養ケア・マネジメントを行うのは**管理栄養士**の役割であるため，適切ではない。

2 = ✕ **作業療法士**は，医師の指示の下に，作業療法を行うことを業とするものであり，認知機能や運動機能に障害のある人を対象に，衣服着脱や食事，入浴などの日常生活動作の改善・維持を支援している。また，炊事や洗濯などの家事，乗り物に乗っての外出の支援，地域活動参加の支援等，生活に必要な様々な動作の改善を支援している。認知症の診断と治療を行うのは**医師**の役割であるため，適切ではない。

3 = ✕ **社会福祉士**は，主に福祉に関する相談援助を行う専門職であり，社会福祉サービスを必要とする人に対して，権利擁護や自立支援のための相談・助言・指導を行っている。利用者の療養上の世話又は診療の補助を行うのは**看護師**の役割であるため，適切ではない。

4 = ✕ **歯科衛生士**は，歯科医師の指導の下に，歯牙及び口腔の疾患の予防処置を行う専門職である。歯科診療の補助，歯科予防処置，歯科保健指導が主な業務であり，介護福祉職が利用者に対し効果的な口腔ケアを行うことができるよう指導し，評価する口腔ケアマネジメントの役割も担っている。日常生活を営むのに必要な身体機能改善や機能訓練を行うのは**理学療法士**の役割であるため，適切ではない。

5 = ○ **介護支援専門員**は，居宅介護支援事業所や介護保険施設において居宅サービス計画や施設サービス計画を作成し，利用者の相談に応じた介護サービスの利用調整や関係者間の連絡などを行う役割がある。したがって，適切である。

▶**正答＝5**

アドバイス!

● 専門職の業務や役割を正しく理解しておくことが重要となる。
● 介護保険施設においては，医療・福祉等の専門職の配置基準が設けられており，利用者が抱える多様なニーズに対応するため，様々な専門職が協働してチームアプローチ（team approach）を行っている。

問題● 72【介護の基本】

介護の現場におけるチームアプローチ（team approach）に関する次の記述のうち，**最も適切なものを1つ選びなさい。**

1 チームメンバーが得た情報は，メンバー間であっても秘密にする。
2 チームメンバーの役割分担を明確にする。
3 利用者を外してチームを構成する。
4 医師がチームの方針を決定する。
5 チームメンバーを家族が指名する。

1 =✕ 利用者に関わる際に知り得た情報をチーム間で**情報共有**することは，共有した目標を達成する意味で重要である。チームとして知り得た情報を多様な専門性で**臨機応変に対応していくアプローチ**が大切となる。

2 =○ 単独の専門職だけでは利用者の生活ニーズに対応できない場合がある。そのような場合，**役割分担**を明確にし，他分野の専門職の知識や技術も共に提供することになる。そうすることで，効率的にサービスを提供することができ，チームメンバーが相互の専門性を理解するとともに，チームワークの有効性を確認することができる。

3 =✕ **チームの中心は利用者**である。利用者自身がチームの一員となり，自分自身の生活をより良いものにするための主体的な意識が重要となる。

4 =✕ **チームの方針を決定するのは利用者自身**である。選択肢3で解説したように，チームの中心は利用者である。利用者自身がどのような生活を送りたいのか，その目標を達成するためにはどのような方針とするのか，多職種として専門的観点から意見を述べる必要があるが，最終決定は利用者自身にある。

5 =✕ チームメンバーは，利用者のニーズに応じて**介護支援専門員（ケアマネジャー）**が作成するケアプランによって決定される。そのため，家族が指名するというのは適切ではない。

▶正答＝2

要点チェック！

- チームアプローチの意義は，利用者を中心として異なる専門性を持つ多職種がチームとなって支え合うことにより，互いの専門職としての能力を活用して，効果的なサービスを提供できることにある。
- チームアプローチの目的は，利用者を支える職種が，連携によって生み出される総合力を発揮することである。

問題● 73【介護の基本】

利用者の危険を回避するための介護福祉職の対応として，**最も適切なもの**を**1つ**選びなさい。

1　スプーンを拾おうとして前傾姿勢になった車いすの利用者を，目視で確認した。
2　廊下をふらつきながら歩いていた利用者の横を，黙って通り過ぎた。
3　食事介助をしていた利用者の姿勢が傾いてきたので，姿勢を直した。
4　下肢筋力が低下している利用者が，靴下で歩いていたので，スリッパを履いてもらった。
5　車いすの利用者が，フットサポートを下げたまま立ち上がろうとしたので，またいでもらった。

1 =✕ スプーンを拾おうとして前傾姿勢になった車いすの利用者は**転倒の可能性**があるため，目視で確認するだけでなく，速やかに利用者のところに行き，**安全を確保する**必要がある。

2 =✕ 廊下をふらつきながら歩いている利用者は**転倒の可能性**があるため，黙って通り過ぎず，いすに座ってもらうなど**安全を確保する**ことが大切である。利用者は複数の疾患を抱えていることが多いため，日常の様子を十分に観察して変化に気づくことが大切である。

3 =○ 食事介助をしている際に利用者の姿勢が傾いてきたら，正しい食事の姿勢に直さなくてはならない。傾いたまま食事をしていると**誤嚥の危険性**があり，誤嚥性肺炎（aspiration pneumonia）を起こす可能性もある。介護福祉職として，食事をおいしく，楽しく，安全に食べられる**環境をつくる**ことが大切である。

4 =✕ 靴下は滑りやすく，下肢筋力が低下した利用者は**転倒のリスク**が高くなる。スリッパも脱げやすいので同様である。そのため，**踵があり，歩きやすく，履きやすい靴を勧めて履いてもらう**ことが大切である。

5 =✕ 車いすの利用者がフットサポートを下げたまま立ち上がろうとした場合，またいでもらうのは**転倒の可能性**がある。介護福祉職が**フットサポートを上げて安全を確保する**ことが大切である。その上で，利用者に立ち上がってもらう。

▶正答＝3

ときテク！

- 介護福祉職は，利用者の日常を理解した上で，利用者の思いを尊重し，「この人ならこうするかもしれない」と予測して，安全で安楽な支援を提供しなくてはならない。
- この問題では，利用者の状態から起こり得る危険を予測することで，正しい対応かどうかを判断することができる。

問題● 74【コミュニケーション技術】

次のうち，閉じられた質問として，適切なものを1つ選びなさい。

1 「この本は好きですか」
2 「午後はどのように過ごしますか」
3 「困っていることは何ですか」
4 「どのような歌が好きですか」
5 「なぜそう思いますか」

代表的な質問の仕方には，閉じられた質問と開かれた質問がある。

●閉じられた質問と開かれた質問

閉じられた質問	・「はい」あるいは「いいえ」のどちらかを選んで回答できる質問 ・「A」あるいは「B」を選ぶ二者択一式など回答範囲が狭い質問
開かれた質問	・自由に回答できる質問 ・具体的には,「いつ（When）」「どこで（Where）」「誰が（Who）」「何を（What）」「なぜ（Why）」「どのように（How）」といった5W1Hを用いた問いかけ

閉じられた質問は回答する範囲を限定するため，短時間で回答できる利点がある一方で，閉じられた質問を多く用いると話の展開を狭めてしまうこともある。

開かれた質問は回答する範囲を限定しないため，答える内容に広がりがあり，会話を深めることができるという利点がある。その一方で，認知症（dementia）によりコミュニケーション能力が低下している人や構音障害のある人などに開かれた質問を用いると，相手に負担感を与えることがある。回答するときの負担を軽減するためには，閉じられた質問を用いるほうがよい。

したがって，1 =○，2 =×，3 =×，4 =×，5 =×となる。

▶正答＝1

要点チェック！

- 閉じられた質問とは，「はい」あるいは「いいえ」などどちらかを選んで回答できるような質問のことをいう。
- 閉じられた質問だけでなく，自由に回答する開かれた質問についても理解しておく。
- 相手の特性や状況に応じて活用できるように，閉じられた質問と開かれた質問の特徴（利点や欠点）を整理しておこう。

問題● 75【コミュニケーション技術】

利用者の家族と信頼関係を形成するための留意点として，**最も適切なものを1つ**選びなさい。

1 家族の希望を優先する。
2 話し合いの機会を丁寧にもつ。
3 一度形成した信頼関係は，変わらずに継続すると考える。
4 家族に対して，「こうすれば良い」と指示を出す。
5 介護は全面的に介護福祉職に任せてもらう。

1＝× 家族の希望を優先するのではなく，**利用者本人の希望も把握して，両者の希望を調整する**ための支援が求められる。介護福祉職は中立的な立場で，利用者本人とその家族に対応することが大切であり，どちらか一方の希望を優先することは望ましくない。

2＝○ 介護福祉職には家族と協働して利用者を支援することが求められるため，**話し合いの機会をもつ**ことが必要である。話し合いでは，家族の介護に対する意向を確認したり，利用者本人のより良い生活の実現という目標や支援に必要な情報を家族と共有したりする。その際には，家族が安心して本音を語ることができるように，話し合いの場面設定や家族への対応方法に十分に配慮することが大切である。

3＝× 家族との信頼関係は，**一度形成したら変わらずに継続するとは限らない**。家族との良好な関係を維持するためには，関係を形成した後のコミュニケーションにおいても，介護福祉職は家族を尊重し，受容的・共感的な態度を心がけることが大切である。

4＝× 家族と信頼関係を形成するためには，介護福祉職が一方的に指示を出すのではなく，**家族の話を丁寧に聴いてから必要に応じた助言や提案をしたり，より良い方法を家族と一緒に考えたり**して，双方向のコミュニケーションを心がけることが大切である。

5＝× 介護福祉職は，介護を全面的に任せてもらうのではなく，**利用者本人と家族からそれぞれの介護に対する意向を確認する**ことが求められる。また，どのような介護内容をどのような方針で提供していくのかを，利用者本人と家族にわかりやすく説明し，選択してもらうことも重要である。

▶正答＝2

過去問チェック！

● 家族とのコミュニケーションについては，信頼関係を形成するための留意点をしっかり理解しておくことが重要であり，「自分が家族の立場だったら？」と考えることが重要。
● 家族への助言・指導の方法や，利用者と家族の意向が異なる場合の支援などについても過去に出題されているため，併せて理解しておくことが大切である。

問題● 76【コミュニケーション技術】

Cさん（75歳，男性）は，老人性難聴（presbycusis）があり，右耳は中等度難聴，左耳は高度難聴である。耳かけ型補聴器を両耳で使用して静かな場所で話せば，なんとか相手の話を聞き取ることができる。

Cさんとの1対1のコミュニケーションの方法として，**最も適切なものを1つ**選びなさい。

1 正面で向き合って話しかける。
2 高音域の声を使って話しかける。
3 耳元で，できるだけ大きな声で話しかける。
4 手話で会話をする。
5 からだに触れてから話しかける。

老人性難聴の特徴と支援における対応のポイントは，次のとおりである。

●老人性難聴の特徴

①小さい音が聞こえにくいだけでなく，音がゆがむ，反響する，混ざって聞こえる
②**高音域**の音が聞こえにくくなる
③両方の耳が同じ程度に悪くなる（両側性）
④どちらの方向から音や人の声が聞こえてくるのかわからない（方向感弁別困難）
⑤大きすぎる音には敏感になり，音が激しく響いたり異常にうるさく感じる（補充現象）
⑥補聴器で音を大きく増幅しても十分な効果が得られにくい

●老人性難聴のある人への対応

①注意を向けてもらえるように，**前方から**声をかける
②表情や口の動きが見えるように，**正面で向き合って**話しかける
③**低音域**の声を使って話しかける
④耳元で，**必要以上に大きな声を出さない**
⑤習得に時間を必要とする手話や口話より，**筆談**を活用する
⑥言葉は**大きく，ゆっくり，はっきり発音する**
⑦窓を閉めたり，テレビを消したりして，**聞こえやすい環境を整える**

したがって，1＝○，2＝×，3＝×，4＝×，5＝×となる。

▶正答＝1

さらに深掘り！

● 老人性難聴は「加齢性難聴」とも呼ばれ，高齢者に最も多い聴覚障害であり，内耳や聴神経の障害である感音性難聴（sensori-neural hearing loss）に区分される。
● 難聴には感音性難聴，伝音性難聴（conductive hearing loss），混合性難聴（mixed hearing loss）の3つがあり，支援の方法はそれぞれ異なるため，特徴を整理しておく必要がある。

問題● 77【コミュニケーション技術】

Dさん（90歳，女性，要介護5）は，重度のアルツハイマー型認知症（dementia of the Alzheimer's type）である。介護福祉職は，Dさんに声かけをして会話をしているが，最近，自発的な発語が少なくなり，会話中に視線が合わないことも増えてきたことが気になっている。

Dさんとのコミュニケーションをとるための介護福祉職の対応として，**最も適切なもの**を1つ選びなさい。

1　引き続き，言語を中心にコミュニケーションをとる。
2　Dさんが緊張しているので，からだに触れないようにする。
3　表情やしぐさを確認しながら，感情の理解に努める。
4　視線が合わないときは，会話を控える。
5　自発的な発語がないため，会話の機会を減らしていく。

1＝✕　Dさんに残されている言語の能力を維持することや，その低下を可能な限り防ぐことは大切である。一方，引き続き，言語を中心にコミュニケーションをとることに固執せず，通じ合うことを目的として，**非言語コミュニケーション**を活用した関わりを大切にすることが求められる。

2＝✕　ボディタッチは，相手との関係性や状況に応じて適切に用いる必要があるが，不安を和らげ安心感や心地よさを伝える効果があるため，Dさんの表情を観察しながら，**ボディタッチを含めたコミュニケーションを図る**ことが大切である。

3＝○　Dさんは，自発的な発語が少なくなり，言語から情報を得ることが難しくなっている。その分，**表情やしぐさ**などの非言語の部分について，観察を通して確認しながら，**Dさんの抱いている感情の理解**に努めることが求められる。

4＝✕　会話を控えることは，Dさんに残されている言語の能力を低下させることになる。重度の認知症（dementia）であっても，笑顔や声の調子，明るくやわらかい雰囲気などに配慮して，**Dさんの目を見て**話しかけることが大切である。

5＝✕　自発的な発語が少なくなってきているDさんに対しても，認知症の人にも保たれる挨拶等の復唱能力を活用した言語コミュニケーションを図るとともに，ことわざや歌など**Dさんに残されている言語能力**を探して活用していくことが求められる。

▶正答＝3

アドバイス！

- 重度のアルツハイマー型認知症のある人は，日付や季節の移り変わりなど，現在の状況に関する認識が失われている状態にあるという特徴がある。
- 自発的な行動が失われていくことも多いため，本人の表情や雰囲気に留意したり，ボディタッチといった非言語コミュニケーションを使ったりして，感情の理解に努めることが大切である。

問題● 78【コミュニケーション技術】

介護実践の場で行われる，勤務交代時の申し送りの目的に関する次の記述のうち，**最も適切なもの**を**1つ**選びなさい。

1　翌月の介護福祉職の勤務表を検討する。
2　利用者のレクリエーション活動を計画する。
3　利用者の問題解決に向けた事例検討を行う。
4　利用者へのケアの継続性を保つ。
5　利用者とケアの方針を共有する。

1＝× 翌月の介護福祉職の勤務表の検討，作成は，通常，**各職場の管理職等が行う**ものである。勤務表には，介護福祉職の人数を管理し，現場に人員不足が生じないようにするという役割がある。

2＝× 利用者のレクリエーション活動の計画は，各職場に設置された**委員会や会議，ミーティング等で行われる**ものである。

3＝× 利用者の問題解決に向けた事例検討は，**ケアカンファレンス（care conference）で行われる**ものである。事例検討を行う目的は，支援・サービス等の適切な介入によって利用者の現状をより良い状態に回復すること，または維持することである。

4＝○ 介護実践の場では，複数の介護福祉職による交代制の勤務をとることにより，利用者の24時間の生活を支えている。勤務交代時には申し送りを実施して，**利用者の心身の状況，留意事項等を確実に引き継ぐ**ことが求められる。この申し送りが適切に行われることによって，利用者へのケアの継続性が保たれる。

5＝× 利用者とのケアの方針の共有は，**利用者自身がケアカンファレンスに参加した場合**，または**ケアプランや介護計画の内容説明を行った場合**などに行われるものである。

▶正答＝4

要点チェック！

- 介護実践の場において，それぞれのチームメンバーが知り得る情報は多岐にわたるので，複数のメンバーが協働して介護実践に当たるには，情報を適切に共有していくことが求められる。
- 「利用者のケアの継続性を保つ」という申し送りの目的を踏まえた上で，日々の介護実践の場において，勤務交代時に行われる申し送りでの報告，連絡を徹底し，確実に情報を共有していく。

問題● 79【コミュニケーション技術】

Eさん（87 歳，女性，要介護 3）は，介護老人福祉施設に入所していて，認知症（dementia）がある。ある日，担当のF介護福祉職がEさんの居室を訪問すると，Eさんは，イライラした様子で，「私の財布が盗まれた」と言ってベッドの周りをうろうろしていた。一緒に探すと，タンスの引き出しの奥から財布が見つかった。

F介護福祉職は，Eさんのケアカンファレンス（care conference）に出席して，この出来事について情報共有することにした。

Eさんの状況に関する報告として，**最も適切なものを 1 つ選びなさい。**

1 「Eさんの認知機能が低下しました」
2 「Eさんは，誰かに怒っていました」
3 「Eさんには，もの盗られ妄想があります」
4 「Eさんは，財布が見つかって，安心していると思います」
5 「Eさんは，財布が盗まれたと言って，ベッドの周りをうろうろしていました」

状況を的確に報告するためには，**実際に起きた客観的事実と，それに対する報告者の意見や判断などの主観的情報を混同しない**ように留意することが重要である。まずは，**客観的事実をありのままに正確に伝える**ことが求められる。報告者自身の意見や判断の場合には，自分の意見や判断であることを前置きしてから報告することによって，報告を受けた側が客観的事実の情報か報告者の主観的情報であるかを区別しやすくなる。

選択肢のうち，ケアカンファレンスでのEさんの状況に関する報告として適切なのは，実際に起きた客観的事実をありのまま伝えている，選択肢 **5** の「Eさんは，財布が盗まれたと言って，ベッドの周りをうろうろしていました」である。

その他の選択肢は，いずれも介護福祉職自身の意見や判断，推測を基にした主観的情報が含まれており，ケアカンファレンスでの状況報告として適切とはいえない。

したがって，1 =×，2 =×，3 =×，4 =×，5 =○となる。

▶正答＝ 5

アドバイス！

- ケアカンファレンス等で報告の際には，実際に起きた客観的事実と，報告者の主観的情報を区別して伝えることが重要である。
- 事例のように認知症のある高齢者にもの盗られ妄想と思われる症状が生じた際など，対応した介護福祉職が行う状況報告はとても大切な情報となる。

問題● 80【生活支援技術】

Gさん（79歳，女性，要介護3）は，介護老人福祉施設に入所して，3週間が経過した。施設での生活には慣れてきているが，居室でテレビを見て過ごす時間が長くなった。ある時，Gさんが，「気分転換に台所を借りて，自分でおやつを作ってみたい」と介護福祉職に話した。

Gさんのレクリエーション活動の計画作成にあたり，介護福祉職が留意すべきこととして，**最も適切なものを1つ**選びなさい。

1 Gさんの居室で行うようにする。
2 おやつのメニューは，介護福祉職が選ぶ。
3 施設のレクリエーション財を優先する。
4 集団で行うことを優先する。
5 おやつ作りをきっかけに，施設生活に楽しみがもてるようにする。

1 = × 事例に，「居室でテレビを見て過ごす時間が長くなった」とある。レクリエーションを居室で行うと，さらに居室にいる時間が長くなり，外に出ることにつながらない。

2 = × 支援の際には「自己決定を尊重すること」が大切である。「自分でおやつを作ってみたい」と話すGさんの計画を作成する際は，メニューも**本人の意見を尊重して決める**必要がある。

3 = × 事例には材料や機材などの記述はなく，施設にある物で対応できれば準備などが楽にはなるが，Gさんの意向に沿えなくなる場合やメニューなども限定されてしまう場合がある。まず，Gさんの意向を聞いて計画し，施設にある物と購入が必要な物などを確認し，計画を実現可能なものにしていく必要がある。

4 = × 事例に「施設での生活には慣れてきている」とあるが，居室での生活が続いており，他の利用者との関係性については記述がない。おやつ作りを集団で行うことで，他の利用者との関係性作りになる場合もあるが，うまくいかないと他の利用者との距離がもっと離れてしまう場合もある。まずは，居室からもっと外に出ることを優先したい。

5 = ○ 意欲を引き出し，施設生活が楽しくなってくると，意識が外に向いて居室から外に出て過ごす時間が多くなったり，他の利用者との関係性ができたりすることも考えられる。まずはGさんが自ら話した「気分転換に台所を借りて，自分でおやつを作ってみたい」という意欲を優先していきたい。

▶**正答＝5**

ときテク!

- 施設においても本人の意欲を引き出し，自立を支援することは重要である。
- 事例では，レクリエーション活動の計画作成の際に留意すべきポイントが問われているが，カギを握るのは本人から出た言葉「気分転換に台所を借りて，自分でおやつを作ってみたい」であり，そこからGさんの状況を把握して，自己決定を尊重する計画を作成する視点から正答が導ける。

問題● 81【生活支援技術】

高齢者の安全な移動に配慮した階段の要件として，**最も適切なものを1つ**選びなさい。

1 手すりを設置している。

2 階段の一段の高さは，25cm 以上である。

3 階段の足をのせる板の奥行は，15cm 未満である。

4 階段の照明は，足元の間接照明にする。

5 毛の長いじゅうたんを敷く。

1 = ○ 高齢者は筋力低下などで足腰が弱くなってきて歩行が不安定になる傾向がある。頻繁に歩行する廊下や階段など，様々なところに**手すり**があると安全に歩行することができる。手すりには，「横手すり（ハンドレール）」「縦手すり（グラブバー）」「複合手すり（L型，波型など）」の3種類があり，目的や本人の身体状態に応じて必要な形状を検討する。

2 = × 階段の一段の高さを「蹴上げ」という。住宅の階段の蹴上げは，建築基準法では**23cm 以下**とされている。なお，健常者が昇降しやすい蹴上げは18cm 以下とされているが，筋力低下などが考えられる高齢者ではもっと低いほうが昇降しやすい。

3 = × 階段に足をのせる板の奥行を「踏面」という。踏面が狭いと足底を全てのせることができず，不安定になる。設問の15cm 以下だと，ほとんどの人が足底を全てのせることができない。建築基準法では住宅の階段の踏面は**15cm 以上**と規定されているが，26cm 以上が安全とされている。

4 = × 夜間や薄暗い階段に足元灯を設置するのは有効である。しかし，設問では「足元の間接照明」のみと読み取れ，足元だけ明るくしても，目線の先にある階段やその先も明るくなっていないと危険があり，最も適切とはいえない。

5 = × 高齢者が歩行する場所に「毛の長いじゅうたん」を敷くと，歩行の際に**足に引っかかったりして転倒する**などの危険性がある。高齢者が安全に移動するためには，滑りやすい，めくれやすい，足が引っかかりやすい形状の敷物などは敷かず，ある程度硬さのある床材のほうが適している。

▶正答＝1

さらに深掘り！

● 高齢者の歩行における特徴を理解した上で，高齢者の安全な移動に配慮した階段の要件について正答を導く必要がある。

● 手すりはよく問われるテーマであるため，手すりの種類や設置する位置（一般的には約75cm～85cm。80cm 前後が最も使いやすい高さとされる）も併せて整理しておこう。

問題● 82【生活支援技術】

介護予防教室で介護福祉職が行う安定した歩行に関する助言として，**最も適切なもの**を1つ選びなさい。

1 「歩幅を狭くしましょう」
2 「腕の振りを小さくしましょう」
3 「足元を見ながら歩きましょう」
4 「後ろ足のつま先で地面を蹴って踏み出しましょう」
5 「つま先から足をつきましょう」

1 =× 安定した歩行のためには「**歩幅を少し広くとる**」ことが基本となる。歩幅を狭くすると，歩行時に重心が前にかかりすぎてしまい，転倒につながる恐れがある。

2 =× 歩行の際の腕振りはリズムを生み，バランスを整えることにつながる。腕を振らずに歩くことはできるが，高齢者などの安定した歩行を考えると，「**腕の振りを適度に大きく**」する必要がある。腕の振りを小さくすると歩行のバランスに影響し，転倒のリスクにつながる。

3 =× 歩行時の視線は「**目標を進行方向に定めて視野を広く持つ**」ことが基本となる。しかし，進行方向ばかり見ていると，足元の段差や障害物などに気づかず，危険が伴う。目線は進行方向に向けることを基本としつつ，安全を確保しながら足元も見るようにしたい。

4 =○ 安定した歩行のためには「**踏み出す足は後ろに強く蹴る**」ことが基本となる。後ろに強く蹴ることで，重心が前にかかりすぎることを防ぎ，歩幅も大きくなり，安定した歩行につながる。

5 =× 歩行時の着地は「**踵**」から行うのが基本である。着地がつま先からになると，重心が前にかかりすぎてしまい，歩幅が狭くなり，バランスを崩して転倒する危険性がある。

▶正答＝4

アドバイス！

- 近年，サルコペニア，フレイル（frailty），ロコモティブシンドローム（運動器症候群）などにより歩行機能が低下して外出などができなくなることで，身体機能や認知機能などの低下が進行し，要介護状態になりやすくなることがわかっている。
- 転倒などのリスクを減らすことを中心とした安全な歩行の基本を，介護福祉職としてしっかりと助言できるようにしたい。

問題● 83【生活支援技術】

T字杖を用いて歩行する左片麻痺の利用者が，20cm 幅の溝をまたぐときの介護方法として，**最も適切なものを1つ**選びなさい。

1 杖は，左手に持ちかえてもらう。
2 杖は，溝の手前に突いてもらう。
3 溝は，右足からまたいでもらう。
4 遠い方向を見てもらう。
5 またいだ後は，両足をそろえてもらう。

障害物（溝）を越えるときの介護方法は，以下のような介助手順となる。

●障害物越えの介助

①介助者は，利用者の**患側後方**に立つ。 ②利用者の**患側**の前腕を支え，もう一方の手は利用者の腰に添えて身体を支える。 ③**健側**の手で杖を持ってもらい，杖は，障害物の**向こう側**に突いてもらう。 ④次に，**患側**の足を出して，障害物を越える。 ⑤障害物を越えるときは，**足元の障害物**を見てもらう。 ⑥最後に，**健側**の足を出して，障害物をまたぎ，**両足をそろえる**。

したがって，1 =×，2 =×，3 =×，4 =×，5 =○となる。

なお，「3動作歩行の介助」「2動作歩行の介助」「階段の上り下りの介助」の主なポイントは以下のとおりである。

●3動作歩行・2動作歩行の介助

3動作歩行	2動作歩行
・介助者は，利用者の**患側後方**に立つ。 ・杖➡**患側**の足➡**健側**の足の順で前に出す。	・介助者は，利用者の**患側後方**に立つ。 ・杖＋**患側**の足➡**健側**の足の順で前に出す。

●階段の上り下りの介助

階段を上る	階段を下りる
・介助者は，利用者の**患側後方**に立つ。 ・杖➡**健側**の足➡**患側**の足の順で上る。	・介助者は，利用者の**患側前方**に立つ。 ・杖➡**患側**の足➡**健側**の足の順で下りる。

▶**正答＝5**

過去問チェック！

- 片麻痺の利用者の移動の介護については，障害物越えの介助だけではなく，ほかにも「3動作歩行の介助」「2動作歩行の介助」「階段の上り下りの介助」のいずれもよく出題される。
- 正答を導くためには，「杖・患側の足・健側の足をどの順番で前に出すのか」「杖をどの位置に突くのか」「介助者はどの位置に立つのか」といった重要なポイントを理解しておきたい。

問題● 84【生活支援技術】

総義歯の取扱いに関する次の記述のうち，**最も適切なものを１つ選びなさい。**

1　上顎から先に外す。
2　毎食後に洗う。
3　スポンジブラシで洗う。
4　熱湯につけてから洗う。
5　乾燥させて保管する。

1＝× 総義歯を取り外す際は，**下顎から先に外す**。よって適切ではない。外し方は前歯を持ち，**奥歯を上げる**ようにして浮かせる。そのまま取り出すと口角に当たり，義歯を落としたり，引っかけて傷をつける恐れがあるため，片方の奥歯を**手前に 90 度ほど回転させて**取り出すとスムーズに取り出せる。上顎は前歯を持ち，**奥歯を下げる**ようにして外し，下顎同様に少し**回転させながら**取り出すとよい。

2＝○ 義歯を毎食後に洗うことは，口腔衛生が保たれるだけでなく，審美性の向上にもつながるため，適切である。洗浄する際は，通常の歯磨き粉を使用すると**研磨剤によって義歯に傷をつけてしまう**恐れがあるため，研磨剤の入っていないものか，義歯用の洗浄剤を使用するとよい。

3＝× スポンジブラシは**歯や口腔粘膜に痛みがある場合**に使用するのが効果的であり，義歯を外した後などの**口腔内を清掃する**際に使用する。設問のように，義歯を洗浄する際に使用しても十分な効果は期待できないため適切ではない。義歯洗浄には**義歯専用のブラシ**を使用する。ただし，力強く洗浄すると義歯に傷がつき，細菌が繁殖しやすくなるだけでなく，洗面台などに落として破損させる危険性もあることから，優しく行うことが重要である。

4＝× 義歯は**高温に弱く，変形したり割れたりすることがある**ため，熱湯につけて洗うことは適切ではない。**水かぬるま湯の流水**で洗浄するとよい。その際，水を張った清潔な洗面器やボウルなどを下に置いて洗うと，思わぬ落下や破損を防ぐことができる。

5＝× 義歯は**乾燥すると割れる**危険性があり，不衛生でもあるため適切ではない。さらにそのまま装着すると口腔粘膜を傷つけ，痛みを伴うこともあるため，**水や義歯洗浄剤を入れた専用ケースに浸して**清潔な場所で保管する。

▶正答＝2

さらに深掘り！

- 総義歯の「着脱方法」「清掃方法」「保管方法」について必ず押さえておく。
- 特に総義歯の「着脱方法」については，安全な「取り外しかた」（通常は下顎から外す），「装着のしかた」（通常は上顎から入れる）をそれぞれ覚えておく。

問題● 85【生活支援技術】

Hさん（82 歳，男性，要介護２）は，一人暮らしで，週１回，訪問介護（ホームヘルプサービス）を利用している。訪問時に，「足の爪が伸びているので，切ってほしい」と依頼された。爪を切ろうとしたところ，両足とも親指の爪が伸びて両端が皮膚に食い込んで赤くなっていて，触ると熱感があった。

親指の状態を確認した訪問介護員（ホームヘルパー）の対応として，**最も適切なもの**を１つ選びなさい。

1 親指に絆創膏を巻く。
2 Hさんの家にある軟膏を親指に塗る。
3 蒸しタオルで爪を軟らかくしてから切る。
4 爪が伸びている部分に爪やすりをかける。
5 爪は切らずに，親指の状態をサービス提供責任者に報告する。

事例中に「両足とも親指の爪が伸びて両端が皮膚に食い込んで赤くなっていて，触ると熱感があった」とあることから，Hさんの親指の爪とその周囲の皮膚に何らかの**異常**が起こっている状況にあると考えられる。

1 ＝ × 軽微な切り傷，擦り傷等の，専門的な判断や技術を必要としない処置においては，絆創膏を貼るなどの処置は医行為ではないものとして訪問介護員が実施することができるが，事例の状況では訪問介護員が実施することは適切ではない。

2 ＝ × 皮膚への軟膏の塗布は，医師の処方を受けているなど一定の条件の下で，医行為ではないものとして訪問介護員が実施することができるが，事例の状況では訪問介護員が実施することは適切ではない。

3 ＝ × 爪切り及び爪やすりでのやすりがけは，爪そのものに異常がなく，爪の周囲の皮膚にも化膿や炎症がなく，かつ，糖尿病（diabetes mellitus）等の疾患に伴う専門的な管理が必要でない場合に，医行為ではないものとして訪問介護員が実施することができるが，事例の状況では訪問介護員が実施することは適切ではない。

4 ＝ × 選択肢 3 の解説と同様である。

5 ＝ ○ 訪問介護員が訪問先で利用者の状態に何らかの異常を発見した場合，まずは**サービス提供責任者に報告し判断を仰ぐ**ことが重要であり，適切である。

▶正答＝ 5

アドバイス！

- 利用者の爪に異常が見られたときの対応については，「医師法第 17 条，歯科医師法第 17 条及び保健師助産師看護師法第 31 条の解釈について」（通知）を根拠とする。
- 医行為ではないと考えられる行為について，2022 年（令和 4 年）12 月 1 日に追加の解釈（通知）が示されているため，インターネット等で情報を確認しておこう。

問題● 86【生活支援技術】

左片麻痺の利用者が，前開きの上着をベッド上で臥床したまま交換するときの介護の基本に関する次の記述のうち，**最も適切なものを１つ選びなさい。**

1 介護福祉職は利用者の左側に立つ。
2 新しい上着は利用者の右側に置く。
3 脱ぐときは，着ている上着の左上肢の肩口を広げておく。
4 左側の袖を脱ぎ，脱いだ上着は丸めて，からだの下に入れる。
5 利用者を左側臥位にし，脱いだ上着を引き出す。

1＝× ベッド上で臥床したまま衣類を交換する際は，ベッドの高さを介護福祉職にとって適切な高さに合わせ，**健側（右側）**に立って介助する。衣類をからだの下から引き出す場合などには体位を変えて行うが，麻痺のある左側を下にする体位は痛みを伴うことがあるため避けるべきである。介護福祉職は，利用者のからだを自分のほうへ向ける（右側臥位にする）ことで，利用者も安楽に体位変換を行うことができる。よって適切ではない。

2＝× 脱健着患の原則から，新しい上着は**患側**から着るため，上着を広げて利用者の**左側**に置くと介助しやすい。よって適切ではない。なお，利用者自らが着たい服を選ぶことで自分らしさを表現でき，できるだけ自分で着ることは自信にもつながることから，尊厳を持って自立した生活を送るためには重要な視点だといえる。

3＝○ 脱ぐときは着ている上着の**患側上肢（左上肢）**の肩口を広げておくことで，右上肢の袖が脱ぎやすくなるため適切である。これは介護福祉職が介助しやすくなるだけでなく，利用者が自力で衣類を脱ぎやすくなるなど，自立支援の観点からも理想的といえる。

4＝× 脱健着患の原則から，上着の袖は**健側（右側）**から脱ぐため適切ではない。脱いだ上着は内側へ丸めながらからだの下に入れる。次に右側臥位になり，丸めた上着を引き出して患側（左側）の袖を脱ぎ，上着を脱ぎながら新しい服を着る。このとき，上着を上から下に引いたり，手で背中をさするなどし，褥瘡の原因となる着衣のしわやたるみを取り除く。

5＝× 利用者を左側臥位にすることは，**患側に負担をかける**ため好ましくない。なお，左側臥位になる必要がある場合は，なるべく短い時間にとどめ，左を向く角度を緩やかにするなどの配慮が必要である。

▶正答＝３

ときテク！

- 服やズボンは健側から脱ぎ，着るときは患側から着るといった「脱健着患」の原則に基づいて実施することが基本となる。
- 片麻痺の利用者がベッド上で衣類の着脱を行う場合は，前開きのものや伸縮性のある素材でできたもの，襟ぐりが広くゆとりのあるものなどを用いるとよい。

問題● 87【生活支援技術】

利用者が食事中にむせ込んだときの介護として，**最も適切なものを1つ**選びなさい。

1　上を向いてもらう。
2　お茶を飲んでもらう。
3　深呼吸をしてもらう。
4　口の中のものを飲み込んでもらう。
5　しっかりと咳を続けてもらう。

食事中にむせてしまったときは，慌てず食事を一時中断し，前屈姿勢をとってもらい，口の中に食べ物が残っていないか確認する。食べ物が残っている場合は吐き出してもらい，無理に飲み込まないように声をかける。

食べ物を通過させようと上を向かせたり，お茶や水などの水分を飲むよう促したり，深呼吸をしてもらうなどはよく行われる方法ではあるが，むせている場合にこれらを行うと，気管へと異物を押し込むことになり，誤嚥の危険性を高くしてしまう。

しっかりと咳を続けてもらうことで，気管に入った食べ物などを外へ吐き出させることが可能である。落ち着いたら食事を再開し，食事摂取量が減少しないように支援することが重要である。

したがって，1 =×，2 =×，3 =×，4 =×，5 =○となる。

▶正答＝5

さらに深掘り！

- むせ込みとは咳嗽反射のことで，空気の通り道である気管に食べ物や水分など（異物）が入ってしまうことが原因で起こり，異物が肺にたどり着く前に除去しようとする働き（反射）である。
- からだの仕組みである摂食嚥下の5期モデル（先行期，準備期，口腔期，咽頭期，食道期），生活支援技術として安全な食事姿勢を理解している必要がある。

問題● 88【生活支援技術】

テーブルで食事の介護を行うときの留意点に関する次の記述のうち，**最も適切なもの**を1つ選びなさい。

1 車いすで食事をするときは，足をフットサポートから下ろして床につける。
2 片麻痺があるときは，患側の上肢を膝の上にのせる。
3 スプーンを使うときは，下顎を上げた姿勢にして食べ物を口に入れる。
4 利用者に声をかけるときは，食べ物を口に入れてから行う。
5 食事をしているときは，大きな音でテレビをつけておく。

1＝○ 車いすで食事をとるとき，足をフットサポートから下ろして床につけるのは適切である。食事をとるときの正しい姿勢は，いすに**深く**腰掛け，足底はきちんと**床につけた**姿勢である。顎はやや**引き**，頸部**前屈**姿勢をとる。

2＝✕ 片麻痺があるときは，患側の上肢を膝の上にのせ，健側の上肢を持ち上げて食事動作を行うと，上半身のバランスを崩し，患側に倒れやすくなるため適切ではない。患側の上肢は**テーブルの上**にのせることで姿勢は安定する。食事をとる際のテーブルの高さは，テーブルの上に肘を楽にのせられる程度が適切である。

3＝✕ スプーンを使用した食事では，下顎を**下げた**状態で食べ物を口に入れる。下唇に軽く当たるようにスプーンをのせて，上唇で食べ物を包み込み，口の中に食べ物を運ぶ。口腔内の食べ物をこぼさないように，口唇はしっかりと閉じる。下顎を上げた姿勢では，口をしっかりと閉じることができず，食べこぼしや誤嚥につながるため適切ではない。

4＝✕ 利用者への声かけは，**食べ物を飲み込んだことを確認**してから行うのがよい。気管の入り口である喉頭は，呼吸をしているときには開いているが，飲み込みをする際には喉頭蓋が倒れて喉頭をふさぎ，気管に食べ物が入るのを防いでいる。加齢や障害によりその機能が低下している上に，食べ物を口に入れてから声かけをして利用者が返事をしようとした場合，喉頭蓋がうまく倒れず，誤嚥を起こす可能性があるため，適切ではない。

5＝✕ 食事をしているときに，大きな音でテレビをつけておくことは適切とはいえない。食事をする環境としては，食堂の明るさや装飾を整える，音楽を流す，清潔でさわやかな空間とするなど，**リラックスできる雰囲気づくり**を行うことが大切である。

▶正答＝1

アドバイス！

- 食事の介護は生活の中での楽しみとなる時間であり，生活の質（QOL）に影響を及ぼす支援であるため，安全な食事環境を整えるための理解が不可欠である。
- 食事姿勢に関する問題は，誤嚥性肺炎（aspiration pneumonia）との関連性も高いため，正しい食事姿勢，摂食嚥下の5期モデル，自然な食事動作などを理解しておく必要がある。

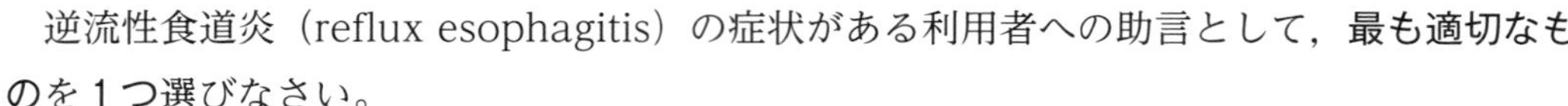

問題● 89【生活支援技術】

逆流性食道炎（reflux esophagitis）の症状がある利用者への助言として，**最も適切なもの**を1つ選びなさい。

1　脂肪を多く含む食品を食べるように勧める。

2　酸味の強い果物を食べるように勧める。

3　1日の食事は回数を分けて少量ずつ食べるように勧める。

4　食事のときは，腹圧をかけるような前かがみの姿勢をとるように勧める。

5　食後すぐに仰臥位（背臥位）をとるように勧める。

逆流性食道炎は，食道内に過剰な胃酸が逆流することで起こる。予防するためには，「胃酸の過剰な分泌の原因」「胃酸の逆流が起こりやすい原因」に対応する必要がある。

●胃酸の過剰な分泌の原因

食べすぎ ／ 早食い ／ 就寝直前の食事 ／ 脂肪を多く含む食品 ／ アルコール ／ コーヒー ／ チョコレート ／ 炭酸飲料 ／ 酸味の強い果物 ／ 喫煙　など

●胃酸の逆流が起こりやすい原因

腹圧のかかりやすい姿勢（前かがみの姿勢） ／ 腹部の強い締め付け（ベルトなどによる締め付け） ／ 重い物を持つ ／ 肥満 ／ 食後すぐに仰臥位（背臥位）をとる　など

したがって，1＝×，2＝×，3＝○，4＝×，5＝×となる。

正答となる選択肢3は，1日の食事は回数を分けて少量ずつ食べるように勧めることで，食べすぎを避けることができることから適切であるといえる。

▶正答＝3

要点チェック！

- 逆流性食道炎は加齢により多くみられる疾患であり，食道内に過剰な胃酸が逆流することで食道下部粘膜にびらんや潰瘍などの炎症が起こる疾患で，症状として悪心，嘔吐，胸やけが特徴である。
- 逆流性食道炎の原因や症状を理解し，「胃酸の過剰な分泌を防ぐ」「胃酸の逆流を防ぐ」ためのポイントを理解していることが正答につながる。

問題● 90【生活支援技術】

ベッド上で臥床している利用者の洗髪の基本に関する次の記述のうち，**最も適切なもの**を１つ選びなさい。

1　利用者のからだ全体をベッドの端に移動する。
2　利用者の両下肢は，まっすぐに伸ばした状態にする。
3　洗うときは，頭頂部から生え際に向かって洗う。
4　シャンプー後は，タオルで泡を拭き取ってからすすぐ。
5　ドライヤーの温風は，頭皮に直接当たるようにする。

1 = ✕ 利用者のからだ全体をベッドの端に移動することは適切ではない。からだ全体をベッドの端に移動すると**転落する可能性**があり，危険である。ベッド中央での洗髪が不可能な場合は，頭部がベッドの角にくるように，利用者のからだを対角線上に斜めにすると安全である。

2 = ✕ 利用者の両下肢をまっすぐに伸ばした状態にすることは適切ではない。洗髪中は臥床姿勢が安楽な姿勢となるように，**膝**を軽く曲げ，**膝の下**に**クッション**などを入れるとよい。

3 = ✕ 洗うときは，頭頂部から生え際に向かって洗うことは適切とはいえない。襟足，耳の上あたりは洗い残し，すすぎ残しが多い。**生え際**から**頭頂部**に向けて洗うことで予防できる。

4 = ○ シャンプー後は，**タオルで泡を拭き取ってからすすぐ**ことは適切である。ベッド上での洗髪では大量の湯を使用することが困難である。シャンプー剤による泡を先に拭き取ることにより，必要最低限の湯量で効率的にすすぐことができる。

5 = ✕ ドライヤーの温風が頭皮に直接当たるようにすることは適切ではない。頭皮に直接当てることでやけどをする危険性がある。洗髪後は乾いたタオルで十分に水分を拭き取ってからドライヤーをかける。ドライヤーは，頭皮から20cm程度離して使用し，介護福祉職の手をかざしながら，同じ場所に長時間当てないようにすることが大切である。

▶正答＝4

アドバイス!

- 洗髪の目的である①頭皮の皮脂を洗い清潔を保つ，②頭皮を指の腹で洗い，湯で流すことでマッサージにもなり，血行が促進され爽快感が得られる，③炎症や湿疹，フケを予防して二次感染の予防にもなることを理解しておく必要がある。
- ベッドで臥床している利用者に対しては，洗髪の用具（ケリーパッド・洗髪器）などの知識が必要であり，その他手浴，足浴などもよく問われるため基本を理解しておこう。

問題● 91【生活支援技術】

目の周囲の清拭の方法を図に示す。矢印は拭く方向を表している。
次のA～Eのうち，基本的な清拭の方法として，**最も適切なもの**を１つ選びなさい。

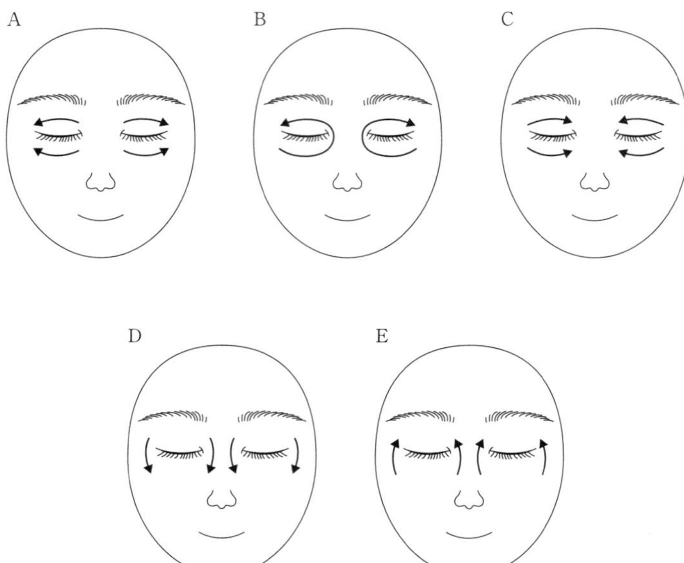

1　A
2　B
3　C
4　D
5　E

利用者の目の周囲を拭くときは，顔が動かないように介助者の手を頭部に軽く当て，清潔にしたところを汚さないために，介助者から遠いほうの目の**目頭から目尻**にかけて一方向に，優しく拭くことが重要である。また，感染を予防するため，タオルの同じ面は使用しないことも大切なポイントである。

したがって，**1**＝○，**2**＝×，**3**＝×，**4**＝×，**5**＝×となる。

▶正答＝１

さらに深掘り！

- 目はデリケートな部位であるため，目の周囲の清拭の基本を理解しておこう。
- 清拭の方法については，目以外にも，腹部や両下肢などを拭く方向も問われるため併せて確認しておく。

問題● 92【生活支援技術】

Ｊさん（85 歳，女性，要介護２）は，アルツハイマー型認知症（dementia of the Alzheimer's type）である。時間をかければ一人で洗身，洗髪もできるが，ズボンの上に下着を着る行為がみられたため，訪問介護（ホームヘルプサービス）を利用することになった。

Ｊさんの入浴時における訪問介護員（ホームヘルパー）の対応として，**最も適切なもの**を１つ選びなさい。

1 脱いだ衣服は，着る衣服の隣に並べて置く。
2 洗身と洗髪は訪問介護員（ホームヘルパー）が行う。
3 入浴中の利用者に声をかけることは控える。
4 衣服の着る順番に応じて声をかける。
5 ズボンの着脱は訪問介護員（ホームヘルパー）が行う。

1＝✕ 認知症（dementia）の利用者は理解力の低下がみられる。脱いだ衣服を着る衣服の隣に並べて置くと，どちらが着る衣服なのか判断ができない場合がある。脱いだ衣服はすぐに片づけ，着る衣服だけを用意するなど，利用者にとってわかりやすい状況にすることが大切である。

2＝✕ 事例では，時間をかければ一人で洗身，洗髪ができるとあるため，**利用者の持っている力を活用し，できることはしてもらうよう働きかける**ことが，利用者の尊厳を守り，自立を促す支援へとつながる。

3＝✕ 洗身，洗髪は時間をかければ一人でできるとあるが，着衣失行がある利用者である。シャワーをうまく使えるのか，湯温を確認できるのかなど，混乱しないように**状況を見ながら声をかける**必要がある。

4＝○ 理解力が低下している認知症の利用者に対して，同時に複数のことを指示するのは，利用者を混乱させる可能性がある。そのため，**利用者のペースに合わせて，その都度介助を行うことが重要**となる。利用者が戸惑っている部分や，間違って着衣をしようとしている際に，過度な指摘はせずに，さりげなく声をかけるようにしたい。

5＝✕ 訪問介護員が介助すれば早く着脱できる可能性はあるが，利用者の尊厳を守り，自立を促す支援にはならない。できない行為について介助者の支援を受けながらも，**できる行為を自身の力で行うこと**で，機能の維持が図られ，尊厳を保つことにつながる。

▶**正答＝4**

アドバイス！

- アルツハイマー型認知症が進行すると，個々の運動動作はできるものの，複雑な一連の運動が困難になる観念失行や，自発的な動作は可能であるのに指示されるとその動作ができない観念運動失行がみられることがある。
- 本人が混乱しないよう，１つの動作ごとに声かけする必要がある。

問題● 93【生活支援技術】

胃・結腸反射を利用して，生理的排便を促すための介護福祉職の支援として，**最も適切なもの**を1つ選びなさい。

1　歩行を促す。
2　起床後に冷水を飲んでもらう。
3　腹部のマッサージをする。
4　便座に誘導する。
5　離床する時間を増やす。

排便の仕組みは，①胃・結腸反射，②結腸の蠕動運動，③直腸の排便反射，の大きく3つに分けることができる。

●排便の仕組み

①胃・結腸反射	食べ物などが胃に入ると結腸が反射的に蠕動運動を起こす。
②結腸の蠕動運動	食べ物などが胃と小腸で栄養を吸収された後，残ったものが結腸に移動し，結腸の蠕動運動によって上行結腸→横行結腸→下行結腸→S状結腸へと運ばれ，その間に水分が吸収されてある程度形のある便となる。
③直腸の排便反射	肛門の手前にある，大腸の一部である直腸にある程度便が溜まると，大脳に刺激が伝わり便意を感じる。

1 = × 歩行を促すことは，**結腸の蠕動運動**を促すための支援であるため，適切ではない。

2 = ○ 起床後に冷水を飲んでもらうことは，**胃・結腸反射**を促すための支援であるため，適切である。

3 = × 腹部のマッサージをすることは，**結腸の蠕動運動**を促すための支援であるため，適切ではない。

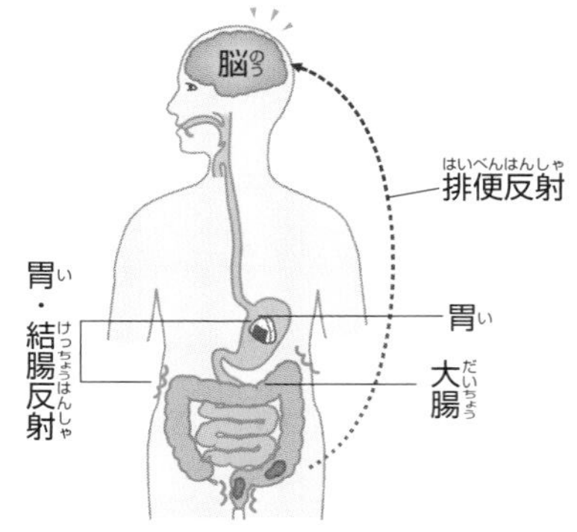

4 = × 便座に誘導することは，**直腸の排便反射**があった際の支援であるため，適切ではない。

5 = × 離床する時間を増やすことは，**結腸の蠕動運動**を促すための支援であるため，適切ではない。

▶正答＝ 2

アドバイス!

●食べ物が胃に入ると結腸が反射的に蠕動運動を起こす「胃・結腸反射」を理解しておく必要がある。
●「こころとからだのしくみ」にある排泄の仕組みと，「生活支援技術」の排泄の介護を学んでおくとスムーズに解答できる。

問題● 94【生活支援技術】

利用者の便失禁を改善するための介護福祉職の対応として，**最も適切なものを 1 つ選びなさい。**

1 トイレの場所がわからない認知症(dementia)の人には，ポータブルトイレを設置する。
2 移動に時間がかかる人には，おむつを使用する。
3 便意がはっきりしない人には，朝食後に時間を決めてトイレへ誘導する。
4 下剤を内服している人には，下剤の内服を中止する。
5 便失禁の回数が多い人には，食事の提供量を減らす。

1 =× 選択肢は認知症に伴う機能性便失禁と見られる。ポータブルトイレの場所や使用方法もわからないことがあるため，対応は**トイレへの目印表示**や**トイレ誘導**が適切である。

2 =× 移動に時間がかかる人には，**ポータブルトイレを設置する**などの対応が適切である。便意を感じてトイレに行くことが可能である人に対して，移動に時間がかかるという理由でおむつを使用することは，**尊厳の保持や自立支援**の観点からも適切ではない。

3 =○ 便意がはっきりしない人には，**便意を認識する**ための改善が必要である。朝食後に時間を決めてトイレへ誘導することは，食生活と排便習慣を整え，排便のタイミングを脳に記憶して排便行為に結び付けることが期待できるため適切である。

4 =× 便失禁がある場合でも，介護福祉職の対応として下剤の内服を中止することは適切ではない。下剤の内服を中止する場合においては，**医師**に指示を仰ぐ必要がある。

5 =× 食事の提供量を減らすことは，**栄養状態の悪化**につながる可能性があるため適切ではない。便失禁の症状について看護職や栄養士などを含む他職種と共有し，便失禁の改善に有効な食事内容や提供量などを検討する必要がある。

●便失禁の種類・状態・対応方法

種類	状態	対応方法
切迫性便失禁	外肛門括約筋の障害による，急激な便意と下痢	下痢の改善
漏出性便失禁	内肛門括約筋の低下により，便意のない便漏れ	食生活と排便習慣の改善，骨盤体操
機能性便失禁	認知機能や身体的機能の低下により，便が漏れる	便意の察知とトイレ誘導，排便の習慣化

資料：介護福祉士養成講座編集委員会編『最新 介護福祉士養成講座 7 生活支援技術Ⅱ 第 2 版』中央法規出版，2022年，p. 204を一部改変

▶**正答＝ 3**

アドバイス！

●便失禁の「種類」「状態」「対応方法」について，種類ごとに整理して理解しておくことが必要である。

問題● 95【生活支援技術】

女性利用者のおむつ交換をするときに行う陰部洗浄の基本に関する次の記述のうち，最も適切なものを１つ選びなさい。

1　湯温は，介護福祉職の手のひらで確認する。
2　おむつを交換するたびに，石鹸を使って洗う。
3　タオルで汚れをこすり取るように洗う。
4　尿道口から洗い，最後に肛門部を洗う。
5　洗浄後は，蒸しタオルで水分を拭き取る。

1 = ✕　手のひらは皮膚の層が厚く，高温でもそれほど熱く感じない場合があるため湯温の確認には不向きである。介護福祉職は利用者の陰部に湯をかける前に，温度感覚が敏感な**前腕部**の皮膚に湯をかけて温度を確認する必要がある。

2 = ✕　陰部を清潔に保つことは必要であるが，おむつを交換するたびに石鹸を使って洗うことは，**皮膚への刺激が強く，陰部にダメージを与える**ため適切ではない。通常はぬるま湯（38～41℃）入りのシャワーボトルで洗浄を行い，便の付着や尿汚染が著しい場合などに石鹸を使用し，最後に十分に洗い流すことが必要である。

3 = ✕　タオルで汚れをこすり取るように洗うことは，皮膚の組織を破壊して傷をつけてしまう危険性があるため適切ではない。陰部洗浄には**ガーゼ**などの柔らかい素材のものを使用し，**できるだけ刺激を与えない**ように洗うことが必要である。タオルは最後に陰部全体の水分を拭き取る際に使用するが，こすり取るような使い方ではなく，丁寧に優しく拭き取ることが望ましい。

4 = ○　女性は尿道と肛門が近い場所にあり，尿道そのものが短いため肛門の汚れが尿道に付着すると尿路感染症などを引き起こす危険性がある。そのため，陰部洗浄においては**尿道口**から洗い，最後に**肛門部**を洗うことが適切である。

5 = ✕　陰部は高温多湿となりやすい状態にある。洗浄後には水分を十分に拭き取り，水滴を残さずに乾燥させる必要があるため，蒸しタオルの使用は適切ではない。洗浄後は，**乾いたタオル**で水分を丁寧に拭き取る必要がある。

▶正答＝ 4

さらに深掘り！

- 陰部洗浄を行う根拠，必要な物品，男女の身体構造の違いを踏まえて，手順や配慮などを正しく理解しておくことが正答を導くポイントとなる。
- 陰部洗浄では，尿路感染症（urinary tract infections）や湯による低温やけどのリスクとともに，利用者の尊厳を保持する介護についても理解しておく必要がある。

問題● 96【生活支援技術】

Kさん（76歳，女性，要介護２）は，介護老人保健施設に入所している。日頃から，「排泄は最期まで他人の世話にならない」と言い，自分でトイレに行き排泄している。先日，趣味活動に参加しているときにトイレに間に合わず失禁した。その後，トイレの近くで過ごすことが多くなり，趣味活動に参加することが少なくなった。Kさんを観察すると，１日の水分摂取量，排尿量は変わりないが，日中の排尿回数が増えていることがわかった。

Kさんへの介護福祉職の最初の対応として，**最も適切なものを１つ選び**なさい。

1　日中は水分摂取を控えるように伝える。
2　抗不安薬の処方ができないか看護師に相談する。
3　トイレに行く姿を見かけたら，同行する。
4　排泄について不安に感じていることがないかを聞く。
5　積極的に趣味活動に参加するように勧める。

事例の情報を理解し解釈すると，Kさんは失禁したことを機に，失禁することへの不安によって活動意欲が低下しており，排尿回数が増えていると考えられる。したがって，介護福祉職の最初の対応としては，Kさんの不安に対応することが求められる。

1＝× 日中の水分摂取を控えることは，脱水症状などを誘因し，**健康状態に悪影響を及ぼす危険性がある**ため，適切ではない。

2＝× 抗不安薬は，うつ病（depression）などに利用される薬剤である。現時点でKさんに**抗不安薬の必要性があるとは思われない**こと，また，抗不安薬の必要性の判断については**医師**が行うものであることから，適切ではない。

3＝× Kさんは失禁の経緯はあるが，排泄行為の自立は継続している。介護福祉職がトイレに同行することは，Kさんの「他人の世話にならない」という思いに反し，**自尊心を傷つけると同時に失禁に対する不安を増長させる**ことになるため，適切ではない。

4＝○ 排泄についての不安を聞くことは，介護福祉職としてKさんの**不安に寄り添っている行動**であり，最初の対応として適切である。

5＝× Kさんの趣味活動への参加を支援するためには，まずはKさんが**趣味活動に参加することが少なくなった原因である失禁への不安を解決する**必要がある。

▶正答＝４

アドバイス！

●失禁など排泄に関する障害は，利用者本人に身体的側面だけでなく心理的側面にダメージを与え，その結果，社会的側面にも悪影響を及ぼすことがある。
●利用者の状態の変化から，本人の思いを適切に解釈することができるかがポイントとなる。

問題● 97【生活支援技術】

ノロウイルス（Norovirus）による感染症の予防のための介護福祉職の対応として，最も適切なものを１つ選びなさい。

1 食品は，中心部温度 50℃で 1 分間加熱する。
2 嘔吐物は，乾燥後に処理をする。
3 マスクと手袋を着用して，嘔吐物を処理する。
4 手すりの消毒は，エタノール消毒液を使用する。
5 嘔吐物のついたシーツは，洗濯機で水洗いする。

1 = × 食品は，中心部温度 85℃以上で 1 分間以上加熱調理する。

2 = × 嘔吐物には大量のウイルスが含まれ，乾燥する際に飛沫になって二次感染を起こす危険性があるため，速やかに次亜塩素酸ナトリウム液で浸すようにして拭き取り，その後，ペーパータオル等で水拭きする。

3 = ○ 嘔吐物の処理中に経口や手指から二次感染する危険性があるため，処理には必ずマスクと手袋を着用し，使用後はビニール袋に入れて破棄する。

4 = × ノロウイルスに対する感染予防のため，手すりの消毒は，次亜塩素酸ナトリウム液を使用する。

5 = × 嘔吐物のついたシーツは，周囲を汚染させないように付着物を静かに洗い流し，85℃以上で 1 分間以上の熱湯消毒，あるいは次亜塩素酸ナトリウム液で消毒の上，洗濯し乾燥を行う。

●ノロウイルスの主な特徴

症状の特徴	吐き気，嘔吐，腹痛，下痢
感染の特徴	経口感染を含む接触感染，集団感染を起こしやすい
感染経路	ウイルスが付着した食材を加熱不十分な調理で食べることなどによる
潜伏期間	1 日～ 2 日（24～48時間）
発症者への対応	個室対応を基本として集団感染による拡大を防ぐ
嘔吐物等の処理	使い捨てマスク，手袋，ガウンを着用，次亜塩素酸ナトリウム液で消毒

資料：厚生労働省「高齢者介護施設における感染対策マニュアル 改訂版」2019年，pp.53–56

▶正答＝ 3

アドバイス！

●感染症対策については出題頻度が高く，今後もノロウイルスのほか，疥癬（scabies），薬剤耐性菌感染症（MRSA（メチシリン耐性黄色ブドウ球菌））などの出題が予想される。
●それぞれの感染症の特徴，感染源，予防対策，発生時の対応などを整理しておこう。

問題● 98【生活支援技術】

弱視で物の区別がつきにくい人の調理と買い物の支援に関する次の記述のうち，**最も適切なものを1つ**選びなさい。

1　買い物は，ガイドヘルパーに任せるように勧める。
2　財布は，貨幣や紙幣を同じ場所に収納できるものを勧める。
3　包丁は，調理台の手前に置くように勧める。
4　まな板は，食材と同じ色にするように勧める。
5　よく使う調理器具は，いつも同じ場所に収納するように勧める。

1＝× 買い物は，ガイドヘルパーに任せるように勧めるのではなく，**できる限り自分で買いたい物を選べるように支援する**ことが大切である。必要に応じて情報提供することで，視覚障害のある人が自分で買い物をすることにつながる。

2＝× 財布は，貨幣や紙幣を**種類ごとに分けて収納できるもの**を勧める。種類ごとに分けて収納することで，貨幣や紙幣の種類を区別しやすくなる。

3＝× 包丁は，刃を向こう側に向けて，まな板の**向こう側**に置くように勧める。このように置くことで，手を切ったりすることを防ぎ，安全に調理することができる。

4＝× まな板は，食材と**異なる色**にするように勧める。表面が白色，裏面が黒色になっているまな板は，例えば，大根などの白色のものを調理する際には黒色の面を使用することでコントラストがはっきりして使いやすくなる。

5＝○ よく使う調理器具は，いつも**同じ場所**に収納するように勧めることで，次回使用する際にも探さずに取り出すことができる。特に包丁は，間違って刃先の部分に触れてしまうとけがをする可能性もあるため，**同じ場所**に**同じ向き**で収納することにより，安全に取り出すことができる。

▶正答＝5

アドバイス！

●弱視である利用者の状態に応じた家事の支援についての理解とともに，各選択肢の支援内容が利用者にとって使いやすいのか，安全であるのかといった考える力が求められる。

第35回　生活支援技術

問題● 99【生活支援技術】

次の記述のうち，関節リウマチ（rheumatoid arthritis）のある人が，少ない負担で家事をするための介護福祉職の助言として，**最も適切なものを1つ選びなさい。**

1 部屋の掃除をするときは，早朝に行うように勧める。
2 食器を洗うときは，水を使うように勧める。
3 テーブルを拭くときは，手掌基部を使うように勧める。
4 瓶のふたを開けるときは，指先を使うように勧める。
5 洗濯かごを運ぶときは，片手で持つように勧める。

1 = ✕ 関節リウマチは，**早朝**に手指の関節の痛みや腫れが強く，動きが制限される状態になる，いわゆる**朝のこわばり**が特徴的である。そのため，**早朝**に部屋の掃除をすることは著しく負担を与えることになるので，掃除の時間は，**早朝**以外の時間帯で行うように助言するのが適切である。

2 = ✕ 水を使って食器を洗うと，手指全体が水で冷やされ血行が悪くなることにより，**関節の動きも悪くなる**。適温のお湯を使用した場合は，温水で血行が刺激され手指の関節運動のリハビリテーションにもなり効果的である。したがって，水を使うことは適切ではない。

3 = ○ 手掌基部とは，手掌（手のひら）の3分の1程度に当たる，親指の付け根から手首までの部位を指す。関節リウマチでは，手指の関節に力を入れると痛みを伴う要因となるので，上肢の力を使い手掌基部でテーブルを拭くことは**手指の負担軽減になる**。よって適切である。

4 = ✕ 指先を使って瓶のふたを開けるためには，手指をねじる力が必要である。手指の関節に拘縮や炎症がある関節リウマチの場合は，**手指に負担がかかり，痛みも伴う**ため，適切ではない。市販されている瓶のふたを開ける**オープナーなどの道具を使う**ことで，手指の力が弱くてもふたを開けることができる。

5 = ✕ 洗濯かごを運ぶときは，**両手**で持つように勧めることで，手の関節への負担を減らすことができる。片手で持つと，持ったほうの手の関節に負担がかかってしまうため，適切ではない。

▶**正答＝ 3**

アドバイス！

- 関節リウマチの症状は，起床時に手指などの関節が動きにくくなる朝のこわばりから始まり，関節の腫脹や疼痛が生じる。
- 発症は男性より女性に多く，進行すると肘や膝の関節可動域も制限される。
- 関節リウマチの症状や生活上の留意点などを整理しておこう。

問題● 100【生活支援技術】

睡眠の環境を整える介護に関する次の記述のうち，**最も適切なものを1つ**選びなさい。

1 マットレスは，腰が深く沈む柔らかさのものにする。
2 枕は，頸部が前屈する高さにする。
3 寝床内の温度を20℃に調整する。
4 臭気がこもらないように，寝室の換気をする。
5 睡眠状態を観察できるように，寝室のドアは開けておく。

睡眠の環境を整える際のポイントは以下のとおりである。

●睡眠の環境を整える際のポイント

- ドアやカーテンを閉めてプライバシーを確保する。
- 温度は夏25℃・冬15℃前後，湿度は50～60％を保つ。
- 不快な臭気などは睡眠を妨げるため換気をする。
- 夜間の騒音は，45～55 dB 程度であっても不眠や夜間の覚醒を増加させる。
- 照明の明るさは，フットライトを活用するなど10～30ルクス程度のほの暗い状態にする。
- 冷暖房は直接からだに当たらないようにする。
- 寝床内の温度は33℃前後に調整する。
- 枕の高さは，15度くらい首の角度が上がるものがよい。
- 寝具は，清潔で乾燥したものを整える。
- マットレスは，寝返りがしやすいように，硬すぎず柔らかすぎないものとする。
- 湯たんぽは直接肌に触れないようにし，電気毛布は就寝時はスイッチを切る。
- 寝衣はからだに密着しすぎず，ゆとりのあるものとする。

したがって，**1**＝×，**2**＝×，**3**＝×，**4**＝○，**5**＝×となる。

▶**正答＝4**

過去問チェック！

- 睡眠の環境に関する問題は頻出問題であり，出題されるポイントが多い。
- 上記の表に示したとおり，プライバシーの確保，温度・湿度，換気，音，照明の明るさ，冷暖房，寝床内の温度，枕，寝具，マットレスの硬さ，湯たんぽ，電気毛布，寝衣など，環境を整える際の視点を理解しておきたい。

問題● 101【生活支援技術】

利用者の入眠に向けた介護福祉職の助言として，**最も適切なものを1つ選びなさい。**

1 「足をお湯につけて温めてから寝ましょう」
2 「寝室の照明を，昼光色の蛍光灯に変えましょう」
3 「布団に入ってから，短く浅い呼吸を繰り返しましょう」
4 「入眠への習慣は控えましょう」
5 「寝る前に，汗をかく運動をしましょう」

1 = ○ 足をお湯につけて温めることによって，**副交感神経**が優位となり，全身の筋肉がゆるむ。そして，心身共にリラックスして気持ちよく入眠することができ，質の良い睡眠を得ることができる。なお，入浴については，就寝の1～2時間前に中温浴（38～41℃）をすると，**副交感神経**が優位になり，同様の効果が得られる。高温浴（42℃以上）の場合は，**交感神経**が優位となってしまうため，入眠の妨げとなる。

2 = × 昼光色は，蛍光灯の中でも一番明るい色である。夜間の照明が明るいと催眠作用のあるホルモン（hormone）である**メラトニン**（melatonin）の分泌が抑制され，睡眠が妨げられることになるため適切ではない。寝室は，**部屋の様子がぼんやりとわかる**程度の眠気を誘うような照明が望ましい。また，転倒予防のためには，フットライトにより足元を照らし安眠を妨げない明るさの照明を用いて安全への配慮をする必要がある。

3 = × 短く浅い呼吸は，**交感神経**が優位になり身体が緊張した状態となるため，適切ではない。

4 = × 入眠への習慣とは，「入眠儀式」ともいわれ，年齢や人によって異なるが，寝る前に必ず行う「トイレに行く」「音楽を聴く」というようなことである。入眠への習慣を行うことで，**心身が安定し快適な睡眠につながる**ため，適切ではない。

5 = × 夕方の時間帯に外気にふれて散歩する程度の運動なら，適度な疲労感と精神的な安心感により入眠効果が得られる。しかし，寝る直前の汗をかくほどの激しい運動は，**交感神経**が優位になり身体が緊張した状態となるため，適切ではない。

▶**正答＝ 1**

アドバイス！

- 自律神経には，交感神経と副交感神経があり，集中したり，緊張したりすると交感神経が優位になり，逆に睡眠中やリラックスしているときには，副交感神経が優位になる。
- 入眠時に副交感神経が優位になることで免疫機能を維持・調整・強化しているため，快適な睡眠のための副交感神経を優位にさせる入眠準備について理解しておこう。

問題● 102【生活支援技術】

終末期で終日臥床している利用者に対する介護福祉職の対応として，最も適切なものを1つ選びなさい。

1 入浴時は，肩までお湯につかるように勧める。
2 息苦しさを訴えたときは，半座位にする。
3 終日，窓を閉めたままにする。
4 会話をしないように勧める。
5 排便時は，息を止めて腹に力を入れるように勧める。

1＝× からだの清潔を保つことは，気分のリフレッシュ，爽快感を得ることができ，感染症予防，褥瘡予防などにも効果がある。利用者の苦痛がなく，バイタルサイン（vital signs）も安定していれば入浴を行うが，肩までお湯につかることは**心肺に負担がかかる**ため，適切ではない。また，利用者の状態に合わせて全身清拭や部分清拭，ベッド上での洗髪を検討することも重要である。

2＝○ 呼吸を楽にするためには**半座位**の姿勢をとるとよい。半座位になることで横隔膜が下がり，呼吸面積が広がり，肺呼吸が容易となる。仰臥位（背臥位）の場合は気道が確保できるように，**顎を上げて頭部を後屈させる**とよい。

3＝× 室内で過ごすことも多くなるので，窓を開けて新鮮な空気に入れ替えることで**快適に過ごすことができる**。よって窓を閉めたままにすることは適切ではない。

4＝× 終末期には死に対する不安やいらだち，孤独感などの精神的苦痛がある。苦痛をやわらげるためには，利用者の訴えに耳を傾け，**共感的な姿勢でコミュニケーションをとることが求められる**。時には利用者の沈黙に対し，黙って寄り添うことも必要である。よって会話をしないように勧めることは適切ではない。

5＝× 終末期には全身の機能低下により，トイレまでの移動が困難になったり，失禁が多くなる。排便時に息を止めて腹に力を入れることも**難しくなってくる**ため，適切ではない。おむつを使用している場合には，排泄があったらすぐに交換して，清潔で快適に過ごせるようにする。

▶正答＝ 2

アドバイス！

- 終末期は全身の機能低下があり，終日臥床して過ごすことが多くなってくるため，利用者の日常生活の支援と同時に，苦痛を取り除き安らかに過ごせるような支援や快適な環境整備が求められる。
- 終末期の利用者の状態と介助方法，苦痛を緩和する方法について理解を深めておこう。

問題● 103【生活支援技術】

介護老人福祉施設に入所している利用者の看取りにおける，介護福祉職による家族への支援として，**最も適切なもの**を1つ選びなさい。

1 利用者の介護は，介護福祉職が最期まで行い，家族には控えてもらう。
2 利用者の反応がないときには，声をかけることを控えるように伝える。
3 利用者の死後は，毎日電話をして，家族の状況を確認する。
4 利用者の死後は，気分を切り替えるように家族を励ます。
5 家族が悔いが残ると言ったときは，話を聴く。

1 =✕ 利用者と家族の関係は様々である。しかし，家族が利用者に関わりたいという要望があれば，家族が介護に参加できるように支援することが重要である。そのことで家族も利用者の状況を受け入れやすくなり，死後の深い悲しみや喪失感を乗り越えることに役立つ。

2 =✕ 終末期から臨終期にかけては，家族と利用者が気兼ねなく過ごせるように配慮する。聴覚と触覚は最期まで残るといわれているため，利用者の反応がないときであっても，利用者に声をかけたり手を握るなどするとよいと伝える。

3 =✕ 利用者の死後，残された家族は近しい人を亡くした深い悲しみと喪失感，環境の変化の中にいる。このような深い悲しみや喪失感，環境の変化などを受け入れ，乗り越えられるように支援することをグリーフケアという。介護福祉職は，利用者の死後は家族を見守り，1～3か月後の落ち着いた頃に弔問をする，故人を偲び，家族の労をねぎらう手紙を送る，遺族の語らいの場を設けるなどの支援を行うとよい。

4 =✕ それまでの利用者との関わりなどによって，死別は悲嘆や喪失感，孤独感をもたらす。残された家族に対して，元気を出すように促したり，励ますことは逆効果になることもある。介護福祉職は，家族が悲しみと向き合い，それを表現できるように支援することが重要である。

5 =○ 残された家族は，深い悲しみの中に入り，悲しみと向き合い，それを表現することが必要である。家族が悔いが残ると言ったときは，家族の感情を表現できるように寄り添い，傾聴するとよい。

▶正答＝5

アドバイス！

- 終末期では，家族も悩み苦しんでいるため，家族もケアの対象としてとらえることが重要。
- 死別後の家族の負担軽減としてはグリーフケア（grief care）への理解が不可欠である。

問題● 104【生活支援技術】

利用者の障害特性に適した福祉用具の選択に関する次の記述のうち，**最も適切なもの**を1つ選びなさい。

1 言語機能障害の利用者には，ストッキングエイドの使用を勧める。
2 全盲の利用者には，音声ガイド付き電磁調理器の使用を勧める。
3 聴覚障害の利用者には，床置き式手すりの使用を勧める。
4 右片麻痺の利用者には，交互型歩行器の使用を勧める。
5 肘関節拘縮の利用者には，座位時に体圧分散クッションの使用を勧める。

1 =× ストッキングエイドは，前屈動作が困難であったり，四肢に拘縮がある**身体障害者**が，**靴下を履く**のを助ける福祉用具である。

●ストッキングエイド

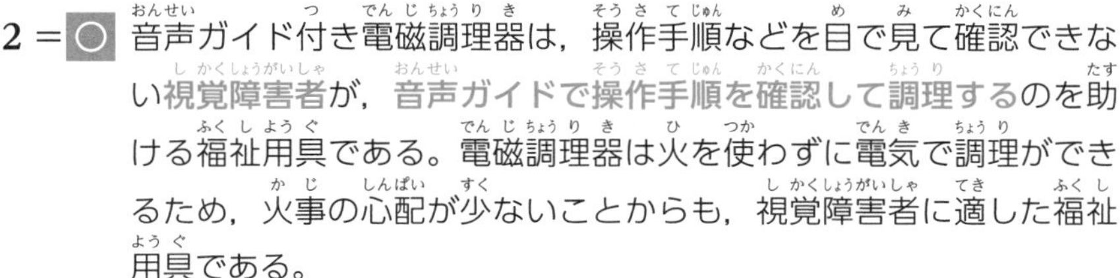

2 =○ 音声ガイド付き電磁調理器は，操作手順などを目で見て確認できない**視覚障害者**が，**音声ガイドで操作手順を確認して調理する**のを助ける福祉用具である。電磁調理器は火を使わずに電気で調理ができるため，火事の心配が少ないことからも，視覚障害者に適した福祉用具である。

3 =× 床置き式手すりは，仰臥位（背臥位）からの起き上がり動作や，座位からの立ち上がり動作などが困難な**身体障害者**が，手すりを支えにして**起き上がったり立ち上がったりする**のを助ける福祉用具である。

4 =× 交互型歩行器は，下肢の障害などで移動に困難のある**身体障害者**が，**左右のフレームを両手で交互に動かして移動する**のを助ける福祉用具である。片麻痺のある利用者の場合は，片手で扱える**杖**などが適した福祉用具となる。

●交互型歩行器

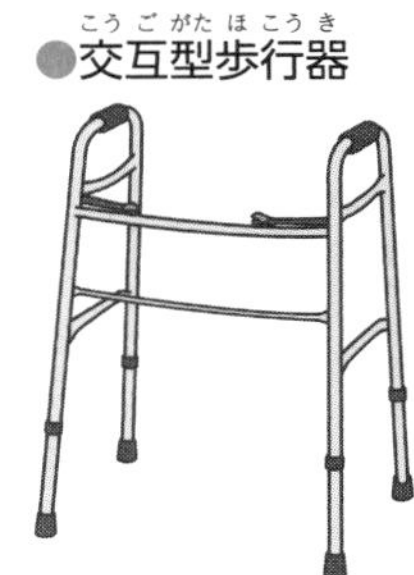

5 =× 体圧分散クッションは，自分では体位変換をすることが難しい**身体障害者**が，**褥瘡を予防するために体圧を分散させる**のを助ける福祉用具である。

▶正答＝ 2

アドバイス！

●福祉用具の活用に際しては，障害特性を踏まえた利用者の状態についての理解が大切である。
●障害や疾病についての基礎的な知識とともに，それぞれの福祉用具の使用方法を整理しておこう。

問題● 105【生活支援技術】

福祉用具等を安全に使用するための方法として，**最も適切なものを１つ選びなさい。**

1　車いすをたたむときは，ブレーキをかけてから行う。
2　入浴用介助ベルトは，利用者の腰部を真上に持ち上げて使用する。
3　差し込み便器は，端座位で使用する。
4　移動用リフトで吊り上げるときは，利用者のからだから手を離して行う。
5　簡易スロープは，埋め込み工事をして使用する。

1 = ○　車いすをたたむときは，片方の手でどちらかのグリップをにぎり，もう片方の手で同じ側の**ブレーキ**をかける。同様の方法で反対側の**ブレーキ**をかけてから，シートの前後を両手で持ち，上に引き上げ，シートをたたむ。

2 = ×　入浴用介助ベルトは，入浴時に利用者の立ち上がりの介助の際に**からだを支えやすくするもの**である。利用者を持ち上げるために使用するものではないため，適切ではない。立ち上がりの介助はボディメカニクスを使い，介助者は利用者のからだと離れないようにしながら立位を介助する。

3 = ×　差し込み便器は，利用者が**仰臥位**（**背臥位**）になり，両膝を立てた状態で腰を上げる。そのときに介助者は前腕を利用者の腰背部の下に差し入れ，腰部を支える。もう一方の手で差し込み便器の取っ手を持ち，利用者の臀部の下に差し込む。

4 = ×　移動用リフトで吊り上げるときは，介助者は片手で**コントローラーを操作**しながら，利用者のからだが回転したり揺れたりしないように，もう片方の手で**ハンガー（シートを吊り上げるアーム）を保持**する。

5 = ×　簡易スロープは，段差解消のためのものであって，取付けに際し**工事を伴わないもの**に限られる。**段差との間に渡して**傾斜にし，昇降を容易にするものであり，屋外だけでなく，敷居などの屋内の段差解消にも使える。

▶正答＝１

アドバイス！

- 福祉用具を使うことで，①利用者の日常生活の自立を図る，②介護負担の軽減につながる，③社会参加，雇用を促進する，④生きがいをつくり出すといった効果がある。
- 活用にあたって必要な安全・安楽な福祉用具の使い方を習得しておく必要がある。

問題● 106【介護過程】

介護過程を展開する目的として，**最も適切なものを1つ選びなさい。**

1 業務効率を優先する。
2 医師と連携する。
3 ケアプランを作成する。
4 画一的な介護を実現する。
5 根拠のある介護を実践する。

1 = × 業務効率を優先することが目的ではない。介護過程は，利用者の生活上の課題を解決し，利用者が望む「より良い生活」「より良い人生」を実現するために展開するものであるので，利用者を優先した支援を行わなくてはならない。

2 = × 介護過程を展開していく上で医師と連携することは大切であるが，目的ではない。

3 = × ケアプランを作成することが介護過程を展開する目的ではない。また，**ケアプラン**を作成するのは**介護支援専門員**（**ケアマネジャー**）であり，**介護福祉職**が作成するのは**介護計画**（個別援助計画）である。**個別援助計画**は，ケアプランに位置づけられた各サービスをどのように実施していくのかを具体的に記載した計画の総称であり，各専門職ごとに作成され，サービスや職種によって計画の名称が異なる。なお，個別援助計画は，介護保険法上では**個別サービス計画**と呼ばれている。

4 = × 画一的な介護を実現することが目的ではない。人は一人ひとり独立した存在であり個性がある。介護過程の展開では，利用者の生活歴，価値観，生活様式，生活リズムなど利用者の個性に着目し，利用者本位の**個別的な介護を実現する**のが目的である。

5 = ○ **根拠のある介護を実践する**ことは，介護過程を展開する目的である。介護サービスの提供は１回限りではない。様々な障害のある複数の人々を対象に，継続して生活を支えるため，経験に頼った介護ではなく，ある程度の予測性を持つと同時に自らの介護の根拠を明確にしておく必要がある。介護福祉職には利用者ができること・できないこと，望んでいることなどを把握し，利用者の状態に応じて専門的で根拠のある介護の実践が求められる。

▶正答＝5

要点チェック！

- 介護福祉職は利用者が望む「より良い生活」「より良い人生」が送れるようにするために，利用者ができること・できないこと，望んでいることなどを把握し，一人ひとりの身体・精神状況に合わせて支援する必要がある。
- 介護過程を展開することによって利用者の状態を把握し，専門職として客観的で科学的な思考過程によって支援をすることができることをしっかりと押さえておこう。

問題● 107【介護過程】

次のうち，介護過程を展開した結果を評価する項目として，**最も優先すべきものを1つ**選びなさい。

1　実施に要した日数
2　情報収集に要した時間
3　評価に要した時間
4　介護福祉職チームの満足度
5　短期目標の達成度

評価については，右の表の視点に基づいて行う。

短期目標の達成度は，評価の視点の「②目標に対する達成度はどうか」に該当し，最も優先すべきものである。「目標を達成していない」という評価をした場合，目標を達成していない原因を明らかにし，**介護計画の修正**を検討しなくてはいけない。また，どの部分を修正すればよいのか，**再アセスメント**を行う必要がある。実施に要した日数，情報収集に要した時間，評価に要した時間は，最も優先すべき項目ではない。また，介護過程の展開の目的は利用者の生活課題を解決することであり，介護福祉職チームの満足度を評価するのではなく，**利用者の満足度を評価する**必要がある。

●評価の視点（評価項目）

①計画どおりに実施しているか
②目標に対する達成度はどうか
③支援内容・支援方法は適切か
④実施上の新たな課題や可能性はないか

したがって，1 =×，2 =×，3 =×，4 =×，5 =○となる。

●介護過程の展開イメージ

アセスメント
●情報の収集
●情報の解釈・関連づけ・統合化
●課題の明確化

介護計画の立案
●目標の設定
●具体的な支援内容・方法の決定

介護の実施
●実施状況の把握
・計画にもとづく実施
・自立支援・安全と安心・尊厳の保持
・利用者の反応・可能性
・新たな課題

評価
●目標の達成度
●支援内容・方法の適切性
●今後の方針の検討
●計画の修正の必要性

出典：介護福祉士養成講座編集委員会編『最新 介護福祉士養成講座9　介護過程 第2版』中央法規出版，2022年，p. 4

▶正答＝ 5

アドバイス!

●介護過程の目的は利用者の生活課題を解決することであり，それを踏まえて介護福祉職が計画立案した支援内容がその解決にどれだけ役立っているかを判定するために評価がなされる。
●日々実践される介護実践は，介護計画の立案の際に設定した短期目標・長期目標について，一定期間をめどに評価を行う必要があることを理解しておこう。

問題● 108【介護過程】

次の記述のうち，居宅サービス計画と訪問介護計画の関係として，**最も適切なものを1つ選びなさい。**

1 訪問介護計画を根拠に，居宅サービス計画を作成する。
2 居宅サービス計画の目標が変更されても，訪問介護計画は見直しをせず継続する。
3 居宅サービス計画と同じ内容を，訪問介護計画に転記する。
4 居宅サービス計画の方針に沿って，訪問介護計画を作成する。
5 訪問介護計画の終了後に，居宅サービス計画を作成する。

居宅サービス計画は，介護保険法の居宅サービスにおける**ケアプラン**であり，**介護支援専門員（ケアマネジャー）**が作成する。**訪問介護計画**は，訪問介護（ホームヘルプサービス）における**介護計画**であり，**サービス提供責任者**が作成する。訪問介護計画（介護計画）は，居宅サービス計画（ケアプラン）に基づいて作成されるものである。

1 = × 訪問介護計画は**居宅サービス計画に基づいて作成される**ため，適切ではない。

2 = × 訪問介護計画は居宅サービス計画に基づいて作成されるため，居宅サービス計画の目標が変更された場合には**訪問介護計画の見直し**も必要となる。

3 = × 訪問介護計画は居宅サービス計画に基づいて作成され，**訪問介護における具体的なサービス内容の計画**を作成しなければならない。そのため居宅サービス計画と同じ内容を訪問介護計画に転記することは適切ではない。

4 = ○ 訪問介護計画は**居宅サービス計画の方針に沿って作成される**ため，適切である。

5 = × 訪問介護計画は**居宅サービス計画に基づいて作成される**ため，訪問介護計画の終了後に居宅サービス計画を作成することは適切ではない。

▶正答＝4

アドバイス!

- 介護保険法に基づくサービスを提供する上では，マスタープランである居宅サービス計画と介護計画の関係，ケアマネジメント（care management）と介護過程の関係をしっかり理解しておく必要がある。
- 介護福祉分野において使用する「計画」について，それぞれの名称・目的・位置づけをしっかりと整理しておこう。

事例問題

次の事例を読んで，**問題 109**，**問題 110** について答えなさい。

〔事　例〕

Ｌさん（76 歳，女性，要介護１）は，自宅で娘と暮らしている。軽度の認知症（dementia）と診断されたが，身体機能に問題はなく，友人との外出を楽しんでいる。ある日，外食の後，自宅近くで保護されたとき，「ここはどこなの」と言った。その後，自宅から出ようとしなくなった。心配した娘が本人と相談して，小規模多機能型居宅介護を利用することになった。

利用開始時に，Ｌさんの短期目標を，「外出を楽しめる」と設定した。２週間が過ぎた頃，Ｌさんから，近くのスーパーへの買い物ツアーに参加したいと申し出があった。

当日，他の利用者や介護福祉職と笑顔で買い物をする様子が見られた。買い物が終わり，歩いて戻り始めると，笑顔が消え，急に立ち止まった。

介護福祉職が声をかけると，「ここはどこなの。どこに行くの」と不安そうに言った。

事例の情報を整理する

●Ｌさんの情報

人物設定	76歳，女性，要介護１
心身の状況（疾患や障害）	•軽度の認知症，身体機能に問題はない
サービスの利用状況	•小規模多機能型居宅介護を利用
生活の状況	•自宅で娘と暮らしている •友人との外出を楽しんでいる •外食後，自宅近くで保護され「ここはどこなの」という発言をし，その後，自宅から出ようとしない •小規模多機能型居宅介護を利用後，買い物ツアーに参加したいと申し出て，当日は利用者や介護福祉職と笑顔で買い物をする様子も見られた
Ｌさんの発言，思い	•自宅近くで保護されたときに「ここはどこなの」との発言が聞かれ，その後，自宅から出ようとしなくなった •小規模多機能型居宅介護での買い物ツアーでも買い物が終わり歩いて戻り始めると笑顔が消え，急に立ち止まり，介護福祉職に「ここはどこなの。どこに行くの」と不安そうに発言した

問題● 109【介護過程】

Lさんが急に立ち止まった行動の解釈として，最も適切なものを1つ選びなさい。

1 買い物ツアー時間の延長の要求
2 自分のいる場所がわからない不安
3 休憩したいという訴え
4 店での介護福祉職の支援に対する不満
5 一人で帰りたいという訴え

Lさんが急に立ち止まった行動の解釈として，本人から近くのスーパーへの買い物ツアーに参加したいと申し出があり，当日も他の利用者や介護福祉職と笑顔で買い物をする様子が見られたことから，買い物ツアーや介護福祉職の支援に対しての不安や不満ではないと考えられる。

小規模多機能型居宅介護の利用のきっかけとして，Lさんが外食の後，自宅近くで保護され，「ここはどこなの」と言い，その後，自宅から出ようとしなくなったという経緯がある。その状況と同様に，**自分のいる場所がわからない不安**から笑顔が消え，急に立ち止まり，「ここはどこなの。どこに行くの」という発言が聞かれたと考えられる。ちなみに，Lさんは軽度の認知症（dementia）と診断されているため，認知症の中核症状の1つとされる**見当識障害**が起こっていることが推測される。

したがって，1＝×，2＝○，3＝×，4＝×，5＝×となる。

▶正答＝2

- 事例の状況に対するアセスメント（assessment）における情報の解釈が問われている。
- Lさんが「ここはどこなの」と発言してから小規模多機能型居宅介護を利用することになった背景をしっかりととらえる必要がある。

問題● 110【介護過程】

Lさんの状況から，短期目標と支援内容を見直すためのカンファレンス（conference）が開かれた。

担当する介護福祉職の提案として，**最も優先すべきものを1つ選びなさい。**

1 外出先から帰れなくなる不安への対応が必要である。
2 表情がかたくなったときは帰り道を変更する。
3 外出する意欲を持つ必要がある。
4 歩くために身体機能の改善が必要である。
5 事業所をなじみの生活空間にする。

1＝○ Lさんはもともと友人との外出を楽しんでいたり，小規模多機能型居宅介護を利用後に買い物ツアーへの参加の申し出があるなど，外出する意欲はうかがえる。しかし，小規模多機能型居宅介護を利用する前に，外食の後，自宅近くで保護されたとき，「ここはどこなの」という発言をし，その後，自宅から出ようとしなくなったことや，小規模多機能型居宅介護を利用後，買い物ツアーに参加し，買い物が終わり，歩いて戻り始めると，笑顔が消え，急に立ち止まり，「ここはどこなの。どこに行くの」と不安そうに言ったことから，Lさんは外出先から帰れなくなる不安を感じていると考えられる。そのため，まずは**外出先から帰れなくなる不安への対応**が最も優先すべき提案となる。

2＝× 買い物後に笑顔が消えた原因として，**外出先から帰れなくなる不安**を抱えていることが考えられ，帰り道を変更することは解決策にはならないため，最も優先すべき提案ではない。

3＝× 小規模多機能型居宅介護の利用を開始後，2週間が過ぎた頃，本人から近くのスーパーへの買い物ツアーに参加したいと申し出があったことから，**外出する意欲**はうかがえるため，最も優先すべき提案ではない。

4＝× 軽度の認知症（dementia）と診断されているが**身体機能に問題はなく，その後機能低下したという記述もない**ことから，歩くために身体機能の改善をすることは最も優先すべき提案ではない。

5＝× Lさんから買い物ツアーに参加したいと申し出があったことや，当日も**他の利用者や介護福祉職と笑顔で買い物をする様子が見られた**状況から，事業所をなじみの生活空間にすることが最も優先すべき提案ではない。

▶正答＝1

ときテク！

- 事例の状況からLさんの最も優先される課題を導き出すことが求められる。
- 事例からLさんが生活を送る上で過去の情報も含めて，現在どのような不安を抱えているのかをしっかりととらえることで正答を導き出せる。

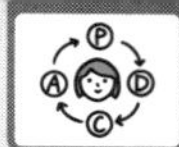

事例問題

次の事例を読んで，問題111，問題112について答えなさい。

〔事　例〕

Mさん（35歳，男性，障害支援区分5）は，脳性麻痺（cerebral palsy）による四肢麻痺で筋緊張がある。日常生活動作は全般に介護が必要であり，電動車いすを使用している。これまで，本人と母親（70歳）の希望で，自宅で二人暮らしを続けてきた。

Mさんは3年前から，重度訪問介護を利用している。軽度の知的障害があるが，自分の意思を介護者と母親に伝えることができる。相談支援専門員が作成したサービス等利用計画の総合目標は,「やりたいことに挑戦し，生活を充実させる」となっている。Mさん自身も，やりたいことを見つけたいと介護福祉職に話していたことから，次の個別支援会議で検討する予定になっていた。

ある日，重度訪問介護の利用時，パラリンピックのテレビ中継を見ていたMさんが，介護福祉職に，「ボール投げるの，おもしろそう」と話した。

事例の情報を整理する

●Mさんの情報

人物設定	35歳，男性，障害支援区分5
心身の状況（疾患や障害）	•脳性麻痺による四肢麻痺，筋緊張 •軽度の知的障害があるが，自分の意思を伝えることができる
サービスの利用状況	•重度訪問介護を利用
生活の状況	•日常生活動作は全般に介護が必要 •電動車いすを使用 •自宅で母親（70歳）と二人暮らし
Mさんの発言，思い	•サービス等利用計画の総合目標は「やりたいことに挑戦し，生活を充実させる」であり，本人も「やりたいことを見つけたい」と話していた •パラリンピックのテレビ中継を見て「ボール投げるの，おもしろそう」と話した

問題● 111【介護過程】

次のうち，Mさんの発言から，個別支援計画を立案するために，介護福祉職が把握すべき情報として，**最も優先すべきものを1つ選びなさい。**

1　競技で使われるボールの種類

2　話を聞いた介護福祉職の感想

3　競技に対するMさんの意向

4　母親のパラリンピックへの関心

5　テレビ中継を見ていた時間

サービス等利用計画では，まず利用者及びその家族の生活に関する意向を聞き，それに添った総合目標（総合的な援助の方針）を決定する。**個別支援計画**は，そのサービス等利用計画を踏まえ，その目標を達成するために，介護福祉職として提供できる，より具体的で専門的なサービスの内容等を記載した計画の立案をすることになる。

Mさんには軽度の知的障害があるが，自分の意思を介護者や母親に伝えることができる。Mさんは，介護福祉職に「やりたいことを見つけたい」と話しており，重度訪問介護の利用時には，パラリンピックのテレビ中継を見て「ボール投げるの，おもしろそう」と介護福祉職に話している。

サービス等利用計画の総合目標は「やりたいことに挑戦し，生活を充実させる」ことである。介護福祉職として支援できるサービスは何かを具体的に検討するためには，まず「やりたいことを見つけたい」という本人の希望に添う必要がある。その実現へつなげるために最も把握すべき情報は「競技に対するMさんの意向」である。

選択肢1は，Mさんの意向を確認した後に検討する内容である。選択肢2の介護福祉職の感想や，選択肢4の母親のパラリンピックへの関心は，利用者自身の意向を正しく読み取る妨げとなる可能性もあるため注意が必要であり，適切とはいえない。選択肢5のテレビ中継を見ていた時間と興味・関心とは直接的な因果関係はない。

したがって，1＝×，2＝×，3＝○，4＝×，5＝×となる。

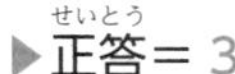

▶正答＝3

アドバイス!

- 65歳未満の利用者（障害福祉サービスの利用者）が介護過程の事例問題の対象者として初めて出題された問題である。
- 個別支援計画とは，障害者総合支援法に基づくサービス等利用計画に位置づけられた障害福祉サービス事業者がサービスをどのように実施していくのかを具体的に定めた計画のことである。
- 「何のためにどのような情報を収集するのか」という目的を理解している必要がある。

問題● 112【介護過程】

いくつかのスポーツクラブを見学後，介護福祉職はMさんから，「このスポーツクラブが近いから，入会前に体験したい」と伝えられた。

Mさんへの介護福祉職の対応に関する次の記述のうち，**最も適切なものを1つ選びなさい。**

1　筋緊張から回復する訓練を行うように伝える。

2　母親が決めたスポーツクラブを選ぶように勧める。

3　スポーツクラブにすぐに入会するように勧める。

4　意思決定に必要な情報を提供する。

5　相談支援専門員の許可を得るように勧める。

1 = ×　筋緊張から回復する訓練に関しては，**リハビリテーション専門職**がアドバイスすることが望ましい。利用者の生活に最も近い介護福祉職には，利用者の日常生活の様子や本人の何気ない発言を他の専門職に情報提供するなどの連携が求められる。

2 = ×　実効性のある支援にするためには，家族の参加・協力は欠かせない。しかし，「自分の生活が自分の主体的な意思によって営まれているか」という自立支援の視点に立って考えると，母親の意見よりも**本人の意思を尊重する**べきである。

3 = ×　Mさんはスポーツクラブに入会前に体験したいと言っているので，体験する前に入会するように勧めるのは適切ではない。支援の実施にあたっては，介護福祉職の意見を押しつけるのではなく，開始時期についても**本人の意思決定のタイミングを尊重する**べきである。

4 = ○　複数のスポーツクラブについてわかりやすく情報を提供するなど，**本人が意思決定できるように支援する**ことは重要である。

5 = ×　相談支援専門員はチームアプローチ（team approach）の調整役であるため，介護福祉職から相談支援専門員への情報提供は必要であるが，スポーツクラブの入会前の体験に**相談支援専門員の許可は必要ない**。

▶正答＝ 4

アドバイス!

- 生活支援の基本的視点「利用者本位，自立支援」を理解している必要がある。
- 利用者の意思決定の尊重については，介護過程以外の科目でもよく出題されるため，「日本介護福祉士会倫理綱領」等も併せて理解しておこう。

問題● 113【介護過程】

介護福祉職が事例研究を行う目的として，**最も適切なもの**を１つ選びなさい。

1　事業所の介護の理念の確認

2　介護福祉職の能力を調べること

3　介護過程から介護実践を振り返ること

4　介護報酬の獲得

5　介護福祉職自身の満足度の充足

事例研究（ケーススタディ）は，実際に起きた事実（事例）について，その事実が起きた状況や原因，対策を明らかにしようとする研究方法である。事例研究の方法や形態の１つに，**事例検討**（ケースカンファレンス）がある。

事例検討の対象となるのは，介護福祉職自身が困難を感じている事例や課題がある事例，支援がうまくいかない事例など様々である。**事例検討を行う目的**は，自らの**介護実践を振り返り**客観的に評価することで，利用者への理解を深め，より良い介護実践のためにどうすればよいのかを明らかにすることである。

事例検討を行うことの意義として，**介護実践を振り返ること**のほかに，チームとして情報を共有することで，チームケアの質の向上につながること，他の専門職種からみた視点で多角的に利用者を理解できること，利用者の生活を断片的にではなく包括的に継続的にとらえることができることなどがある。

事例研究の目的は，介護福祉職が自らの介護実践を振り返ることなどの事例検討の目的に加えて，実践の根拠を明確にし，介護の原理原則を導き出すことや新しい試みを提案することなどがある。今後，介護の専門性を高めていくために，実践の場における事例研究がますます重要となる。

したがって，**1**＝×，**2**＝×，**3**＝○，**4**＝×，**5**＝×となる。

▶**正答＝３**

アドバイス!

●事例研究に関する問題は，過去には出題されておらずこの問題が初めての出題となる。
●解説中の介護実践における事例研究の過程と目的を理解しておく必要がある。

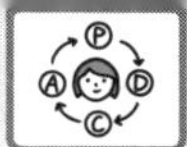

総合問題▶1

次の事例を読んで，**問題 114 から問題 116 まで**について答えなさい。

〔事　例〕

Aさん（80 歳，女性）は，自宅で一人暮らしをしている。同じ県内に住む娘が，月に一度Aさんの自宅を訪れている。

最近，Aさんの物忘れが多くなってきたため，不安になった娘が，Aさんと一緒に病院を受診したところ，医師から，脳の記憶をつかさどる部分が顕著に萎縮したアルツハイマー型認知症（dementia of the Alzheimer's type）であると診断された。Aさんはこのまま自宅で暮らすことを希望し，介護保険の訪問介護（ホームヘルプサービス）を利用しながら一人暮らしを継続することになった。

ある日，娘からサービス提供責任者に，今年はAさんが一人で雪かきができるか不安であると相談があった。そこで，サービス提供責任者が，Aさんと一緒に地区の民生委員に相談したところ，近所の人たちが雪かきをしてくれることになった。

事例の情報を整理する

●Aさんの情報

人物設定	80歳，女性
心身の状況（疾患や障害）	•アルツハイマー型認知症 （物忘れが多くなってきたことをきっかけに娘と一緒に病院を受診し，アルツハイマー型認知症であると診断を受けた）
サービスの利用状況	•介護保険の訪問介護を利用
生活の状況	•自宅で一人暮らしをしている •同じ県内に住む娘が，月に一度自宅を訪れている

要点チェック！

●地域包括ケアシステム

地域住民が，介護が必要になっても，可能な限り住み慣れた地域で自分らしい暮らしを継続できるように，地域の実情に応じて住まい・医療・介護・予防・生活支援のサービスを一体的に受けることのできるシステムをいう。厚生労働省は，1947 年（昭和 22 年）から 1949 年（昭和 24 年）生まれの団塊の世代が 75 歳以上となる 2025 年（令和 7 年）をめどに，システムの構築を推進している。

問題● 114【総合問題】

図は脳を模式的に示したものである。

Aさんの脳に萎縮が顕著にみられる部位として，**最も適切なものを1つ選びなさい。**

1　A
2　B
3　C
4　D
5　E

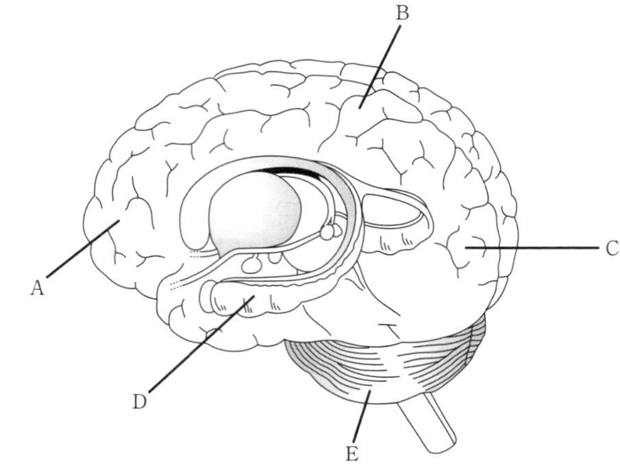

1 = ✕　Aは**前頭前野**である。前頭前野の外側面は作業記憶，遂行機能など，内側面は他者への共感，同情や内観（自分を振り返る）など，底面は理性による行動の抑制など，「人間らしさ」の機能を担っている。

2 = ✕　Bは**頭頂葉**である。頭頂葉の前方には感覚野があり，反対側半身の感覚情報が集まる。視覚情報が後頭葉から送られ，見たものを三次元空間の中のどの位置にあるのか，どの方向に動いているのかを分析している。

3 = ✕　Cは**後頭葉**である。後頭葉は視覚情報が届く視覚野があり，見たものの形や色や動きが分析されて，他の部位に送られる。

4 = ○　Dは**海馬**である。海馬は，**パペッツ回路**と呼ばれる連絡路をつくり，**記憶**に関わる部位である。アルツハイマー型認知症（dementia of the Alzheimer's type）では，パペッツ回路の構成要素が障害を受け，主に**エピソード記憶**が障害されて，**物忘れ**を起こす。海馬領域の病変により，新しいエピソードを記憶できないという症状が現れる。

5 = ✕　Eは**小脳**である。小脳は，目で得た情報，重力や回転などを感知した耳からの情報，筋肉や皮膚等で感じ取った圧力を統合し，頭と目の動きを制御して身体のバランスを保つ機能がある。

▶**正答＝ 4**

アドバイス!

- 脳の部位別の機能はよく問われるため，しっかり理解しておくこと。
- イラスト問題として出題されても対応できるように，脳の部位は名称と図を関連づけて覚えておく必要がある。

問題● 115【総合問題】

地域包括ケアシステムにおいて，Aさんの雪かきの課題への対応を示すものとして，**最も適切なものを1つ選びなさい。**

1　自助
2　互助
3　介助
4　扶助
5　公助

地域包括ケアシステムにおける「自助」「互助」「公助」「共助」の内容と定義の例は，以下のとおりである。

自助	自分のことは自分でする 例：自らの健康管理（セルフケア），市場サービスの購入
互助	相互に支え合うことのうち，費用負担が制度的に裏づけられていない，自発的なもの（インフォーマルな相互扶助） 例：ボランティア活動，住民組織の活動
公助	税による公的な負担 例：一般財源による高齢者福祉事業等，生活保護，人権擁護・虐待対策
共助	相互に支え合うことのうち，制度的な費用負担が発生するもの 例：介護保険に代表される社会保険制度およびサービス

一人で雪かきができるか不安であるというAさんの雪かきの課題に対する，近所の人たちが雪かきをしてくれることになったという対応は**近隣同士の助け合い**であり，**互助**に該当する。

したがって，**1**＝×，**2**＝○，**3**＝×，**4**＝×，**5**＝×となる。

▶正答＝2

アドバイス!

●地域包括ケアシステムにおける「自助」「互助」「公助」「共助」の内容を知っていればすぐに解答できる。
●地域包括ケアシステムは，介護福祉士等による専門的サービス（公助・共助）のみならず，ボランティアや民間団体の活動（互助）や，民間企業が提供する商品としてのサービスの活用（自助）などで構成されていることを理解する。

問題● 116【総合問題】

ある日，訪問介護員（ホームヘルパー）がＡさんの自宅を訪れ，一包化された薬の服薬状況を確認したところ，残薬があった。Ａさんに服薬状況を確認すると，薬を飲んだかどうか，わからなくなることがあるという返答があった。訪問介護員（ホームヘルパー）は，Ａさんとの会話から，日時に関する見当識に問題はないことを確認した。

Ａさんの薬の飲み忘れを防止するための対応として，**最も適切なものを１つ選びなさい。**

1　一包化を中止する。
2　インフォーマルな社会資源の活用は避ける。
3　お薬カレンダーの使用を提案する。
4　一人では薬を服用しないように伝える。
5　薬の飲み忘れに気がついたとき，２回分を服用するように伝える。

1＝× 一包化とは，服用するタイミングが同じ薬や１回に複数個服用する薬を一袋にまとめることである。**一包化を中止することで飲み忘れが増える**だけでなく，混乱が生じて同日に複数飲んでしまう危険性があり，適切ではない。

2＝× 家族や近隣住民によるインフォーマルな社会資源は，**日常生活を支えるために欠かせない支援の１つ**である。今後Ａさんが服薬するときに，娘や民生委員による声かけや見守りの支援が必要になる可能性も考えられるため，選択肢は適切ではない。

3＝○ お薬カレンダーとは，曜日や時間ごとに薬をカレンダーに付けたポケットに入れて管理するアイテムで，**飲み忘れの防止につながる**。Ａさんは日時に関する見当識に問題はなく，お薬カレンダーで服薬の管理をすることは適切である。

4＝× 一人で服薬しないことで，**日常的に服用しなければならない薬を飲むことができない**など，健康面に影響が出てきてしまう。また，現在はＡさん一人で服用できており，**残存機能**に着目した対応が求められる。

5＝× 服用する薬の種類や量，タイミングは**医師が指示する**ものであり，訪問介護員が指示することはできない。介護福祉職は利用者が用法・用量を守って服薬できているかどうかを確認するなど，**服薬介助**を行う。利用者の服薬介助を行う中で，服薬回数を検討する際は**医療職と情報を共有**した上で，**医師，薬剤師と連携**する必要がある。

▶**正答＝３**

アドバイス！

●高齢者は服薬の種類や回数が多いことに加えて，管理能力そのものが低下していることがある。
●介護福祉職は高齢者の特性を理解すると同時に，利用者の認知機能や日常生活動作，手段的日常生活動作をアセスメント（assessment）した上で適切な手段を検討する必要がある。

総合問題▶2

次の事例を読んで，**問題117から問題119までについて答えなさい。**

〔事　例〕

Bさん（75歳，男性，要介護3）は，1年前に脳梗塞（cerebral infarction）を発症し，右片麻痺がある。自宅では，家具や手すりにつかまって，なんとか自力歩行し，外出時は車いすを使用していた。うまく話すことができないこともあるが，他者の話を聞き取って理解することは，問題なくできていて，介護保険サービスを利用しながら，一人で暮らしていた。数か月前から着替えや入浴に介助が必要になり，在宅生活が難しくなったため，1週間前にU介護老人福祉施設に入所した。

入所時の面談でBさんは，自分の力で歩きたいという意思を示した。U介護老人福祉施設では，C介護福祉士をBさんの担当者に選定した。C介護福祉士は，カンファレンス（conference）での意見に基づいて，Bさんが，四点杖を使用して，安全に施設内を歩行できることを短期目標とした介護計画を立案した。

事例の情報を整理する

●Bさんの情報

人物設定	75歳，男性，要介護3
心身の状況（疾患や障害）	• 1年前に脳梗塞を発症 • 右片麻痺
サービスの利用状況	• 1週間前に介護老人福祉施設に入所した
生活の状況	• 入所前は，自宅にて介護保険サービスを利用し，一人暮らしをしていた • 自宅では，家具や手すりにつかまり，自力歩行が可能であった • 日常生活上（着替えや入浴）に介助が必要になり，介護老人福祉施設に入所している • 発話をうまくできないときはあるが，話を聞き取って理解することはできる
Bさんの思い	• 入所時の面談にて「自分の力で歩きたい」という意思を示す
介護計画の短期目標	「四点杖を使用して，安全に施設内を歩行できる」

問題● 117【総合問題】

入所から2か月が経過した。C介護福祉士は，Bさんの四点杖歩行の様子を観察したところ，左立脚相と比べて，右立脚相が短いことが気になった。Bさんの短期目標を達成するために，理学療法士と相談して，転倒予防の観点から，見守り歩行をするときの介護福祉職の位置について，改めて周知することにした。

Bさんの四点杖歩行を見守るときに介護福祉職が立つ位置として，**最も適切なもの**を1つ選びなさい。

1　Bさんの右側前方
2　Bさんの右側後方
3　Bさんの真後ろ
4　Bさんの左側前方
5　Bさんの左側後方

片麻痺のある利用者への歩行介助を行う際，転倒防止への配慮は不可欠である。

高齢者の歩行は，目線が下がる，猫背になる，上体が左右に揺れる，腕の振りが小さい，歩行速度がゆっくりである，すり足歩行が見られる，歩幅が狭いなどの特徴がある。そこで，安定した歩行のためには，①目標を進行方向に定めて視野を広く持つ，②歩幅を少し広めにとる，③着地は踵から行う，④踏み出した足は後ろに強く蹴る，⑤背筋を伸ばして視線は前方に向けることがポイントになる。また，歩行介助を行う際に，介護福祉職の身体を密着させてしまうと，歩行動作を妨げてしまうため，適切な距離を保つことが大切である。ただし，転倒してしまった際に咄嗟に対応できる距離を検討しておくことが必要である。また杖歩行の場合，杖が動く範囲も空けておかなければならない。

以上のことから，Bさんの前方に介護福祉職が立つことは，**進行方向の視野に介護福祉職が入ってしまい**，前進しようとしているBさんの歩行動作を阻害する恐れがあるため適切ではない。また，問題に「右立脚相が短い」という記述があり，麻痺を原因とした筋力低下が生じている可能性がある。Bさんは，患側である右半身には力が入らないため，身体のバランスを崩してしまった場合に，患側の**右側に倒れやすい**。そのため，介護福祉職がBさんの**右側後方**にいることによって，Bさんが万が一バランスを崩して転倒してしまいそうになっても，転倒を防ぐことができる。

したがって，**1**＝×，**2**＝○，**3**＝×，**4**＝×，**5**＝×となる。

▶正答＝2

ときテク!

- 介護福祉職は，歩行に関する基本的な身体動作を理解した上で，歩行困難の原因となる疾患や，その程度を把握した対応を検討する。
- Bさんの麻痺側などの情報を，簡単な図にしてみると正答を導きやすい。
- 移動に関する福祉用具の種類や特徴，杖を使った歩行「3動作歩行」と「2動作歩行」，杖や足を出す順番を併せて確認しておきたい。

問題● 118【総合問題】

C介護福祉士がBさんとコミュニケーションをとるための方法に関する次の記述のうち，最も適切なものを１つ選びなさい。

1 補聴器を使用する。
2 五十音表を使用する。
3 手話を使う。
4 大きな声で話しかける。
5 「はい」「いいえ」で回答できる質問を中心に用いる。

1 = ✕ 補聴器は，音をマイクで集めて増幅し耳に届ける機器であり，**聴力**の低下した人が使用する。Bさんは**他者の話を聞き取っている**ことから聴力の低下が著しいとはいえず，補聴器の使用は適切ではない。

2 = ✕ 五十音表は，主に**重度の構音障害**のある人が用いるコミュニケーションツールである。五十音表の文字盤を用いて指さしで単語や文章を構成する方法のほか，筋萎縮性側索硬化症（amyotrophic lateral sclerosis：ALS）によって発声が困難になった人に対しては，透明の五十音表を用いて，目の動きで介護者が意思を読み取る方法などもある。Bさんがうまく話すことのできない原因にも，運動障害性構音障害が考えられるが，**重度ではない**ため，まずは会話によるコミュニケーションを工夫する必要がある。

3 = ✕ 手話は，手の位置，形，動きを組み合わせて意味を伝えるコミュニケーション手段であり，主に**聴覚障害**のある人が使用している。Bさんは**他者の話を聞き取り，理解している**ことから，聴力の低下が著しいとはいえない。またBさんは**右半身に麻痺**があることから，手の動きを利用する手話の活用は適切な方法ではない。

4 = ✕ 聴力は加齢による機能低下の影響を受けやすい。しかし，Bさんは**他者の話を聞き取って理解する**ことができており，大きな声で話しかけなければならないほど聴力が低下した状態ではないため，適切なコミュニケーション方法とはいえない。

5 = ○ Bさんは，ろれつがまわらない，声が思ったように出ない，うまく口が動かないなどの症状があるものの，文字の読み書きや相手の言う言葉を理解することは可能である。言いたいことがうまく伝わらないことによる「もどかしさ」などの心理状態に配慮して，「はい」「いいえ」で答えられる**閉じられた質問**の活用が有効である。

▶**正答＝5**

アドバイス！

- 脳梗塞（cerebral infarction）の後遺症における心身の状況に応じたコミュニケーション方法について問われている。
- 障害の程度や状況に応じた基本的なコミュニケーション方法を理解した上で，うまく話せないが他者の話を理解できるBさんの状態に応じたコミュニケーションを提供することが求められる。

問題● 119【総合問題】

入所から3か月後，C介護福祉士は，Bさんの四点杖歩行が安定してきたことを確認して介護計画を見直すことにした。C介護福祉士がBさんに，今後の生活について確認したところ，居室から食堂まで，四点杖で一人で歩けるようになりたいと思っていることがわかった。

Bさんの現在の希望に沿って介護計画を見直すときに，**最も優先すべきもの**を1つ選びなさい。

1 生活場面の中で歩行する機会を増やす。
2 評価日は設定しない。
3 ほかの利用者と一緒に実施できる内容にする。
4 他者との交流を目標にする。
5 歩行練習を行う時間は，出勤している職員が決めるようにする。

1 =○ Bさんは今後，**「居室から食堂まで，四点杖で一人で歩けるようになりたい」**という希望を持っている。Bさんの自立への意欲に沿って介護計画を見直すことは適切である。また，生活場面での歩行を目標にすることによって，生活課題に対する達成度を評価しやすくなる。

2 =× 介護計画の作成においては**評価日を設定する**ことは必須である。あらかじめ設定した評価日に介護実践を具体的に見直し，その支援内容・方法は適切であったか，生活課題は解決されたのか等について評価することが求められる。

3 =× 介護計画における目標や支援内容は，利用者のニーズや心身状況に応じて**個別的**な内容となる。ほかの利用者と一緒の活動よりBさんの個別の生活課題に応じた活動が優先される。

4 =× Bさんの現在の様子や生活課題として「他者との交流」を希望していることは，事例からは確認することができない。また，介護計画を作成する際に，複数の生活課題がある場合も想定されるが，利用者の心身の安全や日常生活への影響などを考慮して，解決すべき生活課題に**優先順位**をつけていく必要がある。

5 =× 介護計画に支援内容や支援方法を記載する際は，5W1H（いつ，どこで，誰が，何を，なぜ，どのように）を明確に示した上で，その内容をチームメンバー間で共有し，**誰が実践しても内容と方法にばらつきが出ないようにする**必要がある。Bさんの歩行練習についても，出勤している職員が時間を決めるのではなく，介護計画に沿って行う。

▶正答＝1

要点チェック！

●介護計画の見直しには，介護計画に関する基礎的な知識の理解とともに，利用者の思いや身体状況や生活課題を明確にした上で，利用者の状況に応じた介護過程を展開できる力が求められる。

総合問題▶3

次の事例を読んで，**問題 120 から問題 122 までについて答えなさい。**

〔事　例〕

Dさん（38 歳，男性，障害支援区分 3 ）は，1 年前に脳梗塞（cerebral infarction）を発症し左片麻痺となった。後遺症として左同名半盲，失行もみられる。現在は週 3 回，居宅介護を利用しながら妻と二人で生活している。

ある日，上着の袖に頭を入れようとしているDさんに介護福祉職が声をかけると，「どうすればよいかわからない」と答えた。普段は妻がDさんの着替えを手伝っている。食事はスプーンを使用して自分で食べるが，左側にある食べ物を残すことがある。Dさんは，「左側が見づらい。動いているものにもすぐに反応ができない」と話した。

最近は，日常生活の中で，少しずつできることが増えてきた。Dさんは，「人と交流する機会を増やしたい。また，簡単な生産活動ができるようなところに行きたい」と介護福祉職に相談した。

事例の情報を整理する

●Dさんの情報

人物設定	38歳，男性，障害支援区分 3
心身の状況（疾患や障害）	• 1 年前に脳梗塞を発症し左片麻痺となった • 後遺症として，左同名半盲，失行がみられる
サービスの利用状況	• 週 3 回，居宅介護を利用している
生活の状況	• 妻と二人で生活している • 着替えは妻が手伝っている • 食事はスプーンを使用して自分で食べる • 左側が見づらく，動いているものにすぐに反応できない • 日常生活の中でできることが増えてきた
Dさんの思い	• 人と交流する機会を増やしたい • 簡単な生産活動ができるようなところに行きたい

問題● 120【総合問題】

Dさんにみられた失行として，適切なものを１つ選びなさい。

1 構成失行
2 観念失行
3 着衣失行
4 顔面失行
5 観念運動失行

1 =✕ 構成失行は，見たものの形（構成）をとらえることが難しく，空間を操作することが困難になる障害である。具体的には，積み木を組み合わせて形をつくることができなかったり，包丁で等間隔に物を切ることができなかったりするなどの症状がある。

2 =✕ 観念失行は，一つ一つ動作をすることは可能であるが，それが一連の動作となると困難を生じる障害である。例として，仏壇に線香を供える動作（やり慣れた動作）を想定すると，①線香を用意する，②ロウソクに火をつける，③その火を線香につけるという個々の動作はできる。しかし，それが一連の動作となると，手順がわからなくなり，遂行できなくなる。

3 =○ 着衣失行は，衣服を正しく着ることが困難になる障害である。具体的には，衣服の上下や前後，表裏などが逆になっていたり，ズボンに腕を通したりすることなどがある。そのほかにも，ボタンを留める方法がわからないという症状がみられることもある。

4 =✕ 顔面失行は，頬や口唇，舌などを自分の意思で動かすことが困難な障害である。例として，介護福祉職が食事の介護をする際に，利用者に対して「口を開けてください」と声をかけても，その動作が意図的にできない状況などがある。

5 =✕ 観念運動失行は，自発的な運動はできているものの，同じ運動を指示されて行おうとすると困難を生じる障害である。例として，無意識だと箸を使用して食事ができるのに，「箸を使って食事をしてみてください」と言われると，途端に箸の使い方がわからなくなるなどの症状がある。

▶正答＝3

ときテク！

- 高次脳機能障害（higher brain dysfunction）にみられる「失行」とは，身体の機能的には特に支障がないにもかかわらず，脳の障害により一連の動作がうまく行えなくなる状態を指している。
- この問題では「失行」の種類について掘り下げた知識が問われているため，医学的側面が強く選択肢だけ見るとやや難しく感じるかもしれないが，「普段は妻が着替えを手伝っている」という事例の説明がヒントとなる。

問題● 121【総合問題】

Dさんへの食事の支援に関する次の記述のうち，**最も適切なものを1つ選びなさい。**

1 食事の量を少なくする。
2 テーブルを高くする。
3 スプーンを持つ手を介助する。
4 バネつき箸に替える。
5 食事を本人から見て右寄りに配膳する。

事例文中にある「左同名半盲」とは，脳梗塞（cerebral infarction）や脳腫瘍（brain tumor）などにより大脳が障害されることによって起こる症状のことである。同名半盲は，右目も左目も同じ側の視野が欠損するため，左同名半盲であるDさんは，**両目とも左側の視野が欠損している状態**であるということが把握できる。また，右目と左目の異なる視野が欠損している場合は，異名半盲という。

上記の点を踏まえて事例文を読み返すと，「左側にある食べ物を残すことがある」という記述と，「左側が見づらい」と話している点は，左同名半盲の症状を表しているととらえることができる。そのため，Dさんの食事に関して最も適切な支援としては，「Dさんの見える側」に食事を配膳するなど，視野に着目した環境を整えることになる。

したがって，1 =×，2 =×，3 =×，4 =×，5 =○となる。

▶正答= 5

ときテク！

●対象者の状態・状況に応じた食事の支援方法についての知識が問われている。
●事例中，①1年前に脳梗塞を発症し左片麻痺となったこと，②後遺症として左同名半盲があること，③左側にある食べ物を残すことがあること，④「左側が見づらい。動いているものにもすぐに反応できない」と話していることが解答のヒントとなる。

問題● 122【総合問題】

介護福祉職は，Dさんに生産活動ができるサービスの利用を提案したいと考えている。

次のうち，Dさんの発言内容に合う障害福祉サービスとして，**最も適切なもの**を**1つ**選びなさい。

1　就労継続支援A型での活動
2　地域活動支援センターの利用
3　療養介護
4　就労定着支援
5　相談支援事業の利用

1＝✕　就労継続支援A型は，訓練等給付に分類されるサービスである。このサービスは，一般就労が困難な人に，雇用契約を結んで就労の機会や生産活動の機会を提供するとともに，能力等の向上のために必要な訓練を行うものである。したがって，Dさんの求める「簡単な生産活動」よりも活動内容が高度であると考えられるため，適切ではない。

2＝○　地域活動支援センターは，地域生活支援事業に分類されるサービスである。このサービスは，障害者に創作的活動，生産活動の機会の提供，社会との交流の促進などを提供するものである。よって，Dさんの求めるものに適合するものである。

3＝✕　療養介護は，介護給付に分類されるサービスである。このサービスは，医療と常時介護を必要とする人に，病院で機能訓練，療養上の管理，看護，医学的管理下における介護などを行うものである。Dさんの求めるものとはいえないため，適切ではない。

4＝✕　就労定着支援は，訓練等給付に分類されるサービスである。このサービスは，一般就労に移行した人で，就労に伴う環境面等の変化により生活面に課題が生じている人に対して支援を行うものである。Dさんの求めるものとはいえないため，適切ではない。

5＝✕　相談支援事業は，地域生活支援事業に分類されるサービスである。このサービスは，障害者の生活における相談に幅広く対応するサービスである。正答とも思える選択肢であるが，事例文に，Dさんが，「人と交流する機会を増やしたい。また，簡単な生産活動ができるようなところに行きたい」という希望を述べている記述があることから，総合的な相談の窓口となるものが，最も適切であるとはいえない。

▶正答＝ 2

ときテク！

●障害者総合支援法に基づく障害福祉サービスにおいて，障害者が生産活動に取り組むことができる場所は多岐にわたるため，それぞれの活動内容や対象者などの基本的な要件を理解しておく。
●選択肢には「介護給付」「訓練等給付」「地域生活支援事業」に分類されるサービスが混在しているが，「人と交流する場を増やしたい。簡単な生産活動ができるようなところに行きたい」というDさんの思いが正答へのヒントとなる。

総合問題▶4

次の事例を読んで，**問題123から問題125までについて**答えなさい。

〔事　例〕

Eさん（35歳，男性）は，自閉症スペクトラム障害（autism spectrum disorder）があり，V障害者支援施設の生活介護と施設入所支援を利用している。Eさんは，毎日のスケジュールを決め，規則や時間を守ってプログラムに参加しているが，周りの人や物事に関心が向かず，予定外の行動や集団行動はとりづらい。コミュニケーションは，話すよりも絵や文字を示したほうが伝わりやすい。

Eさんが利用するV障害者支援施設では，就労継続支援事業も行っている。災害が起こったときに様々な配慮が必要な利用者がいるため，施設として防災対策に力を入れている。また，通所している利用者も多いので，V障害者支援施設は市の福祉避難所として指定を受けている。

事例の情報を整理する

●Eさんの情報

人物設定	35歳，男性
心身の状況（疾病や障害）	•自閉症スペクトラム障害 •毎日のスケジュールを自ら決め，規則や時間を守ってプログラムに参加している •コミュニケーションは，話すよりも絵や文字を示したほうが伝わりやすい •周りの人や物事に関心が向かず，予定外の行動や集団行動はとりづらい
サービスの利用状況	•V障害者支援施設の生活介護と施設入所支援
その他	•V障害者支援施設は，就労継続支援事業も行っている •V障害者支援施設は，市の福祉避難所として指定を受けている

要点チェック！

❶自閉症スペクトラム障害

自閉症スペクトラム障害の症状・障害特性・主な対応方法や，それに伴う強度行動障害などについて理解し，問題を解くことが重要なポイントである。

❷災害時に関する知識

災害時に関する法律や制度，福祉避難所・災害派遣医療チーム（DMAT）・支援や介護方法について理解し，問題を解くことが重要なポイントである。

問題● 123【総合問題】

Eさんのストレングス（strength）に関する次の記述のうち，**最も適切なものを1つ選びなさい。**

1　行動力があり，すぐに動く。

2　自分で決めたことを継続する。

3　新しいことを思いつく。

4　コミュニケーション力が高い。

5　いろいろなことに興味がもてる。

自閉症スペクトラム障害（autism spectrum disorder）の特徴に，**①特有の対人関係やコミュニケーションの症状，②強いこだわり行動や感覚の過敏さ，鈍感さ**などがある。イギリスの児童精神科医のローナ・ウィング（Wing, L.）は，3つの特性として，「**社会性**」「**コミュニケーション**」「**想像力・こだわり**」の障害を挙げている。ストレングスとは，支援が必要な人が持っている意欲や能力，希望や長所などを含む意味を持つ。本人だけでなく環境も含めた強みのことである。

1 =✕ 自閉症スペクトラム障害の特性として，**強いこだわり行動**が挙げられる。そのため，行動力があり，すぐに動くという面にEさんのストレングスを見いだすことは難しく，適切ではない。

2 =○ 自閉症スペクトラム障害の特性として，**見通しが立つことはしっかり実行できる**という特徴がある。そのため，自分で決めたことを継続するという面に着目し，ストレングスを見いだすことは適切である。

3 =✕ 自閉症スペクトラム障害の特性として，**想像力**に苦手さや困難さがある。そのため，臨機応変な対応や自ら考えて行動することが難しく，新しいことを思いつくという面にEさんのストレングスを見いだすことは難しく，適切ではない。

4 =✕ 自閉症スペクトラム障害の特性として，**コミュニケーション**に苦手さや困難さがある。そのため，コミュニケーション力が高いという面にEさんのストレングスを見いだすことは難しく，適切ではない。

5 =✕ 自閉症スペクトラム障害の特性として，**強いこだわり行動**が挙げられる。そのため，興味の対象外のことにはなかなか取り組まないという特徴があり，いろいろなことに興味がもてるという面にEさんのストレングスを見いだすことは難しく，適切ではない。

▶**正答＝ 2**

アドバイス！

● 自閉症スペクトラム障害の症状や特徴について整理し，理解を深めておく。

● 自閉症スペクトラム障害の特性を理解することで，Eさんのもつストレングスを生かした支援を行うことができる。

問題● 124【総合問題】

V障害者支援施設では定期的に災害に備えた避難訓練を行っている。

Eさんの特性を考慮して実施する避難訓練に関する次の記述のうち，**最も適切なもの**を1つ選びなさい。

1 災害時に使用する意思伝達のイラストを用意する。
2 避難生活を想定して，食事等の日課を集団で行えるようにする。
3 予告せずに避難訓練を行う。
4 Eさんの避難訓練は単独で行う。
5 避難を援助する人によってEさんへの対応を変える。

1＝○ 自閉症スペクトラム障害の特性として，コミュニケーションに苦手さや困難さがあることから，意思伝達の手段として，イラストや図形を用いて，視覚的に理解できるようにすることは適切である。

2＝× 自閉症スペクトラム障害の特性として，社会性に苦手さや困難さがあり，同調行動を行うことは難しい場合がある。1人でいることを好む傾向にあるため，集団で行わず個別で行うことが好ましく，適切ではない。

3＝× 自閉症スペクトラム障害の特性として，想像力に苦手さや困難さがあり，予測や見通しの立たないことに対応することが難しいという特徴がある。そのため，事前に予定や詳細を伝えておく必要があることから，予告せずに行うことは適切ではない。

4＝× 選択肢**2**で解説したように，自閉症スペクトラム障害の特性として同調行動を行うことは難しいが，個別対応で行えば支障は生じないため，特別に単独で行う必要はなく，適切ではない。

5＝× 自閉症スペクトラム障害の特性として，想像力に苦手さや困難さがあり，臨機応変な対応や急激な変化に対応しづらいという特徴があるため，統一した対応を行うことが好ましく，適切ではない。

▶**正答＝1**

アドバイス!

- コミュニケーションの方法は人によって様々であるが，事例には「コミュニケーションは，話すよりも絵や文字を示したほうが伝わりやすい」とあるため，Eさんの特性からその対応方法について理解を深めることが正答にたどりつくポイントとなる。
- 障害の特性に合わせた適切な対応を行うことで，Eさんの心身への負担が軽減し，安全・安心に避難訓練に取り組むことができる。

問題● 125【総合問題】

V障害者支援施設が，災害発生に備えて取り組む活動として，**最も適切なもの**を1つ選びなさい。

1 事前に受け入れ対象者を確認しておく。
2 災害派遣医療チーム（DMAT）と支援人員確保契約を結ぶ。
3 職員の役割分担は，状況に応じてその場で決める。
4 要配慮者のサービス等利用計画を作成する。
5 要配慮者に自分で避難するように促す。

福祉避難所とは，主として高齢者，障害者，乳幼児その他の特に配慮を要する者（要配慮者）を一時的に滞在させる施設をいう。福祉避難所の基準については，災害対策基本法施行令に規定されている（災害対策基本法が2021年（令和3年）に改正されたことなどを受け，同年5月には「**福祉避難所の確保・運営ガイドライン**」が改定されている）。

1＝○ 災害時には，円滑かつ迅速な避難の確保が必須である。福祉避難所であるV障害者支援施設は，災害時に要配慮者を迅速かつスムーズに受け入れられるよう，**事前に受け入れ対象者を把握しておく**必要がある。

2＝× 災害派遣医療チーム（DMAT）は，災害時に被災地に迅速に駆けつけ，救急治療を行うための専門的な訓練を受けた医療チームである。関係省庁や自治体などの要請を受けて活動をしており，**法人や施設などが契約等を結ぶ必要はない**。

3＝× 災害時には，円滑で迅速な対応が望まれる。そのため，**事前に役割を定め，その役割を適切に行う**必要があるため，状況に応じてその場で決めることは適切ではない。

4＝× サービス等利用計画は，障害福祉サービスを利用するにあたり作成する計画書であり，災害発生に備えて作成するものではない。障害福祉サービス事業者は，**防災計画**や**業務継続計画**などの作成が求められる。

5＝× 要配慮者の中には，**自ら避難を行うことが困難な人もいる**ため，避難の際には支援が必要となる可能性がある。したがって，自分で避難するように促すことは適切ではない。

▶正答＝1

さらに深掘り！

- 災害に対応するためにどのような法律や制度があるのか，災害の発生に対応する組織や福祉避難所のあり方，災害時における実際の対応方法などについての知識がポイントとなる。
- 災害時の迅速かつ適切な対応が，安全な環境の提供・確保につながる。
- 感染症拡大や大規模災害の発生に備える計画のことを業務継続計画（BCP）といい，2024年度（令和6年度）より全ての障害福祉サービス事業者に計画策定が義務化される。

第34回

午前

午後

『ケアの本質－生きることの意味』を書いた人物

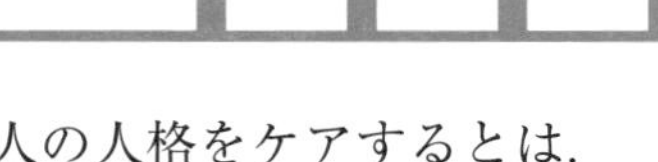

問題　1　著書『ケアの本質－生きることの意味』の中で,「一人の人格をケアするとは,最も深い意味で，その人が成長すること，自己実現することをたすけることである」と述べた人物として，**正しいものを１つ選びなさい。**

1　神谷美恵子
2　糸賀一雄
3　フローレンス・ナイチンゲール（Nightingale, F.）
4　ミルトン・メイヤロフ（Mayeroff, M.）
5　ベンクト・ニィリエ（Nirje, B.）

Point

人間の尊厳と自立について影響を与えた人物に関する問題である。正答を導くためには「誰」が「何」を書いたのかという,「人物」と「著書」の組み合わせを理解している必要がある。このほかにも，リッチモンド（Richmond, M.）などの主要な「人物」とその「著書」については確認しておきたい。

解説

1＝☒　神谷美恵子（1914−1979）は，精神科医であり，ハンセン病療養施設長島愛生園の精神科に勤務し，ハンセン病患者の行動とこころの関連を分析して独自の「生きがい論」を確立した。著書に『人間をみつめて』『生きがいについて』がある。

2＝☒　糸賀一雄(1914−1968)は, 1946(昭和 21)年, 知的障害児等の入所・教育・医療を行う「近江学園」を創設し, 園長となった。後に, 重症心身障害児施設「びわこ学園」などを設立するなど, 知的障害児・重症心身障害児の福祉・教育の分野で先駆的な実践を展開し, わが国の障害者福祉の基礎づくりに多大な業績を残した。著書に『この子らを世の光に』がある。

3＝☒　フローレンス・ナイチンゲール（1820−1910）は，近代看護教育の母と呼ばれている。看護師の仕事の基礎をつくり，医療制度や医療施設を改革した。著書に『看護覚え書』があり，「診療の補助」とともに「療養上の世話」を看護の 2 本柱として示し，「療養上の世話」こそが看護独自の専門性であることを宣言した。

4＝◯　ミルトン・メイヤロフ（1925−1979）は，アメリカの哲学者である。著書『ケアの本質－生きることの意味』は 1971 年に出版された。メイヤロフのいうケアリングとは，ケアされる他者の成長を可能とする行動であるとしつつも，それだけにとどまらず，他者をケアすることにより，ケアする人もまた自身に欠けているものに気づくことから成長するのであるとしている。

5＝☒　ベンクト・ニィリエ（1924−2006）は，バンク－ミケルセン（Bank-Mikkelsen, N. E.）のノーマライゼーション（normalization）理念に影響を受け，英文に訳して広く国際的に広めた。ニィリエは「知的障害者は，ノーマルなリズムにしたがって生活し，ノーマルな成長段階を経て，一般の人々と同等のノーマルなライフサイクルを送る権利がある」とし，ノーマライゼーションを 8 つの原理に分けて示している。

解答― 4

訪問介護員（ホームヘルパー）の対応

問題　2　Aさん（80歳，女性，要介護1）は，筋力や理解力の低下がみられ，訪問介護（ホームヘルプサービス）を利用している。訪問介護員（ホームヘルパー）がいない時間帯は，同居している長男（53歳，無職）に頼って生活をしている。長男はAさんの年金で生計を立てていて，ほとんど外出しないで家にいる。

ある時，Aさんは訪問介護員（ホームヘルパー）に，「長男は暴力がひどくてね。この間も殴られて，とても怖かった。長男には言わないでね。あとで何をされるかわからないから」と話した。訪問介護員（ホームヘルパー）は，Aさんのからだに複数のあざがあることを確認した。

訪問介護員（ホームヘルパー）の対応に関する次の記述のうち，**最も適切なもの**を1つ選びなさい。

1　長男の虐待を疑い，上司に報告し，市町村に通報する。
2　長男の仕事が見つかるようにハローワークを紹介する。
3　Aさんの気持ちを大切にして何もしない。
4　すぐに長男を別室に呼び，事実を確認する。
5　長男の暴力に気づいたかを近所の人に確認する。

虐待への対応について問う問題である。虐待を発見した者がとる対応は，高齢者虐待防止法に定められている。虐待には，事例のような身体的虐待のほか，心理的虐待，性的虐待，経済的虐待，介護等放棄（ネグレクト）があることも理解しておきたい。

本事例においては，Aさんから長男の暴力がひどいという訴えがあり，実際に複数のあざがあることが確認されている。高齢者虐待防止法第7条第1項では「養護者による高齢者虐待を受けたと思われる高齢者を発見した者は，当該高齢者の生命又は身体に重大な危険が生じている場合は，速やかに，これを市町村に通報しなければならない」とし，通報義務が課せられている。また，同条第2項では「前項に定める場合のほか，養護者による高齢者虐待を受けたと思われる高齢者を発見した者は，速やかに，これを市町村に通報するよう努めなければならない」とし，通報の努力義務が課せられている。

したがって，訪問介護員は市町村に通報する義務があるため，訪問介護員の対応としては，選択肢**1**の「長男の虐待を疑い，上司に報告し，市町村に通報する」が最も適切であり，**1**＝○，**2**＝×，**3**＝×，**4**＝×，**5**＝×となる。

なお，Aさんは「長男には言わないでね。あとで何をされるかわからないから」と話していることから，長男への対応においては，Aさんに不利益にならないよう守秘義務を最大限尊重しなければならない。具体的な助言や指示等は慎重に行うべきである。

解答―1

介護福祉職の家族介護者に対する返答

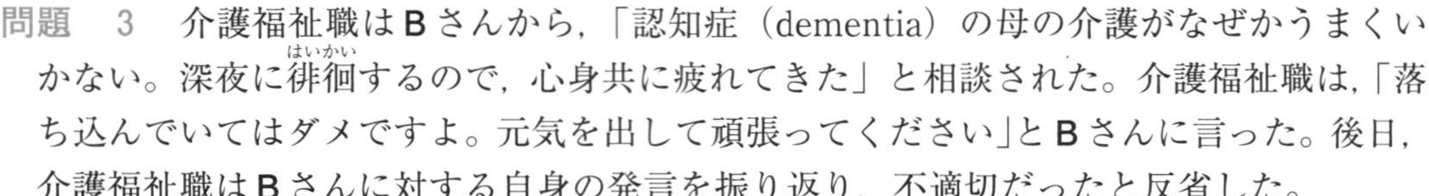

問題　3　介護福祉職はBさんから,「認知症（dementia）の母の介護がなぜかうまくいかない。深夜に徘徊するので，心身共に疲れてきた」と相談された。介護福祉職は,「落ち込んでいてはダメですよ。元気を出して頑張ってください」とBさんに言った。後日，介護福祉職はBさんに対する自身の発言を振り返り，不適切だったと反省した。

介護福祉職はBさんに対してどのような返答をすればよかったのか，**最も適切なものを1つ**選びなさい。

1 「お母さんに施設へ入所してもらうことを検討してはどうですか」
2 「私も疲れているので，よくわかります」
3 「認知症（dementia）の方を介護しているご家族は，皆さん疲れていますよ」
4 「近所の人に助けてもらえるように，私から言っておきます」
5 「お母さんのために頑張ってきたんですね」

母親の介護に悩むBさんへの適切な返答を問う問題である。国家試験では，家族への介護福祉職の対応を問う問題が出題されることは多い。正答を導くためには，家族介護者とのコミュニケーションの基本となる「受容」「共感」について理解している必要がある。

認知症の人を介護する家族への支援としては，まず，家族介護者は「気の休まるときのない介護で心身ともに疲れている」という苦しみを抱えていることを理解する必要がある。事例中の「認知症（dementia）の母の介護がなぜかうまくいかない。深夜に徘徊するので，心身共に疲れてきた」というBさんの相談内容からも，このことが読み取れる。

この場合，介護福祉職が行う家族への支援としては，家族が抱える苦しみを受容・共感し，ねぎらうことが大切である。具体的には，「認知症の母親の介護を頑張ってきたこと」「介護にとても苦労していること」をBさんの立場になって理解し，その感情に寄り添う返答が求められる。

したがって，**1**＝☒，**2**＝☒，**3**＝☒，**4**＝☒，**5**＝◎となる。

なお，介護福祉職が不適切だったと反省した「落ち込んでいてはダメですよ。元気を出して頑張ってください」という返答は，Bさんが抱える苦しみを受容しておらず突き放すようなものであり，Bさんに「自分の抱える苦しみを理解してもらえない」「これ以上頑張れと言われてもどうしろというのか」といった気持ちを抱かせてしまいかねないため，適切ではない。

また，Bさんの介護負担を軽減するための助言などは，アセスメント（assessment）を行ったうえで行う必要があるため，事例のBさんからの相談への返答としては適切ではない。

解答―5

自己開示の目的

問題　4　利用者とのコミュニケーション場面で，介護福祉職が行う自己開示の目的として，**最も適切なものを 1 つ**選びなさい。

1　ジョハリの窓（Johari Window）の「開放された部分（open area）」を狭くするために行う。

2　利用者との信頼関係を形成するために行う。

3　利用者が自分自身の情報を開示するために行う。

4　利用者との信頼関係を評価するために行う。

5　自己を深く分析し，客観的に理解するために行う。

自己開示の目的について問う問題である。自己開示とは，相手との関係を深めていくために，自分の中にある思いや感情，秘密などを他者に打ち明ける方法である。自分について話すことは，他者が自分に対して親しみや関心をもち，自分についての理解を深めることにつながり，そのことで他者もまた自分に対して自己開示をしていくことができる。そして，互いの理解が深まり，信頼関係の構築につながっていくことになる。利用者とのコミュニケーション場面において非常に重要な技術であるので，しっかりと理解しておきたい。

解説

1 =☒　ジョハリの窓とは，4 つの自分の姿を知り，自己開発に役立てる心理学モデルの 1 つであり，自分自身が見た自己と，他者から見た自己の情報を分析することで，自己をさらに理解するものである。4 つの窓は，「開放された部分」（自分も他者も知っている領域），「秘密の部分」（自分は知っているが，他者は知らない領域），「盲点の部分」（自分は知らないが，他者が知っている領域），「未知の部分」（自分も他者も知らない領域）からなる。自己開示は，開放された部分を広くするために行う。

2 =◎　選択肢のとおり，利用者とのコミュニケーション場面で，介護福祉職が行う自己開示は，利用者との信頼関係を形成するために行う。自己開示をすることで，利用者との親密性を高めたり，コミュニケーションを活性化することができる。

3 =☒　設問は，介護福祉職が行う自己開示の目的について問うており，選択肢はその結果として起こり得る現象である。

4 =☒　自己開示は，利用者との信頼関係を形成するために行うものであり，評価することを目的とはしていない。

5 =☒　選択肢は自己覚知のことである。自己覚知とは，介護福祉職自身が自分の感じ方，考え方の傾向，知識や技量について意識化し，把握しておくことである。介護福祉職は，利用者の主体性を大切にし，問題を抱えた当事者自身が自ら問題解決に向けて取り組むことを重要視する。そのため，介護福祉職自身が自分についてよく理解しておかないと，利用者をありのままに理解できず私情や偏見にひきずられてゆがんだとらえ方をしてしまいかねない。また，介護福祉職が感情的反応をコントロールできずに，利用者に対してバランスの取れたかかわりができなくなってしまうことが危惧されるため重要である。

解答—2

地域共生社会の実現

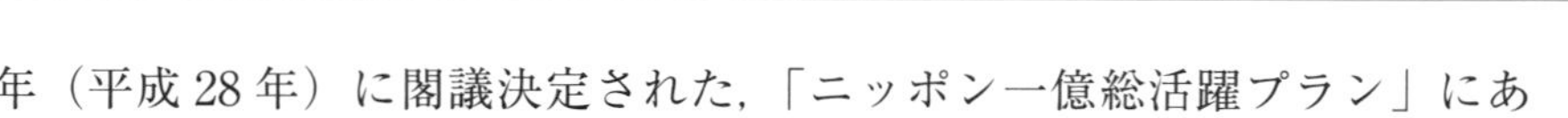

問題 5 2016年（平成28年）に閣議決定された，「ニッポン一億総活躍プラン」にある「地域共生社会の実現」に関する記述として，**最も適切なものを1つ**選びなさい。

1 日本型福祉社会の創造
2 我が事・丸ごとの地域づくり
3 健康で文化的な最低限度の生活の保障
4 社会保障と税の一体改革
5 皆保険・皆年金体制の実現

Point

「ニッポン一億総活躍プラン」にある「地域共生社会の実現」に向けた方向性を問う問題である。特に互助の精神を強化するために「我が事・丸ごとの地域づくり」をスローガンの1つとして掲げたことに特徴がある。その他，日本の社会保障制度を形成したさまざまな改革についても併せて覚えておきたい。

1 = ☒ 「日本型福祉社会の創造」とは，1979年（昭和54年）に閣議決定された「新経済社会7ヵ年計画」にある提言の内容である。日本型福祉社会とは，当時の高齢化社会等の社会問題を社会保障制度に依存することなく，できるだけ家族や地域で対処することを求めたものである。

2 = ◯ 「我が事・丸ごとの地域づくり」とは，2016年（平成28年）に閣議決定された「ニッポン一億総活躍プラン」にある提言の内容である。「我が事・丸ごと」とは，他人事を「我が事」ととらえ，地域の課題を「丸ごと」受け止め助け合う必要性を表現したものである。

3 = ☒ 「健康で文化的な最低限度の生活の保障」とは，1947年（昭和22年）に施行された日本国憲法第25条第1項の生存権の保障の内容である。この理念を具体的に実現しようとするものが社会保障制度である。

4 = ☒ 「社会保障と税の一体改革」とは，消費税増税などの税制改革と社会保障制度の強化を同時に行うことを目指したものであり，2008年（平成20年）に設置された社会保障国民会議において議論され，2012年（平成24年）成立の社会保障制度改革推進法に反映されたものである。

5 = ☒ 「皆保険・皆年金体制の実現」とは，1961年（昭和36年）に体制が確立された国民皆保険・国民皆年金のことである。

解答—2

日本の世帯

問題　6　2019年（平成31年，令和元年）の日本の世帯に関する次の記述のうち，**正しいものを1つ選びなさい。**

1　平均世帯人員は，3人を超えている。

2　世帯数で最も多いのは，2人世帯である。

3　単独世帯で最も多いのは，高齢者の単独世帯である。

4　母子世帯数と父子世帯数を合算すると，高齢者世帯数を超える。

5　全国の世帯総数は，7千万を超えている。

Point　**この問題では，日本の世帯に関する知識が求められている。世帯に関する問題は頻出問題であり，「国民生活基礎調査」（厚生労働省）が根拠となっている。これまでの出題傾向としては，①全体の「世帯構造」，②全体の「世帯類型」，③「65歳以上の者のいる世帯の世帯構造」についてよく出題されているため，過去の出題を見ながら，最新のデータを確認しておきたい。**

1＝☒　「2019年（令和元年）国民生活基礎調査」（厚生労働省）によると，1世帯あたりの平均世帯人員は2.39人で，3人を超えていない。

2＝◯　「2019年（令和元年）国民生活基礎調査」（厚生労働省）によると，2人世帯が1657万9千世帯で最も多く，次いで1人世帯が1490万7千世帯，3人世帯が1021万7千世帯となっている。

3＝☒　「2019年（令和元年）国民生活基礎調査」（厚生労働省）によると，「単独世帯」は1490万7千世帯である。このうち，高齢者の単独世帯は736万9千世帯であることから，単独世帯に占める割合は約49.4％であり，過半数を超えないことから，高齢者以外の単独世帯のほうが多い。

4＝☒　「2019年（令和元年）国民生活基礎調査」（厚生労働省）によると，母子世帯の64万4千世帯と父子世帯の7万6千世帯を合算しても72万世帯であり，高齢者世帯の1487万8千世帯に遠く及ばない。

5＝☒　「2019年（令和元年）国民生活基礎調査」（厚生労働省）によると，世帯総数は5178万5千世帯で，7千万世帯を超えていない。

（注）「2022年（令和4年）国民生活基礎調査」（厚生労働省）においては，選択肢**2**の結果は異なり，1人世帯が1785万2千世帯で最も多く，次いで2人世帯が1755万4千世帯となっている。選択肢**1**と選択肢**3**～**5**の結果は「2019年（令和元年）国民生活基礎調査」（厚生労働省）と同様である。

解答—2

日本の社会福祉を取り巻く環境

問題　7　2015年（平成27年）以降の日本の社会福祉を取り巻く環境に関する次の記述のうち，**適切なもの**を**1つ**選びなさい。

1　人口は，増加傾向にある。
2　共働き世帯数は，減少傾向にある。
3　非正規雇用労働者数は，減少傾向にある。
4　高齢世代を支える現役世代（生産年齢人口）は，減少傾向にある。
5　日本の国民負担率は，OECD加盟国の中では上位にある。

（注）　OECDとは，経済協力開発機構（Organisation for Economic Co-operation and Development）のことで，2020年（令和2年）現在38か国が加盟している。

この問題は，近年の社会福祉を取り巻く課題を問うものである。少子高齢化の進行は，社会保障費用の財源不足や医療福祉職の人材不足などさまざまなところに影響し，特に対処が必要な課題である。根拠となるのは主に，厚生労働省や総務省統計局等の統計データである。

解説

1＝×　「人口推計」（総務省統計局）によると，人口は2008年（平成20年）を境に減少傾向にある。

2＝×　「労働力調査（基本集計）」（総務省統計局）によると，共働き世帯数は増加傾向にある。

3＝×　「労働力調査（基本集計）」（総務省統計局）によると，非正規雇用労働者数は2019年（令和元年）までは増加傾向にあったが，コロナ禍の2020年（令和2年）・2021年（令和3年）では減少し，2022年（令和4年）以降は再び増加している。年齢別にみると65歳以上の増加幅が大きい。

4＝○　現役世代（生産年齢人口）とは，仕事に従事することの可能な15歳以上65歳未満の年齢層をいう。「人口推計」（総務省統計局）によると，現役世代は1996年（平成8年）を境に減少傾向にある。特に年金は，今働けない状況にある高齢者や障害者等を，現役世代が働いて納める保険料や税金で支えるしくみなので，65歳以上の老年人口が増えている現在，高齢者を支える現役世代の減少は大きな課題の1つである。

5＝×　国民負担率とは，国民が義務として支払う租税負担（税金）と社会保障負担（保険料）を合わせた公的負担の国民所得に対する比率を示すものである。「国民負担率の国際比較（OECD加盟36カ国）」（財務省）によると，日本の国民負担率は，最新の資料である2020年時点において，OECD加盟国38か国のうち，国民所得の計数が取得できる36か国中22位であり，上位ではない。

解答―4

2020年（令和2年）の社会福祉法等の改正

問題　8　次のうち，2020年（令和2年）の社会福祉法等の改正に関する記述として，**最も適切なものを1つ選びなさい。**

1　市町村による地域福祉計画の策定
2　入所施設の重点的な拡充
3　医療・介護のデータ基盤の整備の推進
4　市町村直営の介護サービス事業の整備拡充
5　ロボット等の機械の活用から人によるケアへの転換

（注）　2020年（令和2年）の社会福祉法等の改正とは，「地域共生社会の実現のための社会福祉法等の一部を改正する法律（令和2年法律第52号）」をいう。

Point

2020年(令和2年)の社会福祉法等の改正について問う問題である。この改正では，社会福祉法・介護保険法・老人福祉法などが改正されており，正答となる選択肢の内容は，2020年（令和2年）の介護保険法の改正に関する内容であった。実質的には，頻出テーマとして押さえておくべき「3年に一度の介護保険制度の改正」を理解していれば正答を導くことができた。類似する問題に対応するため，法制度の改正年ごとのポイントを押さえておきたい。

2020年（令和2年）の社会福祉法等の改正の趣旨と概要は次のとおりである。

趣旨	地域共生社会の実現を図るため，地域住民の複雑化・複合化した支援ニーズに対応する包括的な福祉サービス提供体制を整備する。
概要	1．地域住民の複雑化・複合化した支援ニーズに対応する市町村の包括的な支援体制の構築の支援【社会福祉法，介護保険法】 2．地域の特性に応じた認知症施策や介護サービス提供体制の整備等の推進【介護保険法，老人福祉法】 3．医療・介護のデータ基盤の整備の推進【介護保険法，地域における医療及び介護の総合的な確保の促進に関する法律】 4．介護人材確保及び業務効率化の取組の強化【介護保険法，老人福祉法，社会福祉士及び介護福祉士法等の一部を改正する法律】 5．社会福祉連携推進法人制度の創設【社会福祉法】

「医療・介護のデータ基盤の整備の推進」においては，医療保険レセプト情報等のデータベース（NDB）や介護保険レセプト情報等のデータベース（介護DB）等の医療・介護情報の連結精度向上のため，社会保険診療報酬支払基金等が被保険者番号の履歴を活用し，正確な連結に必要な情報を安全性を担保しつつ提供することができることとするなどの改正が行われた。

したがって，**1**＝×，**2**＝×，**3**＝○，**4**＝×，**5**＝×となる。

解答―3

住まいの場

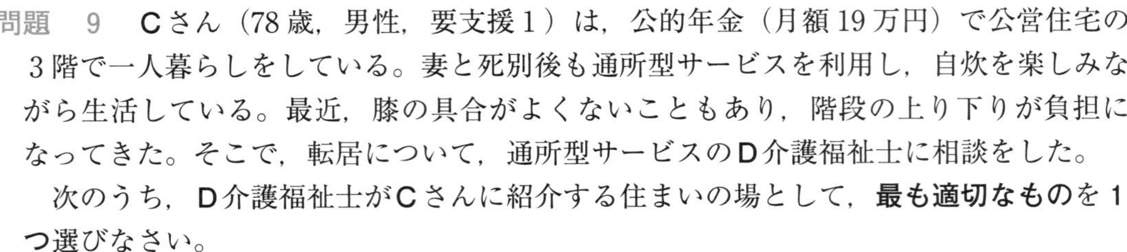

問題　9　Cさん（78歳，男性，要支援１）は，公的年金（月額19万円）で公営住宅の３階で一人暮らしをしている。妻と死別後も通所型サービスを利用し，自炊を楽しみながら生活している。最近，膝の具合がよくないこともあり，階段の上り下りが負担になってきた。そこで，転居について，通所型サービスのＤ介護福祉士に相談をした。

次のうち，Ｄ介護福祉士がＣさんに紹介する住まいの場として，**最も適切なものを１つ選びなさい。**

1　認知症対応型共同生活介護（認知症高齢者グループホーム）
2　介護付有料老人ホーム
3　軽費老人ホームＡ型
4　サービス付き高齢者向け住宅
5　養護老人ホーム

事例から読み取れるＣさんの情報（要支援状態区分，所得状況，生活状況，身体状況）を踏まえて，Ｃさんに紹介する適切な住まいの場を問う問題である。正答を導くためには，選択肢の住まいの対象者や提供されるサービスなどを正しく理解している必要がある。

1＝× 認知症対応型共同生活介護の入居要件は，「要介護者であって認知症であるもの」である。Ｃさんは要介護者でもなく認知症（dementia）でもないため，適切ではない。

2＝× 介護付有料老人ホームは，介護保険法による（介護予防）特定施設入居者生活介護の指定を受けたものであり，入浴・排泄・食事等の介護その他の日常生活上の世話（支援），機能訓練及び療養上の世話を提供するところである。Ｃさんは自炊を楽しみながら一人暮らしが可能であるため，適切ではない。

3＝× 軽費老人ホームは，Ａ型，Ｂ型，ケアハウスの３種類があり，低所得者向けの住宅である。Ａ型の対象者は独立して生活するのが困難で自炊できない者，Ｂ型の対象者は自炊が可能な者，ケアハウスの対象者は身体機能の低下等の要件がある。Ｃさんは自炊を楽しみにしており，所得も低所得とはいえないため，適切ではない。

4＝○ サービス付き高齢者向け住宅は，60歳以上の者もしくは要介護認定・要支援認定を受けている60歳未満の者を対象としており，バリアフリー構造を有し，必要に応じて外部の介護保険サービスなどを利用できる。膝の具合がよくないことから階段の上り下りが負担になっているＣさんが，通所型サービスを利用しながら暮らすことができる住まいであるため，最も適切である。

5＝× 養護老人ホームは，生活環境や経済的理由により居宅で生活できない65歳以上の高齢者を対象とする。Ｃさんは居宅で一人暮らしが可能であるため，適切ではない。

解答―4

介護保険制度の保険給付の財源構成

問題　10　介護保険制度の保険給付の財源構成として，**適切なもの**を 1 つ選びなさい。

1　保険料
2　公費
3　公費，保険料，現役世代からの支援金
4　公費，第一号保険料
5　公費，第一号保険料，第二号保険料

介護保険制度の保険給付の財源構成について問う問題である。介護保険制度は社会保険制度であるが，財源として介護保険料のほかに公費（税金）も投入されて運営されていることも理解しておく必要がある。また，介護保険料と公費の内訳も併せて覚えておきたい。

介護保険制度の保険給付の財源構成は，おおまかに公費（税金）50％，介護保険料（第一号被保険者から徴収した第一号保険料と第二号被保険者から徴収した第二号保険料）50％の割合で成り立っている。

公費の割合は，居宅サービス等の費用になる居宅給付費と，施設サービス等の費用になる施設等給付費で，国・都道府県の負担割合が異なるところに特徴がある。

介護保険料の割合は，第一号保険料が 23.0％，第二号保険料が 27.0％となっている。

したがって，**1**＝☒，**2**＝☒，**3**＝☒，**4**＝☒，**5**＝◯となる。

●介護保険制度の保険給付の財源構成

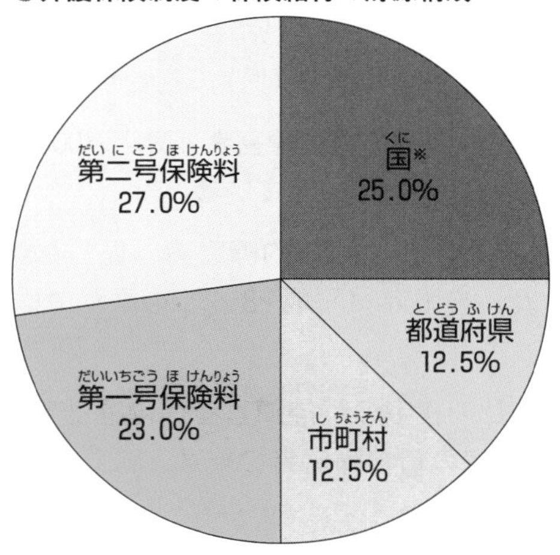

居宅給付費

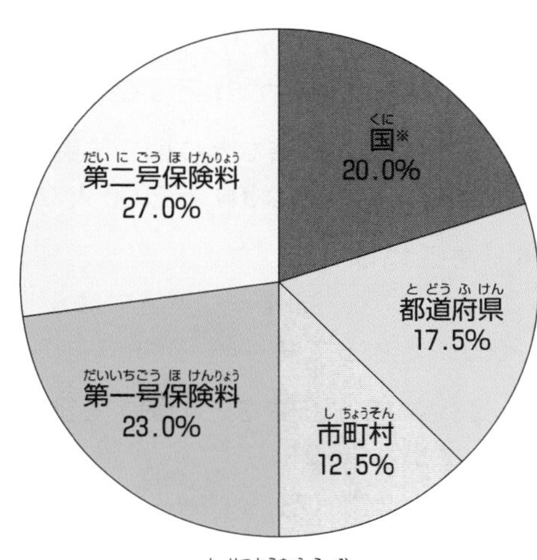

施設等給付費

※：調整交付金 5％を含む。

解答— 5

身体障害，知的障害，精神障害の状況

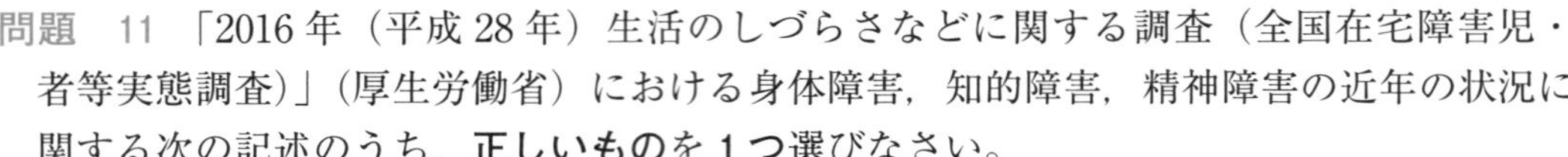

問題　11 「2016年（平成28年）生活のしづらさなどに関する調査（全国在宅障害児・者等実態調査）」（厚生労働省）における身体障害，知的障害，精神障害の近年の状況に関する次の記述のうち，**正しいものを1つ**選びなさい。

1　最も人数の多い障害は，知的障害である。

2　施設入所者の割合が最も高い障害は，身体障害である。

3　在宅の身体障害者のうち，65歳以上の割合は7割を超えている。

4　在宅の知的障害者の数は，減少傾向にある。

5　精神障害者の8割は，精神障害者保健福祉手帳を所持している。

Point

障害者の現状について問う問題である。「生活のしづらさなどに関する調査（全国在宅障害児・者等実態調査）」は，障害者施策の推進に向けた検討の基礎資料とするため，在宅の障害児・者等の生活実態とニーズを把握することを目的としている。正答を導くためには，「生活のしづらさなどに関する調査」の結果の概要とその結果を反映させた障害者の数について押さえておきたい。また，障害者の現状をまとめたものとして，「障害者白書」（内閣府）の参考資料「障害者の状況」なども参考となる。

1＝×　「生活のしづらさなどに関する調査」の結果を反映させた障害者数では，身体障害者（児）が436万人，知的障害者（児）が108万2000人，精神障害者が392万4000人となり，身体障害者（児）が最も多い。

2＝×　「生活のしづらさなどに関する調査」の結果を反映させた障害者数では，施設入所の身体障害者(児)が7万3000人(1.7％)，施設入所の知的障害者(児)が12万人(11.1％)，入院の精神障害者が31万3000人(8.0％)となり，身体障害者(児)の割合が最も低い。

3＝○　「生活のしづらさなどに関する調査」によると，在宅の身体障害者428万7000人のうち65歳以上の者は311万2000人で72.6％となり，7割を超えている。

4＝×　「生活のしづらさなどに関する調査」によると，在宅の知的障害者（児）の数は，2011年（平成23年）の調査では62万2000人，2016年（平成28年）の調査では96万2000人となっており増加傾向にある。

5＝×　「生活のしづらさなどに関する調査」によると，在宅の精神障害者保健福祉手帳を所持している者は84万1000人であり，これは在宅の精神障害者の総数361万1000人に対して約2割（23.3％）となる。

解答―3

知的障害者が一人暮らしをするために利用するサービス

問題　12　Eさん（30歳，女性，知的障害，障害支援区分2）は，現在，日中は特例子会社で働き，共同生活援助（グループホーム）で生活している。今後，一人暮らしをしたいと思っているが，初めてなので不安もある。

次のうち，Eさんが安心して一人暮らしをするために利用するサービスとして，**適切なものを1つ選びなさい。**

1　行動援護
2　同行援護
3　自立訓練（機能訓練）
4　自立生活援助
5　就労継続支援

Point

Eさんが望む生活を送るために利用するサービスとして適切なものを問う問題である。正答を導くためには，①事例からEさんのニーズを理解するとともに，②障害者総合支援法に基づく障害福祉サービスの対象と内容を正しく理解している必要がある。

1＝☒　行動援護は，知的障害や精神障害のために行動することに著しい困難がある障害者（児）に対して，行動する際に生じ得る危険を回避するために必要な援護や，外出時における移動中の介護，排泄や食事等の介護のほか，行動する際に必要な援助を行うサービスである。サービスの内容が適切ではない。

2＝☒　同行援護は，視覚障害のために移動に著しい困難がある障害者（児）に対して，外出時に同行して，移動に必要な情報を提供するとともに，移動の援護，排泄や食事等の介護など外出時に必要な援助を行うサービスである。サービスの対象・内容ともに適切ではない。

3＝☒　自立訓練（機能訓練）は，障害者に対して，理学療法や作業療法などの必要なリハビリテーション，生活等に関する相談や助言などの必要な支援を行うサービスである。サービスの内容が適切ではない。

4＝◯　自立生活援助は，施設入所支援や共同生活援助を受けていた障害者が，居宅において一人暮らしの生活を始めるにあたり，一定期間，定期的な巡回訪問や随時通報を受けての訪問，相談対応など自立した日常生活を営むのに必要な援助を行うサービスである。サービスの対象・内容ともに適切である。

5＝☒　就労継続支援は，通常の事業所に雇用されることが困難な障害者に対して，就労や生産活動などの機会を提供し，知識や能力の向上のために必要な訓練などを提供するサービスである。雇用契約に基づくものをA型とし，雇用契約を結ばないものをB型としている。サービスの内容が適切ではない。

解答―4

重度訪問介護

問題　13　重度訪問介護に関する次の記述のうち，**適切なもの**を１つ選びなさい。

1　外出時における移動中の介護も含まれる。
2　知的障害者は対象にならない。
3　利用者が医療機関に入院した場合，医療機関で支援することはできない。
4　訪問看護の利用者は対象にならない。
5　障害が視覚障害のみの場合でも利用できる。

Point

障害者総合支援法における重度訪問介護の内容について問う問題である。正答を導くためには，障害者総合支援法の障害福祉サービスの種類とその内容を整理して理解しておく必要がある。障害者総合支援法に関する問題は，毎年出題されていることから，「障害者の定義」「サービス内容（介護給付，訓練等給付，自立支援医療，補装具，相談支援，地域生活支援事業など）」「利用手続き」などの基本的な知識については必ず押さえておく必要がある。

重度訪問介護とは，重度の肢体不自由者または重度の知的障害もしくは精神障害のために行動上著しい困難のある障害者であって，常時介護が必要な人に対して，居宅において入浴や排泄，食事等の介護，調理や洗濯，掃除等の家事，生活等に関する相談や助言など生活全般にわたる援助，外出時の移動中の介護を総合的に行うものである。また，病院，診療所，介護老人保健施設，介護医療院などに入院，入所している上記の障害者に対して，意思疎通の支援なども行っている。訪問看護の利用については，利用の際に重度訪問介護の従業者が障害者と意思疎通を行うなど，市町村が必要性を認める場合に同時利用を行うことも可能となっている。

したがって，**1**＝○，**2**＝×，**3**＝×，**4**＝×，**5**＝×となる。

解答―1

成年後見人等として活動している人が最も多い職種

問題 14 「成年後見関係事件の概況（令和２年１月～12 月）」（最高裁判所事務総局家庭局）における，成年後見人等として活動している人が最も多い職種として，**正しいもの**を１つ選びなさい。

1 行政書士
2 司法書士
3 社会保険労務士
4 精神保健福祉士
5 税理士

Point

「成年後見関係事件の概況（令和２年１月～12 月）」における，成年後見人等として活動している人が最も多い職種を問う問題である。「成年後見関係事件の概況」については，第 32 回試験でも「補助，保佐，後見のうち最も申立てが多い類型」「親族後見人の割合」について出題されている。こうした問題に対応するためには，「成年後見関係事件の概況」について基本的な項目を理解している必要がある。

「成年後見関係事件の概況（令和２年１月～12 月）」によると，成年後見人等として活動している人が最も多い職種は，司法書士で１万 1184 人（37.9％）である。次いで，弁護士 7731 人（26.2％），社会福祉士 5437 人（18.4％）の順であった。

したがって，**1**＝×，**2**＝○，**3**＝×，**4**＝×，**5**＝×となる。

（注） 「成年後見関係事件の概況（令和５年１月～12 月）」においても，順位に変わりはない。

● **「成年後見関係事件の概況（令和５年１月～12月）」について**

申立件数	・４万951件である
類型	・後見が最も多い
審理期間	・１月以内（38.5％）が最も多い
申立人と本人との関係	・市区町村長（23.6％）が最も多い
本人の男女別・年齢別割合	・男性が約43.8％，女性が約56.2％ ・男性では，80歳以上が最も多く全体の約35.5％ ・女性では，80歳以上が最も多く全体の約63.7％ ・本人が65歳以上の者は，男性では男性全体の約71.7％，女性では女性全体の約86.1％
開始原因	・認知症（約62.6％）が最も多い
申立ての動機	・預貯金等の管理・解約（31.1％）が最も多い
成年後見人等と本人との関係	・親族が18.1％，親族以外が81.9％ ・親族では子（53.5％）が最も多い ・親族以外では司法書士（35.9％）が最も多い
成年後見制度の利用者数	・増加傾向にあり，2023年（令和５年）12月末日時点で24万9484人である

解答―２

保健所

問題 15 保健所に関する次の記述のうち，**正しいものを1つ**選びなさい。

1 保健所の設置は，医療法によって定められている。
2 保健所は，全ての市町村に設置が義務づけられている。
3 保健所は，医療法人によって運営されている。
4 保健所の所長は，保健師でなければならない。
5 保健所は，結核（tuberculosis）などの感染症の予防や対策を行う。

Point **地域で住民の健康を支える中核的な機関である保健所に関する基礎知識を問う問題である。正答を導くためには，地域保健法の保健所に関する規定について理解しておく必要がある。また，地域保健法に基づいて設置される市町村保健センターについても，第27回試験で同じような内容が出題されていることから，保健所と市町村保健センターについては，違いを整理したうえで理解しておく必要がある。**

解説

1＝☒ 保健所の設置は，地域保健法によって定められている。

2＝☒ 保健所は，都道府県，政令指定都市，中核市，その他指定された市または特別区に設置義務がある。全ての市町村に設置が義務づけられているものではない。

3＝☒ 保健所は，都道府県，政令指定都市，中核市，その他指定された市または特別区（保健所を設置する地方自治体）によって運営されている。

4＝☒ 保健所の所長は，医師でなければならない。

5＝◎ 保健所は，以下の14の事業を行う。

①地域保健に関する思想の普及及び向上に関する事項
②人口動態統計その他地域保健に係る統計に関する事項
③栄養の改善及び食品衛生に関する事項
④住宅，水道，下水道，廃棄物の処理，清掃その他の環境の衛生に関する事項
⑤医事及び薬事に関する事項
⑥保健師に関する事項
⑦公共医療事業の向上及び増進に関する事項
⑧母性及び乳幼児並びに老人の保健に関する事項
⑨歯科保健に関する事項
⑩精神保健に関する事項
⑪治療方法が確立していない疾病その他の特殊の疾病により長期に療養を必要とする者の保健に関する事項
⑫感染症その他の疾病の予防に関する事項
⑬衛生上の試験及び検査に関する事項
⑭その他地域住民の健康の保持及び増進に関する事項

解答― 5

生活保護制度

問題　16　生活保護制度に関する次の記述のうち，**最も適切なものを 1 つ**選びなさい。

1　生活保護の給付方法には，金銭給付と現物給付がある。
2　生活保護の申請は，民生委員が行う。
3　生活保護法は，日本国憲法第 13 条にある幸福追求権の実現を目的としている。
4　生活保護を担当する職員は，社会福祉士の資格が必要である。
5　生活保護の費用は，国が全額を負担する。

Point　**生活保護制度の概要について問う問題である。正答を導くためには，生活保護制度の原理や原則，生活保護制度の保護の種類（生活扶助，教育扶助，住宅扶助，医療扶助，介護扶助，出産扶助，生業扶助，葬祭扶助）など基本的なしくみを理解している必要がある。また，生活保護制度に関する問題は頻出問題であるため，過去に出題されたポイントも必ず押さえておきたい。**

1＝○　生活保護法第 11 条「種類」において，生活扶助，教育扶助，住宅扶助，医療扶助，介護扶助，出産扶助，生業扶助，葬祭扶助の 8 つの扶助があると規定されている。原則として，金銭を直接給付する金銭給付が生活扶助，教育扶助，住宅扶助，出産扶助，生業扶助，葬祭扶助となり，サービスを給付する現物給付が医療扶助，介護扶助となる。

2＝×　生活保護法第 7 条「申請保護の原則」において，生活保護は，要保護者本人，その扶養義務者，その他の同居の親族の申請に基づいて開始すると規定されている。

3＝×　生活保護法第 1 条「この法律の目的」において，日本国憲法第 25 条に規定する理念（生存権）に基づいて，国が生活に困窮するすべての国民に対し，その困窮の程度に応じ，必要な保護を行い，その最低限度の生活を保障するとともに，その自立を助長することを目的とすると規定されている。

4＝×　生活保護法第 19 条「実施機関」において，都道府県知事，市長，福祉事務所を管理する町村長が生活保護を決定し，実施すると規定されている。また，同法第 21 条「補助機関」において，社会福祉主事は，この法律の施行について，都道府県知事または市町村長の事務の執行を補助すると規定されている。したがって，生活保護を担当する職員は，社会福祉士ではなく社会福祉主事の資格が必要である。

5＝×　生活保護法第 75 条「国の負担及び補助」において，国は費用の 4 分の 3 を負担することになっている。また，残りの 4 分の 1 を実施主体（都道府県，市または福祉事務所を管理する町村）が負担する。

解答—1

施設入所についての不安を相談された訪問介護員の応答

問題 17　Fさん（66歳，戸籍上の性別は男性，要介護3）は，性同一性障害であることを理由に施設利用を避けてきた。最近，数年前の脳卒中（stroke）の後遺症がひどくなり，一人暮らしが難しくなってきた。Fさんは，担当の訪問介護員（ホームヘルパー）に施設入所について，「性同一性障害でも施設に受け入れてもらえるでしょうか」と相談した。

訪問介護員（ホームヘルパー）の応答として，**最も適切なもの**を**1つ**選びなさい。

1 「居室の表札は，通称名ではなく戸籍上の名前になります」
2 「多床室になる場合がありますよ」
3 「施設での生活で心配なことは何ですか」
4 「トイレや入浴については問題がありますね」
5 「同性による介護が原則です」

Point

この問題では，「人間の多様性・複雑性」を踏まえた「利用者主体の考え方」について問われている。正答を導くためには，その人の価値観，生活習慣，生活様式等を尊重した支援のあり方について理解しておく必要がある。この問題では，性同一性障害であるFさんを中心に考え，職員の一方的な考え方の押しつけにならないように配慮したかかわりが求められる。

1 =× 施設を利用する場合に，居室の表札を戸籍上の名前にしなければならないという法令上の決まりはない。また，一方的に「戸籍上の名前になります」と伝えるのはFさんを尊重したかかわりとはいえない。もし，Fさんが居室の表札について心配しているのであれば，居室の表札の名前について，まずはFさんの希望を聴く必要がある。

2 =× 多床室になる場合があること自体が，施設利用を避けてきた理由の1つかもしれないため，居住費等を含めた違いを説明したうえで，個室のある施設もあることを説明する必要がある。また，費用の問題で多床室を選ばざるを得ない場合には，どのようなことが心配になるのかをFさんによく聴く必要がある。

3 =○ 「性同一性障害であることを理由に施設利用を避けてきた」とあるので，その理由を具体的に知るためにも，「施設での生活で心配なこと」を聴くことは大切なことである。

4 =× 排泄や入浴は，特に羞恥心を伴い，人間の尊厳にかかわる介護場面である。Fさんが尊厳ある生活を送るためにも，どのようなことに不安を感じているのかをよく聴く必要がある。訪問介護員が一方的に「問題がある」と決めつけてはいけない。

5 =× 同性による介護を希望するのかも含め，Fさんの希望をよく聴く必要がある。排泄や入浴等の身体介護においては，利用者への配慮がいっそう必要となるため，Fさんの希望をできるだけ尊重した対応をとらなければならない。

解答―3

利用者主体の考えに基づいた対応

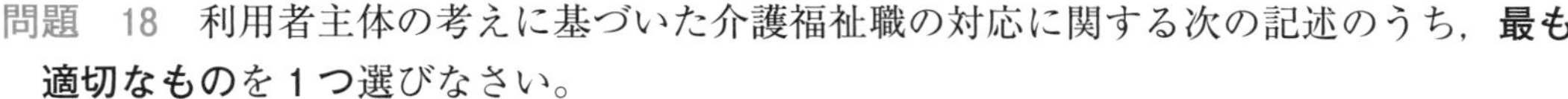

問題 18 利用者主体の考えに基づいた介護福祉職の対応に関する次の記述のうち，**最も適切なものを1つ選びなさい。**

1 1人で衣服を選ぶことが難しい利用者には，毎日の衣服を自分で選べるような声かけをする。

2 食べこぼしが多い利用者には，こぼさないように全介助する。

3 認知症（dementia）の利用者には，排泄の感覚があっても，定時に排泄の介護を行う。

4 転倒しやすい利用者には，事故防止のため立ち上がらないように声をかける。

5 入浴が自立している利用者も，危険を避けるため個別浴ではなく集団での入浴とする。

Point

この問題では，「利用者主体の考え方」について問われている。正答を導くためには，その根底にある「尊厳を守る介護」「自立支援」「安全・安楽な介護」「自己決定の尊重」等について理解している必要がある。過度に介助するのではなく，安全・安楽に配慮しつつ，利用者の自己決定を尊重し，できる限り自立を支援することが利用者を主体とした介護につながる。

1＝○ 利用者が衣服を自分で選べるような声かけをすることは，利用者の自立支援につながる。衣服は，温度調節や皮膚の保護等の機能があるだけでなく，その人の個性の表現でもある。できるだけ自分で選択することで，利用者の主体性を引き出すことができる。

2＝× 食べこぼしが多くても，すぐに全介助するのではなく，どのような理由で食べこぼしてしまうのかを観察する必要がある。腕や手指等の機能，食事姿勢，テーブルやいす，箸やスプーン等の用具など，さまざまな原因が考えられる。問題点を改善し，できるだけ利用者が自分で食べられるように自立を支援することが大切である。

3＝× 認知症の利用者であっても，排泄の感覚がある場合には，その人の排泄感覚に合わせた介護が必要である。尿意や便意のタイミングを無視して，定時での介護しか行われないようであれば，自尊心が傷つき，人としての尊厳が守られていないことになる。

4＝× 立ち上がらないように声をかけるのではなく，安全に立ち上がることができるように支援することが大切である。行動を制限するのではなく，転倒しやすい原因が何かを考察し，どのような支援をしたら転倒のリスクを軽減できるのか検討すべきである。また，転倒してしまったときに，けがを最小限にするにはどのような工夫が必要なのかも検討しておくことが望まれる。

5＝× 危険だからという理由で集団での入浴とするのではなく，できるだけ利用者の希望に合わせた入浴方法を検討することが大切である。入浴の介護は，特に羞恥心を伴う。尊厳ある生活を送るために，利用者の羞恥心に十分に配慮する必要がある。

解答―1

自立支援

問題　19　利用者の自立支援に関する次の記述のうち，**最も適切なものを１つ**選びなさい。

1　利用者の最期の迎え方を決めるのは，家族である。

2　利用者が話しやすいように，愛称で呼ぶ。

3　利用者が自分でできないことは，できるまで見守る。

4　利用者の生活のスケジュールを決めるのは，介護福祉職である。

5　利用者の意見や希望を取り入れて介護を提供する。

この問題では，「自立支援」について問われている。正答を導くためには，「身体的自立」「精神的自立」「社会的自立」について理解している必要がある。身体的自立のみを支援するのではなく，利用者の自己決定を促し，社会に参加できるように支援することが大切である。

1＝×　最期の迎え方を決めるのは，利用者本人である。利用者が自分で判断できなくなった場合に備えて，「事前指示書」を作成しておくことも大切になる。

事前指示書		●自身が治療の選択について判断できなくなった場合に備えて，どのような治療を受けたいかあるいは受けたくないか，代わりに誰に判断してもらいたいかをあらかじめ記載する書面
	医療判断代理委任状	●本人が自分で意思を決定できない状態になった場合に，本人が受ける医療について，本人に代わって意思決定を行う人を指名する書面
	リビングウィル	●自分で意思を決定・表明できない状態になったときに受ける医療について，あらかじめ要望を明記しておく書面

出典：いとう総研資格取得支援センター編『見て覚える！ 介護福祉士国試ナビ2024』中央法規出版，2023年，p. 276を一部改変

2＝×　「〇〇（名字）さん」と敬称で呼ぶことが望ましい。愛称で呼ぶことで話しやすくなるとは限らず，むしろ，利用者との関係性を壊してしまうこともある。利用者と親しくなったとしても，対人援助職として適切な関係を構築することが大切である。

3＝×　できるまで見守ることが，必ずしも自立を支援していることにはならない。アメリカで起こった自立生活運動では，「他人から援助を受けないことを自立とするのではなく，援助を受けても自ら選択し決定することが自立」という概念を世に広め，現在の自立概念の基礎となった。利用者はどのような生活を送りたいのかを自身で決定し，援助を受けながらであっても社会に参加していくことが大切である。

4＝×　利用者の生活のスケジュールを決めるのは，利用者本人である。介護福祉職が決めてしまうと，介護福祉職の価値観で，利用者の生活が決められてしまうことになる。どのような生活を送りたいのかを利用者が自分で決めることは，利用者の主体性を引き出し，自立を支援することにつながる。

5＝○　利用者の意見や希望を介護に取り入れることは，利用者の自己決定を尊重していることになり，尊厳のある生活の実現につながる。

解答―5

ICF

問題 20　Gさん（70歳，男性，要介護２）は，パーキンソン病（Parkinson disease）と診断されていて，外出するときは車いすを使用している。歩行が不安定なため，週２回通所リハビリテーションを利用している。Gさんは，１年前に妻が亡くなり，息子と二人暮らしである。Gさんは社交的な性格で地域住民との交流を望んでいるが，自宅周辺は坂道や段差が多くて移動が難しく，交流ができていない。

Gさんの状況をICF（International Classification of Functioning, Disability and Health：国際生活機能分類）で考えた場合，参加制約の原因になっている環境因子として，**最も適切なものを１つ**選びなさい。

1　パーキンソン病（Parkinson disease）
2　不安定な歩行
3　息子と二人暮らし
4　自宅周辺の坂道や段差
5　車いす

この問題では，自立に向けた介護におけるICFについて問われている。問題を解くには，アセスメント（assessment）を行う視点としてICFの枠組みをしっかりとらえておく必要がある。

ICFは，①「健康状態」，②「生活機能」（心身機能・身体構造，活動，参加），③「背景因子」（環境因子，個人因子）で構成される生活機能モデルである。また，この問題で問われている「環境因子」は，①物的環境，②人的環境，③社会制度的環境の３つに分けられる。

1＝✕　「パーキンソン病」は病気（疾病）であるため，「健康状態」に該当する。「健康状態」には，病気（疾病）のほか，失調，傷害などが含まれる。

2＝✕　「不安定な歩行」は日常生活動作であるため，「活動」に該当する。「活動」には，食事，排泄，入浴なども含まれる。

3＝✕　「息子と二人暮らし」は「環境因子」の人的環境に該当するが，参加制約の原因ではない。

4＝◯　「自宅周辺の坂道や段差」は「環境因子」の物的環境に該当する。この環境によって移動が困難となり，地域住民との交流ができていないことから参加制約の原因になっている。

5＝✕　「車いす」はICFにおける「環境因子」の物的環境に該当するが，車いすはGさんの移動をサポートするための福祉用具である。自宅周辺の環境が整っていればGさんの移動が困難となることはないため，参加制約の原因としては適切ではない。

解答―4

祖母を介護する孫から家事や勉強への不安を相談された介護福祉職の対応

問題 21　Hさん（75歳，女性，要介護２）は，孫（17歳，男性，高校生）と自宅で二人暮らしをしている。Hさんは関節疾患（joint disease）があり，通所リハビリテーションの利用を開始した。介護福祉職が送迎時に孫から，「祖母は，日常生活が難しくなり，自分が食事を作るなどの機会が増え，家事や勉強への不安がある」と相談された。

介護福祉職の孫への対応として，**最も適切なものを１つ**選びなさい。

1 「今までお世話になったのですから，今度はHさんを支えてください」
2 「家事が大変なら，Hさんに介護老人福祉施設の入所を勧めましょう」
3 「高校の先生や介護支援専門員（ケアマネジャー）に相談していきましょう」
4 「家でもリハビリテーションを一緒にしてください」
5 「近所の人に家事を手伝ってもらってください」

この問題では，介護を担う家族への理解と支援について問われている。この問題を解くには，利用者本人だけではなく，介護を担う家族や，その周りの環境についても配慮した対応が求められることを理解しておく必要がある。

1＝☒　「今までお世話になったのですから，今度はHさんを支えてください」と対応することは，家事や勉強への不安を抱えている孫の気持ちに配慮していないため，適切ではない。

2＝☒　「家事が大変なら，Hさんに介護老人福祉施設の入所を勧めましょう」と対応することは，Hさん本人や孫の気持ちに配慮したものではなく，介護福祉職の主観によるサービスの提案である。介護福祉職として適切な対応ではない。

3＝◯　「高校の先生や介護支援専門員（ケアマネジャー）に相談していきましょう」と回答することは，家事や勉強への不安を抱えている孫の気持ちに配慮した対応になるので，適切である。また，孫に高校の先生や介護支援専門員という社会資源を紹介することで，Hさんを取り巻く環境への配慮にもつながる。

4＝☒　「家でもリハビリテーションを一緒にしてください」と対応することは，家事や勉強への不安を抱えている孫に対して，さらなる負担をかけることとなる。孫の気持ちに配慮していないため，適切ではない。

5＝☒　「近所の人に家事を手伝ってもらってください」と対応することは，介護福祉職の主観によるサービスの提案である。まず，Hさんと孫が近所の人に手伝ってもらいたいと思っているかを確認し，2人と近所の人との関係性を踏まえたうえで検討することが求められる。

解答—3

サービス担当者会議

問題　22　介護保険制度のサービス担当者会議に関する次の記述のうち，**最も適切なものを１つ選びなさい。**

1　会議の招集は介護支援専門員（ケアマネジャー）の職務である。

2　利用者の自宅で開催することが義務づけられている。

3　月１回以上の頻度で開催することが義務づけられている。

4　サービス提供者の実践力の向上を目的とする。

5　利用者の氏名は匿名化される。

この問題では，サービス担当者会議について問われている。この問題を解くには，「指定居宅介護支援等の事業の人員及び運営に関する基準」（平成 11 年厚生省令第 38 号）第 13 条第 9 号によって開催が定められている，サービス担当者会議の目的や方法などについてしっかりと押さえておく必要がある。

サービス担当者会議は，「指定居宅介護支援等の事業の人員及び運営に関する基準」（平成 11 年厚生省令第 38 号）第 13 条第 9 号において，「介護支援専門員が居宅サービス計画の作成のために，利用者及びその家族の参加を基本としつつ，居宅サービス計画の原案に位置付けた指定居宅サービス等の担当者を招集して行う会議」と規定されている。その目的は利用者やその家族，サービス提供に携わる各専門職が共通の認識をもち，連携を深めることである。利用者の状態の変化（要介護認定の区分変更等）や居宅サービス計画（ケアプラン）の作成および変更時に開催が義務づけられており，その頻度や開催場所は規定されていない。

また，サービス担当者会議には原則として利用者やその家族，サービス提供に直接携わる各専門職等が参加するため，利用者の氏名が匿名化されることはない。ただし，サービス担当者会議に参加する介護支援専門員等には，個人情報に関する守秘義務が課せられる。

したがって，**1** =○，**2** =×，**3** =×，**4** =×，**5** =×となる。

解答―1

社会資源

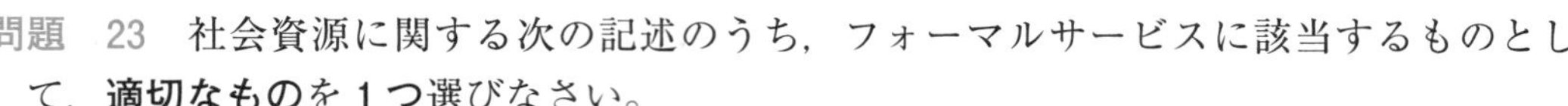

問題　23　社会資源に関する次の記述のうち，フォーマルサービスに該当するものとして，**適切なものを１つ**選びなさい。

1　一人暮らしの高齢者への見守りを行う地域住民
2　買物を手伝ってくれる家族
3　ゴミ拾いのボランティア活動を行う学生サークル
4　友人や知人と行う相互扶助の活動
5　介護の相談を受ける地域包括支援センター

この問題では，介護福祉を取り巻く社会資源に関する知識が問われている。社会資源とは，社会的ニーズを充足するために用いられる有形無形の資源のことで，施設・制度・機関・人材・資金・情報・知識等の総称である。また，それらはフォーマルサービスとインフォーマルサービスの２つに大きく分けられる。それぞれのサービスの特徴や，分け方が難しい社会資源についても押さえておきたい。

フォーマルサービス	制度化された社会資源。 例：行政によるサービス，保健所，児童相談所等（行政機関），障害福祉サービス（事業所），教育機関，医療機関，社会福祉協議会など
インフォーマルサービス	制度化されていない社会資源。利害関係を含まない愛情や善意を中心とするもの。 例：家族，親戚，近隣住民，ボランティア，自治会，当事者組織，家族会など
分け方が難しい社会資源	とらえ方によっては双方に属するものや，分け方が難しい場合もある。 例：障害当事者団体から当事者を派遣する活動は，インフォーマルな活動からスタートした。しかし，その後，ピアサポーター派遣事業などのように制度に位置づけられたものもあり，その場合はフォーマルサービスといえる。

1＝☒　地域住民は，インフォーマルサービスである。

2＝☒　家族は，インフォーマルサービスである。

3＝☒　学生サークルは，インフォーマルサービスである。

4＝☒　友人や知人は，インフォーマルサービスである。

5＝◯　地域包括支援センターは，フォーマルサービスである。介護保険法の改正により2006年（平成18年）に新設された，地域の保健医療福祉をつなぐ包括的で継続的な支援を行う機関である。

解答―5

介護福祉士の職業倫理

問題 24 介護福祉士の職業倫理に関する次の記述のうち，**最も適切なもの**を**1つ**選びなさい。

1 介護が必要な人を対象にしているため，地域住民との連携は不要である。
2 全ての人々が質の高い介護を受けることができるように，後継者を育成する。
3 利用者のためによいと考えた介護を画一的に実践する。
4 利用者に関する情報は，業務以外では公表してよい。
5 利用者の価値観よりも，介護福祉士の価値観を優先する。

この問題では，介護福祉士の職業倫理の要点が問われている。介護福祉士の職業倫理については，「日本介護福祉士会倫理綱領」（以下，倫理綱領）に示されている。①利用者本位，自立支援，②専門的サービスの提供，③プライバシーの保護，④総合的サービスの提供と積極的な連携，協力，⑤利用者ニーズの代弁，⑥地域福祉の推進，⑦後継者の育成，の7項目があり，介護の専門職としての基本的姿勢を定めている。併せて「倫理基準（行動規範）」（上記7項目の具体的内容）についても把握しておく必要がある。

解説

1＝× 地域住民との連携は必要である。倫理基準にも示されているとおり，介護福祉士は，社会福祉実践に及ぼす社会施策や福祉計画の影響を認識し，地域住民と連携して地域福祉の推進に積極的に参加しなければならない。

2＝○ 介護福祉士は，すべての人々が将来にわたり安心して質の高い介護を受ける権利を享受できるよう，介護福祉士に関する教育水準の向上と後継者育成に力を注ぐと倫理綱領に明記されている。

3＝× 介護サービスにおいて，その主体は利用者である。介護福祉士は，利用者が自らの意思や選択で望む暮らしの実現ができるような支援を行わなければならない。介護を提供するうえで，介護者主体の画一的な支援とならないよう，常に利用者を中心として，利用者のためによいと考えた介護を個別に実践することが必要である。

4＝× 業務以外で利用者に関する情報を公表することは倫理に反する行為である。介護福祉士は，利用者のプライバシーの権利を擁護し，業務上知り得た個人情報について業務中か否かを問わず，秘密を保持しなければならない。また，その義務は生涯にわたって継続する。

5＝× 介護福祉士は，自らの価値観に偏ることなく，利用者の自己決定を尊重しなければならない。また，利用者の人としての尊厳を大切にし，利用者本位であることを意識した介護福祉サービスを提供することが必要である。介護福祉士の価値観を優先することは誤りである。

解答—2

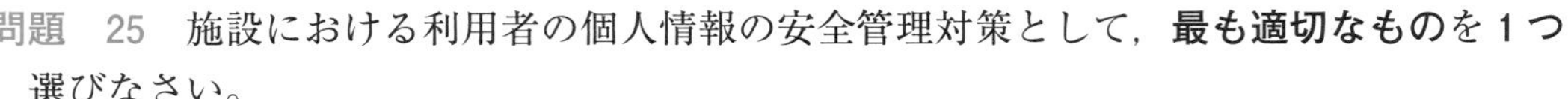

個人情報の安全管理対策

問題 25 施設における利用者の個人情報の安全管理対策として，**最も適切なものを 1 つ**選びなさい。

1 介護福祉職が個人所有するスマートフォンの居室への持込みは制限しない。

2 不要な個人情報を破棄する場合は，万が一に備えて復元できるようにしておく。

3 利用者からの照会に速やかに応じるために，整理用のインデックス（index）は使用しない。

4 個人情報に関する苦情対応体制について，施設の掲示板等で利用者に周知徹底する。

5 個人情報の盗難を防ぐために，職員の休憩室に監視カメラを設置する。

Point

この問題では，個人情報保護のために必要な安全管理対策について問われている。施設における利用者の個人情報の安全管理対策は，個人情報保護法（2003 年（平成 15 年））を踏まえ，「医療・介護関係事業者における個人情報の適切な取扱いのためのガイダンス」（2017 年（平成 29 年））に示されている。このなかでは，法の対象となる施設，事業者における個人情報の適切な取扱いの確保を支援するための，具体的な留意点・事例等が明記されている。個人情報保護に関する問題は出題頻度が高いことからも，これらの内容は理解しておきたい。

解説

1 =☒ 介護福祉職が個人所有するスマートフォンの居室への持込みは，個人データの盗難の危険性が高い。物理的安全管理措置として，盗難等に対する予防対策（カメラによる撮影や作業への立会い等による記録またはモニタリングの実施，記録機能をもつ媒体の持込み・持出しの禁止または検査の実施等）を講じなければならない。

2 =☒ 不要になった個人情報を破棄する場合には，焼却や溶解など，個人情報を復元不可能な形にして廃棄する必要がある。また，個人情報を取り扱った情報機器を廃棄する場合も，記憶装置内の個人情報を復元不可能な形にして廃棄しなければならない。

3 =☒ 利用者からの照会に迅速に対応できるよう，インデックスを使用するなどして検索可能な状態で書類を保存しておく。

4 =◯ 施設は保有個人データの開示手順を定めた規程，その他個人情報保護に関する規程を整備し，苦情への対応を行う体制も含めて，施設内の掲示板やホームページへの掲載を行うなど，利用者に周知徹底する必要がある。

5 =☒ 個人情報の盗難を防ぐため，施設は組織的，人的，物理的，および技術的安全管理措置を講じることとされている。そのため職員に対し必要かつ適切な監督を行わなければならない。しかし，職員のプライバシー保護の観点から休憩室に監視カメラを設置することは適切ではない。

解答―4

ハラスメントを受けたときの対応

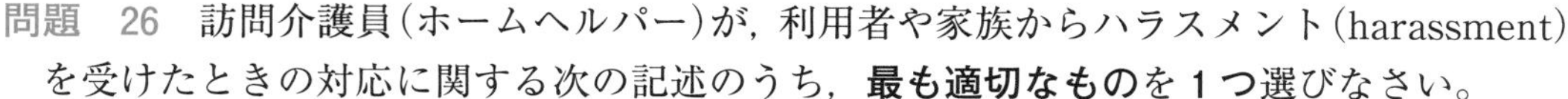

問題　26　訪問介護員（ホームヘルパー）が，利用者や家族からハラスメント（harassment）を受けたときの対応に関する次の記述のうち，**最も適切なものを１つ**選びなさい。

1　利用者に後ろから急に抱きつかれたが，黙って耐えた。
2　利用者から暴力を受けたので，「やめてください」と伝え，上司に相談した。
3　利用者が繰り返す性的な話を，苦痛だが笑顔で聞いた。
4　家族から暴言を受けたが，担当なのでそのまま利用者宅に通った。
5　家族からサービス外のことを頼まれて，断ったら怒鳴られたので実施した。

Point　**この問題では，ケアハラスメントについて問われている。介護福祉職へのハラスメントは人権侵害にあたり，心理的負担が大きく業務に支障が出る可能性が高い。そのため，個人ではなく事業所全体で適切に対応する必要がある。ケアハラスメントは，近年になって法令等でも対策が強化されている内容である。社会情勢を考えると，今後出題される頻度が増えると考えられるため，「介護現場におけるハラスメント対策マニュアル」などについても押さえておきたい。**

解説

ケアハラスメントには，①職場で介護休業など介護のための制度を利用した際に受けるハラスメント，②介護福祉職が利用者，家族などから受ける嫌がらせ，身体的・精神的暴力など，の２つがある。

そのうち，介護福祉職が利用者から受けることの多いものとして次の３種類が考えられる。

・身体的暴力：身体的な力を使って危害を及ぼす行為
・精神的暴力：個人の尊厳や人格を言葉や態度によって傷つけたり，おとしめたりする行為
・セクシャルハラスメント：意に添わない性的話題，性的嫌がらせ

1＝×　選択肢における利用者の行為はセクシャルハラスメントにあたる。黙って耐える必要はない。ハラスメントの予防策として，利用者との日頃のコミュニケーション方法やケア方法について見直しをすることも必要である。

2＝○　利用者からの暴力は身体的暴力にあたる。利用者に対して我慢する必要はなく，ハラスメントを受けないためにも毅然とした態度でいることが必要である。

3＝×　「利用者が繰り返す性的な話」は，訪問介護員に「苦痛」を与える意に添わない話題であり，セクシャルハラスメントにあたる。我慢して話を聞く必要はない。

4＝×　家族からの暴言は，訪問介護員に対する精神的暴力にあたる。担当だからといって１人で抱え込む必要はない。まずは上司に事実を伝え相談することが大切である。

5＝×　訪問介護員に職務以外の仕事を依頼することや，怒鳴りつけることは精神的暴力にあたる。また，職務以外のサービスを実施することは業務違反にあたる場合もあるため，上司に相談して対応策を考える必要がある。

解答―２

コミュニケーションをとるときの基本的な態度

問題 27 介護福祉職が利用者とコミュニケーションをとるときの基本的な態度として，**最も適切なもの**を**1つ**選びなさい。

1 上半身を少し利用者のほうへ傾けた姿勢で話を聞く。
2 利用者の正面に立って話し続ける。
3 腕を組んで話を聞く。
4 利用者の目を見つめ続ける。
5 緊張感が伝わるように，背筋を伸ばす。

Point **介護福祉職が利用者とコミュニケーションをとるときの基本的な態度として，適切な非言語的かかわり方を問う問題である。介護福祉職の表情や目線・視線，姿勢などに関する問題は，ほぼ毎回出題されている。コミュニケーションにおける非言語の役割を理解するとともに，利用者とのコミュニケーションにおいて適切に非言語を活用できるように学習しておくことが大切である。**

1 =◯ 上半身を少し利用者のほうへ傾けた姿勢で話を聞くと，介護福祉職が関心をもって傾聴していることが相手に伝わり，コミュニケーションが促進される。

2 =☒ 利用者の正面に立って話し続けると，相手に緊張感や威圧感を与えてしまう。利用者とコミュニケーションをとるときには，同じ高さの目線で接することが基本である。利用者が座っているときは，自分も座って話をすると目線を同じ高さにすることができる。その際には，利用者の正面に座る対面法より，利用者の斜め 45 度の位置に座る直角法が望ましい。

3 =☒ 腕を組んで話を聞くと，利用者との間に壁をつくり相手を拒否しているような印象を与えやすい。腕を組んだり足を組んだりする姿勢は，自分を守ろうとする防衛姿勢と考えられている。

4 =☒ 利用者の目を見つめ続けると，相手の緊張を高めてしまう。利用者に話しかけるときや会話を始めるときには相手の目を見てアイコンタクトをとり，話をしている間はそのまま目を見つめ続けるのではなく，視線を合わせたりそらせたりして適度にアイコンタクトをとるとよい。

5 =☒ 緊張感が伝わるように背筋を伸ばすと，相手も緊張を感じてしまう。利用者がリラックスした状態でコミュニケーションがとれるように，介護福祉職は自然体で落ち着いた雰囲気でいることを心がけるとよい。

解答― 1

アサーティブ・コミュニケーション

問題　28　介護福祉職によるアサーティブ・コミュニケーション（assertive communication）として，**最も適切なもの**を**1つ**選びなさい。

1　利用者の要求は，何も言わずにそのまま受け入れる。
2　利用者から苦情を言われたときは，沈黙して我慢する。
3　利用者を説得して介護福祉職の都合に合わせてもらう。
4　介護福祉職の提案に従うことが利用者の利益になると伝える。
5　利用者の思いを尊重しながら，介護福祉職の意見を率直に伝える。

Point　**アサーティブ・コミュニケーションに関する問題である。アサーティブ・コミュニケーションとは自分の考えや気持ちを率直に伝えると同時に，相手の意見や思いも大切にして応答するコミュニケーションの方法である。アサーティブ・コミュニケーションと併せて，ノン・アサーティブ・コミュニケーションやアグレッシブ・コミュニケーションについても理解を深めておきたい。**

1＝☒　利用者からの要求を何も言わずに受け入れるのは，ノン・アサーティブ・コミュニケーションである。ノン・アサーティブ・コミュニケーションとは自分の考えや気持ちを言わずに黙って我慢したり，相手の言いなりになったりして，相手を優先しようとするコミュニケーションの方法である。

2＝☒　利用者から苦情を言われたときに沈黙して我慢するのは，ノン・アサーティブ・コミュニケーションである。なお，苦情を言われたときは利用者の話を傾聴した後，速やかに上司に報告して，対応について指示を仰ぐことが必要である。

3＝☒　利用者を説得して介護福祉職の都合に合わせてもらうのは，アグレッシブ・コミュニケーションである。アグレッシブ・コミュニケーションとは自分の考えや気持ちを一方的に主張したり，相手に対して威嚇的な態度をとったりして，自分を優先しようとするコミュニケーションの方法である。

4＝☒　介護福祉職の提案に従うことが利用者の利益になると伝えるのは，アグレッシブ・コミュニケーションである。なお，介護福祉職は利用者を説得したり，自身の提案に従ってもらうことを求めたりするのではなく，利用者自身による意思決定ができるよう支援することが大切である。

5＝◉　利用者の思いを尊重しながら，介護福祉職の意見を率直に伝えるのは，アサーティブ・コミュニケーションである。アサーティブ・コミュニケーションは，アサーション，あるいはアサーティブネスとも呼ばれている。

解答―5

事例問題

次の事例を読んで，**問題 29**，**問題 30** について答えなさい。

〔事　例〕

J さん（75 歳，男性）は先天性の全盲である。これまで自宅で自立した生活をしてきたが，最近，心身機能の衰えを感じて，有料老人ホームに入居した。

施設での生活にまだ慣れていないので，移動は介護福祉職に誘導してもらっている。

ある日，介護福祉職が J さんを自室まで誘導したときに，「いつも手伝ってもらってすみません。なかなか場所を覚えられなくて。私はここでやっていけるでしょうか」と話してきた。

事例の情報を整理する

●Jさんの情報

人物設定	75歳，男性
心身の状況（疾患や障害）	・先天性の全盲 ・最近，心身機能の衰えを感じている
サービスの利用状況	・有料老人ホームに入居している
生活の状況	・入居前は自宅で自立した生活をしてきた ・施設での生活にまだ慣れていないので，移動は介護福祉職に誘導してもらっている
J さんの発言	・「いつも手伝ってもらってすみません。なかなか場所を覚えられなくて。私はここでやっていけるでしょうか」と介護福祉職に話してきた

ポイント解説

この事例では，J さんの発言から有料老人ホームでの生活に不安を感じていることがわかる。J さんの気持ちを理解して，不安を軽くするための対応とは，どのようなものか考えることが重要である。

共感的理解を示す対応

問題 29 Jさんの発言への介護福祉職の共感的理解を示す対応として，**最も適切なものを1つ選びなさい。**

1 Jさんの発言にうなずく。
2 Jさんの発言のあと沈黙する。
3 Jさんの話の内容を短くまとめて伝える。
4 Jさんの立場に立って感情を推し測り，言葉で表現して伝える。
5 Jさんの気持ちが前向きになるように，励ましの言葉を伝える。

共感的理解を示すための方法について問う問題である。共感に関する出題頻度は高く，特に事例問題において共感的なかかわり方や言葉かけを選ぶものがよく出題されている。共感とは相手の感情をその人自身になったつもりで，あたかも自分が感じているかのように感じることをいう。介護福祉職が共感的理解を示すためには，相手の感情を推し測り，その感情を言葉で表現して伝える対応が求められる。

解説

1＝☒ うなずきは首を縦に振る非言語的な動作であるため，先天性の全盲であるJさんには介護福祉職のうなずきを見て確認することはできない。

2＝☒ 発言のあと介護福祉職が沈黙するだけでは，共感的理解を示す対応にはならない。介護福祉職が黙ってしまうと，Jさんは何が起こっているのかを見て確認することができないため不安にさせてしまう。なお，沈黙は相手に考える時間を提供するときなどに必要な対応である。

3＝☒ 話の内容を短くまとめて伝えるだけでは，共感的理解を示す対応にはならない。Jさんに共感的理解を示すためには，Jさんの発言などから言葉では表現されていない感情を推し測り，その感情を言葉で伝えることが求められる。なお，話の内容を短くまとめて相手に伝える技法のことを要約という。

4＝◯ 共感的理解を示すためには，Jさんの立場に立って感情を推し測り，その感情を言葉で表現して伝えることが必要である。Jさんは「私はここでやっていけるでしょうか」と発言していることから，入居した有料老人ホームでの生活に不安を感じていることがわかる。その感情を言葉で表現することによって初めて，介護福祉職がJさんに共感していることが伝わり，Jさんは「自分の気持ちをわかってもらえた」と感じることができる。

5＝☒ 励ましの言葉を伝えるのは，Jさんの気持ちを前向きにするときの対応であり，共感的理解を示す対応ではない。介護福祉職にはJさんを励ます前に，Jさんの不安な感情を受けとめて共感的理解を示し，その不安を軽くする対応が優先される。

解答— 4

視覚障害のある人への介護福祉職の対応

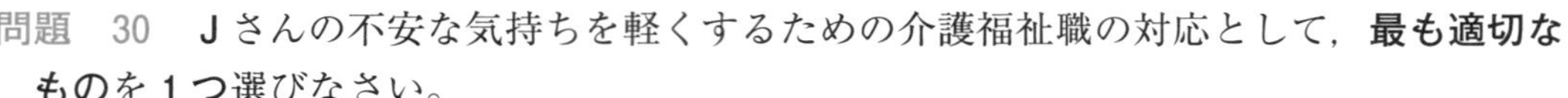

問題 30　J さんの不安な気持ちを軽くするための介護福祉職の対応として，**最も適切なものを 1 つ選びなさい。**

1　いきなり声をかけると驚くので，肩にふれてから挨拶をする。
2　誘導時の声かけは歩行の妨げになるので，最小限にする。
3　角を曲がるときには，「こちらに」と方向を伝える。
4　トイレや食堂などを，一緒に歩きながら確認する。
5　食堂の座席は，J さんの好きなところに座るように伝える。

Point

先天性の全盲であるJさんの不安な気持ちを軽くするために，どのようなコミュニケーション支援が求められるのかを問う問題である。視覚障害のある人とのコミュニケーションに関する問題では，基本的な支援のポイントや留意点が繰り返し出題されている。正答を導くためには，言葉で正確に状況を伝えたり，聴覚や触覚，嗅覚などの視覚以外の感覚を活用するなどの支援について理解している必要がある。

解説

1＝☒　介護福祉職が無言のまま肩に突然ふれると，Jさんを驚かせてしまう。視覚障害のある人に挨拶するときは，その人の名前を呼んでから自分の名前を伝えて，正面から声をかけることが大切である。

2＝☒　介護福祉職が誘導するときに声かけが少ないと，Jさんは状況を理解することができず不安になってしまう。視覚障害のある人を誘導するときには，その時々の状況を理解することができるように，タイミングよく具体的に声かけをすることが必要である。

3＝☒　Jさんは全盲のため，「こちらに」がどの方向を指しているのかがわからない。視覚障害の人に方向を示すときは，「こっち」「あそこに」「それを」などの指示語を使うのではなく，「正面」「右に」などの具体的な表現や，時計の文字盤をイメージして「4時の方向に」などの表現（クロックポジション）で伝える必要がある。

4＝◯　Jさんは「なかなか場所を覚えられなくて。私はここでやっていけるでしょうか」と介護福祉職に話してきたことから，よく使う場所を覚えてもらうことで不安を軽くできると考えられる。Jさんがいつもいる場所と，トイレや食堂などのよく使う場所との位置関係を覚えることができれば，単独歩行が可能になるため，介護福祉職が何回か一緒に歩きながら行き方を確認してもらう対応は適切といえる。

5＝☒　Jさんの好きなところに座るように伝えても，食堂の座席がどのような配置になっているのかを見て確かめることができない。食堂がどのような状況で，座席がどのように配置されているのかなどを具体的に言葉で説明するとともに，Jさんと一緒に座席の配置や入り口からの位置関係などを確認してもらうなど工夫する必要がある。

解答— 4

事例問題

次の事例を読んで，**問題 31**，**問題 32** について答えなさい。

〔事　例〕

Kさん（83 歳，女性，要介護 3）は，10 年前の脳出血（cerebral hemorrhage）による後遺症で高次脳機能障害（higher brain dysfunction）がある。感情のコントロールが難しく，興奮すると大声をあげて怒りだす。現在は，訪問介護（ホームヘルプサービス）を利用しながら，自宅で長男（60 歳）と二人暮らしをしている。

長男は，会社を 3 年前に早期退職し，Kさんの介護に専念してきた。顔色が悪く，介護による疲労を訴えているが,「介護を続けて，母を自宅で看取りたい」と強く希望している。別居している長女は，長男の様子を心配して，「母親の施設入所の手続きを進めたい」という意向を示している。

事例の情報を整理する

●Kさんの情報

人物設定	83歳，女性，要介護 3
心身の状況（疾患や障害）	・脳出血の後遺症による高次脳機能障害 ・感情のコントロールが難しく，興奮すると大声をあげて怒りだす
サービスの利用状況	・訪問介護（ホームヘルプサービス）を利用
生活の状況	・自宅で長男（60歳）と二人暮らし ・長男は，会社を 3 年前に早期退職しKさんの介護に専念 ・長女は別居
家族の思い	・長男は，介護による疲労を訴えているが「介護を続けて，母を自宅で看取りたい」と強く希望 ・長女は，長男の様子を心配して，「母親の施設入所の手続きを進めたい」という意向を示している

ポイント解説

●高次脳機能障害

病気やけがが原因で，脳が部分的に損傷を受けたために起こる障害である。主な症状として，新しい出来事や約束等を覚えられないなどの「記憶障害」，ぼんやりとしていてミスが多くなるなどの「注意障害」，自分で計画を立て実行できないなどの「遂行機能障害」，感情のコントロールが低下し興奮しやすく，怒りやすいなどの「社会的行動障害」がある。

高次脳機能障害のある人とのコミュニケーション

問題　31　訪問介護員（ホームヘルパー）が，興奮しているときのKさんとコミュニケーションをとるための方法として，**最も適切なもの**を１つ選びなさい。

1　興奮している理由を詳しく聞く。
2　興奮することはよくないと説明する。
3　冷静になるように説得する。
4　事前に作成しておいた日課表に沿って活動してもらう。
5　場所を移動して話題を変える。

高次脳機能障害のある人の興奮状態のときのコミュニケーション方法について問う問題である。感情のコントロールが困難となり興奮している状態は，単なる本人の感情の変化ではなく，症状の１つであることを周囲の人とともに本人も認識することが求められる。コミュニケーションの留意点として，冷静に対応することが大切であり，怒りに正面から向き合おうとするとさらに事態が悪化するということを理解している必要がある。

高次脳機能障害（higher brain dysfunction）のうち，感情のコントロールが難しくなる状態は社会的行動障害の１つである。

訪問介護員が自宅に訪問して支援をする場面で，利用者に興奮がみられると支援が進まなくなってしまう。

その場合，興奮している理由を聞いたり，興奮することはよくないと説明する，冷静になるよう説得するといった興奮に正面から向き合おうとする対応は，効果がみられないばかりか，かえって興奮状態が悪化するおそれがある。

また，興奮状態にあるときに事前に作成しておいた日課表に沿って活動してもらうことも難しい（このような対応は遂行機能障害のある人に効果的である）。

怒りだして興奮がみられたときは，場面や話題を変えることで興奮が収まることがある。物理的にその場から離すことも有効であるため，場所を移動して話題を変える対応をとることが望ましいといえる。

そして，落ち着いたところで，一緒に話し合ってみる。そうすることで，自分の感情の出方に気づき，怒り出す原因やきっかけがわかったり，感情のコントロールの仕方を学ぶことができる。

したがって，**1**＝☒，**2**＝☒，**3**＝☒，**4**＝☒，**5**＝◎となる。

解答―5

家族に対する訪問介護員（ホームヘルパー）の対応

問題　32　長男に対する訪問介護員（ホームヘルパー）の対応として，**最も適切なものを1つ選びなさい**。

1　長男自身の意向を変える必要はないと励ます。
2　Kさん本人の意向が不明なため，長男の希望は通らないと伝える。
3　これまでの介護をねぎらい，自宅での看取りを希望する理由を尋ねる。
4　自宅での生活を継続するのは限界だと説明する。
5　長女の言うように，施設入所の手続きを進めることが正しいと伝える。

Point　**この問題では，利用者の介護を行う家族の意向の調整について問われている。介護の対象には利用者本人だけでなく，その家族も含まれているため，疲労を訴えながらも自宅での看取りを希望するKさんの長男の意向と，施設入所を希望する長女の意向の両方を調整し，適切な対応をとることが求められる。**

1＝☒　事例文から，現時点では介護の継続と自宅での看取りが長男の意向ととらえることができる。一方で，長男は顔色が悪く，介護による疲労を訴えている。励ますことで，これまで以上に**長男の介護負担が増してしまうおそれ**もある。また，別居している長女は母親の施設入所の意向を示している。長男の現時点での意向のみを尊重するのではなく，状況を勘案するとともに**家族間の意向の調整を図る**ことが求められる。

2＝☒　介護の理念として利用者主体・利用者本位という考えがあることから，利用者の意向を尊重するのは大切なことである。しかし，利用者の意向のみで判断・決定するのではなく，**介護を行う家族の意向も踏まえて検討していく**ことが求められる。

3＝◯　これまでの介護をねぎらうことは，**長男に寄り添った対応**であり，信頼関係が深まり，訪問介護員に対してこころを開くことにつながる。そのうえで，長男が自宅での看取りを希望する理由を尋ねることで，**長男の意向を正しく理解する**ことができ，今後の介護の方向性を決めていくために役立つ。

4＝☒　事例文から，長男が介護による疲労を訴えているという事実はあるが，自宅での介護の継続と看取りを強く希望している。選択肢の対応は訪問介護員の価値観の押しつけであり，**長男の意向を無視**したものである。

5＝☒　選択肢は，長女の意向のみを尊重した対応であり，**長男の意向を無視し否定する**ことを意味する。家族間でも気持ちや考え方はさまざまであり，異なる意向が示されることがある。その場合，介護福祉職は特定の意向を尊重するのではなく，**家族一人ひとりの意向を把握し，調整していく**ことが求められる。

解答―3

苦情があったときの上司への報告

問題 33　利用者の家族から苦情があったときの上司への報告に関する次の記述のうち，**最も適切なもの**を**1つ**選びなさい。

1　苦情の内容について，時間をかけて詳しく口頭で報告した。
2　すぐに口頭で概要を報告してから，文書を作成して報告した。
3　結論を伝えることを重視して，「いつもの苦情です」とすぐに報告した。
4　上司が忙しそうだったので，同僚に伝えた。
5　自分の気持ちが落ち着いてから，翌日に報告した。

Point　**報告の仕方についての問題である。報告は，業務の指示を受けた人が，その経過や結果について伝えたり，トラブルの発生，利用者や家族からの苦情があった際に上司に行うものである。報告の目的を理解し，報告の流れやタイミング，留意点を押さえた的確な報告がなされることで円滑な介護業務が可能となる。**

苦情を受けた場合は，上司に報告し，指示を仰ぐことが大切である。人の記憶は時間が経つことで曖昧なものになるため，報告は迅速に行うことが求められる。まずは，苦情の内容，概要を短く簡潔に口頭で報告する。その際，結論を最初に伝えることが大切である。また，苦情を受けた際は，そのつど，苦情の内容を客観的，具体的に報告することが求められる。その後，詳細をまとめた文書を作成して報告する。書面での報告は対応の根拠資料となるため必ず行う。

したがって，**1**＝×，**2**＝○，**3**＝×，**4**＝×，**5**＝×となる。

解答— 2

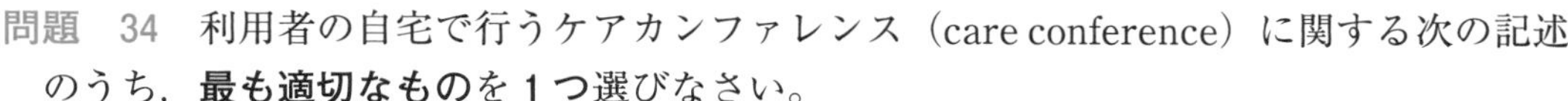

ケアカンファレンス

問題　34　利用者の自宅で行うケアカンファレンス（care conference）に関する次の記述のうち，**最も適切なものを 1 つ**選びなさい。

1　検討する内容は，インフォーマルなサポートに限定する。
2　介護福祉職の行った介護に対する批判を中心に進める。
3　利用者本人の参加を促し，利用者の意向をケア方針に反映させる。
4　意見が分かれたときは，多数決で決定する。
5　対立を避けるために，他の専門職の意見には反論しない。

Point

ケアカンファレンスの目的は，支援・サービス等を適切なものにすることで利用者の生活をよりよいものにしていくことにある。ケアカンファレンスは，利用者・利用者家族，各専門職，地域等が一体となって課題に向き合い，よりよい支援のあり方を検討するものであるということを理解できているかが，この問題を解くポイントとなる。

解説

1＝×　インフォーマルなサポートとは，家族や近親者，地域住民などによるサポートのことである。インフォーマルなサポートだけでなく，行政機関や指定を受けた公式な機関による介護サービス等のフォーマルなサポートも含めて検討していくことが求められる。

2＝×　介護福祉職が行った介護に対する問題点を話し合うこともあるが，批判するのではなく，各専門職や機関，家族や地域住民等，それぞれの立場での課題を抽出し，多面的な角度からよりよい支援のあり方を検討することが求められる。

3＝○　ケアカンファレンスには利用者や家族も参加できる。介護は利用者主体・利用者本位に基づいて行われることが求められるため，利用者本人の意向を直接確かめケアの方針に反映していくことが大切である。

4＝×　多数決で決定するという方法はとらないことが望ましい。ケアカンファレンスに参加する利用者，家族，各専門職等，それぞれの立場や専門性の違いから意見が分かれることもある。しかし，少数の意見にも優れたものがあるため，それぞれの意見をすり合わせ，調整を図って決定していくことが大切である。

5＝×　対立を避けるために他の専門職の意見に反論しないようにしていると，利用者にとってよりよい支援のあり方を構築することができない。ケアカンファレンスに参加する各専門職によって専門性の違い，課題に対する切り口・着眼点も異なるため見解の相違が生じることがある。その際は，各専門職同士，お互いを認め合う態度をもちながらも同等の立場としてケアカンファレンスに参加し，意見を出すことが大切である。

解答―3

高齢者の住まい

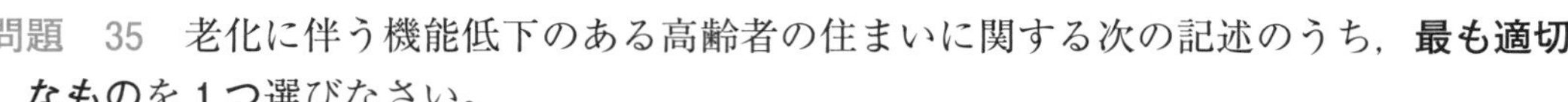

問題　35　老化に伴う機能低下のある高齢者の住まいに関する次の記述のうち，**最も適切なものを1つ選びなさい。**

1　寝室はトイレに近い場所が望ましい。
2　寝室は玄関と別の階にする。
3　夜間の騒音レベルは 80 dB 以下になるようにする。
4　ベッドは照明の真下に配置する。
5　壁紙と手すりは同色にするのが望ましい。

Point　**高齢者が暮らしやすい生活環境について問う問題である。人は加齢によって老化が起こり，生活にさまざまな影響を及ぼす。そのような生活への影響を最小限にするために，毎日を過ごす住居（住まい）にも配慮をすることが必要である。住居（住まい）と介護は密接に関係しており，安全に快適な生活を送ることができるように，介護を必要とする高齢者の特徴や住環境整備の方法などを理解しておく必要がある。**

1＝○　夜間の頻尿への対応や，移動の負担を軽減するため，寝室とトイレの位置は近いほうが望ましい。トイレの失敗を気にすると不眠につながるおそれがある。また，ヒートショックを避けるために寝室とトイレを直結させるなどの工夫も必要である。

2＝×　基本的な日常生活は同一階で行えるようにするのが望ましい。二層以上の階にまたがると，上下の移動に物理的・心理的負担がかかり，危険性が高まる。寝室と玄関は同じ階で，玄関から他室を通らずに直接寝室に出入りできると，外部からの各種サービスを受けやすくなるほか，外出もしやすくなる。避難や安全面からも安心できる。

3＝×　騒音レベル 80 dB とは，地下鉄・電車の車内と同じレベルの，無視できないほどのかなりの騒音となる。この騒音では安眠するのは難しい。

4＝×　照明の真下にベッドがあると睡眠時にまぶしくて眠りにつきにくい。高齢者は若年者よりまぶしく感じやすいので，照明器具などの光源の光とその反射光が直接目に入らないように，照明器具や家具を配置するとよい。

5＝×　壁紙と手すりが同色であると手すりに気がつかない場合があり，立ち上がりや歩行の際などに安全が確保できない。必ずしも派手にする必要はないが，コントラストをつけ，手すりがあることが目で確認できるようになっているとよい。

解答―1

入浴のための福祉用具

問題 36 Lさん（25歳，男性）は，第7胸髄節（Th7）を損傷したが，現在，状態は安定していて，車いすを利用すれば1人で日常生活ができるようになった。図はLさんの自宅の浴室であり，必要な手すりは既に設置されている。

Lさんが1人で浴槽に入るための福祉用具として，**最も適切なものを1つ**選びなさい。

1 段差解消機
2 ストレッチャー
3 すべり止めマット
4 四点歩行器
5 移乗台

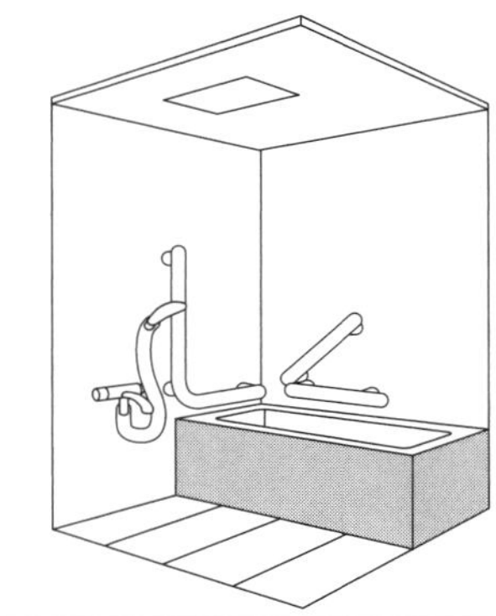

Point **脊髄損傷（spinal cord injury）のある人にとって適切な入浴用の福祉用具を選ぶ問題である。損傷部位とその影響，また，福祉用具の形状や使用方法などを理解しておくことが正答を導くポイントとなる。**

Lさんは第7胸髄節（Th7）損傷であり，胸から上は使うことができる状態である。事例には「車いすを利用すれば1人で日常生活ができる」とある。上肢で使用することができる福祉用具があれば入浴が可能である。

1＝☒ 段差解消機は，車いすで越えることが難しい段差を車いすごと昇降し，移動できるようにするものである。浴槽の段差を解消することはできるが，浴槽の中にどう入るかが疑問となる。問題にある図では，その先の方法が見えてこず，適切ではない。

2＝☒ ストレッチャーは，座位姿勢がとれない人など，特殊浴槽（機械浴）にて**臥位姿勢**で入浴する場合に用いる。1人で浴槽に入るための福祉用具ではなく，介助者が必要である。

3＝☒ すべり止めマットは，浴槽の中やいすからの**立ち上がり**の際にすべらないようにするためのものである。Lさんは下肢に麻痺があることから立ち上がることはできないと考えられるため，適切ではない。

4＝☒ 四点歩行器はその名のとおり，**歩行用の福祉用具**である。Lさんは下肢に麻痺があることから歩くことはできないと考えられるため，適切ではない。

5＝◎ 移乗台は，またいで浴槽に入ることができない人の**浴槽への出入り動作**を補助する。図で考えてみると，手すり近くの浴槽につけるように移乗台を設置し，Lさんが手すりなどにつかまり移乗台に移動して腰かける。上肢を使って下肢を浴槽に入れ，さらに手すりにつかまり上半身を浴槽に入れることができれば入浴することができる。

解答―5

耳の清潔

問題 37 耳の清潔に関する介護福祉職の対応として，**最も適切なものを1つ**選びなさい。

1 耳垢の状態を観察した。
2 綿棒を外耳道の入口から3cm程度挿入した。
3 耳介を上前方に軽く引きながら，耳垢を除去した。
4 蒸しタオルで耳垢塞栓を柔らかくして除去した。
5 耳かきを使用して，耳垢を毎日除去した。

耳垢を除去する方法について問う問題である。耳垢は，外耳道のアポクリン腺から出た分泌物に，剝離した表皮や埃などが混ざって生じる。耳垢は自然に外に排出されるとされているが，量や硬さには個人差があり，うまく排出されない場合もある。耳垢がたまると聴力の低下が起こることもあり，耳垢の状態を観察して必要な場合は安全に留意して除去する必要がある。

解説

1＝◯ まず，耳垢の状態を確認する必要がある。硬い耳垢であれば綿棒を湿らせるなどして除去し，耳垢塞栓がみられる場合は，医療職に報告し対応してもらう必要がある。

2＝× 耳垢の除去は綿棒など柔らかいもので，外耳道の入り口から1cm程度のところまでを除去する。3cm程度も綿棒を入れると，鼓膜を傷つけるなどの危険がある。

3＝× 軽くであっても耳介を上前方に引く必要はない。外耳道内が見えにくい場合は，軽く耳介を横に引くなどするが，除去する範囲は外耳道の入口から1cm程度の場所なので無理をしないで行う。無理に外耳道から耳垢を除去しようとすると粘膜を傷つける危険性もある。

4＝× 耳垢塞栓とは，外耳道を塞ぐように硬く耳垢がたまったものである。耳垢塞栓の場合の耳垢の除去は医療職に報告して対応してもらう。介護福祉職に認められているのは，耳垢塞栓以外の耳垢の除去である。

5＝× 耳垢は，毎日除去する必要はない。頻度についてはいろいろな説があり，月1～2回とも，2週間に1回ともいわれる。

解答―1

歯ブラシを使用した口腔ケア

問題　38　歯ブラシを使用した口腔ケアに関する次の記述のうち，**最も適切なものを 1 つ**選びなさい。

1　歯ブラシの毛は硬いものを勧める。
2　強い力で磨く。
3　歯と歯肉の境目のブラッシングは避ける。
4　歯ブラシを小刻みに動かしながら磨く。
5　使用後の歯ブラシは，柄の部分を上にしてコップに入れて保管する。

Point

歯磨きの際の基礎知識や方法を問う問題である。口腔は食事だけでなく，呼吸や発語などにも関係する器官で，非常に重要なはたらきをしている。口腔ケアで，口腔内の清潔を保つことは，虫歯や歯周病（periodontal disease），感染症，誤嚥性肺炎（aspiration pneumonia）の予防につながる。口腔ケアの基本は歯磨きであるが，歯磨きが難しい場合は含嗽法などで，嚥下困難などがある場合はスポンジブラシや清拭などで口腔ケアを行う。そして，高齢者などでは義歯を使用している人も多いため，それらの知識やケアの方法も理解しておく必要がある。

1 =☒　歯ブラシの毛の硬さは歯肉が傷つかない程度のやわらかめやふつうがよいとされている。毛の硬い歯ブラシは，歯肉を傷つけてしまうため勧められない。

2 =☒　歯ブラシは，ペングリップ（鉛筆持ち）がよいとされ，この持ち方で磨くと適度の弱い力（150～200g）で歯磨きできるとされている。

3 =☒　歯磨きは歯だけでなく，歯と歯肉の境目をブラッシングする必要がある。歯と歯肉の境目は歯垢がたまりやすく，虫歯や歯周病の原因となるためである。

4 =◎　歯の表側は，毛先を歯面に対して 90 度に当てる「スクラビング法」で，歯と歯肉の間は，毛先を 45 度に当てる「バス法」で磨く。奥歯は，毛先をかみ合わせ面に押し当て前後に往復させ，前歯の裏側は，歯ブラシを縦に使い上下に動かす。いずれも小刻みに磨くとよい。

5 =☒　使用後の歯ブラシは，植毛部の汚れを取り除いた後に，よく乾くように，柄の部分を下にしてコップに入れ，ヘッド部分が上に出るよう立てて保管する。柄の部分を上にしてコップに入れて保管すると，植毛部の乾きが遅く濡れた状態が続く。また，毛の間に残った食べ物のかすから細菌の繁殖が進んでしまう。

解答—4

上着の着脱

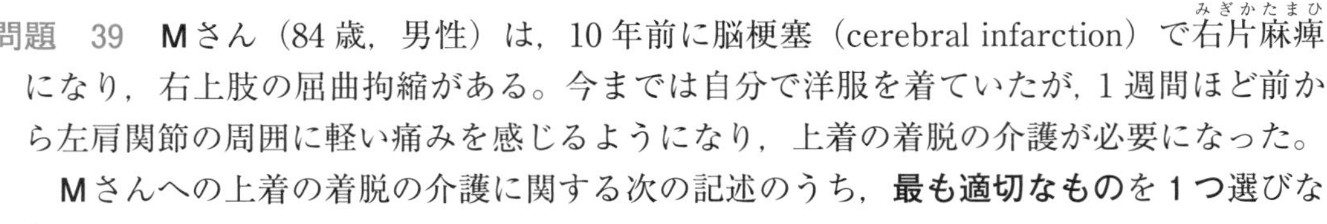

問題 39 Mさん（84歳，男性）は，10年前に脳梗塞（cerebral infarction）で右片麻痺になり，右上肢の屈曲拘縮がある。今までは自分で洋服を着ていたが，1週間ほど前から左肩関節の周囲に軽い痛みを感じるようになり，上着の着脱の介護が必要になった。

Mさんへの上着の着脱の介護に関する次の記述のうち，**最も適切なものを1つ選びなさい。**

1 服を脱ぐときは，右上肢から脱ぐ。
2 右手首に袖を通すときは，介護福祉職の指先に力を入れて手首をつかむ。
3 右肘関節を伸展するときは，素早く動かす。
4 右肘に袖を通すときは，前腕を下から支える。
5 衣類を準備するときは，かぶり式のものを選択する。

片麻痺のある利用者に対し，上着の着脱介護に関して適切な方法を問う問題である。片麻痺の利用者の衣服の着脱については，利用者の有する能力を活かしたうえで，特に患側に負担をかけない介護方法を理解しておく必要がある。このテーマはよく出題されるので，押さえておきたい。

解説

1＝☒ 片麻痺のある利用者の衣服の着脱では「脱健着患」が原則である。これは，麻痺していない健側から脱ぎ，麻痺のある患側から着るという方法のことである。Mさんは右片麻痺であることから，服を脱ぐ際には左上肢から脱ぐのが適切である。

2＝☒ Mさんの場合は右片麻痺があり，さらに左肩関節の周囲に軽い痛みがあることから，右袖を通す際に介護が必要であると考えられる。その際，介護福祉職が指先に力を入れて手首をつかむと内出血や痛みにつながるおそれがあるので，適切ではないと考えられる。

3＝☒ Mさんは右上肢の屈曲拘縮（腕が伸ばしにくい状態）がある。そのため，右肘関節を伸展させることには十分注意しなければならない。素早く動かすことで無理な力を加えて痛みを伴わせてしまったり，場合によっては脱臼などの重大な事故につながるおそれがあるため，適切ではないと考えられる。

4＝◉ Mさんの場合，右袖を通す際に介護が必要であると考えられる。右肘に袖を通すときは，前腕を下から支えるようにして介護することが適切である。

5＝☒ かぶり式の衣類は，頭を通す必要があるため，肩の関節可動域に制限があると着にくい。Mさんの場合，右片麻痺があり，さらに左肩関節の周囲にも痛みがあることから避けたほうがよい。また，自分で着たい服を選ぶことで，自分らしさの表現や快適な生活を送ることができると考えられるため，自分で服を選ぶ機会が多くもてるとよい。

解答—4

経管栄養を行っている利用者への口腔ケア

問題 40 経管栄養を行っている利用者への口腔ケアに関する次の記述のうち，**最も適切なものを 1 つ選びなさい。**

1 スポンジブラシは水を大量に含ませて使用する。
2 上顎部は，口腔の奥から手前に向かって清拭する。
3 栄養剤注入後すぐに実施する。
4 口腔内を乾燥させて終了する。
5 空腹時の口腔ケアは避ける。

Point

経管栄養を行っている利用者は，口腔機能が低下している可能性があり，誤嚥を起こしやすいため，口腔ケアの際も注意して行う必要があるということが，この問題を解くポイントとなる。また，細菌の繁殖や歯周病（periodontal disease）の悪化につながる危険があるため，常に衛生的な状態を保つことが重要であることも理解しておきたい。

1 =☒ スポンジブラシは水を含ませた後，その**水分を十分しぼってから**使用する。このとき，水の入ったコップを 2 つ準備し，1 つはブラシの洗浄用に，もう 1 つはブラシに水分を含ませるためのものとして分けて使用する。経管栄養を実施している利用者の場合，少量の水分を誤嚥するだけでも誤嚥性肺炎（aspiration pneumonia）を引き起こしやすいため，特に注意が必要である。

2 =◎ 口腔内を清拭する場合，食べ物のかすや水分が喉の奥に入り込み，誤嚥することを予防するために，**奥から手前**に向かって清拭をする。上顎部に限らず，下顎部や舌を清拭する場合も同様の方向で行う。この際，咽頭部の奥に物を入れると嘔吐反射を引き起こし，嘔吐物による誤嚥を招く危険性も考えられるため注意したい。

3 =☒ 栄養剤を注入した直後は胃の内容物が安定していないため，このときに体位変換を行ったり，口腔内に刺激を与えてしまうと嘔吐してしまう危険性が考えられる。そのため，栄養剤を注入した後は 30 分から 1 時間ほど安静が必要である。

4 =☒ 口腔内を乾燥させることは細菌の増殖や口臭につながるため望ましくない。また，口腔粘膜も取り除かれてしまうと傷がつきやすく出血しやすくなる場合もある。そのため口腔ケア後は専用のジェルを使うなどし，**常に潤いのある状態**を維持する必要がある。

5 =☒ 口腔内を刺激することによる嘔吐や嘔吐物の誤嚥を防ぐため，栄養剤注入直後は避け，**空腹時**に口腔ケアを行うことが望ましい。また，口腔ケアを行うとその刺激で唾液が分泌され，口腔内の汚れが除去されるが，その唾液を誤嚥してしまわないように十分注意しながら行いたい。

解答— 2

ベッドから車いすへの移乗

問題 41 スライディングボードを用いた，ベッドから車いすへの移乗の介護に関する次の記述のうち，**最も適切なものを 1 つ**選びなさい。

1 アームサポートが固定された車いすを準備する。
2 ベッドから車いすへの移乗時には，ベッドを車いすの座面より少し高くする。
3 ベッドと車いすの間を大きくあけ，スライディングボードを設置する。
4 スライディングボード上では，臀部を素早く移動させる。
5 車いすに座位を安定させ，からだを傾けずにスライディングボードを抜く。

Point

スライディングボードとは，ベッドから車いすなどに移乗する際に使用する板のことである。表面に滑りやすい加工がされており，臀部にかかる摩擦を最小限に抑えることで介護者の負担が少なく，安定した移乗ができる。手すりを持てば座ることができるなど座位をある程度保つことができるが，立位移乗を行うには介護負担が大きい利用者が対象となる。ただし，臀部に褥瘡があるなど，皮膚のズレや摩擦によってより状態を悪化させる可能性がある場合は利用を避ける。

1 =× スライディングボードを使用できる車いすの条件として，アームサポートが跳ね上げ式タイプのもので，フットサポートが外れるものが推奨されている。よって，アームサポートが固定されている車いすの場合は使用できない。

2 =○ スライディングボードを使用できるベッドの条件として，高さ調整が可能なものが推奨されている。ベッドの高さを車いすの座面よりもやや高くし，ベッドから車いすに向かって滑り落ちる力を利用し，臀部をスライドさせることでスムーズに移乗することが可能となる。

3 =× ベッドと車いすの間を大きくあけてしまうと，スライディングボードの破損や利用者の転倒・転落のリスクが高くなるため適切ではない。車いすはベッドの真横にセッティングし，アームサポートを跳ね上げ，フットサポートを外して可能な限りベッドと車いすの間を近づけると安全に移乗することができる。

4 =× スライディングボード上で臀部を素早く移動させようとすると，大きな摩擦と傾斜により利用者に恐怖心を与える可能性がある。また移乗時の勢いがつきすぎてしまうことで転倒やけがを負わせてしまう危険があり，適切とはいえない。移乗の際は，利用者の腋窩（脇の下）に介護者の手を入れてからだを支え，介護者のもう片方の手で利用者の腰を支えながら利用者のからだを車いす側に傾けて，スライディングボードの上を滑らせるようにすると安定して移乗ができる。

5 =× 利用者が安定した座位を保った状態ではスライディングボード上に体重がかかっているため抜きにくい。移乗させた方向に利用者のからだを傾け，臀部を浮かせることでスライディングボードが抜きやすくなる。

解答—2

トルクの原理を用いた体位変換

問題 42 利用者を仰臥位（背臥位）から側臥位へ体位変換するとき，トルクの原理を応用した介護方法として，**最も適切なもの**を **1 つ**選びなさい。

1 利用者とベッドの接地面を広くする。
2 利用者の下肢を交差させる。
3 利用者の膝を立てる。
4 滑りやすいシートを利用者の下に敷く。
5 利用者に近づく。

Point 仰臥位から側臥位への体位変換時のトルクの原理について問う問題である。トルクとは，回転する力（回旋運動）を意味し，トルクの原理は，仰臥位から側臥位に体位変換するときに使われる。トルクの原理以外のボディメカニクスの原理も問われることが多いので整理しておきたい。

解説

1＝☒ 利用者とベッドの接地面を広くすることは，支持基底面積の理論にかかわることである。接地面を広くすると摩擦面が増えて動かしにくくなる。反対に，接地面を狭くすると摩擦面が減って動かしやすくなる。

2＝☒ 利用者の下肢を交差させることは，慣性モーメントの理論にかかわることである。下肢を交差させることで，小さな力で利用者を回転させることができる。

3＝◯ 利用者の膝を立てることは，トルクの理論にかかわることである。膝を立てて回転させることで，体軸回旋運動を誘発させることができ，トルクの原理がはたらきやすくなる。

4＝☒ 滑りやすいシートを利用者の下に敷くことは，摩擦力の理論にかかわることである。滑りやすいシートは摩擦力が低いため，水平移動を行いやすくなる。

5＝☒ 利用者に近づくことは，重心の理論にかかわることである。利用者に近づくことで，力を入れやすく，安定して動かしやすくなる。

●トルクの原理

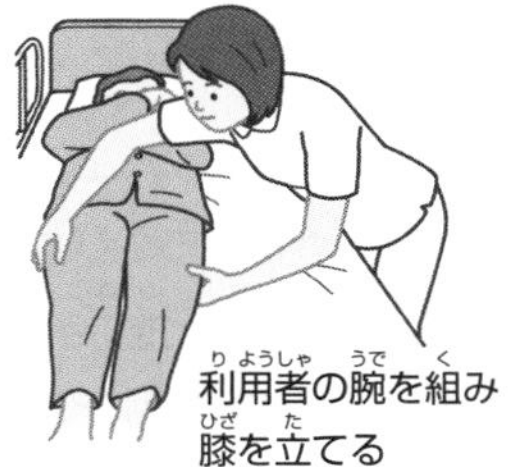

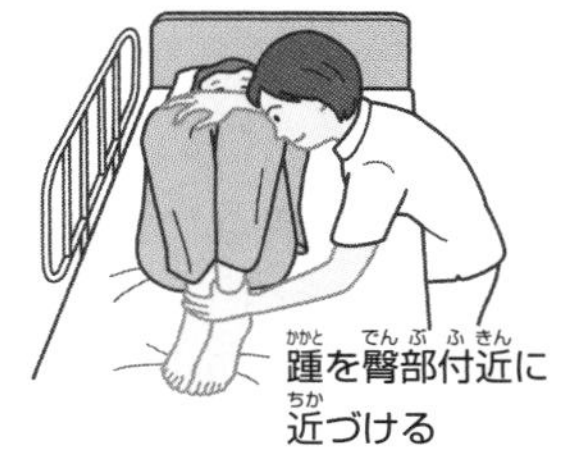

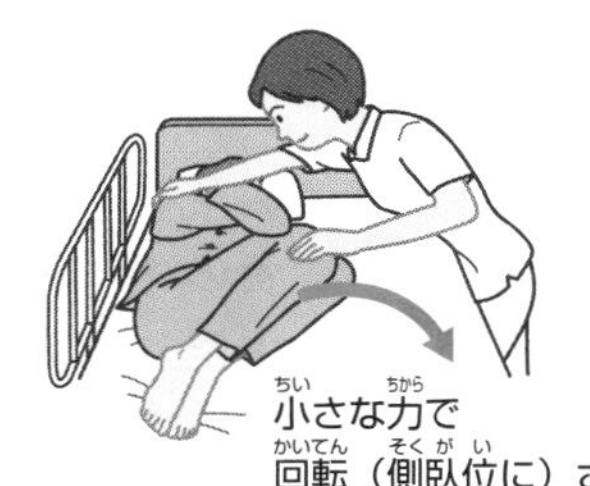

解答—3

視覚障害のある利用者の外出の同行

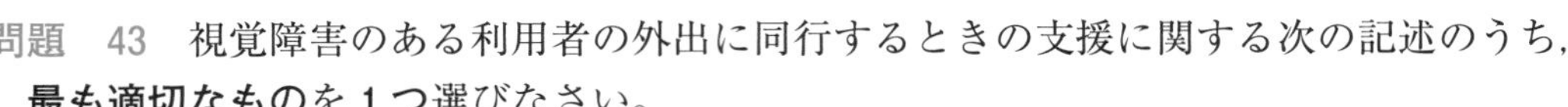

問題 43 視覚障害のある利用者の外出に同行するときの支援に関する次の記述のうち，**最も適切なもの**を１つ選びなさい。

1 トイレを使用するときは，トイレ内の情報を提供する。
2 階段を上るときは，利用者の手首を握って誘導する。
3 狭い場所を歩くときは，利用者の後ろに立って誘導する。
4 タクシーに乗るときは，支援者が先に乗って誘導する。
5 駅ではエレベーターよりエスカレーターの使用を勧める。

Point **視覚障害者の外出支援について問う問題である。視覚障害者の外出支援は頻出問題である。視覚障害者の基本的な支援方法として，誘導時の基本姿勢，階段の昇降，ドアの通過，いすへの着席，バスやタクシーの乗り降り，食事の支援，点字，視覚障害者誘導用ブロックなどについて理解しておく必要がある。また，視覚障害者の個別性に合わせた支援についても理解しておく必要がある。**

解説

1＝○ トイレを使用するときに，トイレ内の情報を伝えることは適切である。①便器の種類や位置と向き，②トイレットペーパーの位置，③水洗レバーの位置と使い方，④洗面台の位置，⑤鍵のかけ方などを説明する支援が必要である。

2＝× 階段を上るときに，利用者の手首を握って誘導することは適切ではない。利用者は支援者の肘の少し上を軽く握り，支援者は利用者の１段先を進み，誘導する。利用者の手首を握る，あるいは腕を組むなどして歩くと支援者の振動が伝わって歩行が不安定となり，危険である。

3＝× 狭い場所を歩くときは，支援者が利用者の前に立って誘導する。狭い通路や人の多い場所などでは，支援者は視覚障害者が握っている腕を後ろに回し，曲げていた腕を伸ばして一列で歩く。

4＝× タクシーに乗るときは，支援者がドアのそばまで誘導し利用者が先に乗る。タクシーの開いているドアや屋根の部分，座席に触れて確認してもらってから乗車してもらう。支援者は，利用者がタクシーの屋根部分に頭をぶつけないよう手を添えるなどの支援を行う。降りるときは，支援者が先に降りる。

5＝× エレベーターよりエスカレーターの使用を勧めるのは適切とはいえない。エスカレーターは視覚障害者のペースで乗り降りができないため，支援者の声かけを頼りに使用することになる。また，空いた側を通り抜けていこうとする人もいるため，危険である。視覚障害者の誘導は安全第一であることが大切であり，エレベーターの使用を勧めるのが望ましい。

解答—1

嚥下障害のある利用者への食事の助言

問題 44 Aさん（78歳，男性，要介護２）は，脳梗塞（cerebral infarction）の後遺症で嚥下障害がある。自宅で妻と二人暮らしで，訪問介護（ホームヘルプサービス）を週１回利用している。訪問時，妻から，「飲み込みの難しいときがある。上手に食べさせるにはどうしたらよいか」と相談があった。

訪問介護員（ホームヘルパー）の助言として，**最も適切なものを１つ**選びなさい。

1 食事のときは，いすに浅く座るように勧める。
2 会話をしながら食事をするように勧める。
3 食事の後に嚥下体操をするように勧める。
4 肉，野菜，魚などは軟らかく調理するように勧める。
5 おかずを細かく刻むように勧める。

Point

嚥下障害のある飲み込みの難しい利用者への訪問介護員としての相談援助について問う問題である。嚥下障害はよく問われるテーマであり，また，介護福祉職の助言として適切なものを選ぶという形式もよく出題される。正答を導くためには，摂食・嚥下の５期や，正しい食事姿勢，食事形態などの理解が必要である。介護福祉職の役割を理解し助言することが求められる。

解説

1＝☒ いすに浅く座るように勧めるのは適切ではない。座位姿勢を長く保つことが困難な場合，浅く座ると背もたれに寄りかかる姿勢となり，顎が上を向いて誤嚥の危険性が高くなる。食事のときのいすは，足底が床につく高さで，テーブルは肘が楽にのる程度の高さとし，深く腰掛け，姿勢を安定させることが必要である。

2＝☒ 会話をしながら食事をすることは適切ではない。食べ物を飲み込むときに話しかけてしまうことで，誤嚥につながる可能性がある。声をかけるタイミングは，利用者の喉の上下運動や口の中の様子を見て，食べ物を飲み込んだことを確認して，次の食べ物を口に入れる前までにすると安全である。

3＝☒ 嚥下体操は食事の前に行うことが効果的である。嚥下に必要な首・口周り・喉の運動を行うことで咀嚼・嚥下の準備体操となり，誤嚥の危険性を低下させる効果や，唾液の分泌を促し，飲み込みやすくする効果がある。

4＝◯ 飲み込みが難しい場合，食材を軟らかく調理し，飲み込みやすくした食品が適している。硬いものは煮込む・蒸す・つぶす・するなどして軟らかくする。また，さらさらした液体はとろみをつける，パラパラと細かなものは，マヨネーズやドレッシングなどつなぎの役割をするものとともに調理するとよい。

5＝☒ おかずを細かく刻むように勧めることは適切ではない。おかずを細かく刻むと口の中でバラバラになり，飲み込みづらくなるため，誤嚥につながる可能性がある。

解答―4

慢性腎不全の利用者の食生活

問題 45 慢性腎不全（chronic renal failure）の利用者の食材や調理方法として，**最も適切なものを1つ選びなさい。**

1 エネルギーの高い植物油を控える。
2 レモンや香辛料を利用し，塩分を控えた味付けにする。
3 肉や魚を多めにする。
4 砂糖を控えた味付けにする。
5 野菜は生でサラダにする。

慢性腎不全の利用者の食生活（調理）に関する問題である。慢性腎不全は，血液をろ過する糸球体の網目が詰まり，老廃物を十分に排泄できなくなる状態である。慢性腎不全の利用者への介護として，食事管理（医師の指導に基づく適切な栄養管理）が重要である。このほか，食事について気をつける事項がある疾患として，糖尿病（diabetes mellitus）や脂質異常症（dyslipidemia），肝疾患（liver disease）などがある。試験に出題されることが多いので，それぞれの疾患で配慮すべき点をしっかり覚えておこう。

1＝× エネルギーの高い植物油を控えることは，適切ではない。エネルギーが不足すると，身体のたんぱく質がエネルギー源として分解されるため，老廃物が増え腎臓に負担となる。脂質や糖質を摂ることで，**エネルギー補給を行う必要がある**。

2＝○ 慢性腎不全の利用者の塩分摂取量には，1日3g以上6g未満の**制限がある**。減塩食をおいしく食べるための工夫として，レモンや香辛料を使用することは適切である。減塩のコツとしては，しょうゆやソースは「かける」より「つける」，みそ汁は1日1杯を目安にする，加工食品（ハム・かまぼこ等）は控える，などがある。1食のなかでメリハリのある味付けをすることで楽しい食事を支援する。

3＝× 慢性腎不全の利用者のたんぱく質の摂取量には，標準体重あたり1日0.6～0.8gの**制限がある**。肉や魚はたんぱく質を多く含むため，多めに摂ることは適切ではない。たんぱく質が身体のなかで分解されると老廃物が増え，腎臓の糸球体ろ過が過剰となり腎臓に負担となる。

4＝× 砂糖を控えた味付けは適切な調理方法ではない。カロリー摂取不足とならないように，**糖質を補給することが必要である**。

5＝× 慢性腎不全の利用者のカリウム（K）の摂取量には，1日1500mg以下の**制限がある**。生の野菜にはカリウムが多く含まれるため，そのままサラダで食べることは適切ではない。腎機能が低下すると，カリウムが排泄されにくくなり，体内に蓄積されることで不整脈の原因となる。カリウムは芋類・豆類・果物・青菜・干した野菜や海藻に多く含まれる。野菜はゆでこぼす，水にさらすことでカリウム量を減らすことができる。

解答― 2

食事支援で連携する職種

問題　46　利用者の食事支援に関して，介護福祉職が連携する職種として，**最も適切なものを 1 つ選びなさい。**

1　スプーンや箸がうまく使えないときは，食事動作の訓練を言語聴覚士に依頼する。
2　咀嚼障害があるときは，義歯の調整を作業療法士に依頼する。
3　座位の保持が困難なときは，体幹訓練を理学療法士に依頼する。
4　摂食・嚥下障害があるときは，嚥下訓練を義肢装具士に依頼する。
5　食べ残しが目立つときは，献立や調理方法の変更を社会福祉士に依頼する。

Point

この問題では食事支援における他職種との連携について問われている。正答を導くためには，介護福祉士が連携する専門職の専門性を理解している必要がある。介護福祉士は，生活支援をしていくなかで利用者の生活課題を見つけることができる。その課題を他職種と共有して解決し，利用者の生活を支えることが必要である。

1 =× 食事動作の訓練については，作業療法士に依頼する。作業療法士とは，日常で必要となる「食事」「洗顔」などの応用的動作能力の回復の訓練をする専門職であり，食事をする際，利用者のどこがどのように問題となっているかを見きわめ，食事動作の訓練や，スプーンや箸など自助具の選定を行う。

2 =× 咀嚼とは，食べ物を歯でかみ砕くことである。老化による筋力の低下により咀嚼力は低下する。また，義歯（入れ歯）の不適合があると歯肉などに痛みが生じることがあり，咀嚼や食塊形成が妨げられる。義歯の調整は，歯科医師に依頼する。

3 =○ 理学療法士とは，けがや病気などで障害のある人やその発生が予測される人に対して，基本動作能力（座る，立つ，歩く）などの回復や維持，および障害の予防のためのリハビリテーションを行う専門職である。食事にあたっては，座位姿勢保持のための体幹訓練や，いすやクッションを活用した座位姿勢の改善を図る。

4 =× 摂食・嚥下障害があるときは，言語聴覚士に嚥下訓練を依頼する。言語聴覚士は，言語や聴覚，発音・発声，呼吸，認知，摂食・嚥下にかかわる障害に対して，その発現メカニズムを明らかにし，検査・評価を実施し，必要に応じて訓練，指導，助言，その他の援助を行う専門職である。

5 =× 献立や調理方法の変更については，管理栄養士に依頼する。管理栄養士は傷病者等に対する栄養指導や献立管理をする専門職である。

解答—3

入浴の介護

問題　47　入浴の介護に関する次の記述のうち，**最も適切なものを１つ**選びなさい。

1　着替えの衣服は，介護福祉職が選択する。

2　空腹時の入浴は控える。

3　入浴前の水分摂取は控える。

4　食後１時間以内に入浴する。

5　入浴直前の浴槽の湯は，45℃で保温する。

この問題では入浴の介護に関する基礎的な知識が問われている。正答を導くためには，利用者の希望，今までの生活習慣を大切にすること，および入浴時に身体にかかる負担と，それを軽減・予防する方法を理解しておく必要がある。よく問われるテーマなので，今回出題された内容以外も学習しておきたい。

1＝☒　着替えの衣服の選択は，利用者の「自分らしさ」を出せる場面であるため，利用者が自己決定できるように援助する。

2＝◎　空腹時の入浴は血糖値が低くなることがあり，貧血（anemia）を起こしやすい。また入浴中は大量に汗をかくため，水分不足になるリスクがある。

3＝☒　入浴中は大量に汗をかき水分不足になるため，入浴の30分くらい前に水分補給をする。

4＝☒　食後１時間以内の入浴は，血液が体表に集まり胃腸の血液循環が悪くなって，胃液の分泌や胃腸の運動が止まり，食物の消化吸収不良となるため避けるようにする。

5＝☒　入浴直前の浴槽の湯温は，38～41℃が身体に負担の少ない温度とされている。42℃以上になると，温度刺激により皮膚の血管が収縮し，次いで拡張して心機能を亢進させ，一過性の血圧上昇がみられることがあるため避ける。

●入浴の準備のポイント

①食後１時間以内と空腹時は避ける。
②入浴前に排泄をすませる。
③入浴の30分くらい前に水分補給をする。
④着替える服を選んでもらう。
⑤脱衣室と浴室の温度差をなくす。
⑥脱衣室の中が見えないようにプライバシーに配慮する。
⑦必要に応じてシャワーチェアや滑り止めマットなどを用意する。

解答―2

シャワー浴の介護

問題 48 シャワー浴の介護に関する次の記述のうち，**最も適切なもの**を1つ選びなさい。

1 シャワーの湯温は，介護福祉職よりも先に利用者が確認する。
2 からだ全体にシャワーをかけるときは，上肢から先に行う。
3 利用者が寒さを訴えたときは，熱いシャワーをかける。
4 利用者が陰部を洗うときは，介護福祉職は背部に立って見守る。
5 脱衣室に移動してから，からだの水分を拭きとる。

Point **この問題では，シャワー浴に関する基礎的な知識が問われている。シャワー浴は，準備や手順は通常の入浴に準じるが，浴槽での入浴と比べて体力の消耗が少ない点や浴室内の移動，浴槽への出入りがないので転倒のリスクが軽減される点などが異なることを押さえておきたい。**

1＝× シャワーの湯温は，やけどを防ぐため，介護福祉職が先に問題がないか確認してから，利用者に確認してもらう。片麻痺のある場合は健側の手で確認してもらう。なお，介護福祉職はシャワーヘッドに指をかけ，温度変化をすぐに察知できるようにし，利用者に湯をかけるときは声をかけてからかけるようにする。

2＝× からだ全体にシャワーをかけるときは，心臓へ急激に刺激を与えないよう，心臓から遠い末梢（足元）から体幹の順に湯をかけるようにする。

3＝× 熱いシャワーを浴びると，急激な温度変化によって血圧や脈拍などに変動が起こり，からだに大きな影響が出る（ヒートショックが起こる）危険性があるため，適切ではない。

4＝○ 自分で洗える部分は利用者自身に洗ってもらい，陰部を洗うときは背部に立って見守るなど，介護福祉職は，利用者の自尊心や羞恥心に配慮することが求められる。また，プライバシーの保護にも努めなければならない。

5＝× からだに水分が残っていると，蒸発するときに体温がうばわれ，皮膚も乾燥する。そのため，シャワー浴後は，湯冷めしないようにすぐにバスタオルでからだを拭くようにする。

解答—4

左片麻痺のある利用者が，浴槽内から一部介助で立ち上がる方法

問題 49 左片麻痺のある利用者が，浴槽内から一部介助で立ち上がる方法として，**最も適切なものを 1 つ選びなさい。**

1 利用者の左膝を立てて，左の踵を臀部に引き寄せてもらう。
2 浴槽の底面に両手を置いてもらう。
3 右手で手すりをつかんで前傾姿勢をとり，臀部を浮かしてもらう。
4 利用者の両腋窩に手を入れて支える。
5 素早く立ち上がるように促す。

浴槽内は滑りやすく転倒の危険性を伴うことを背景として，左片麻痺のある利用者が浴槽内から安全に立ち上がる方法について問う問題である。浴槽への出入りの際にはバランスを崩しやすく，転倒や溺水の可能性があるため，入浴介助について，一連の流れを理解しておきたい。

片麻痺のある利用者が，浴槽内から一部介助で立ち上がる方法としては，以下のようなポイントがある。

・浴槽の縁や手すりをつかんでもらう。
・健側の上下肢を活用し，前傾姿勢で健側の膝を伸ばしながら，臀部を浴槽の壁面に沿って浮かしてもらう。
・介助者は利用者の腰を支える。
・起立性低血圧を起こさないように，ゆっくり立ち上がってもらう。

1 =☒ 健側（右側）の下肢を活用し，健側の膝を伸ばしながら立ち上がるためには，利用者の右膝を立てて，右の踵を臀部に引き寄せてもらう。

2 =☒ 浴槽の底面に両手を置いてもらうのではなく，浴槽の縁や手すりをつかんでもらう。

3 =◯ 健側の右手で手すりをつかんで前傾姿勢をとり，臀部を浮かしてもらうことは適切である。

4 =☒ 介助者は利用者の腰を支える。

5 =☒ ゆっくり立ち上がるように促す。

解答― 3

入浴関連用具

問題　50　入浴関連用具の使用方法に関する次の記述のうち，**最も適切なもの**を 1 つ選びなさい。

1　シャワー用車いすは，段差に注意して移動する。
2　入浴の移乗台は，浴槽よりも高く設定する。
3　浴槽設置式リフトは，臥位の状態で使用する。
4　入浴用介助ベルトは，利用者の胸部に装着する。
5　ストレッチャーで機械浴槽に入るときは，ストレッチャーのベルトを外す。

Point　**入浴関連用具の適切な使用方法を問う問題である。福祉用具に関しては，用具の名称や形状，用途を正しく理解し，使用する利用者の状態や使用する場面，使用時の利用者への配慮などを押さえておきたい。**

1 =◯　シャワー用車いすは，キャスターや車輪が付いていて可動式のものであり，主に居室や脱衣場から洗い場への移動や，シャワー浴を行うために使用される。利用者が前方に傾いて転倒・転落をしないよう，後輪が段差を乗り越えるときに後方を持ち上げない，段差の大きなところは後ろ向きで走行するなどの注意が必要である。

2 =✕　入浴の移乗台は，浴槽の縁から浴槽内への高低差を少なくして出入りしやすくするものである。そのため，浴槽と同じ高さに設定する必要がある。

3 =✕　浴槽設置式リフトは，座位の状態で使用するものであり，臥位の状態では使用しないため，適切ではない。

4 =✕　入浴用介助ベルトは，利用者の腰部に装着して立ち上がりの介助を補うものである。胸部への装着では，腰部への装着よりも圧迫感や不快感を伴い，立ち上がりの際に上半身を持ち上げる形となり，安楽な動作支援にもならない。したがって，適切ではない。

5 =✕　ストレッチャーで機械浴槽に入るときには，利用者の安全を最優先とし，転落や溺水の事故から利用者を確実に守るため，ベルトを外してはならない。

●シャワー用車いす

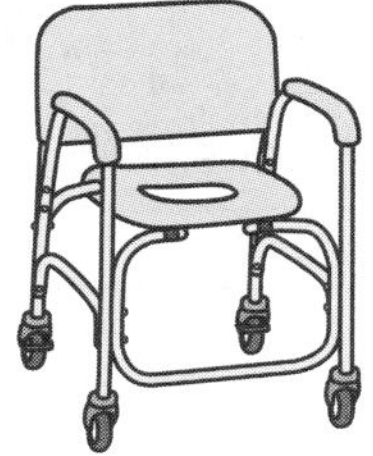

●入浴の移乗台

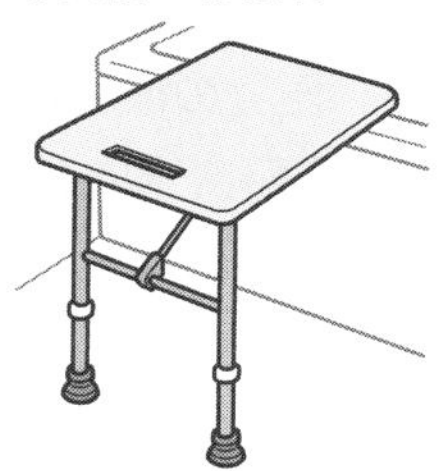

●入浴用介助ベルト

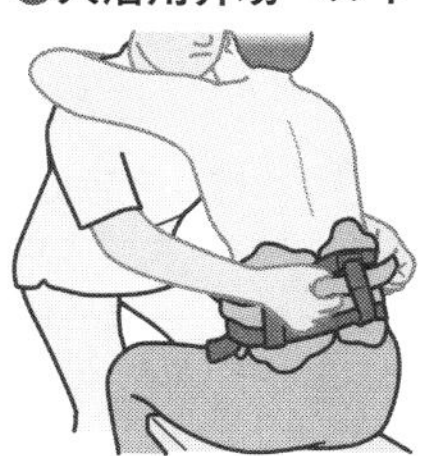

解答— 1

便秘

問題　51　便秘の傾向がある高齢者に自然排便を促すための介護として，**最も適切なものを1つ選びなさい。**

1　朝食を抜くように勧める。
2　油を控えるように勧める。
3　散歩をするように勧める。
4　腰部を冷やすように勧める。
5　就寝前にトイレに座るように勧める。

Point

便秘の傾向がある高齢者に，自然排便を促すための介護福祉職の適切な助言を問う問題である。便秘とは本来体外に排出すべき糞便を，十分な量とともに快適に排出することができなくなることである。高齢者の便秘の要因としては，食事量や内容の偏り，水分摂取量の低下，運動不足，排泄習慣の乱れ，ストレスなどによる心理的な影響，疾患や服薬の影響などがあげられる。症状と日常的な食事や運動，生活習慣などを連動させた助言や見守りへの理解が必要である。

1＝☒　一般的に，起床時には腸管がよく動いて便が出やすい状況となっており，**朝食を摂ることで大腸の蠕動運動がさらに活発に行われ，排便を促進する**ことができる。したがって，便秘傾向がある高齢者に朝食を抜くように勧めることは適切ではない。

2＝☒　油は腸内の潤滑油としてはたらく作用があり，**たまった便を滑り出させる**効果もある。過度に摂取する必要はないが，油を控えるように勧めることは適切ではない。

3＝◯　適度な全身運動は，腸のはたらきを活発にさせる効果がある。特に高齢者の場合，**散歩や体操などの軽い運動でも自然排便を促す**効果が期待できるため，散歩を勧めることは適切である。

4＝☒　腰部や腹部を冷やすと腸も冷えるため，腸のはたらきが鈍くなることや免疫力の低下にもつながるため，適切ではない。腸を適切にはたらかせ便秘を起こさないようにするには，**腰部を温める**ことを考えなければならない。

5＝☒　食事の直後は便意を催しやすいタイミングであるが，就寝前ではトイレに座っても自然排便を促すことにはならない。便秘の改善には，食事と睡眠の時間を規則正しく設定し，腸のはたらきが最も活発となる**朝食後**にトイレに座るように勧めることが望ましい。

解答―3

機能性尿失禁

問題 52 認知機能の低下による機能性尿失禁で，夜間，トイレではない場所で排尿してしまう利用者への対応として，**最も適切なものを 1 つ**選びなさい。

1 日中，足上げ運動をする。
2 ズボンのゴムひもを緩いものに変える。
3 膀胱訓練を行う。
4 排泄してしまう場所に入れないようにする。
5 トイレの照明をつけて，ドアを開けておく。

Point **認知機能の低下による機能性尿失禁に関する知識と適切な対応を問う問題である。尿失禁については，主要な尿失禁の種類の知識を問う問題や，1 つの尿失禁の特徴を掘り下げた問題，事例から尿失禁の種類を導き出す問題などが想定される。種類や症状，対応方法を整理して理解することが必要である。**

1 =☒ 足上げ運動は，腹圧性尿失禁や切迫性尿失禁を改善する下肢筋力の強化，骨盤底筋訓練などにつながることは期待できるが，機能性尿失禁の対応としては，適切ではない。

2 =☒ ズボンのゴムひもを緩いものに変えることは，ズボンの上げ下げがしやすくなり，切迫時に排泄の動作を早めることになるため，切迫性尿失禁には効果的であるが，機能性尿失禁の対応としては，適切ではない。

3 =☒ 膀胱訓練は，尿意を我慢することで一定期間をかけて膀胱内の尿量を増やしながら排尿間隔を長くしていく訓練である。切迫性尿失禁や頻尿，過活動膀胱の改善には効果が期待されるが，機能性尿失禁の対応としては，適切ではない。

4 =☒ 認知機能が低下しているため，排泄してしまう場所に入れないようにしても，ほかのトイレ以外の場所で排泄してしまうことが想定されるため，適切な対応とはいえない。

5 =◯ 夜間，トイレの照明をつけてドアを開けておくことは，視認性が高くなる効果があり，トイレの場所が明確にわかるため，夜間，トイレではない場所で排尿してしまう利用者への対応として，適切である。

●尿失禁の種類と状態

腹圧性尿失禁	咳，くしゃみ，持ち上げ動作などの腹圧にて，尿が漏れてしまう
切迫性尿失禁	急に我慢できない尿意が起こり，トイレに間に合わずに漏らしてしまう
溢流性尿失禁	尿をうまく排出できず，膀胱内に尿がたまって漏れ出してしまう
機能性尿失禁	認知機能低下や運動機能低下によって排尿動作が適切に行われず漏れてしまう
反射性尿失禁	脊髄疾患などから排尿コントロールができず，反射的に漏れてしまう

解答—5

汚れた衣類をタンスに隠してしまう認知症の利用者への対応

問題 53　次の記述のうち，排泄物で汚れた衣類をタンスに隠してしまう認知症（dementia）の利用者への対応として，**最も適切なものを1つ**選びなさい。

1　タンスの中に汚れた衣類を入れられる場所を確保する。
2　「汚れた衣類は入れないように」とタンスに貼紙をする。
3　トイレに行くときには，同行して近くで監視する。
4　つなぎ服を勧める。
5　隠すところを見たら，毎回注意する。

この問題では，認知症の利用者の「排泄物で汚れた衣類」をタンスに隠すという認知症の行動・心理症状（BPSD）への対応について問われている。認知症の中核症状とBPSDおよびその対応方法について知識を整理しておこう。

1 =○　汚れた衣類をタンスに入れる行為は，認知症の利用者にとっては，自分の失敗を取り繕うための行動といえる。タンスの中に汚れた衣類を入れられる場所を確保し，後で気づかれないように処理をすることは，利用者の自尊心や羞恥心に配慮した対応であり，適切である。

2 =×　認知症の利用者が「汚れた衣類は入れないように」という貼紙を見たとしても，その意味が理解できるとは限らない。また，仮に理解できても，「○○してはいけない」というような指示・命令調の表現は，利用者の気持ちを苛立て，ストレスを与えてしまうおそれがあるため，適切ではない。

3 =×　排泄は，人間の尊厳にかかわるプライベートな部分である。トイレに同行して近くで監視するという対応は，プライバシーや自尊心への配慮がされた対応ではないため，適切ではない。

4 =×　つなぎ服は，上衣・下衣がつながっており自分で着脱ができない衣類である。かつては利用者が自分で適切でないときに服を脱いだり，おむつを外したり，排泄物や陰部に触れ不潔な行為がみられる場合に使用されていたが，現在は「脱衣やおむつはずしを制限するために，介護衣（つなぎ服）を着せる」ことは身体拘束に該当するため，適切ではない。

5 =×　BPSDの症状が出現している認知症の利用者への対応で，「注意する」「叱る」という本人を否定する言動をしてはいけない。排泄パターンを把握し，タイミングよくトイレへ誘導して，排泄の失敗を防ぐ対応が必要である。失敗がなければ，「隠す」必要はなくなり，本人の自尊心も維持できる。

解答—1

衣類用漂白剤

問題 54 次亜塩素酸ナトリウムを主成分とする衣類用漂白剤に関する次の記述のうち，**最も適切なもの**を１つ選びなさい。

1 全ての白物の漂白に使用できる。
2 色柄物の漂白に適している。
3 熱湯で薄めて用いる。
4 手指の消毒に適している。
5 衣類の除菌効果がある。

この問題では，感染症対策として使用される消毒薬の「次亜塩素酸ナトリウム」を主成分とした衣類用漂白剤（塩素系漂白剤）の効能，使用上の注意について問われている。漂白剤には，ほかに酸素系漂白剤や還元漂白剤があることや，それぞれの特徴を覚えておくことが，正答を導くポイントとなる。

解説

「次亜塩素酸ナトリウム」を主成分とした衣類用漂白剤は塩素系漂白剤とも呼ばれ，衣類の漂白だけでなく，台所・トイレ等の除菌や掃除用として使われていることが多い。施設では，嘔吐物の処理などウイルス等の感染症対策の消毒薬として使用される。酸性洗剤と混ぜると有毒な塩素ガスを発生するため，使用時には注意する。

1＝× 次亜塩素酸ナトリウムは，一般的に白物の漂白剤として使用されるが，綿，麻，ポリエステル，アクリル等に限られる。塩素によって繊維を痛めてしまうので，ウールやカシミヤのような天然素材の白物の漂白には使用できない。

2＝× 色柄物の漂白に次亜塩素酸ナトリウムを主成分とする衣類用漂白剤を使用すると，塩素の作用により脱色し，柄が消失することになる。色柄物の漂白については，酸素系の漂白剤を使用する。

3＝× 次亜塩素酸ナトリウムは，直射日光や高温，空気にさらされることによって分解する性質をもっている。希釈する際に「熱湯」を使用すると，次亜塩素酸ナトリウムが分解されて漂白・殺菌効果がなくなってしまうので，希釈する際は，常温の水を使用する。

4＝× 次亜塩素酸ナトリウムは強アルカリ性で酸化作用があり，皮膚が損傷されるので，素手で触れてはいけない。使用にあたっては手袋を着用し，手についた場合は，直ちに大量の水で洗い流すことが必要である。手指の消毒には，一般的に消毒用アルコール，塩化ベンザルコニウムを使用する。

5＝○ 次亜塩素酸ナトリウムを主成分とする衣類用漂白剤は，除菌効果だけでなく，衣類を漬け置きすることで消毒効果も期待できる。ノロウイルス（Norovirus）などの感染対策では，衣類だけでなく，新聞紙を浸して嘔吐物の処理への使用，床，テーブル等を消毒する際にも有効である。

解答―5

手縫いの方法

問題 55 次の記述のうち，ズボンの裾上げの縫い目が表から目立たない手縫いの方法として，**最も適切なものを1つ**選びなさい。

1 なみ縫い
2 半返し縫い
3 本返し縫い
4 コの字縫い（コの字とじ）
5 まつり縫い

この問題では，手縫いによるズボンの裾上げの適切な方法について問われている。ズボンの裾上げは，できるだけ表に縫い目が出ないようにすることがポイントである。手縫いの基本的な方法と特徴について確認しておこう。

●手縫いの縫い目

	表面	裏面
なみ縫い		
半返し縫い		
本返し縫い		
コの字縫い（コの字とじ）		
まつり縫い		

1 =☒ なみ縫いは，布の表と裏を等間隔で縫っていく縫い方である。
2 =☒ 半返し縫いは，ひと針縫うごとに縫い目の半分まで戻ることを繰り返す縫い方である。
3 =☒ 本返し縫いは，ひと針縫ったらひと針戻ることを繰り返す縫い方である。
4 =☒ コの字縫い（コの字とじ）は，2枚の布をつなぎ合わせるときの縫い方である。
5 =◯ まつり縫いは，表から縫い目が見えないように縫い合わせる縫い方である。表面の糸が目立たないため，ズボンの裾上げなどに用いる。

解答―5

ベッドメイキング

問題　56　心地よい睡眠環境を整備するためのベッドメイキングに関する次の記述のうち，**最も適切なものを１つ**選びなさい。

1　シーツを外すときは，汚れた面を外側に丸めながら外す。

2　しわを作らないために，シーツの角を対角線の方向に伸ばして整える。

3　袋状の枕カバーの端を入れ込んで使用するときは，布の折り込み側が上になるように置く。

4　掛け毛布はゆるみを作らずにシーツの足元に押し込む。

5　動かしたベッド上の利用者の物品は，使いやすいように位置を変えておく。

Point

この問題では，快適な睡眠環境を提供するためのベッドメイキングのポイントについて問われている。利用者にとって寝心地がよく，褥瘡予防の観点からも，しわを作らないベッドメイキングの方法について理解しておこう。

1＝☒　シーツを外すときに汚れた面を外側にして丸めていくと，シーツに付着している落屑や埃等が飛び散り，居室に汚染を広げることになる。シーツを外すときは，できるだけ周囲に埃が飛び散らないように，シーツの汚れた面を内側に丸めて外していき，汚染を広げないようにすることが必要である。

2＝◎　シーツのしわや型崩れを作らないためには，シーツの角を対角線上に伸ばして整えるとよい。

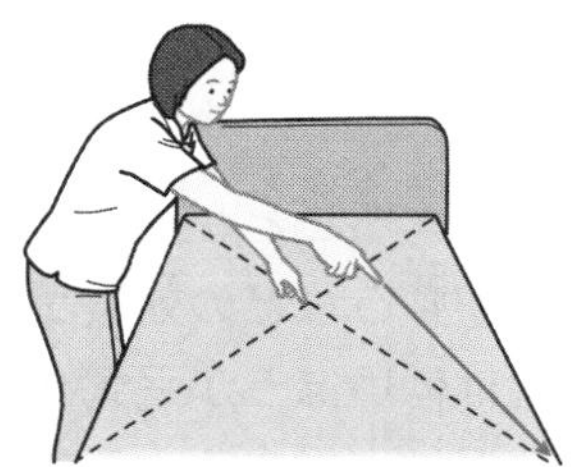

3＝☒　袋状の枕カバーの端を入れ込んで使用するときに布の折り込み側が上にきていると，利用者の頭や顔に触れ不快感を与えることになる。布の折り込み側を下にすることで，頭側の枕カバーの面は均等になり，利用者に不快感を与えることはない。

4＝☒　掛け毛布にゆるみがないと足先が圧迫され，寝たきりの利用者には尖足を誘発する原因となり，自力で臥床できる利用者は下肢をスムーズに伸ばしにくい。利用者の身長を考慮する必要はあるが，足元から上向きに10cm弱のダーツをとり，ゆるみを作るとよい。

5＝☒　ベッド上には利用者本人にとって使いやすいように物が置かれている。介護者の考えで置き方を変えたりせず，ベッドメイキングの開始前にどこに何が置かれているか確認して，終了後は同じ位置に戻すようにする。

解答—2

良質な睡眠をとるための生活習慣

問題 57 夜勤のある施設職員が良質な睡眠をとるための生活習慣に関する次の記述のうち，**最も適切なもの**を１つ選びなさい。

1 夜勤に入る前には仮眠をとらない。
2 寝る前にスマートフォンでメールをチェックする。
3 朝食と夕食の開始時間を日によって変える。
4 夜勤後の帰宅時にはサングラス（sunglasses）をかけるなど，日光を避けるようにする。
5 休日に寝だめをする。

施設職員の健康管理について問う問題である。夜勤のある施設職員は昼夜逆転の生活リズムになることから，質のよい睡眠をとるための生活習慣や睡眠のしくみを理解しておく必要がある。

1 =× 仮眠は，短時間の睡眠をとることである。光や音を遮断し静かな環境でリラックスすることで，身体を休めることが可能となる。夜間勤務の作業能率を上げ，勤務後の疲労の回復を早めることにもつながるため，適度に仮眠をとることは有効である。

2 =× スマートフォンの画面の明るさは，睡眠に悪影響を及ぼす。睡眠には，メラトニン（melatonin）というホルモン（hormone）がかかわっており，メラトニンは光を浴びることによって，脳内での分泌が抑制される。夜間，部屋を暗くすることで分泌が促進されて眠る態勢に導くものであるが，スマートフォンの画面の明るさは，メラトニンの分泌を弱め覚醒を促す要因となるため，寝る前にスマートフォンでメールをチェックすることは，適切ではない。

3 =× 食事はある程度決まった時間にすることが望ましい。規則正しい食生活は，健康の維持増進，生活リズムや腸内環境が整うなどの効果がある。睡眠に影響を与える要因の１つに深部体温があげられ，体温は低いほうが眠気を催しやすい。食事摂取後は，消化活動が活発になることから深部体温は上昇する。そのため，朝食や夕食の開始時間は可能な範囲で一定にし，睡眠直前の飲食は控えたほうがよい。

4 =○ 夜勤後，日光を避けるためのサングラスの着用は望ましい。睡眠のリズムには日光が大きく関与している。脳の松果体から分泌されるメラトニン（睡眠ホルモン）は，日光を浴びてから 14～16 時間後に分泌され，身体は睡眠に適した状態になる。日光を浴びることはメラトニンの分泌を弱め覚醒を促す要因となるため，サングラスで日光を避けることにより，帰宅後，睡眠しやすい状態に身体を整えておくことができる。

5 =× 休日に寝だめをしても生体リズムの回復にはつながらず，むしろリズムを崩す要因となり好ましくない。休日であっても規則的な生活を心がけ，朝起きたら日光を浴びることがリズムを回復し，体調を整えることになる。

解答― 4

看取りに必要な情報

問題 58 Bさん（102 歳，女性）は，介護老人福祉施設に入所している。高齢による身体機能の衰えがあり，機能低下の状態が長く続いていた。1 週間前から経口摂取が困難になった。1 日の大半は目を閉じ，臥床状態が続いている。医師から，「老衰により死期が近い」と診断され，家族は施設で看取りたいと希望している。

死が極めて近い状態にあるBさんの看取りに必要な情報として，**最も適切なものを 1 つ選びなさい。**

1 体重の減少
2 夜間の睡眠時間
3 延命治療の意思
4 嚥下可能な食形態
5 呼吸の状態

死にゆく人の身体機能の変化について問う問題である。死が極めて近い状態にあるBさんの看取りに必要な情報を得るためには，看取り介護に関する基本的な考え方を理解しておく必要がある。

1 =☒ 体重の減少は，衰弱傾向の現れを知るのに必要な情報である。高齢による身体機能の衰えがあり，機能低下の状態が長く続いていると，食事をしても栄養が十分に吸収されず体重の減少がみられたりするが，筋肉や臓器の萎縮による老衰の前兆といえる。死が極めて近い状態にあるBさんの看取りに必要な情報とはいえない。

2 =☒ 一般的に，高齢者の夜間の睡眠時間は減少するが，1 日の大半は目を閉じ，臥床状態が続いているBさんは，老衰の進行により脳機能が低下し意識を保つことが難しく，昼夜問わず眠っている状態といえる。夜間の睡眠時間は必要な情報ではない。

3 =☒ 医師からは，「老衰により死期が近い」と診断され，家族は施設での看取り介護の意思を示しているため，最期まで施設において継続した支援を行うことが基本となる。延命治療とは，心臓マッサージや人工呼吸，食事を経口摂取できなくなった場合の経管栄養や急変時の救急搬送などを指し，Bさんの家族の意思に反している。

4 =☒ 嚥下可能な食形態は，衰弱傾向の出現がみられはじめた頃に必要な情報である。1 週間前から経口摂取が困難になっているBさんにとっては，すでにその時期は過ぎた状態であるといえる。

5 =◯ 死が極めて近い状態になると，死前喘鳴が出現したり，呼吸の間隔が不規則となり，深さも乱れてくる。死の直前では，チェーンストークス呼吸・肩呼吸・下顎呼吸がみられるため，呼吸の状態はBさんの看取りに必要な情報である。

解答— 5

終末期の家族支援

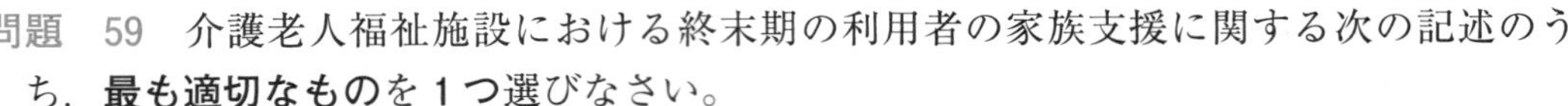

問題　59　介護老人福祉施設における終末期の利用者の家族支援に関する次の記述のうち，**最も適切なもの**を**1つ**選びなさい。

1　緊急連絡先を1つにすることを提案する。
2　面会を控えるように伝える。
3　死に至る過程で生じる身体的変化を説明する。
4　死後の衣服は浴衣がよいと提案する。
5　亡くなる瞬間に立ち会うことが一番重要だと伝える。

施設で終末期を迎える利用者の家族に対する支援について問う問題である。終末期は利用者の身体機能の低下に伴い，さまざまな状態の変化が現れる時期である。家族は不安や迷いを抱えることもあり，揺れ動く心情に寄り添い援助することが必要になる。終末期に想定される利用者の経過や状態について理解しておく必要がある。

1＝☒　緊急連絡先は確実に連絡がとれることが望ましく，2つ～3つ確認しておくことが望ましい。また，日中だけでなく夜間の連絡先についても把握しておく必要がある。

2＝☒　終末期の面会については，家族・親戚・知人に連絡をして会ってもらうように伝える。このとき，施設の面会時間などの制限については，柔軟な対応が望まれる。利用者と家族が落ち着いて過ごすことのできる個室や環境を整えるようにする。

3＝◉　死に至る過程で生じる身体的変化はあらかじめ伝えておくことが望ましい。血圧の低下や呼吸状態の変化，尿量の減少や皮膚の色の変化などが起こり，家族の動揺や不安な気持ちへとつながる。利用者の状態は今後どう変化し，なぜそのような変化が起こるのか，正しい情報をわかりやすく，家族が受け入れやすいよう丁寧な説明を心がけることが重要である。

4＝☒　死後の衣服は浴衣がよいとは限らない。利用者が生前選んでいた衣服や，家族が最期に着てもらいたいと望んだ衣服など，利用者自身や家族に選択してもらうことが望ましい。最期はその人らしい装いで美しく整えることが，本人の尊厳を守り家族の満足にもつながる援助である。

5＝☒　立ち会いを望む時期は，亡くなる瞬間に立ち会いたいと早めの連絡を希望する場合，夜中でも関係なく連絡を希望する場合，息を引き取ってからでよい場合など，家族によってさまざまである。利用者と家族が穏やかにお別れできることが大切であり，家族の意向を尊重できるよう事前に確認しておくことが望ましい。

解答―3

死亡後の介護

問題 60 死亡後の介護に関する次の記述のうち，**最も適切なもの**を１つ選びなさい。

1 死後硬直がみられてから実施する。
2 生前と同じように利用者に声をかけながら介護を行う。
3 義歯を外す。
4 髭剃り後はクリーム塗布を控える。
5 両手を組むために手首を包帯でしばる。

Point 死後に行われるエンゼルケアについて問う問題である。遺体は時間とともに変化するため，全身の死後変化の現れ方とその特徴を理解しておく必要がある。エンゼルケアは遺体を美しく整えることで故人の尊厳を守り，家族が最期に悔いのないひと時を過ごせるよう援助する機会である。また，看取り後のデスカンファレンス（death conference）や家族へのグリーフケア（grief care）についても過去に問われており，併せて理解しておきたい。

1＝× 死後硬直は筋肉が硬くなる現象であり，通常は死後２～４時間で始まる。関節の硬直は死後の処置に影響を及ぼすことから，医師による死亡診断が行われ，家族との対面をすませた後は，速やかに死後の処置を始めることが望ましい。

2＝○ 死亡が確認された後でも，利用者本人であることに変わりはない。生前と同じように利用者に声をかけながら介護を行うことは大切なことである。利用者が精いっぱい生ききったことをねぎらう言葉かけも大切である。エンゼルケアの前には利用者と家族が静かにお別れできる時間を設けるとともに，家族が望めばエンゼルケアに一緒に参加してもらうようにする。

3＝× 義歯はなるべく早い段階で装着する。死後硬直は顎関節より始まり，口の開きにくさ，義歯の装着のしにくさが考えられることから，エンゼルケアはまず口腔ケアから始める。唾液の分泌がなくなると口腔内は乾燥が進み，細菌の繁殖によりにおいが発生しやすい。口腔内を丁寧にケアした後，義歯を装着するとよい。

4＝× 心臓が止まり全身の循環が停止すると，からだの表面から水分が蒸発するため皮膚の乾燥が目立つようになる。髭剃り後はクリームを塗布し保湿を心がけるとよい。また，保湿してから死化粧をすると，見た目もよく長持ちする。

5＝× 両手を組むために手首を包帯でしばることは避けたほうがよい。包帯で圧迫した場所に跡がついたり，変色するリスクがあるからである。両手をうまく組むことができない場合は，両肘の下にタオルなどを入れて高さをつけることで，手を組みやすくすることができる。あるいは，からだを自然な状態に整えた後，両手を腹部に重ねてもよい。

解答―2

介護過程を展開する意義

問題　61　介護福祉職が介護過程を展開する意義に関する次の記述のうち，**最も適切なものを１つ選びなさい。**

1　チームアプローチ（team approach）による介護を提供することができる。

2　直感的な判断をもとに介護を考えることができる。

3　今までの生活から切り離した介護を提供する。

4　介護福祉職が生活を管理するための介護を考えることができる。

5　介護福祉職が実施したい介護を提供する。

oint

介護過程の展開の意義について問う問題である。介護過程の展開の意義・目的に関する問題は毎年のように出題されている。この問題を解くには，介護福祉職が「なぜ」，介護過程の展開を行う必要があるのかを理解しておく必要がある。

1 =○　チームアプローチとは，介護の提供を各専門職がチームを組んで行うことにより，利用者に質の高い介護の提供を目指すことである。１人の利用者に対して，医師，看護師，理学療法士など複数の専門職がかかわることで，介護過程の目的である利用者が望むよりよい人生を実現することができる。よって，介護過程を展開することによって，チームアプローチによる介護の提供が可能になる。

2 =×　直感的な判断をもとに介護を考えるのではなく，利用者が望むよりよい人生の実現に向けて，根拠に基づき介護を考える必要がある。介護過程を展開することにより，客観的で科学的な根拠に基づいた介護実践が可能になる。

3 =×　今までの生活から切り離した介護を提供するのではなく，利用者が介護を必要とする前の生活歴，生活習慣，生活リズム，価値観などを理解し，これまでの生活をできる限り継続できるような介護を提供することが大切である。

4 =×　介護福祉職が利用者の生活を管理するのではない。生活の主体者は利用者であり，利用者が目指す生活や自己実現に向けた介護を考えることが大切である。

5 =×　介護福祉職が実施したい介護を提供するのではなく，利用者が望む生活に向けた介護を提供する必要がある。その際，利用者自身の能力を十分に活用して，利用者が望む生活を自らの責任で選択できるようにする。

解答―１

情報収集

問題 62 介護過程における情報収集に関する次の記述のうち，**最も適切なものを1つ選びなさい。**

1 利用者の日常生活の困難な部分を中心に収集する。
2 利用者との会話は解釈して記載する。
3 他の専門職が記載した記録は直接的な情報として扱う。
4 利用者の生活に対する思いを大切にしながら収集する。
5 情報収集はモニタリング（monitoring）を実施してから行う。

Point

情報収集の目的，方法などについて問う問題である。情報収集に関する出題は多い。情報収集とは，意図的な観察により利用者の生活全体をとらえることである。また，情報収集を行うときの留意点として，今回問われた内容のほか，「正しく情報を得るために観察力を身につける」「意図的に情報を収集して情報を取捨選択する」「多角的な視点で情報収集する」なども併せて覚えておこう。

解説

1＝☒ 利用者の日常生活の困難な部分を中心に情報収集するのではなく，利用者が「できる部分」にも焦点をあて情報収集する必要がある。情報収集の際，先入観や偏見をもたずに情報収集することが介護福祉職に求められている。

2＝☒ 利用者との会話は解釈して記載するのではなく，そのままを記載する。記録は，介護を提供する際の有効な情報源となり評価のための資料となるため，日々の利用者の心身の様子や生活の様子，介護内容を時系列に正確かつ客観的に記録する必要がある。

3＝☒ 他の専門職が記載した記録については，間接的な情報として扱う。直接的な情報収集とは，介護福祉職自身が利用者と直接的にかかわり合いをもちながら，自分の五感を介した観察により情報を収集する方法である。間接的な情報収集とは，各専門職などが書いた記録やチームメンバー，他職種，家族などからの提供によって情報を収集することである。

4＝◯ 情報収集は，利用者の望む生活を実現するために行う介護過程のプロセスの1つである。その目的を果たすためには，利用者の生活に対する思いを大切にしながら情報収集することが必要である。

5＝☒ 情報収集はモニタリングより前のアセスメント（assessment）の段階で行う。また，モニタリングは，介護を実施した後に行う。モニタリングとは，日々の支援が計画どおりに実施できているか，支援方法は適切であるか，支援を重ねた後，立案した介護目標がどれくらい達成できているかなどの成果を判定することである。

解答― 4

生活課題

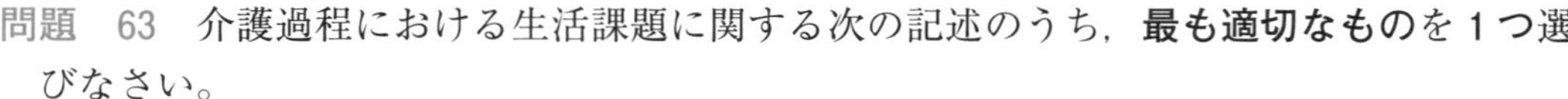

問題 63 介護過程における生活課題に関する次の記述のうち，**最も適切なもの**を１つ選びなさい。

1 効率的な支援を提供するために解決するべきこと。
2 利用者が家族の望む生活を送るために解決するべきこと。
3 介護福祉職が実践困難な課題のこと。
4 利用者の生活を改善するために思いついたこと。
5 利用者が望む生活を実現するために解決するべきこと。

介護過程における生活課題について問う問題である。アセスメント（assessment）により利用者の生活上の課題を明らかにすることは，その課題に沿って介護目標を設定するという介護過程の展開における重要な段階であり，生活課題の意味もしっかりと理解しておく必要がある。

生活課題とは，利用者が望む生活を送るために，生活全般における解決すべき課題のことである。アセスメントを行って明らかにしていくものであり，その主体は介護者ではなく利用者であることに注意する。また，適切な支援を行うことで解決が可能なものである点もポイントとなる。

生活課題が複数ある場合の優先順位は，緊急性の高いものから決定する。その基準としては，①生命の安全，②生活の安定，③人生の豊かさといった視点が参考となる。こちらも試験によく出題される内容であることから，併せて覚えておきたい。

したがって，**1**＝×，**2**＝×，**3**＝×，**4**＝×，**5**＝◎となる。

●アセスメントの基本的な視点

①生命の安全：健康状態が悪化するような点はないか
②生活の安定：日常生活の自立，継続ができていない点はないか
③人生の豊かさ：その人らしく生活できていない点はないか

出典：介護福祉士養成講座編集委員会編『新・介護福祉士養成講座９ 介護過程 第３版』中央法規出版，2015年，p. 22を一部改変

解答―5

目標の設定

問題　64　介護過程における目標の設定に関する次の記述のうち，**適切なものを 1 つ**選びなさい。

1　長期目標の期間は，1 か月程度に設定する。
2　長期目標は，短期目標ごとに設定する。
3　短期目標は，生活全般の課題が解決した状態を表現する。
4　短期目標は，抽象的な内容で表現する。
5　短期目標は，長期目標の達成につながるように設定する。

介護計画における長期目標・短期目標について問う問題である。目標の設定に関する出題は多い。正答を導くためには，長期目標と短期目標の違いを理解している必要がある。

長期目標・短期目標については，以下のとおりである。

●長期目標

アセスメント（assessment）によって明確になった生活全般の課題が解決した状態を，長期目標として設定する。長期目標の設定期間は，一般的に，6～12か月とする。なお，個々の利用者の状況に合わせて設定するので，期間を 6 か月より短くすることもある。

●短期目標

長期目標の達成につながるように，長期目標ごとに段階的に取り組める短期目標を 1 つまたは複数設定する。短期目標の設定期間は，目標が適切であったか，達成できたのか等のモニタリング（monitoring）や修正がしやすいよう数週間～数か月とする。

目標の表現は，誰もが理解できる具体的な表現（結果を示した表現，具体的な数字など）にする。その理由として，次の 2 つがあげられる。
①利用者を含めたチームで目標を共有するのに有効である。
②目標は，評価基準にもなるので，客観的な評価を行うためにも，具体的な表現を用いることは重要である。

したがって，**1** =☒，**2** =☒，**3** =☒，**4** =☒，**5** =○となる。

解答―5

介護計画

問題 65 介護計画における介護内容に関する次の記述のうち，**最も適切なものを1つ選びなさい。**

1 利用者の能力よりも介護の効率を重視して決める。

2 業務の都合に応じて介護できるように，時間の設定は省略する。

3 介護するときの注意点についても記載する。

4 利用者の意思よりも介護福祉職の考えを優先して決める。

5 介護福祉職だけが理解できる表現にする。

Point 介護過程の展開における計画について問う問題である。アセスメント（assessment）の結果をもとに設定した目標を達成するために有効な計画を作成する段階を指す。援助の主体は利用者であることを理解することで，この問題の正答を判断できる。また，利用者本人や家族の希望を踏まえてADL（Activities of Daily Living：日常生活動作）だけでなく生活の質（QOL）も含めて考え，より個別的で具体的な計画を立案する必要があることも理解しておかなければならない。

専門職が支援を行う前提として自立支援があり，そこでは利用者の残存能力の活用やエンパワメント（empowerment）が重要となる。また，介護過程の展開において援助の主体は利用者であり，利用者の状況に合わせて支援が提供される必要がある。そのため，介護内容において，介護の効率や業務の都合，介護福祉職の考えを重視・優先して決めることは適切ではない。

そして，介護過程の展開においては多職種連携によりさまざまな専門職が介入するため，介護内容は誰が見ても同じ内容が提供できるよう，具体的に記載することが必要であり，さらに注意点などがあればそれも具体的に記載することが必要である。

したがって，**1**＝×，**2**＝×，**3**＝○，**4**＝×，**5**＝×となる。

解答― 3

アセスメント

問題　66　Cさん（84歳，女性，要介護3）は，2か月前に自宅で倒れた。脳出血（cerebral hemorrhage）と診断され，後遺症で左片麻痺になった。Cさんは自宅での生活を希望している。長男からは，「トイレが自分でできるようになってから自宅に戻ってほしい」との要望があった。そのため，病院から，リハビリテーションを目的に介護老人保健施設に入所した。

入所時，Cさんは，「孫と一緒に過ごしたいから，リハビリテーションを頑張りたい」と笑顔で話した。Cさんは，自力での歩行は困難だが，施設内では健側を使って車いすで移動することができる。また，手すりにつかまれば自分で立ち上がれるが，上半身が後ろに傾くため，移乗には介護が必要な状態である。

入所時に介護福祉職が行うアセスメント（assessment）に関する次の記述のうち，**最も優先すべきもの**を1つ選びなさい。

1　自力で歩行ができるのかを確認する。
2　排泄に関連した動作について確認する。
3　孫と面会する頻度について希望を聞く。
4　リクライニング車いすの活用について尋ねる。
5　住宅改修に必要な資金があるのかを確認する。

oint

この問題では，事例の状況から，最も優先すべきアセスメント項目を導き出すことが求められている。事例からCさんの希望や長男の要望，現在の状況を適切に読み取る必要がある。

解説

Cさんは自宅での生活を希望しており，「孫と一緒に過ごしたい」と発言している。また長男から「トイレが自分でできるようになってから自宅に戻ってほしい」という要望があり，介護老人保健施設に入所した。この状況から，Cさんの希望は「自宅に戻って孫と一緒に過ごすこと」であり，優先度の高い課題は「排泄に関する動作を自立させること」であると読み取れる。

1＝☒　事例から「自立で歩行できること」がCさんのニーズであることは読み取れない。

2＝◯　排泄に関する動作を自立させることは，在宅復帰というCさんの現在の希望をかなえるために最も重要である。そのため，排泄に関連した動作について確認し，在宅復帰のための筋道を検討することが，最も優先すべきことであるといえる。

3＝☒　「孫と一緒に過ごしたいから，リハビリテーションを頑張りたい」という発言は，施設入所の経緯から，在宅復帰を見据えたものであると考えられる。施設で孫と面会する頻度について希望を聞くことは，最も優先すべきアセスメント項目であるとはいえない。

4＝☒　Cさんは健側を使い，車いすで移動することができている。車いすについて問題があることは読み取れない。

5＝☒　事例から，今すぐに住宅改修の必要性があることは読み取れない。

解答―2

事例問題

次の事例を読んで，**問題 67**，**問題 68** について答えなさい。

〔事　例〕

D さん（73 歳，女性，要介護 2）は，認知症対応型共同生活介護（認知症高齢者グループホーム）に入居した。

入居後，本人の同意のもとに短期目標を，「食事の準備に参加する」と設定し，順調に経過していた。ある日，D さんが夕食の準備に来なかった。翌日，担当する介護福祉職が居室を訪ねて理由を聞くと，「盛り付けの見た目が・・・」と小声で言った。

当日の D さんの記録を見ると，「お茶を配ると席に座ったが，すぐに立ち上がり，料理を皿に盛り付ける E さんの手元を見ていた」「配膳された料理を見て，ため息をついた」とあった。その後，食事の準備には参加していないが，早く来て様子を見ている。また，食事中は談笑し，食事も完食している。

以上のことから再アセスメントを行うことになった。

事例の情報を整理する

●D さんの情報

人物設定	73歳，女性，要介護 2
心身の状況（疾患や障害）	・認知症
サービスの利用状況	・認知症対応型共同生活介護（認知症高齢者グループホーム）に入居している
生活の状況	・入居後，短期目標を「食事の準備に参加する」と設定し，順調に経過していた ・ある日を境に食事の準備には参加しなくなったが，早く来て様子を見ている ・食事中は談笑し，食事も完食している
D さんの発言，思い	・食事の準備に参加しなかった当日，お茶を配ると席に座ったが，すぐに立ち上がり，料理を皿に盛り付ける E さんの手元を見ていた。そして，配膳された料理を見て，ため息をついた ・介護福祉職が食事の準備に参加しなかった理由を聞くと，「盛り付けの見た目が・・・」と小声で言った

再アセスメント

問題 67 Dさんの再アセスメントに関する次の記述のうち，**最も適切なもの**を1つ選びなさい。

1 お茶を配る能力について分析する。
2 ため息の意味を料理の味が悪いと解釈する。
3 早く来て様子を見ている理由を分析する。
4 安心して食事ができているかを分析する。
5 Eさんに料理の盛り付けを学びたいと解釈する。

Point

アセスメント（assessment）における情報の分析・解釈について問う問題である。アセスメントには「情報の収集」「情報の分析・解釈・統合化」「生活課題の明確化」のプロセスがある。介護過程の実践的展開では，生活課題をもとに目標を設定し介護計画を立案する。そのため，生活課題が適切でないと，誤った支援へと向かってしまうことも考えられる。生活課題を導き出すために，利用者の行動や発言について，専門的知識を活用して情報を理解し，現在の状況に至っている理由を分析・解釈していく必要がある。

1＝× 記録には「お茶を配ると席に座った」とあるため，お茶を配る能力には問題がないと考えられる。

2＝× Dさんがため息をついたのは，食事後ではなく，配膳された料理を見たときである。その情報だけでため息の意味を料理の味が悪いと解釈するのは適切ではない。

3＝◯ 食事の準備に参加しないにもかかわらず，早く来て様子を見るという行為には，Dさんの食事の準備に対する気持ちが反映されていると考えられる。そのため，早く来て様子を見ている理由を分析することは，生活課題を明確化するうえで重要である。

4＝× 事例文に，Dさんは，「食事中は談笑し，食事も完食している」と記載があることから，安心して食事ができているかを分析することは適切ではない。

5＝× 事例文に，「料理を皿に盛り付けるEさんの手元を見ていた」「配膳された料理を見て，ため息をついた」という記載がある。また，事例文には，翌日，夕食の準備に来なかった理由を聞くと，「『盛り付けの見た目が・・・』と小声で言った」という記載もある。これらのことから，Dさんは Eさんの盛り付けの見た目に不満を持っており，夕食の準備に来なかったと解釈することができる。したがって，Eさんに料理の盛り付けを学びたいと解釈することは適切ではない。

解答—3

カンファレンス

問題 68 カンファレンス（conference）が開かれ，Dさんの支援について検討することになった。Dさんを担当する介護福祉職が提案する内容として，**最も優先すべきもの**を1つ選びなさい。

1 食器の満足度を調べること。
2 昼食時だけでも計画を継続すること。
3 居室での食事に変更すること。
4 食事の準備の役割を見直すこと。
5 食事以外の短期目標を設定すること。

介護計画の修正を問う問題である。利用者の状態に変化がみられた場合，再アセスメントを行い，介護計画の修正をする。その際，担当者は主観的情報（利用者の発言等）や客観的情報（観察，記録等）を分析・解釈し，チームで支援の方向性を決定する。正答を導くためには，短期目標が達成していない原因を探り，計画の修正を検討するというプロセスを理解している必要がある。

解説

1＝☒ 事例文には，Dさんが食器について発言している記述はない。事例文から読み取れるのは，夕食の盛り付けに関するDさんの不満である。したがって，食器の満足度を調べることは，優先すべきものではない。

2＝☒ 事例文には，昼食時に関する情報は記述されていない。事例文からは，夕食時の食事の準備について，Dさんに課題があることが読み取れるため，夕食時の食事の準備について支援を検討する必要がある。したがって，昼食時だけでも計画を継続することを提案することは，優先すべきものではない。

3＝☒ 事例文には，Dさんは「食事中は談笑し，食事も完食している」という記述があり，食堂での食事に課題があるとは読み取れない。居室での食事に変更することで参加の場面が減ってしまうため，居室での食事に変更することは，優先すべきものではない。

4＝◯ 事例文には，夕食の準備の際に，料理を皿に盛り付けるEさんの手元を見ていたり，配膳された料理を見て，ため息をついたという介護福祉職の観察や，「盛り付けの見た目が・・・」というDさんの発言が記述されている。これらのことから，Dさんが食事の準備について課題を抱えていることがわかるため，食事の準備の役割を見直すことは，優先すべきものである。

5＝☒ 事例文からは，「食事の準備に参加する」という現在の短期目標に対して，Dさんに課題があることが読み取れる。そのため，別の短期目標を設定するのではなく，Dさんが抱えている課題を明らかにしたうえで，食事の準備について支援を検討する必要がある。したがって，食事以外の短期目標を設定することは，優先すべきものではない。

解答― 4

ストレンジ・シチュエーション法における愛着行動

問題　69　愛着行動に関する次の記述のうち，ストレンジ・シチュエーション法における安定型の愛着行動として，**適切なものを１つ**選びなさい。

1　養育者がいないと不安な様子になり，再会すると安心して再び遊び始める。
2　養育者がいないと不安な様子になり，再会すると接近して怒りを示す。
3　養育者がいないと不安な様子になり，再会すると関心を示さずに遊んでいる。
4　養育者がいなくても不安な様子にならず，再会すると関心を示さずに遊んでいる。
5　養育者がいなくても不安な様子にならず，再会すると喜んで遊び続ける。

ストレンジ・シチュエーション法における愛着行動の型について問う問題である。子どもの発達において，愛着について問う問題はよく出題される。愛着行動は生後すぐから始まり，乳幼児と養育者との関係のなかで形成され，乳幼児が泣く，接触を求めるなどの欲求に養育者が積極的に応えることで安定した愛着が形成されていく。愛着行動以外にも，愛着の発達過程についても問われることがあるため，併せて押さえておきたい。

解説

ストレンジ・シチュエーション法とは，１歳ごろの乳幼児を対象として，乳幼児と養育者の愛着の個人差を調べた実験方法である。乳幼児が養育者と離れる場面，乳児が知らない人と２人でいる場面，乳幼児が養育者と再会する場面の行動を観察した。

愛着の型として，Ａタイプ：回避型，Ｂタイプ：安定型，Ｃタイプ：抵抗型，Ｄタイプ：無秩序型がある。

1＝○　養育者と離れる場面では泣く，抵抗するなどの不安を示し，再会場面では安心して喜びや気持ちの落ち着きを示すのは，**安定型**である。これは乳幼児と養育者の間に基本的信頼が確立し情緒的な絆があることを示している。安定型の愛着行動が理想とされる。

2＝×　養育者がいないと不安を示すが，再会しても泣く，機嫌が直らないなど怒りや攻撃の言動を示すのは，**抵抗型**である。

3＝×　養育者と離れる場面，再会する場面での態度に一貫性がなく，情緒が不安定になっているのは，**無秩序型**である。

4＝×　養育者がいなくても泣かない，抵抗しないなど不安な様子にならず，再会しても養育者に接近しない，関心を示さないのは，**回避型**である。このタイプは乳幼児と養育者の基本的信頼が確立されていないため，愛着行動を示さない。

5＝×　養育者がいなくても，情緒的な安定が保てるようになるのは３歳ごろで，この実験の対象年齢においては適切ではない。

解答―１

乳幼児期の言語発達

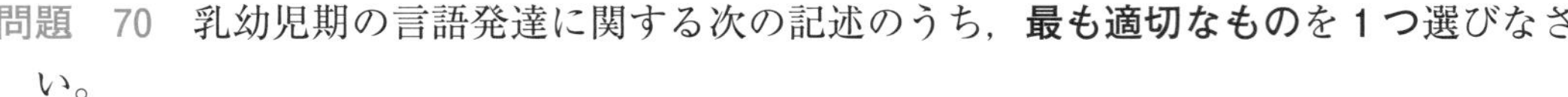

問題　70　乳幼児期の言語発達に関する次の記述のうち，**最も適切なものを1つ**選びなさい。

1　生後6か月ごろに初語を発するようになる。
2　1歳ごろに喃語を発するようになる。
3　1歳半ごろに語彙爆発が起きる。
4　2歳半ごろに一語文を話すようになる。
5　3歳ごろに二語文を話すようになる。

乳幼児の言語発達について問う問題である。言語発達の過程は泣くことから始まり，クーイング，喃語，初語，一語文，二語文へと続く。言語発達以外の乳幼児の発達についてもよく問われている。

乳幼児期の言語発達は以下のような過程をたどる。

●乳幼児期の言語発達

2か月ごろ	・「あー」「くー」といった音を発しはじめる。これをクーイングという。
6か月ごろ	・「ばーばー」「だーだー」といった意味をもたない明確な音声を発しはじめる。これを喃語という。
1歳前後	・「まんま」「まま」「ぶーぶー」といった最初の単語を発しはじめる。これを初語という。 ・1語で「まんま」と言っても，実際には「ごはんが食べたい」といった述語を伴う内容を指す場合がある。これを一語文という。
1歳半ごろ	・初語を発しはじめてから半年ほどかけて，少しずつ発話できる単語が増える。1歳半ごろになって発話できる単語数が約50語に達したあたりから言葉の習得が急激に成長する。これを語彙爆発という。
1歳半～2歳ごろ	・語彙爆発とともに，「わんわん，きた」「まま，すわる」などの2つの単語をつなげた発話が始まる。これを二語文という。
2歳ごろ～	・少しずつ助詞が使えるようになるが，「電車が乗りたい（正しくは，電車に乗りたい）」といった助詞の誤用がみられる。
3歳ごろ～	・助詞の誤用が少なくなっていく。

資料：介護福祉士養成講座編集委員会編『最新 介護福祉士養成講座12 発達と老化の理解 第2版』中央法規出版，2022年，pp. 53-54

したがって，**1**＝☒，**2**＝☒，**3**＝◯，**4**＝☒，**5**＝☒となる。

解答―3

寿命と死因

問題 71　2019年（平成31年，令和元年）における，我が国の寿命と死因に関する次の記述のうち，**正しいものを1つ**選びなさい。

1　健康寿命は，平均寿命よりも長い。
2　人口全体の死因順位では，老衰が悪性新生物より上位である。
3　人口全体の死因で最も多いのは，脳血管障害（cerebrovascular disorder）である。
4　平均寿命は，男女とも75歳未満である。
5　90歳女性の平均余命は，5年以上である。

Point

2019年（平成31年，令和元年）における，我が国の寿命と死因について問う問題である。平均寿命については「簡易生命表」，死因については「人口動態統計」を根拠に出題される。この問題については正答となる選択肢がやや詳細な知識を求められるものであったが，「平均寿命」「最も多い死因」といった基本的な知識に基づいて，消去法により正答を導くことができる問題であった。

1＝☒　0歳児の平均余命のことを平均寿命という。健康寿命とは，自立して健康的に過ごすことのできる期間を示し，平均寿命から病気や入院，介護される期間を差し引いた期間である。したがって，健康寿命は平均寿命より短い。また平均寿命の延びと健康寿命の延びは必ずしも一致しない。病気や入院，介護を受けている期間が長ければ，健康寿命は短くなる。

2＝☒　厚生労働省の「令和元年（2019）人口動態統計（確定数）」では，人口全体の死因順位は，1位が悪性新生物，2位が心疾患（heart disease）（高血圧性を除く），3位が老衰，4位が脳血管疾患（cerebrovascular disease），5位が肺炎（pneumonia）となっている。

（注）　「令和4年（2022）人口動態統計（確定数）」においても，死因順位は同様である。

3＝☒　選択肢**2**の解説にあるように，人口全体の死因で最も多いのは，悪性新生物である。

4＝☒　「令和元年簡易生命表」では，男性の平均寿命は81.41年，女性の平均寿命は87.45年となり，平均寿命は過去最長を更新した。

（注）　「令和4年簡易生命表」では，男性の平均寿命は81.05年，女性の平均寿命は87.09年となっている。

5＝◯　「令和元年簡易生命表」では，90歳女性の平均余命は5.71年である。平均余命とはある年齢から平均して何年生きることができるかという期待生存年数を計算した値のことをいう。

（注）　「令和4年簡易生命表」では，90歳女性の平均余命は，5.47年である。

解答ー5

適応（防衛）機制

問題　72　Aさん（87 歳，女性，要介護 3）は，2 週間前に介護老人福祉施設に入所した。

Aさんにはパーキンソン病（Parkinson disease）があり，入所後に転倒したことがあった。介護職員は頻繁に，「危ないから車いすに座っていてくださいね」と声をかけていた。Aさんは徐々に自分でできることも介護職員に依存し，着替えも手伝ってほしいと訴えるようになった。

Aさんに生じている適応（防衛）機制として，**最も適切なもの**を 1 つ選びなさい。

1　投影
2　退行
3　攻撃
4　抑圧
5　昇華

適応（防衛）機制について問う問題である。適応機制に関する問題は頻出問題である。適応とは日常生活を送る際に，不安や葛藤などの欲求不満を感じることなく生活することで，適応機制とは葛藤などのストレス，欲求不満からこころを守り，安定させるために無意識下ではたらく作用である。適応機制にはさまざまな種類があるが，正答を導くためには，代表的な適応機制について理解しておきたい。

Aさんは入所して間もないことからくる不安と，転倒により自発的行動に制限を受けるようになったことから，自分でできることも介護職員に依存するようになった。これらの内容から，発達段階を逆戻りして，甘えるなどの言動が現れる退行が適応（防衛）機制としてはたらいていると考えられる。それ以外の適応機制に関する選択肢については以下となる。

投影	自分のなかにある不快な感覚や感情を自分から切り離して，他者のなかにそれがあるかのように感じ，非難や指摘をすること。
攻撃	欲求が満たされないとき，物や他者に対して感情をぶつけたり，乱暴をする。時には自傷といった自分自身に攻撃を向けることもある。
抑圧	自分のなかにあって認めたくない苦痛な感情や記憶を意識から排除し，無意識のなかに押し込めようとするはたらき。
昇華	社会的に容認されない欲求や衝動を社会的に価値のあることに置き換えて満たそうとすること。

したがって，**1** ＝×，**2** ＝○，**3** ＝×，**4** ＝×，**5** ＝×となる。

解答— 2

記憶

問題 73　記憶に関する次の記述のうち，**適切なもの**を **1** つ選びなさい。

1　エピソード記憶は，短期記憶に分類される。
2　意味記憶は，言葉の意味などに関する記憶である。
3　手続き記憶は，過去の出来事に関する記憶である。
4　エピソード記憶は，老化に影響されにくい。
5　意味記憶は，老化に影響されやすい。

Point　**記憶の種類とその内容について問われている。記憶は脳内に情報が保持される時間によって，短期記憶と長期記憶に分けられる。そして，長期記憶は記憶された内容によって，さらに陳述記憶と非陳述記憶に分けられる。記憶は老化に伴い著しく変化する機能である。正答を導くためには，記憶の種類と変化の要点を必ず押さえておきたい。**

1 =☒　エピソード記憶は，長期記憶に分類される。エピソード記憶は「いつ，どこで，なにをした」という過去の経験や出来事に関する記憶である。一方，短期記憶は数秒～数十秒程度，限られた容量のことを覚えておく記憶である。

2 =◯　意味記憶は，長期記憶（陳述記憶）に分類される。一般に言葉で説明できる知識や社会的常識に関する記憶であり，例えば，「信号は青が進め，赤が止まれを意味する」というような内容である。

3 =☒　手続き記憶は，自転車の乗り方や楽器の演奏など，同じ経験を繰り返したことで獲得できる技能の記憶であり，長期記憶に分類される。また，そのなかでも，言葉で説明するのが難しい非陳述記憶に分類される。

4 =☒　エピソード記憶は，老化に伴い著しく低下する。時間や場所とともに個人の経験が記憶されるため，時間が経つと忘れやすくなる。なお，生理的老化による記憶力低下は比較的近い過去を思い出しやすく，病的老化による記憶力低下は遠い過去のほうが思い出しやすいという特徴がある。

5 =☒　意味記憶は，老化による影響を受けにくい。時間や経験内容などとは関係がなく，言葉の意味や概念に関する記憶であるため，老化によってあまり低下することはない。

●記憶の分類

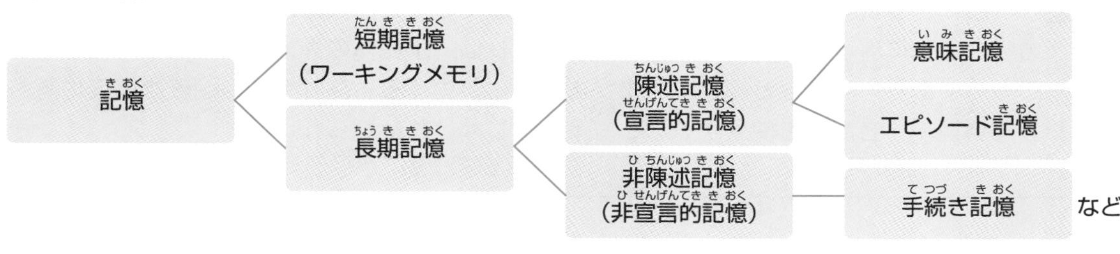

解答—2

感覚機能や認知機能の変化

問題 74　老化に伴う感覚機能や認知機能の変化に関する次の記述のうち，**最も適切なものを1つ**選びなさい。

1　大きな声で話しかけられても，かえって聞こえにくいことがある。
2　会話をしながら運転するほうが，安全に運転できるようになる。
3　白と黄色よりも，白と赤の区別がつきにくくなる。
4　低い声よりも，高い声のほうが聞き取りやすくなる。
5　薄暗い部屋のほうが，細かい作業をしやすくなる。

Point

この問題では，老化に伴う感覚機能や認知機能の変化の特徴について問われている。感覚機能とは一般的に，視覚，聴覚，嗅覚，味覚である。また，認知機能とは注意力や判断力，計算力など状況に応じて適切な対応が求められるときに必要な脳内機能の総称である。問題を解くには，老化により，それらの機能にどのような変化が現れるのかを理解しておくことが必要である。

1 =○　高齢者は大きな音が割れて聞こえたり，響いてしまい聞こえにくく感じることがある。一般に，老化が原因となって難聴を引き起こす場合を老人性難聴（presbycusis）という。

2 =×　自動車運転には注意力や判断力，集中力などの認知機能が必要である。運転中に会話をすれば，運転と会話の両方に意識が向けられる（二重課題）ため，注意が散漫となり，運転操作や物事を判断する能力に影響を及ぼして運転への危険性が高くなる。

3 =×　白と赤のほうが，区別がつきやすい。色を判断する色覚の低下は水晶体の変性によって起こり，透過性が低下すると色が黄色味を帯びてくすんで見えたりする。白と黄，青と紫，青と緑などの区別が困難になる一方，赤や橙は目に留まりやすいといわれている。

4 =×　老人性難聴では，一般に，高音域の聴力低下が著しいとされる。例えば，鳥の鳴き声，金属音，車のクラクション，救急車のサイレンといった音が聞き取りにくくなる。人間の耳で音として聞くことができる周波数の範囲（可聴範囲）は，20 Hz～20, 000 Hz（20 kHz）とされる。高音域は，4 kHz～20 kHz の帯域である。

5 =×　老化に伴う視覚の変化によって，薄暗い部屋での作業は困難になりやすい。人間の視力は，老化に伴って徐々に低下していく。これは，水晶体の弾力性や透過性の低下によるものであり，老眼など視覚にさまざまな変化が生じる。高齢者は，適度な照度に調整した環境で，老眼鏡を使用するなど対策を講じなければならない。

解答―1

高齢者の睡眠

問題　75　高齢者の睡眠に関する次の記述のうち，**適切なものを1つ**選びなさい。

1　午前中の遅い時間まで眠ることが多い。

2　刺激を与えても起きないような深い睡眠が多い。

3　睡眠障害を自覚することは少ない。

4　不眠の原因の1つはメラトニン（melatonin）の減少である。

5　高齢者の睡眠時無呼吸症候群（sleep apnea syndrome）の発生頻度は，若年者よりも低い。

Point　**この問題では，高齢者の睡眠の特徴について問われている。老化に伴い，健康な高齢者であっても中途覚醒や早朝覚醒が起こる。また，疾病や後遺症によって不眠症（insomnia）や睡眠時無呼吸症候群などの睡眠障害が出現する場合もある。睡眠の質が変化することは高齢者の多くに共通して認められることであり，基礎知識として理解しておきたい。**

1＝☒　高齢者は若年者に比べて早寝早起きになるのが一般的である。これは，老化に伴って睡眠パターンが変化することが原因とされる。なお，早朝覚醒が昼夜逆転など日常生活に支障をきたす場合は，治療等の対応が必要になる。

2＝☒　高齢者の睡眠は浅くなりやすいのが一般的である。睡眠中のノンレム睡眠（深い睡眠時間）が減少することが原因とされる。高齢者は睡眠中に聞こえてくる些細な物音などでも目が覚めてしまう傾向にある。

3＝☒　睡眠障害は自覚されていることが多い。高齢者には，夜中に目が覚める中途覚醒や，朝早く目が覚めてその後眠れなくなる早朝覚醒などが多くみられる。また，高齢者では精神・心理的疾病への罹患率が高いため，これが不眠の原因になる場合もある。

4＝◯　メラトニンとは，脳内の松果体において生合成されるホルモン（hormone）である。分泌量が少なくなるとノンレム睡眠が減少し，夜中に目が覚めたりするようになる。主に日中は分泌が抑制され，夜間には増加する。また，老化に伴い分泌量は減少する。

5＝☒　睡眠時無呼吸症候群の発生頻度は，若年者よりも高齢者のほうが高い。睡眠時無呼吸症候群は，睡眠中に無呼吸の状態が頻繁に生じる疾患である。夜間に長時間続く低酸素血症のため，高血圧や動脈硬化が引き起こされ，心筋梗塞（myocardial infarction）や脳梗塞（cerebral infarction）の悪化の要因ともなる。

解答—4

高齢者の肺炎

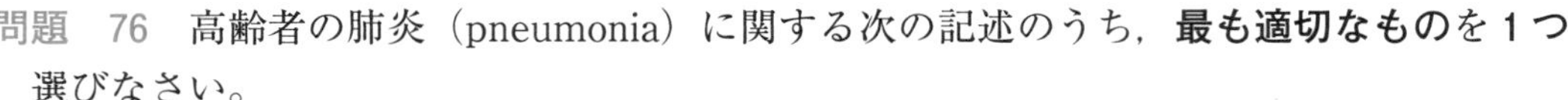

問題　76　高齢者の肺炎（pneumonia）に関する次の記述のうち，**最も適切なものを１つ**選びなさい。

1　意識障害になることはない。
2　体温が 37.5℃未満であれば肺炎（pneumonia）ではない。
3　頻呼吸になることは，まれである。
4　誤嚥による肺炎（pneumonia）を起こしやすい。
5　咳・痰などを伴うことは，まれである。

肺炎は，悪性新生物，心疾患（heart disease）と並んで日本人の死因の上位を占める疾患であり，高齢者の肺炎発症率もきわめて高い。高齢者が肺炎を罹患した場合の特徴は，基礎知識として押さえておきたい。

肺炎とは，病原微生物に感染し，肺が炎症を起こしている状態である。病原微生物は生活するうえで自然に取り込んでいるものであるが，本来は生体の防御機能がはたらき，排除できる。しかし，老化や基礎疾患によって体力や抵抗力が低下し，病原微生物の感染力がそれを上回ると，肺炎になる。肺炎の主な症状は，発熱，咳，痰，呼吸困難である。

1＝×　基礎疾患を有する高齢者では，肺炎発症後に重症化し，傾眠傾向といった**意識に影響を及ぼすことがある**。また，「成人市中肺炎診療ガイドライン」における重症度分類でも，重症度を規定する因子に意識状態の項目が含まれている。

2＝×　発熱は肺炎の一般的症状に含まれるが，必須ではない。高齢になると**発熱を伴わない**こともあり，労作時に呼吸困難に陥るなどして肺炎に気づく場合がある。

3＝×　肺炎の一般的な症状として，**頻呼吸**（呼吸数の増加）が認められる。炎症によって肺の機能が低下することで，日常生活のなかで息苦しさを感じる，呼吸が速くなるなど，呼吸状態に変化が現れる。

4＝○　老化により嚥下反射が低下することで，高齢者は**誤嚥性肺炎（aspiration pneumonia）を起こしやすくなる**。誤嚥性肺炎とは，細菌が唾液や胃液とともに肺に流れ込んで生じる肺炎である。高齢者のほか，脳梗塞後遺症などの神経疾患を罹患した経験がある人，寝たきりの人などで発生しやすい。口腔内の清潔が十分に保たれていないこと，咳反射が低下し細菌が喉を通ってしまうこと，栄養状態の不良，免疫機能の低下など原因はさまざまである。

5＝×　種類によって症状に違いはあるが，一般に肺炎では**咳症状を伴う**。咳は，病原微生物が肺を刺激することで発生し，これに伴い，**痰も出る**。痰は，気道から出る分泌物で，健康な人であっても常に少しずつ出て無意識のうちに飲み込んでいる。しかし，肺炎になると病原微生物を体外に排出しようと通常より多くの痰が生成され，意識的に体外に排出しようとする。

解答―4

ひもときシート

問題 77 認知症ケアにおける「ひもときシート」に関する次の記述のうち，**最も適切なものを1つ選びなさい。**

1 「ひもときシート」では，最初に分析的理解を行う。
2 認知症（dementia）の人の言動を介護者側の視点でとらえる。
3 言動の背景要因を分析して認知症（dementia）の人を理解するためのツールである。
4 評価的理解では，潜在的なニーズを重視する。
5 共感的理解では，8つの要因で言動を分析する。

Point

介護者が認知症の人の障害や生きづらさ等を個別に理解する過程を支えるアセスメントツールに関する問題である。多様なツールがあるが，アセスメント（assessment）の目的が，認知症の人とその生活を，客観的事実と主観的事実に基づき多面的にとらえ，認知症ケアの理念である認知症の人のニーズに沿った生活に至る個別の支援を導くものであることを意識したい。

1 =× アセスメントツールの1つである「ひもときシート」は，思考過程として「評価的理解」→「分析的理解」→「共感的理解」の順で3ステップをたどる。認知症の人の言動の背景には多様な要因があるため，介護者が負担に思っていること等をきっかけに，なぜその言動が生じているのかの背景要因を整理することで，認知症の人の視点へと転換し，共感的理解に基づく介護を考え出す思考展開を促す。

2 =× 「ひもときシート」は，介護者の「思考の転換」と「思考の展開」の2つを目的とする。認知症の人を適切にアセスメントする力を高めると同時に，介護者が「介護者の視点」から「認知症の人の視点」に近づき言動を理解できるように視点の切り替え（視点取得）を促すものである。

3 =○ 「分析的理解」は，認知症の人の言動を，8つの要因に沿って分析する思考を展開するステップである。8つの要因は，「病気や薬の影響」「身体的痛みや不調」「精神的苦痛や心理的背景」「五感への刺激や環境による影響」「周囲の人のかかわりや態度」「物的環境や居心地」「能力と活動のズレ」「暮らし方と現状とのズレ」で構成される。

4 =× 「評価的理解」は，介護者が感じている課題とそれに対する対応方法，介護者が望む利用者の状態を記述し，評価することによって，介護者がそれらの内容は「介護者の視点」に基づくものであり，必ずしも「認知症の人のニーズに沿った介護」にはなっていないことに気づくステップである。

5 =× 「共感的理解」は，8つの要因で言動を分析する「分析的理解」によって理解できた「認知症の人の言動の意味」に沿って，認知症の人の気持ちや考えに共感したうえで，本人の視点に基づく課題解決法を考えるステップである。

解答—3

レビー小体型認知症の幻視

問題　78　レビー小体型認知症（dementia with Lewy bodies）の幻視の特徴に関する次の記述のうち，**最も適切なものを1つ**選びなさい。

1　幻視の内容はあいまいではっきりしない。
2　睡眠中でも幻視が生じる。
3　本人は説明されても幻視という認識ができない。
4　薄暗い部屋を明るくすると幻視が消えることがある。
5　抗精神病薬による治療が行われることが多い。

レビー小体型認知症の幻視の特徴を問う問題である。レビー小体型認知症のレビー小体とは，神経細胞のなかに異常蓄積したたんぱく質のことである。レビー小体が大脳や脳幹に蓄積した結果，主な症状として，①認知機能の変動，②リアルな幻視，③レム睡眠行動障害（REM sleep behavior disorder），④パーキンソニズムが生じる。レビー小体型認知症以外の認知症（dementia）の原因となる主な病気の症状の特徴に関する問題も，頻出問題である。

1＝×　レビー小体型認知症の幻視には，人や動物など実際には見えないものが**見える**という特徴がある。そのほか，壁のしみが人の顔に見えるなど，何かを別のものに見間違える錯視の場合が多く，環境調整が重要である。

2＝×　睡眠は，大脳が休養しているノンレム睡眠と大脳が夢を見ているレム睡眠に分けられ，入眠中のレビー小体型認知症の人に現れる症状は**レム睡眠中の行動障害**（**レム睡眠行動障害**）である。通常，レム睡眠中のからだの筋肉は弛緩し動くことはないが，レビー小体型認知症の人の筋肉は動く状態を保っているため，夢の内容に応じて大声を出す，からだをばたばたと動かすなどの行動がみられる。

3＝×　幻視と理解できる場合と理解できない場合がある。いずれの場合も，周囲の人は幻視が見える人に対して，見えていることを否定するのではなく，見えているものへの恐怖などを共有し，見えない場所や部屋に移動する，本人には見えていることを認めつつも，家族や周囲の人には見えていないことを徐々に伝えるなどの支援が求められる。

4＝◯　幻視は，本人の覚醒レベルが下がったときや薄暗くなったときに現れやすくなる。そのため，**照明を明るくする**，部屋を整理整頓して幻視の原因となるものや影をつくるものを減らす，カーテンや壁紙を模様のないものにするなどの環境整備が有効である。

5＝×　レビー小体型認知症では，薬剤過敏性が大きな特徴である。抗精神病薬に限らず，市販の風邪薬等でも，少量の服用でも効きすぎる，さまざまな副作用が現れる，**症状が悪化する**といった危険性がある。また，パーキンソニズムも生じることから，服薬時には過鎮静やふらつきによる転倒に注意したい。

解答―4

軽度認知障害

問題 79 軽度認知障害（mild cognitive impairment）に関する次の記述のうち，**最も適切なものを1つ選びなさい。**

1 本人や家族から記憶低下の訴えがあることが多い。
2 診断された人の約半数がその後1年の間に認知症（dementia）になる。
3 CDR（Clinical Dementia Rating）のスコアが2である。
4 日常生活能力が低下している。
5 治療には，主に抗認知症薬が用いられる。

Point 軽度認知障害の診断基準や治療，具体的な症状や予後に関する知識を問う問題である。軽度認知障害とは，年齢相応の正常な状態と認知症の中間にある状態で，年齢や教育の影響では説明できない記憶障害が現れている状態である。本人や家族から記憶低下の訴えがあるものの，全般的な認知機能は正常範囲にあり，日常生活はほぼ自立した状態である。

解説

1 =○ 軽度認知障害の主訴は記憶障害である。慣れた日常生活はこなせるため，高齢期の認知症に比べて初期症状は発見しにくいが，記憶力や遂行力の低下により家事や仕事などの順序立てて行う複雑な行為が難しくなる，興味や関心が低下するなどの出来事をきっかけにして，本人や周囲が変化に気づく場合が多い。

2 =× 軽度認知障害と診断された人が適切な治療や支援を受けなかった場合，1年後に10～30％が認知症に移行すると報告されている（正常な人は年1～2％が発症）。しかし，この時期に原因疾患を特定し，適切に対策することで，認知症の症状の出現を遅らせることも可能であるため，早期発見が最も重要とされている。

3 =× 軽度認知障害は，CDRのスコアが0.5に分類される。CDRとは，認知機能や生活状況を評価し，認知症の重症度を判定する観察式スケールの1つである。家族など周囲の人の情報に基づいて，記憶，見当識，判断力と問題解決，地域社会活動，家庭生活および趣味・関心，介護状況の6項目に対し，「健康（CDR0）」「認知症疑い（CDR0.5）」「軽度認知症（CDR1）」「中等度認知症（CDR2）」「重度認知症（CDR3）」の5段階で分類する。

4 =× 軽度認知障害の人は，記憶力以外に認知機能の障害は認められず，日常生活もほぼ自立した状態である場合が多い。

5 =× 軽度認知障害の治療は，薬物治療よりも日常生活をさまざまな側面から改善する方法が主となる。具体的には，食生活の改善，運動，睡眠，人との交流，認知機能のトレーニングなど，身体や脳を活性化する取り組みが勧められる。

解答—1

若年性認知症

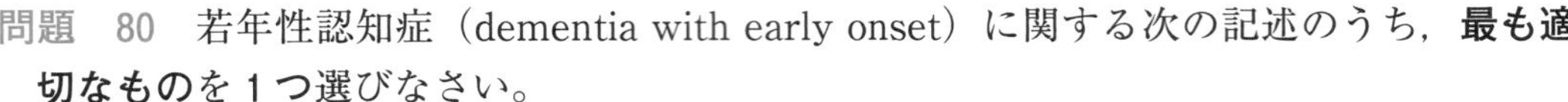

問題　80　若年性認知症（dementia with early onset）に関する次の記述のうち，**最も適切なものを 1 つ選びなさい。**

1　75 歳未満に発症する認知症（dementia）である。

2　高齢者の認知症（dementia）よりも進行は緩やかである。

3　早期発見・早期対応しやすい。

4　原因で最も多いのはレビー小体型認知症（dementia with Lewy bodies）である。

5　不安や抑うつを伴うことが多い。

若年性認知症の定義・症状・実態を問う問題である。若年性認知症の人やその家族が経験する課題は，高齢になってから認知症を発症した場合と比べて，多様な差があることに注意が必要である。

1 = ☒　若年性認知症は，認知症となった原因疾患によらず，65 歳未満で発症する認知症のことである。2020 年度（令和 2 年度）に公表された「わが国の若年性認知症の有病率と有病者数」（以下，全国調査）によると，2018 年（平成 30 年）時点での若年性認知症有病率は 18～64 歳人口 10 万人あたり 50. 9 人，有病者数は 3. 57 万人と推計された。

2 = ☒　若年性認知症の人の症状は，高齢になって発症した認知症よりも進行が速いことが指摘されている。若年性認知症の人と家族にとって，診断がついた直後から，就労の継続，子どもの養育，各種ローンの返済など，人生設計を話し合い，希望をもって生活できるよう準備することが重要となる。

3 = ☒　若年性認知症の人は，症状が出始めた時期には就労している場合が多く，仕事上のミスなどから同僚や家族が変化に気づく。しかし，年齢が若いこと，不安や抑うつ状態（depressive state）を伴うことから，認知症である可能性を疑わず，診断とその対応が遅れる傾向にある。

4 = ☒　2020 年度（令和 2 年度）の全国調査によると，若年性認知症の原因疾患として，最も多いのはアルツハイマー型認知症（dementia of the Alzheimer's type）(52. 6 %)，次に血管性認知症 (vascular dementia) (17. 1 %)，前頭側頭型認知症 (frontotemporal dementia) (9. 4 %)，頭部外傷による認知症（4. 2 %），レビー小体型認知症／パーキンソン病（Parkinson disease）による認知症（4. 1 %），アルコール関連障害による認知症（2. 8 %）である。

5 = ◯　若年性認知症の症状の特徴に，不安や抑うつを伴うことがあげられる。認知症の症状のために仕事でミスを重ねる，不安や抑うつを訴える，家事がおっくうになる等の状態が生じても，気分障害（mood disorder）（うつ病（depression））や更年期障害（climacteric disturbance）と誤診され，適切な診断が遅れる場合がある。

解答— 5

認知症の行動・心理症状に対する抗精神病薬の副作用

問題 81 認知症（dementia）の行動・心理症状（BPSD）に対する抗精神病薬を用いた薬物療法でよくみられる副作用として，**最も適切なものを 1 つ**選びなさい。

1 歩幅が広くなる。
2 誤嚥のリスクが高くなる。
3 過剰に活動的になる。
4 筋肉の緊張が緩む。
5 怒りっぽくなる。

oint

認知症の行動・心理症状（BPSD）に対する治療薬の副作用を問う問題である。正答を導くためには，認知症の行動・心理症状（BPSD）に対する抗精神病薬だけでなく，抗不安薬や認知症の治療薬の副作用を理解している必要がある。

1 =☒ 抗精神病薬の副作用で起こるパーキンソニズムでは，身体の動きが鈍くなり歩幅は狭くなる。

2 =◯ 抗精神病薬の副作用で起こるパーキンソニズムにより，嚥下障害を起こしやすく，そのため誤嚥のリスクが高くなる。

3 =☒ 抗精神病薬の主作用は，ドーパミン D2 受容体の阻害である。ドーパミンをはたらかなくすることで，幻覚・妄想や易怒性や過活動などが軽減する。副作用では，活動は過剰に鎮静される。

4 =☒ 筋肉の緊張が緩むのは，抗精神病薬ではなく抗不安薬の副作用である。

5 =☒ 抗精神病薬の主作用は，ドーパミン D2 受容体の阻害である。ドーパミンをはたらかなくすることで，幻覚・妄想や易怒性や過活動などが軽減する。副作用では，情動も過剰に鎮静される。

●認知症の治療薬と認知症の行動・心理症状（BPSD）の治療薬の作用と副作用

目的	薬剤の種類	作用	副作用
認知症の治療薬	アセチルコリン分解酵素阻害薬	認知症状の進行を遅らせる	消化器症状，イライラ感，不穏，興奮など
認知症の行動・心理症状（BPSD）の治療薬	抗精神病薬（ドーパミン D2 受容体の阻害薬）	不穏，興奮，攻撃行動，幻覚，妄想などの軽減	過鎮静，意欲低下，パーキンソニズム（身体の動きが鈍くなり誤嚥，転倒のリスクが高まる）など
	抗不安薬（ベンゾジアゼピン系薬剤）	不安や不眠の改善	筋弛緩作用（ふらつきや転倒），せん妄（delirium）など

解答— 2

認知症ケア

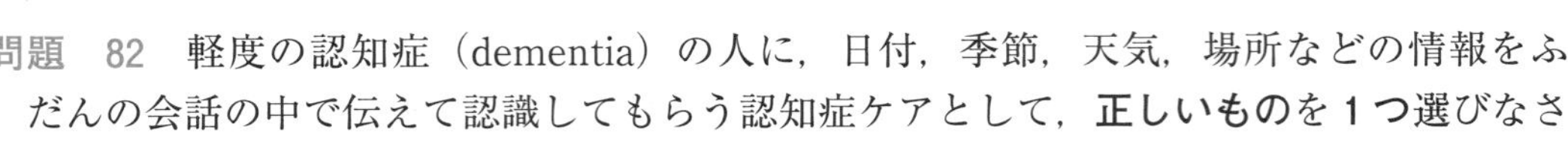

問題　82　軽度の認知症（dementia）の人に，日付，季節，天気，場所などの情報をふだんの会話の中で伝えて認識してもらう認知症ケアとして，**正しいものを１つ選びなさい。**

1　ライフレビュー（life review）
2　リアリティ・オリエンテーション（reality orientation）
3　バリデーション（validation）
4　アクティビティ・ケア（activity care）
5　タッチング（touching）

認知症の非薬物療法として行われているケアについて問う問題である。正答を導くためには，非薬物療法の種類だけでなく，その目的や方法を理解しておく必要がある。

1＝☒　ライフレビューとは，人生を楽しく振り返る回想法の基本から一歩進めて，回想から自分の人生を肯定的に再評価することや自分自身を肯定的に受容していく洞察を導くことである。生活の質（QOL）の向上や対人関係の形成などを図ることができる。

2＝◎　リアリティ・オリエンテーションは，日付や場所などの見当識障害を解消し，現実認識を深めることを目的にしたアプローチである。方法は，本人の年齢や生まれた場所，今いる場所，今日の年月日などをふだんの会話に少しずつ盛り込んで，繰り返し現実見当識を高めるようにする。対象は，アルツハイマー型認知症（dementia of the Alzheimer's type）の比較的軽度の人に有効だが，記憶障害が重度の人には混乱を招くことになり逆効果になるため，注意が必要である。

3＝☒　バリデーションとは，ファイル（Feil, N.）によって開発されたアルツハイマー型認知症および類似の認知症の高齢者とのコミュニケーション法である。認知症高齢者の訴えを「彼らの現実」として受け入れ，共感していくという基本的態度と，感情を表出できるようにするテクニック，それを支える理論を含めてバリデーションとしている。

4＝☒　アクティビティ・ケアとは，趣味や運動，生活行為などを通じて心身を活性化することである。

5＝☒　タッチングとは，非言語的コミュニケーションの１つで，利用者の身体に触れることである。タッチングの効果については，交感神経や副交感神経など生理学的指標をもとに有効性を示す研究もある。

解答―２

認知症の人への声かけ

問題 83　Bさん（86 歳，女性）は，中等度のアルツハイマー型認知症（dementia of the Alzheimer's type）である。短期入所生活介護（ショートステイ）の利用を始めた日の翌朝，両手に便が付着した状態でベッドに座っていた。

Bさんへの声かけとして，**適切なもの**を1つ選びなさい。

1　「臭いからきれいにします」
2　「汚い便が手についています」
3　「ここはトイレではありません」
4　「手を洗いましょう」
5　「こんなに汚れて困ります」

Point

認知症（dementia）の中核症状や行動・心理症状（BPSD）の考え方について問う問題である。正答を導くためには，病気のためにできなくなっていることばかりに注目するのではなく，その人に残る力に注目して支援する内容はどれかを考える必要がある。認知症の行動・心理症状（BPSD）については，ほかに，帰宅行動，ケアへの抵抗などもよく問われるため，併せて理解しておきたい。

Bさんは，中等度のアルツハイマー型認知症で，短期入所生活介護の利用を始めたばかりである。まだ慣れていない環境で自分のお尻が気持ち悪いことに気づき，とっさの反応でそこに手をやり，手に便がついてしまった，と考えられる。そして，認知症の中核症状である理解・判断力の障害により，手についたものが便だということと，汚れは洗い流せばよいということが理解できないでいるため，手を洗いに誘導するのが適切である。

選択肢 **4** の声かけだけが，手を洗いに行くというBさんに残る力に注目しており，それ以外はできなくなっていることに注目した否定的な声かけになっているため適切ではない。

したがって，**1** ＝×，**2** ＝×，**3** ＝×，**4** ＝○，**5** ＝×となる。

解答— 4

認知症の人の家族への助言

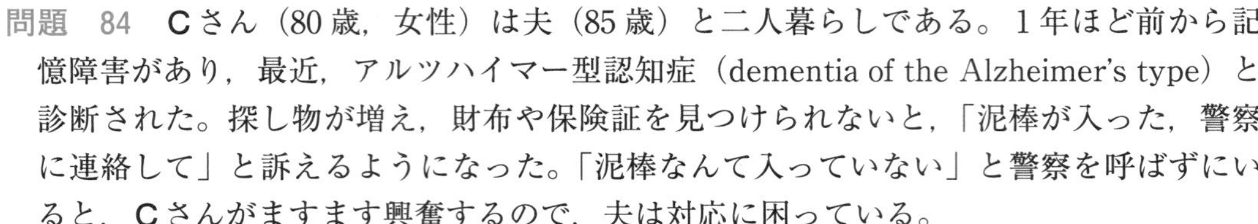

問題 84 Cさん（80歳，女性）は夫（85歳）と二人暮らしである。1年ほど前から記憶障害があり，最近，アルツハイマー型認知症（dementia of the Alzheimer's type）と診断された。探し物が増え，財布や保険証を見つけられないと，「泥棒が入った，警察に連絡して」と訴えるようになった。「泥棒なんて入っていない」と警察を呼ばずにいると，Cさんがますます興奮するので，夫は対応に困っている。

夫から相談を受けた介護福祉職の助言として，**最も適切なものを1つ**選びなさい。

1 「主治医に興奮を抑える薬の相談をしてみてはどうですか」
2 「施設入所を検討してはどうですか」
3 「Cさんと一緒に探してみてはどうですか」
4 「Cさんの希望通り，警察に通報してはどうですか」
5 「Cさんに認知症（dementia）であることを説明してはどうですか」

Point

この問題は，初期のアルツハイマー型認知症に起こりやすい，もの盗られ妄想の背景に関する正しい理解と，家族（相談者）に対する適切な対応の仕方が問われている。妄想などの認知症の行動・心理症状（BPSD）に対しては受容的な態度で接する必要があると理解することが，正答を導くポイントとなる。

解説

1＝☒ 厚生労働省の「身体拘束ゼロへの手引き」によると，「行動を落ち着かせるために，向精神薬を過剰に服用させる」行為は身体拘束とされている。まずは介護による対応を検討する必要がある。

2＝☒ 事例からはCさんと夫に施設入所の希望があることは読み取れないため，この段階で施設入所の検討を助言することは適切ではない。

3＝◎ 物を失くしたことを受容し，一緒に探すことによって，Cさんは安心する可能性が高いため，適切である。

4＝☒ 警察を呼ぶことで，「泥棒が入った」という妄想の内容が事実であるとCさんにとらえられる可能性がある。Cさんの妄想と不安が強くなってしまうため，妄想は，否定も肯定もせず対応する必要がある。

5＝☒ Cさんに認知症であることを伝えても，それを理解するのは難しいと考えられる。

解答―3

認知症の人に配慮した施設の生活環境

問題 85 認知症（dementia）の人に配慮した施設の生活環境として，**最も適切なものを1つ**選びなさい。

1 いつも安心感をもってもらえるように接する。
2 私物は本人の見えないところに片付ける。
3 毎日新しい生活体験をしてもらう。
4 壁の色と同系色の表示を使用する。
5 日中は1人で過ごしてもらう。

認知症ケアにとって重要な要素である環境づくりを問う問題である。正答を導くポイントは，認知症の人にとって暮らしやすい環境を整備する際に，まず安心できる場所を提供することを重視することである。

1＝○ 認知症の人にとって自宅以外の場所に暮らしの場を移すということ自体，大きな困難や不安を伴う。いつも安心感をもってもらえるように接し，不安を和らげることが大切である。

2＝× 本人の私物は使い慣れていたり見慣れていたりする物なので，本人が見えるところに置くことにより安心でき，物的環境を整えることにつながる。

3＝× 新しい生活体験は刺激を伴う。刺激が多いと不安が生じやすく，刺激が少ないと不活発になる。毎日の新しい生活体験は不安が生じやすい。特に引っ越しなどの物的・人的・社会的変化はリロケーションダメージ（住み替えによるショック）を引き起こしやすいので注意が必要である。

4＝× 壁の色と同系色の表示は，表示の内容が壁と区別しづらくわかりづらい。認知症の人にとっては，わかりやすい生活環境が適している。特に施設の生活環境づくりの配慮として重要である。

5＝× 施設に入る前の生活と同じように，1人でいられる環境と大勢でいられる環境を，そのときの気分により選択できる環境が望ましい。

解答─1

認知症初期集中支援チーム

問題　86　認知症初期集中支援チームに関する次の記述のうち，**最も適切なものを 1 つ選びなさい。**

1　自宅ではない場所で家族から生活の様子を聞く。
2　チーム員には医師が含まれる。
3　初回の訪問時にアセスメント（assessment）は不要である。
4　介護福祉士は，認知症初期集中支援チーム員研修を受講しなくてもチームに参加できる。
5　認知症疾患医療センター受診後に，チームが対応方法を決定する。

認知症（dementia）の人の地域生活を支援するためのチームである，認知症初期集中支援チームについて問う問題である。このほか，認知症の人の地域生活を支援するものとして，認知症疾患医療センターや，地域包括支援センターなどがあり，試験で出題されることも多い。それらの特徴も併せて覚えておこう。

認知症初期集中支援チームは，医療・介護の専門職が家族の相談などを受け，認知症の疑いがある人・認知症の人・その家族を訪問してアセスメントを行い，必要な医療・介護の導入・調整，家族支援等の初期支援を包括的・集中的に行うチームである。2018 年（平成 30 年）からすべての市町村で実施されることとなった。

チームは保健師や看護師，作業療法士などの医療系専門職や，介護福祉士，社会福祉士，精神保健福祉士などの福祉系専門職 2 名以上と，認知症サポート医などの資格を満たす専門医 1 名からなる。なお，チーム員は，やむを得ない場合を除き，国が定める認知症初期集中支援チーム員研修を受講し，必要な知識と技術を習得する必要がある。

認知症初期集中支援チームから相談・紹介を受けた，認知症疾患医療センター等の専門医療機関が診断・指導を行うなど連携して支援を行っていく。

したがって，**1** =☒，**2** =●，**3** =☒，**4** =☒，**5** =☒となる。

解答— 2

障害者の法的定義

問題 87 障害者の法的定義に関する次の記述のうち，**正しいものを1つ**選びなさい。

1 身体障害者福祉法における身体障害者は，身体障害者手帳の交付を受けた18歳以上のものをいう。

2 知的障害者は，知的障害者福祉法に定義されている。

3 「精神保健福祉法」における精神障害者には，知的障害者が含まれていない。

4 障害者基本法において発達障害者は，精神障害者に含まれていない。

5 障害児は，障害者基本法に定義されている。

（注）「精神保健福祉法」とは，「精神保健及び精神障害者福祉に関する法律」のことである。

日本における障害者・障害児の定義について問うものであり，法律や公的文書を根拠としている。なお，障害者総合支援法における障害者・障害児は，選択肢にある関係法律の定義を根拠としているため，併せて理解しておきたい。

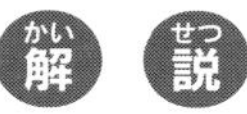

1＝○ 身体障害者は，身体障害者福祉法第4条において「身体上の障害がある18歳以上の者であって，都道府県知事から身体障害者手帳の交付を受けたものをいう」と定義されている。身体障害者手帳は，視覚障害，聴覚または平衡機能の障害，肢体不自由，内部障害等の障害があるもので，その程度が1級から6級に該当するものに交付される。

2＝× 知的障害者は，知的障害者福祉法には定義されていない。「療育手帳制度について」（昭和48年9月27日厚生省発児第156号）において，知的障害者は，「児童相談所又は知的障害者更生相談所において知的障害であると判定された者」と示されている。

3＝× 精神障害者は，精神保健福祉法第5条において「統合失調症，精神作用物質による急性中毒又はその依存症，知的障害その他の精神疾患を有する者」と定義されている。精神障害者保健福祉手帳は，障害の程度に応じて1級から3級の等級がある。ただし，知的障害者は療育手帳の制度があるため，精神障害者保健福祉手帳の交付対象から除かれている。

4＝× 障害者基本法第2条において，障害者は「身体障害，知的障害，精神障害（発達障害を含む。）その他の心身の機能の障害（以下「障害」と総称する。）がある者であって，障害及び社会的障壁により継続的に日常生活又は社会生活に相当な制限を受ける状態にあるものをいう」と定義されている。

5＝× 障害児は，児童福祉法第4条第2項において，身体に障害のある児童，知的障害のある児童，精神に障害のある児童（発達障害児を含む），または治療方法が確立していない疾病その他の特殊の疾病があり障害者総合支援法の対象となる児童，と定義されている。

解答—1

半側空間無視

問題　88　半側空間無視に関する次の記述のうち，**最も適切なもの**を１つ選びなさい。

1　食事のとき，認識できない片側に食べ残しがみられる。
2　半盲に対するものと介護方法は同じである。
3　失行の１つである。
4　本人は半側空間無視に気づいている。
5　認識できない片側へ向かってまっすぐに歩ける。

Point　この問題は，高次脳機能障害（higher brain dysfunction）による症状の１つである半側空間無視について問うものである。高次脳機能障害とは，病気やけがが原因で脳に損傷が加わることで，記憶障害，注意障害，遂行機能障害，社会的行動障害といった症状が現れるものである。主な原因には，脳血管障害（cerebrovascular disorder），頭部外傷，脳腫瘍（brain tumor）などがある。試験対策として，原因疾患および高次脳機能障害におけるその他の症状を含む全般的な理解も求められる。

半側空間無視は，脳の損傷部位に応じて，左右どちらかの空間を認知することができなくなっている状態である。視野が欠損して見えていないのではなく，「視覚的には見えているはずなのに空間を認知できていない」点がポイントである。例えば，右大脳の損傷であれば，正面に置かれた食事の左側にだけ手をつけなかったり，右の方ばかり向いて歩く，左側にある物によくぶつかる，左側にある目的地を通り過ぎる，といった症状が現れる。介護福祉職としてかかわる際には，認知できていない側の食べ残し，物・人にぶつかるといったことへの配慮はもちろん，認知できていない側に意識を向けられるように声かけ等で注意を促すことも必要とされる。

1＝◯　半側空間無視では，認知できていない側は食事があることを認識できないため，食べ残しがみられる。

2＝☒　半盲は「視野の半分が欠損して見えない」状態である。選択肢**1**を例にとると，半側空間無視であれば「こちら側にも食事がありますよ」と伝えることで本人が意識を向けることもできるが，半盲の場合は食事の位置ないし本人の姿勢（視野）自体を移動させる必要がある。よって，状態像も介護方法も異なる。

3＝☒　失行は，脳の損傷によって起こる症状の１つで，身体的には特に支障がないにもかかわらず一連の動作が行えなくなる状態である。例えば，上肢の機能に支障がないにもかかわらず，目の前にある食事を「どうやって食べるのかわからない」という状況があげられる。そのため，半側空間無視とは異なる。

4＝☒　半側空間無視では，本人に自覚がないことがほとんどである。なお，視野が欠損する半盲は自覚があることが多い。

5＝☒　半側空間無視では，空間そのものを認知できていないため，その方向に向かってまっすぐ歩くことはできない。

解答―１

意思決定支援

問題 89 Dさん（35歳，男性）は重度の知的障害があり，地元の施設入所支援を利用している。Dさんの友人Eさんは，以前に同じ施設入所支援を利用していて，現在は共同生活援助（グループホーム）で暮らしている。Dさんは，共同生活援助（グループホーム）で生活するEさんの様子を見て，その生活に関心をもったようである。施設の職員は，Dさんの共同生活援助（グループホーム）での生活は，適切な援助を受ければ可能であると考えている。一方，Dさんの母親は，親亡き後の不安から施設入所支援を継続させたいと思っている。

介護福祉職が現時点で行うDさんへの意思決定支援として，**最も適切なものを1つ選びなさい。**

1 母親の意思を，本人に伝える。
2 共同生活援助（グループホーム）の生活について話し合う。
3 介護福祉職の考えを，本人に伝える。
4 具体的な選択肢を用意し，選んでもらう。
5 地域生活のリスクについて説明する。

Point

この問題は，知的障害者に対する意思決定支援の方法について問うものである。正答を導くためには，「重度の知的障害」があるDさんについて，母親の意向や介護福祉職としてのアセスメント（assessment）を踏まえながらも，「本人の関心（意思）」に基づいた意思決定支援のために「現時点で」どうすべきかという判断が求められる。

2017年（平成29年）に厚生労働省は「障害福祉サービス等の提供に係る意思決定支援ガイドライン」を策定した。そこでは，次の3つの基本的原則があげられている。

①本人への支援は，自己決定の尊重に基づき行うことが原則である。必要な情報は本人が理解できるように工夫して伝え，本人の意思確認ができるようなあらゆる工夫を行う。
②職員等の価値観においては不合理と思われる決定でも，他者への権利を侵害しないのであれば，その選択を尊重するよう努める姿勢が求められる。また，本人の意思決定によって本人に不利益が及ぶ可能性がある場合は，そのリスクや対応について予測・検討しておく。
③本人の自己決定や意思確認がどうしても困難な場合は，本人をよく知る関係者が集まって，本人の日常生活やサービス提供場面における表情や感情，行動に関する記録などの情報に加え，これまでの生活史，人間関係等のさまざまな情報を把握し，根拠を明確にしながら本人の意思や選好を推定する。

これらを踏まえると，まずDさん本人の意思・関心の確認や情報提供のために共同生活援助の生活について話し合い（選択肢**2**），そのほかの必要な情報や想定されるリスクについても本人が理解できるよう工夫して伝えたうえで（選択肢**1**・**3**・**5**），意思決定をする（選択肢**4**）というプロセスが推定できる。

したがって，**1**＝☒，**2**＝○，**3**＝☒，**4**＝☒，**5**＝☒となる。

解答―2

筋萎縮性側索硬化症

問題　90　筋萎縮性側索硬化症（amyotrophic lateral sclerosis：ALS）では出現しにくい症状として，**適切なものを1つ**選びなさい。

1　四肢の運動障害
2　構音障害
3　嚥下障害
4　感覚障害
5　呼吸障害

この問題は，指定難病である筋萎縮性側索硬化症の症状を問うものである。筋萎縮性側索硬化症は，パーキンソン病（Parkinson disease）や悪性関節リウマチ（malignant rheumatoid arthritis），筋ジストロフィー（muscular dystrophy）などと並んで代表的な難病の1つである。この問題は症状を問うものだが，疾患のメカニズムや治療，国内における罹患者の傾向なども併せて理解しておきたい。

解説

筋萎縮性側索硬化症は，脳や末梢神経からの命令を筋肉に伝える運動ニューロン（運動神経細胞）が散発性・進行性に変性脱落する「神経変性疾患」である。運動ニューロンの障害により脳から身体への命令が伝わらなくなることで，筋肉の萎縮が進行する。上下肢の筋力低下による四肢の運動障害から始まり，症状の進行に伴って舌などの筋萎縮による嚥下障害や構音障害，呼吸筋の萎縮による呼吸障害などが生じる。一方で，症状が進行しても感覚障害や排尿障害は現れにくく，視力・聴力，内臓機能も正常であることが多い。治療の基本は，筋肉や関節痛に対する対症療法や，症状の進行を遅らせる薬物療法，リハビリテーションである。

したがって，**1**＝☒，**2**＝☒，**3**＝☒，**4**＝◎，**5**＝☒となる。

また，筋萎縮性側索硬化症については，関連する以下の知識も整理して覚えておきたい。

●筋萎縮性側索硬化症の発症状況

・日本における発症率は，10万人あたり1～2.5人（年間）である。
・女性に比べて男性が1.2～1.3倍多い。
・好発年齢は60～70代で，家族歴のある（家族内で発症する）割合は約5％である。

●難病の患者に対する医療等に関する法律

・「難病」は「発病の機構が明らかでなく，かつ，治療方法が確立していない希少な疾病であって，当該疾病にかかることにより長期にわたり療養を必要とすることとなるもの」と定義されている。
・「指定難病」は，「難病のうち，当該難病の患者数が本邦において厚生労働省令で定める人数に達せず，かつ，当該難病の診断に関し客観的な指標による一定の基準が定まっていること」などが要件として定められている。ここでいう「厚生労働省令で定める人数」は，人口のおおむね1000分の1（＝0.1％）程度に相当する数とされている。
・日本における指定難病は341種である（2024年（令和6年）4月1日施行分まで）。

解答—4

頸髄損傷で重度の四肢麻痺になった人への対応

問題 91　Fさん（21 歳，男性）は，交通事故による頸髄損傷（cervical cord injury）で重度の四肢麻痺になった。最近はリハビリテーションに取り組まず，周囲の人に感情をぶつけ強くあたるようになった。

介護福祉職の対応に関する次の記述のうち，**最も適切なものを 1 つ**選びなさい。

1　歩けるようになるために，諦めずに機能訓練をするように支援する。
2　トラブルが起きないように，Fさんには近寄らないようにする。
3　生活態度を改めるように，Fさんに厳しく注意する。
4　自分でできることに目を向けられるように，Fさんを支援する。
5　障害が重いので，Fさんのできることも手伝うようにする。

この問題では，健康な状態から突然，重度の四肢麻痺になり，怒りをぶつける利用者への対応が問われている。脊髄損傷レベルと可能な動作について理解するとともに，障害受容の過程について把握し，介護福祉職の適切な対応方法を理解していることが正答を導くポイントとしてあげられる。

解説

脊髄が損傷すると，損傷部位より下位の神経領域の感覚と運動機能が失われ，麻痺がみられる。頸髄損傷による重度の四肢麻痺から歩けるようになるのは困難であるため，選択肢**1**は適切ではない。

また，Fさんは周囲の人に感情をぶつける様子がみられ，混乱期にあると考えられる。厳しくしたり突き放したりするのではなく，Fさんの気持ちや目の前の課題に寄り添うことが求められる。適応への努力期を見据え，Fさんが自分でできることに目を向け，残存機能を活かせるような支援をするとよい。

したがって，**1**＝×，**2**＝×，**3**＝×，**4**＝○，**5**＝×となる。

●障害受容の段階について

1：ショック期	受傷直後の状況。ショックを受けているが不安はそれほど強くない。
2：否認期	自分には障害はないと思うなど否認する適応機制がはたらく。
3：混乱期	否認ができず混乱し，周囲にあたりちらすなどの「攻撃」といった適応機制がはたらくことが多い段階。自分の内側に攻撃が向き，自分が悪いと悲観し，抑うつ症状や自殺企図を起こすこともある。
4：適応への努力期	障害があってもできることがあることに気づく（価値の転換）など前向きに自己努力を図ろうとする。
5：適応期	新しい価値観や役割を見出し生きていく段階。

解答— 4

パーキンソン病の症状

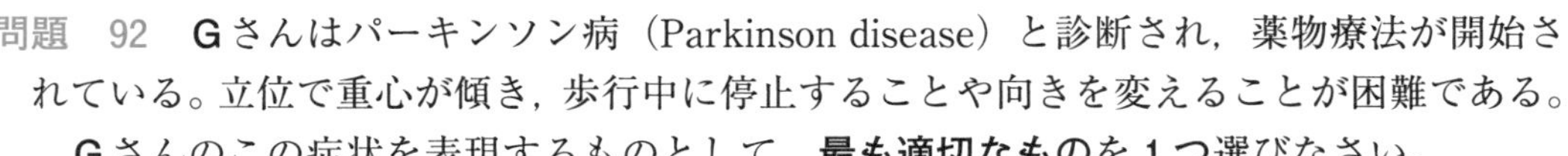

問題　92　Gさんはパーキンソン病（Parkinson disease）と診断され，薬物療法が開始されている。立位で重心が傾き，歩行中に停止することや向きを変えることが困難である。

Gさんのこの症状を表現するものとして，**最も適切なものを1つ選びなさい。**

1　安静時振戦
2　筋固縮
3　無動
4　寡動
5　姿勢保持障害

Point　この問題では，パーキンソン病でみられる症状について問われている。パーキンソン病は，中脳の黒質が病変となる指定難病である。中脳の黒質という部分にあるドパミン神経細胞が減少することにより生じる神経変性疾患である。日本における有病率は10万人当たりおよそ100～150人で，好発年齢は50～65歳であり，高齢になるほど発病率が増加する。パーキンソン病に関する出題は過去にも多く，正答を導くためには，パーキンソン病の「四大症状」（振戦・筋固縮・無動・姿勢反射障害）を正しく理解している必要がある。

解説

1＝☒　安静時振戦は，パーキンソン病の初発症状として最も多く，何もしていないときに手足がふるえる症状である。

2＝☒　筋固縮（筋強剛）は，筋肉がこわばり無表情に見えるようになる，指や肩などの筋肉が固くなりスムーズに動かしにくくなる症状である。

3＝☒　無動は，寡動の症状が悪化した状態である。ほとんど動かなくなった状態で，顔の表情が変わらない仮面様顔貌などの症状がみられる。

4＝☒　寡動は，動作が緩慢になることである。声が小さくなる，書く文字が小さくなるなどの症状がみられる。

5＝◯　姿勢保持障害（姿勢反射障害）は，立位や歩行時の姿勢を保つことやからだをスムーズに動かしバランスを調整することができない症状である。歩行中に重心が前方に傾きどんどん足が出て止まれなくなる加速歩行（突出歩行）などの症状がみられる。

解答―5

エコマップ

問題　93　障害者への理解を深めるために有効なアセスメントツールの1つであるエコマップが表すものとして，**最も適切なものを1つ**選びなさい。

1　家族との関係
2　社会との相関関係
3　認知機能
4　機能の自立度
5　日常生活動作

Point

この問題は，エコマップの特徴について問うものである。アセスメントツールは，利用者の身体機能や生活環境などからニーズを明確化し，ケアプランや介護目標の方針を立てるためのものであり，介護福祉職は多くのツールにふれることがある。適切なツールを活用し，利用者やその家族，多職種との円滑な情報共有を行うためにも，他のアセスメントツールの特徴も併せて理解しておきたい。

1＝☒　利用者を中心とした家族関係はジェノグラムで表すことができる。ジェノグラムは，3世代以上の家族・親族関係を正式な情報を基に図式化する家系図である。

2＝◯　利用者とその家族の関係や，その周辺にある社会資源（知人，医療職，コミュニティ，各関連機関など）との相関関係をネットワークとして円や線で図式化したものがエコマップである。聞き取りや客観的な視点によって，つながりが強いものは太い線で表し，関係性が途切れているものを細い線や点線で表すなど，現状の関係性を表現することができる。

3＝☒　認知機能のアセスメントツールは複数あり，質問式のHDS-R（改訂長谷川式簡易知能評価スケール）やDASC-21（地域包括ケアシステムにおける認知症アセスメントシート），MMSE（Mini-Mental State Examination）などがある。また，アルツハイマー型認知症（dementia of the Alzheimer's type）の進行度や重症度を測定するFAST（Functional Assessment Staging）などもある。

4＝☒　身体機能の自立度については，歩行や食事，排泄などの身の回りの基本的なADL（Activities of Daily Living：日常生活動作）のほか，交通機関の利用や買い物，食事のしたくなど日常生活を営むためのより複雑なIADL（Instrumental Activities of Daily Living：手段的日常生活動作）を評価するツールとして，障害高齢者の日常生活自立度（寝たきり度）の判定基準が用いられる。

5＝☒　日常生活動作については，選択肢**4**と同様に，障害高齢者の日常生活自立度（寝たきり度）の判定基準が用いられる。

解答—2

協議会

問題　94 「障害者総合支援法」で定める協議会に関する次の記述のうち，**最も適切なものを1つ選びなさい。**

1 当事者・家族以外の専門家で構成する。
2 療育手帳を交付する。
3 相談支援専門員を配置しなければならない。
4 国が設置する。
5 地域の実情に応じた支援体制の整備について協議を行う。

（注）「障害者総合支援法」とは，「障害者の日常生活及び社会生活を総合的に支援するための法律」のことである。

oint

障害者総合支援法第89条の3に規定される協議会に関する問題である。障害者総合支援法において，2013年（平成25年）4月より，地方公共団体は，単独または共同して協議会を置くように努めなければならないとされている。

1＝☒　協議会は，関係機関，関係団体といった専門機関や障害者福祉関連の職務の専門だけでなく，障害者等およびその家族により構成されるとされており，当事者・家族も重要な構成員である。

2＝☒　療育手帳とは，児童相談所または知的障害者更生相談所において知的障害があると判定された人に，都道府県知事または指定都市市長より交付される障害者手帳の1つである。療育手帳を持つことで，知的障害児・知的障害者への一貫した指導・相談を受けるとともに，障害者総合支援法に基づく障害福祉サービスや，各自治体や民間事業者が提供するサービスを受けることができる。

3＝☒　相談支援専門員は，障害者の自立促進と障害者総合支援法の共生社会実現に向けた支援を実施する専門職である。2006年（平成18年）に施行された障害者自立支援法において，相談支援事業の担い手として相談支援専門員が位置づけられ，指定一般相談支援事業所，指定特定相談支援事業所ごとに配置されている。協議会に特定の職員の配置要件は定められていない。

4＝☒　協議会は，地域の実情に応じた体制の整備について協議を行うため，国ではなく地方公共団体（都道府県，市区町村）が，単独でまたは共同して設置することとされている。

5＝◯　協議会は，関係機関等が相互の連携を図ることにより，地域における障害者等への適切な支援に関する情報及び支援体制に関する課題についての情報を共有し，関係機関等の連携の緊密化を図るとともに，地域の実情に応じた体制の整備について協議を行うものと定められている。

解答— 5

相談支援専門員が作成する計画

問題 95 障害者が障害福祉サービスを利用するために相談支援専門員が作成する計画として，**正しいものを 1 つ**選びなさい。

1 地域福祉計画
2 個別支援計画
3 サービス等利用計画
4 障害福祉計画
5 介護サービス計画

Point 相談支援専門員が作成する計画に関する問題である。2015 年（平成 27 年）4 月より，障害者が障害福祉サービス等を利用する場合には，必ずサービス等利用計画が作成されることになった。作成は，市区町村から指定を受けた指定特定相談支援事業所に配置された相談支援専門員が担当する。

解説

1＝☒ 地域福祉計画は，市区町村や都道府県が策定する。行政主体の地域福祉を推進するしくみなどの計画のことである。その他，地域福祉活動計画は，地域福祉計画を踏まえて市区町村の社会福祉協議会が策定する住民主体の実践的な地域福祉活動のための計画のことである。

2＝☒ 個別支援計画は，サービス管理責任者が作成する。個別支援計画とは，サービス等利用計画をもとに，サービス提供事業所の具体的な支援内容や目標を記した計画のことである。利用者の強みや障害特性，仕事の適性，本人の希望を踏まえ，効果的なサービスを提供するための目標と計画を作成，実行を促すことが大切である。

3＝◯ 前述のとおり，サービス等利用計画は，障害者が障害福祉サービス等を利用するときに相談支援専門員が作成する。サービス等利用計画には，利用者およびその家族の生活に対する意向を踏まえ，総合的な援助の方針，解決すべき課題，支援の目標およびその達成時期，サービスの種類・内容・量，サービス提供事業者等が記載される。

4＝☒ 障害福祉計画は，市区町村や都道府県が作成する。障害者総合支援法の規定に基づき，障害福祉サービス，相談支援および地域生活支援事業の提供体制の確保にかかる目標に関する事項などを定めた計画のことである。

5＝☒ 介護サービス計画（ケアプラン）は，介護支援専門員（ケアマネジャー）が作成する。利用者および家族の生活に対する意向を踏まえたアセスメント（assessment）の結果に基づき，総合的な援助の方針，利用者の解決すべき課題に対する目標およびその達成時期，サービスの内容・種類，サービス提供事業者等が記載される。

解答―3

家族に対する支援

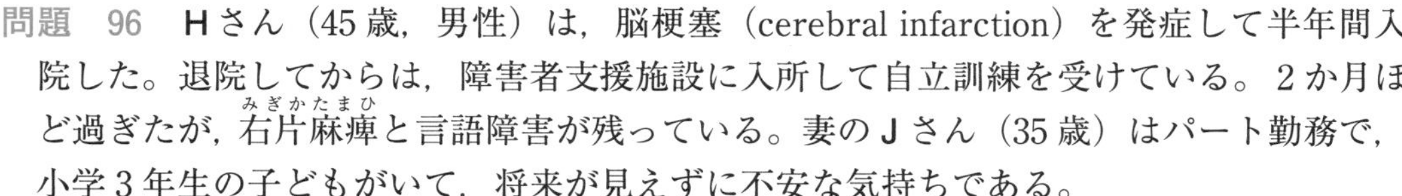

問題 96　Hさん（45歳，男性）は，脳梗塞（cerebral infarction）を発症して半年間入院した。退院してからは，障害者支援施設に入所して自立訓練を受けている。2か月ほど過ぎたが，右片麻痺と言語障害が残っている。妻のJさん（35歳）はパート勤務で，小学3年生の子どもがいて，将来が見えずに不安な気持ちである。

家族に対する介護福祉職の支援として，**最も適切なもの**を**1つ**選びなさい。

1　家族の不安な気持ちに寄り添い，今の課題を一緒に整理し考えていく。
2　Jさんの気持ちを最優先して方向性を決める。
3　訓練の様子を伝えるために，頻繁にJさんに施設に来てもらう。
4　家族が困っているので専門職主導で方向性を決める。
5　レスパイトケアを勧める。

Point　**脳梗塞を発症後，障害者支援施設に入所中のHさんの家族（妻）への支援に関する問題である。障害者支援施設とは，障害者に対し，入浴，排泄および食事などの介護，生活などに関する相談および助言，その他の必要な日常生活上の支援を行う施設である。家族に対する支援は，不安な気持ちを支えることも大切である。近年の「ケアラー支援条例（埼玉県）」制定など，家族介護者の支援の動向も併せて理解しておきたい。**

解説

1＝○　妻であるJさんは，パート勤務をしながら子育てをしており，経済的な不安に加え，将来，育児と介護のダブルケアとなる可能性が高い。こうした状況から，Jさんの将来に対する不安な気持ちは大きく，その**気持ちに寄り添う**ことが大切である。また，今の課題を一緒に整理し対応していくことで，少しずつ不安の軽減を図ることが期待できる。

2＝×　本人および家族の意向に沿うことが重要である。家族介護者のJさんの気持ちも考慮すべきであるが，まずは，**当事者であるHさんの気持ちを尊重**し，本人･家族を中心に，関係者および関係機関と調整し，方向性を決めていくことが大切である。

3＝×　Jさんは，現在，パート勤務をしながら子育てをしているため，**頻繁に施設に来てもらう時間を確保するのは難しい**と考えられる。入所中のHさんの訓練の様子を知ることで安心できることもあるが，電話などICT（Information and Communications Technology：情報通信技術）も含めた他の手段の活用も検討する。

4＝×　まずは，**本人や家族が主体的に今後の方向性を決定できる**ように支援することが大切である。そのため，社会福祉士や理学療法士などのリハビリテーション専門職とも連携しながら，家族が選択に必要な情報提供と意思決定支援を行うことが大切である。

5＝×　レスパイトケアとは，介護を行う家族が一時的に介護から解放され，日頃の心身の疲れを回復できるようにするものである。現在Hさんは入所中であり，レスパイトケアが必要な状況ではない。

解答―1

アルツハイマー型認知症の症状

問題 97　Kさん（83歳，女性，要介護1）は，3年前にアルツハイマー型認知症（dementia of the Alzheimer's type）と診断された。一人暮らしで訪問介護（ホームヘルプサービス）を利用している。金銭管理は困難であり，長男が行っている。

最近，認知症（dementia）の症状がさらに進み，訪問介護員（ホームヘルパー）がKさんの自宅を訪問すると，「通帳を長男の嫁が持っていってしまった」と繰り返し訴えるようになった。

考えられるKさんの症状として，**適切なものを1つ**選びなさい。

1　もの盗られ妄想
2　心気妄想
3　貧困妄想
4　罪業妄想
5　嫉妬妄想

Point

アルツハイマー型認知症の患者に幅広く出現する妄想に関する理解を問う問題である。Kさんが訪問介護員に繰り返し訴える「通帳を長男の嫁が持っていってしまった」という発言から正答を導くことができる。また，このような被害妄想は，疾患要因のほかに生活環境など社会的要因に起因していることが多いことも理解しておく必要がある。

アルツハイマー型認知症では，被害妄想がみられることがあり，このうち，もの盗られ妄想が最も多く認められている。もの盗られ妄想に続いて，見捨てられ妄想や嫉妬妄想も多い。

1 =◯　もの盗られ妄想は，物をしまった場所がわからなくなったときに，誰かに盗られたと思い込んでしまう妄想であり，アルツハイマー型認知症の初期症状として認められる症状である。日本では特に女性に多いとされている。

2 =☒　心気妄想とは，自分は病気であると確信してしまう妄想のことであり，うつ病（depression）や統合失調症（schizophrenia）で出現しやすい。

3 =☒　貧困妄想は，財産を喪失したといった，極度に金銭的な不安を抱える妄想であり，うつ病で出現しやすい。

4 =☒　罪業妄想は，自分の行為に対して罪深さを強く抱えてしまう妄想であり，うつ病で出現しやすい。

5 =☒　嫉妬妄想は，配偶者が浮気をしているという妄想を抱く，被害妄想の一種であり，統合失調症などで出現しやすい。また，認知症でも多く認められる症状である。

解答―1

体温が上昇した原因

問題 98 Lさん（87歳，男性，要介護１）は，冷房が嫌いで，部屋にエアコンはない。ある夏の日の午後，訪問介護員（ホームヘルパー）が訪問すると，厚手の布団を掛けて眠っていた。布団を取ると大量の発汗があり，体温を測定すると38.5℃であった。朝から水分しか摂取していないという。前から不眠があり，この５日間便秘が続いていたが，食欲はあったとのことである。

次のうち，体温が上昇した原因として，**最も適切なものを１つ**選びなさい。

1 布団
2 発汗
3 空腹
4 不眠
5 便秘

Point 高齢者の生活のなかで「体温が上昇する原因」について問う問題である。体温が上昇する原因を大別すると「からだのなかに熱がこもる発熱」「感染などにより熱産生が増加して起こる発熱」がある。介護福祉職は利用者のいつもと異なる状況を確認した際には，からだと生活状況を確認し，なぜその状況が生じたのかを考え，対応することが必要となる。正しい状況把握とからだのしくみの知識は，医療職と連携するうえでも重要な知識である。

1＝◯ 体温が上昇した原因として，布団が関係していると考えられる。夏という暑い季節に，エアコンのない部屋で厚手の布団を掛けていたことで，体内に熱がこもる状態にあったと考えられる。また，この５日間食欲はあったという情報から，感染症などで体温が上昇したとは考えにくい。

2＝☒ 発汗は，体温が上昇した原因とは考えにくい。布団を取ると大量の発汗があったことは，発汗により皮膚血管を拡張させ体温を下げようとしていたと考えられる。

3＝☒ 空腹は，体温が上昇した原因とは考えにくい。空腹を感じ，摂食により栄養素や水分を摂取すると，からだに吸収された栄養素が分解され，体熱が生じ，熱をつくりだすことになる。

4＝☒ 不眠は，体温が上昇した原因とは考えにくい。よい睡眠には，寝室や寝床のなかの温度や湿度が関係する。夏という暑い季節に，エアコンのない部屋で厚手の布団を掛けていたことが，Lさんの不眠の原因と考えられる。

5＝☒ 便秘は，体温が上昇した原因とは考えにくい。便の形成には水分量が関係するが，Lさんは，暑い日であり発汗量が多い状態から，水分を摂取していたものの，摂取量が足りず便秘になっていたと考えられる。

解答―1

視覚機能の変化

問題　99　老化に伴う視覚機能の変化に関する次の記述のうち，**正しいものを1つ選びなさい。**

1　水晶体が茶色になる。
2　遠くのものが見えやすくなる。
3　明暗に順応する時間が長くなる。
4　ピントの調節が速くなる。
5　涙の量が増える。

Point

視覚は，外界の光による情報を眼で受け取り，外界の物の形や色などを認識する感覚のことである。中心的に機能するのは眼球であるが，副眼器としての眼筋などのはたらきも関係している。感覚器としての眼は情報の約8割を受け取っているとされる。老化に伴い視覚機能に変化が生じると，生活に支障をきたすことになる。どのような変化が，なぜ生じるかを理解しておくことは，利用者の生活支援を行ううえでも必要となる。

1＝×　老化に伴う変化として，水晶体は白内障（cataract）になると**混濁して白く濁る**。水晶体は，弾力性があり，本来無色透明である。カメラのレンズのはたらきをするもので，外からの光は必ず水晶体を通過する。老人性白内障では水晶体の周りの部分から混濁することが多い。そのことで視力が悪くなる。

2＝×　老化に伴い，近くのものが見えにくくなることを**老眼**という。これは，老化に伴いカメラレンズのような機能を果たす水晶体の柔軟性が低下し，ピント調節に支障をきたすことから生じる。また，ピント調節に支障をきたすことにより，**遠くのものも見えにくくなる**。

3＝○　老化に伴い，**明暗に順応する時間が長く**なる。これを**明暗順応**の低下という。明暗順応とは，暗いところから明るいところへ，またはその反対へ移動したときに，明るさまたは暗さに目が慣れることである。低下の原因は，網膜の毛細血管の老化による変化や，水晶体の混濁が関係しているとされる。物の見え方には変化がないとされる。

4＝×　老化に伴い，**ピントの調節**は**遅く**なる。これは，老化に伴い水晶体の弾力性が低下することで生じる。さらに，水晶体とつながる毛様体は，水晶体の厚さを調節し，ピントを合わせるはたらきがあるが，老化に伴い水晶体が固くなることで，毛様体の負担が大きくなり疲れやすくなる。

5＝×　老化に伴い，**涙の量**は**少なくなる**。涙は眼の表面を潤す重要なはたらきをもつが，老化に伴い涙腺が萎縮することで涙の量が少なくなる。眼を構成するのは眼球と副眼器と呼ばれる部位である。副眼器である涙器は，涙の分泌と排出にかかわる器官で，涙の分泌器官である涙腺と，涙を鼻腔に排出する経路である涙道からなる。

解答―3

言葉の発音

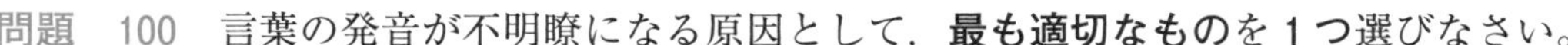

問題　100　言葉の発音が不明瞭になる原因として，**最も適切なもの**を１つ選びなさい。

1　唾液の分泌が増加すること
2　舌運動が活発化すること
3　口角が上がること
4　調整された義歯を使用すること
5　口唇が閉じにくくなること

Point

言葉の発音には，口腔の機能が大きくかかわっている。老化に伴い口腔の機能は衰えてきて，言葉が明瞭に聞き取れない，テンポが遅くなるなど，会話にも影響を及ぼすとされている。その原因には，筋肉の衰えや唾液分泌量の低下などがある。原因を知ることは，改善するための工夫を考えるためにも重要となる。

1＝×　唾液の分泌が減少することが，言葉の発音が不明瞭になる原因となる。唾液は唾液腺から分泌されるもので，その約 99％以上が水分であり，１日に約 1l ほどを分泌するといわれる。そのため水分摂取量が関係する。

2＝×　舌運動が低下することが，言葉の発音が不明瞭になる原因となる。舌は粘膜に覆われた筋肉の組織である。舌には味覚を感じる受容器である味蕾が分布する。舌運動が正常であるためには口腔内の唾液量も関係するが，舌が筋肉の組織であることから，会話をしない状態や食物摂取をしない状態などで舌運動は低下する。

3＝×　口角が下がることが，言葉の発音が不明瞭になる原因となる。口角とは，口の左右両端にある角をいう。老化に伴い口角が下がるが，これは口をすぼめたり唇をとがらせるために唇の周りを囲んでいる口輪筋の筋力低下が関係している。口輪筋を鍛えることで，口角を上げることにつながる。また，歯を失うことで，口腔周囲のしわの増加にもつながるので，失った歯を義歯等で補うことは，咀嚼や発音を促すことにもつながり，口輪筋を鍛えることにもなる。

4＝×　利用者に合っていない義歯を使用することが，言葉の発音が不明瞭になる原因となる。発音には歯の役割は重要である。歯には食物をかみ砕く役割とともに，発音を明確にするというはたらきもある。歯周病（periodontal disease）や虫歯により歯を失うと，食物をかみにくくなるとともに，発音にも支障をきたすことになる。失った歯を補うには義歯が使用されるが，調整されていない義歯はかみ合わせとともに発音にも支障を生じる。

5＝○　口唇が閉じにくくなると，言葉の発音が不明瞭になる。唇を動かすのは口輪筋と呼ばれる筋肉で，表情筋に属する筋肉である。口輪筋は意識して動かすことが少なく，加齢とともに衰えるといわれる。食事前に行う「パタカラ体操」などは，口輪筋の筋力維持にも有効である。

解答―5

骨

問題　101　骨に関する次の記述のうち，**正しいものを 1 つ**選びなさい。

1　骨にはたんぱく質が含まれている。

2　骨のカルシウム（Ca）は老化に伴い増える。

3　骨は負荷がかかるほうが弱くなる。

4　骨は骨芽細胞によって壊される。

5　骨のカルシウム（Ca）はビタミンA（vitamin A）によって吸収が促進される。

Point　**この問題の正答を導くには，骨を構成するもの，骨の成長・健康維持に関係することなど，骨に関する幅広い知識が必要とされる。さらに骨に関する知識として，骨の生理的作用である①支持作用，②保護作用，③運動作用，④造血作用，⑤電解質の貯蔵作用についても正しく理解しておくとよい。**

解説

1 =○　骨を構成する主成分は，たんぱく質とカルシウムである。骨におけるたんぱく質の役割は，コラーゲンとして骨を構成することと，骨の成長を助けることである。

2 =☒　骨のカルシウムは老化に伴い減少する。体内にあるカルシウムの99%は骨に蓄えられている。カルシウムは骨に強度を与えている。骨は土台となるコラーゲンに，このカルシウムなどのミネラル(mineral)が付着し構成されている。骨粗鬆症(osteoporosis)は，カルシウムの貯留（骨量）が減り，骨の強度が減少することで発症する。閉経後の女性では，ホルモンバランスが崩れることにより骨粗鬆症が起こりやすいことを併せて理解しておくとよい。

3 =☒　骨は負荷をかけることにより，強度が増す。骨に縦方向の負荷がかからないと，カルシウムが骨に沈着しにくくなり，新陳代謝のバランスが崩れて骨がもろくなる。高齢者では立ち上がる，歩くなどの適度な運動を行い，骨に負荷をかけるとよい。

4 =☒　骨は骨芽細胞と破骨細胞により新陳代謝がなされている。破骨細胞が古い骨を溶かし，骨を壊していく。骨芽細胞はたんぱく質よりコラーゲンをつくり出し，血液中のカルシウムを吸収し新しい骨を構成している。よって骨芽細胞とは骨をつくる細胞である。

5 =☒　骨を構成するカルシウムの吸収を促進させるビタミンは，ビタミンD（vitamin D）である。ビタミンDは食事から摂取するとともに，日光にあたることで皮膚で合成される。ビタミンAは粘膜の維持・視覚作用に関与し，さらに成長，生殖機能維持の役割があるため，幼児期に不足すると骨や歯の発育不全を招く危険がある。ビタミン(vitamin)のはたらきについては，整理して理解するとよい。

解答—1

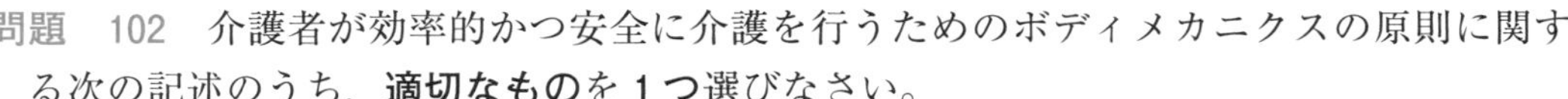

ボディメカニクスの原則

問題　102　介護者が効率的かつ安全に介護を行うためのボディメカニクスの原則に関する次の記述のうち，**適切なものを1つ**選びなさい。

1　支持基底面を広くする。
2　利用者の重心を遠ざける。
3　腰がねじれた姿勢をとる。
4　重心を高くする。
5　移動時の摩擦面を大きくする。

Point
ボディメカニクスとは，人間が動くときに骨や筋肉，関節にどのような力が生じるかなどの力学的相互関係を取り入れた技術のことである。身体介護を行う際にボディメカニクスを取り入れることで，無駄な力を使わず，スムーズな介護を提供することができる。また，身体にかかる余計な負担をなくすことで，腰痛予防につながる。

解説

ボディメカニクスの8原則は，以下のとおりである。

●ボディメカニクスの8原則

支持基底面を広くとり，重心を低くする	静止立位時では両足の足底をついた状態で左右または前後に広く開く。支持基底面内に重心を置くことで姿勢が安定する。重心は第二仙骨・へその少し下あたりに位置する。立位時では膝を曲げ，重心を床に近づけることで安定性が高くなる。
重心を近づける	介護者と対象者の重心を近くし，介護者の支持基底面内で介護を行うことで，姿勢が安定し，負担軽減につながる。
より大きな筋群を使う	大きな筋群には広背筋･大臀筋･大腿四頭筋などがある。腰を曲げて物を拾うより，大腿四頭筋を使って腰を下ろし物を拾うと，身体にかかる負担が少なくなる。
対象者の身体を小さくまとめる	手や足を組むことにより，対象者の底面積が小さくなり，ベッド上で移動する際など摩擦力が少なくなり，スムーズに移動ができる。
「押す」よりも手前に「引く」	移動の際，対象者を「押す」のではなく「引く」ことにより，摩擦を小さくし，重心を近づけることで，より少ない力で介助することができる。
水平に移動する	対象者を持ち上げることなく，水平に移動させることで負担を減らすことができる。
身体をねじらず，肩と腰を水平に保つ	足先を動作の方向に向けねじらないようにすることで，腰への負担軽減につながる。
てこの原理を使う	支点（支えとなる部分）・力点（力を加える部分）・作用点（加えた力がはたらく部分）の関係を理解し利用することで，少ない力で大きな効果を得ることができる。

したがって，**1**＝○，**2**＝×，**3**＝×，**4**＝×，**5**＝×となる。

解答—1

三大栄養素

問題　103　次のうち，三大栄養素に該当する成分として，**正しいもの**を**1つ**選びなさい。

1　水分
2　炭水化物
3　ビタミン（vitamin）
4　ナトリウム（Na）
5　カルシウム（Ca）

Point　**人間は生命活動を維持するために，食物より体内に栄養を摂り入れている。栄養素の種類とそのはたらきについては出題頻度が高いため，正しく理解しておく必要がある。三大栄養素のほか，五大栄養素についてもその内容を覚えておきたい。**

1 =×　水分は，生命維持には不可欠な物質であるが，栄養素ではない。

2 =○　炭水化物は，三大栄養素の１つである。炭水化物は糖質と食物繊維を含んだものである。炭水化物は体内に摂取されると，小腸から血液内に取り込まれ，肝臓で分解され血糖となり，身体のエネルギー源となる。

3 =×　ビタミンは，五大栄養素の１つである。ビタミンは，脂溶性と水溶性に分けられる。ビタミンは生体機能を調整するはたらきがあり，欠乏するとからだにさまざまな症状が現れる。特に水溶性ビタミン（B群・C）は，体内に蓄積されず，不要分は尿中へ排出されてしまうため，毎日摂取する必要がある。

4 =×　ナトリウムは，五大栄養素の１つである無機質（ミネラル）である。細胞外液量と浸透圧の調節，血圧の維持や細胞機能の維持などのはたらきがある。さらに，胆汁・膵液・腸液の材料にもなる。摂取源は食塩や食塩を含む調味料である。普通に食事をしていれば欠乏することはないが，過剰摂取は高血圧症（hypertension）などの発症要因ともなるため，1日6g未満が望ましい。

5 =×　カルシウムは，五大栄養素の１つである無機質（ミネラル）である。骨や歯を形成している。欠乏すると，骨粗鬆症（osteoporosis），高血圧，動脈硬化などを招くことがある。一方，過剰摂取によって，高カルシウム血症，軟組織の石灰化，泌尿器系結石，便秘などが生じる可能性がある。

●三大栄養素と五大栄養素

三大栄養素	五大栄養素
たんぱく質（アミノ酸）・脂質・炭水化物（糖質・食物繊維）	たんぱく質（アミノ酸）・脂質・炭水化物（糖質・食物繊維）・無機質（ミネラル（mineral））・ビタミン

解答―2

糖尿病の高血糖時にみられる症状

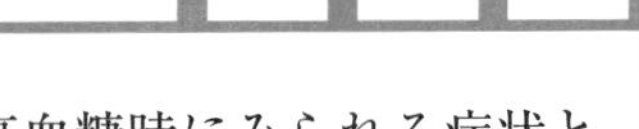

問題　104　コントロール不良の糖尿病（diabetes mellitus）で高血糖時にみられる症状として，**適切なものを 1 つ選びなさい。**

1　振戦
2　発汗
3　口渇
4　乏尿
5　動悸

糖尿病の高血糖症状について問う問題である。糖尿病の高血糖症状や低血糖症状については，事例問題として文中に利用者の状況と症状が書かれ，状態や対応を問われることがある。糖尿病の病態や分類，治療，高血糖症状，低血糖症状について理解しておくことが必要である。

糖尿病は，インスリン（insulin）という血糖を下げるホルモン（hormone）の不足や作用低下が原因で，高血糖状態が慢性的に続く疾患である。糖尿病には 1 型糖尿病と 2 型糖尿病があり，日本人の 90％以上は 2 型糖尿病である。糖尿病治療の基本は食事療法，運動療法，薬物療法（血糖を下げる薬の内服や注射によるインスリン投与）である。血糖コントロールがうまくいかないと高血糖状態や低血糖状態となり，このときにみられる症状が高血糖症状，低血糖症状である。

1 = ☒　振戦は，低血糖症状の 1 つである。振戦とは，自分の意思に関係なく手や足などがふるえることである。

2 = ☒　発汗は，低血糖症状の 1 つである。

3 = ◯　血糖値が上昇すると，血液の浸透圧が高くなり，細胞内から水分が引き出され多尿（1 日 3000 ml 以上）になることから，口渇が出現する。

4 = ☒　乏尿とは，1 日の尿量が 400 ml 以下のことである。高血糖時では，多尿となる。

5 = ☒　動悸は，低血糖症状の 1 つである。動悸とは，自分の心臓の拍動を強く感じたり，速く感じたりすることである。

●高血糖症状と低血糖症状

	日常生活で原因となり得る状況	症状
高血糖症状	食事制限以上のカロリー摂取 血糖コントロールが不良	口渇，多飲，多尿，疲れやすい，体重減少など
低血糖症状	食事間隔を空けすぎた 体調不良等で食事が摂れなかった	汗をかく，不安感，脈が速くなる，手のふるえ，顔が青白くなる，集中力の低下，生あくび，目がかすむ，痙攣，昏睡

解答― 3

浴槽から急に立ち上がった際のふらつき

問題　105　Mさん（85歳，男性）は，通所介護（デイサービス）での入浴を楽しみにしていて，いつも時間をかけて湯につかっている。ある時，介護福祉職が，「そろそろあがりましょうか」と声をかけると，浴槽から急に立ち上がりふらついてしまった。

Mさんがふらついた原因として，**最も適切なものを 1 つ**選びなさい。

1　体温の上昇
2　呼吸数の増加
3　心拍数の増加
4　動脈血酸素飽和度の低下
5　血圧の低下

Point

入浴によるからだへの影響について問う問題である。入浴によるからだへの影響に関しては，入浴の効果，入浴介護における留意点などを問う問題として出題されることが多い。入浴には，温熱作用，静水圧作用，浮力作用がある。また入浴に関する一連の行動における場面ごとに，からだにはどのような影響があるのかを理解しておくことが必要である。

入浴に関する一連の行動では，部屋から廊下，脱衣室，浴室，浴槽というように環境も変化する。廊下や脱衣室，浴室の室温が低いと血管が収縮し血圧は上昇する。浴槽に入った直後は，血管が収縮して血圧が上昇するが，42℃以上の高温でなければ血管が拡張して血圧が下がる。浴槽から立ち上がるときにも血管が拡張しているため，急に立ち上がると起立性低血圧を起こすことがある。浴槽からの立ち上がり動作は，ゆっくり行うことが重要である。

1＝☒　入浴の温熱作用によってからだが温まり体温は上昇するが，ふらついた原因として最も適切とはいえない。

2＝☒　入浴の静水圧作用により心臓や肺への血流が増えることで，呼吸数が増加することはあるが，ふらついた直接の原因とはいえない。

3＝☒　入浴の静水圧作用により心臓や肺への血流が増えることで，心拍数が増加することはあるが，ふらついた直接の原因とはいえない。

4＝☒　呼吸器疾患のある人で肩や胸まで湯につかった場合，静水圧作用により胸部が圧迫されることで呼吸が抑制され，動脈血酸素飽和度の低下がみられることがある。この場合，呼吸数の増加，呼吸苦などの症状がみられるようになる。Mさんがふらついた原因とはいえない。

5＝◉　時間をかけて湯につかることで血管が拡張して血圧が低下している状態である。そこに浴槽から急に立ち上がったため起立性低血圧が起こり，ふらついたと考えられる。

解答―5

ブリスティル便性状スケール

問題 106 次のうち，ブリストル便性状スケールの普通便に該当するものとして，**最も適切なものを１つ選びなさい。**

1 水様便
2 硬い便
3 泥状便
4 コロコロ便
5 やや軟らかい便

ブリストル便性状スケールについての知識を問う問題である。正答を導くためには，ブリストル便性状スケールとともに，普通便とはどのような硬さなのかを理解している必要がある。排泄物は健康状態を把握する手がかりになることから，事例問題などで出題されることもあるので，便や尿の正常な状態を理解しておくことが必要である。

便は，健康状態を知るうえでも大切な情報源となる。便の硬さには個人差があるため，かかわる人が共通の基準で観察し記録に残すことが重要である。このときに使用できる便の状態を７段階に分けたスケールが，ブリストル便性状スケールである。

●ブリストル便性状スケール

タイプ１	硬くてコロコロの便（ウサギの糞のような便）	
タイプ２	ソーセージ状の硬い便	
タイプ３	やや硬く，表面がひび割れているソーセージ状の便	
タイプ４	表面がなめらかで適度に軟らかいソーセージ状の便	
タイプ５	はっきりとしたしわのある，やや軟らかい半分固形の便	
タイプ６	境界がほぐれて，ふにゃふにゃの不定形の小片便，泥状の便	
タイプ７	水様で，固形物を含まない液体状の便	

このうち普通便（正常便）と呼ばれる硬さは，タイプ３～５である。タイプ３はやや硬い便，タイプ４は適度に軟らかい便，タイプ５はやや軟らかい便である。

したがって，**1**＝×，**2**＝×，**3**＝×，**4**＝×，**5**＝○となる。

解答―5

熟睡できない原因

問題 107 Aさん（65歳，女性）は，最近，熟睡できないと訴えている。Aさんの日常生活は，毎日6時に起床し，午前中は家事を行い，14時から20分の昼寝をし，16時から30分の散歩をしている。食事は朝食7時，昼食12時，夕食18時にとり，朝食のときはコーヒーを1杯飲む。21時に好きな音楽を聞きながら，夜食を満腹になる程度に食べ，21時30分に就寝している。

Aさんの訴えに対して，日常生活で改善する必要があるものとして，**最も適切なもの**を1つ選びなさい。

1 朝食のコーヒー
2 昼寝
3 散歩
4 音楽を聞くこと
5 就寝前の夜食

Point
この問題は，熟睡できないと訴えているAさんの日常生活を整理し，改善点を特定することが求められている。高齢者の場合，入眠障害，中途覚醒，早朝覚醒などの睡眠障害により熟睡感が得られにくいこと，また高齢による運動量の低下，さらには一般的な身体機能の知識などもこの問題を解く際のポイントとなっている。

解説

1＝☒ コーヒーは，興奮作用のあるカフェイン（caffeine）を含んでいるため，入眠前に飲むことは熟睡を妨げると考えられる。しかし，Aさんがコーヒーを飲むのは朝7時であり，この時間にコーヒーを飲むことが睡眠の妨げになっているとは考えにくい。

2＝☒ 長時間の昼寝は，夜間の睡眠を浅く不安定にすることにつながるため避けたほうがよいが，午後の早い時間帯に30分以内の昼寝をすることは，日中の適度な休息となり，作業効率を改善する効果があると考えられている。

3＝☒ 運動量の低下は睡眠の妨げの1つにもなることから，夕食前の散歩はむしろ望ましい習慣といえる。また夕食前の有酸素運動は，食欲や消化のはたらきにもよい効果があると考えられる。

4＝☒ 好きな音楽を聞くことは，リラックスし，睡眠を導く副交感神経を高めることから，むしろ望ましい習慣といえる。

5＝◯ 睡眠の直前に食事を摂ることが，睡眠の質を下げる原因となっている。食べたものが消化されるには最低3時間は要する。就寝前に夜食を摂れば，体内エネルギーが消化のために活性化するため，熟睡の妨げとなる。

解答—5

死

問題　108　Bさん（76歳，女性）は，病気はなく散歩が日課である。肺がん（lung cancer）の夫を長年介護し，数か月前に自宅で看取った。その体験から，死期の迫った段階では延命を目的とした治療は受けずに，自然な最期を迎えたいと願っている。

Bさんが希望する死を表す用語として，**最も適切なものを1つ**選びなさい。

1 脳死
2 突然死
3 尊厳死
4 積極的安楽死
5 心臓死

死にかかわる医学的，倫理的，法律的側面での知識と理解が問われている。今回の問題で示された用語のなかで，脳死，突然死，積極的安楽死，心臓死は，医学的に定義づけられる概念であるのに対し，尊厳死は倫理的な観念に基づいて概念化された用語といえる。また別の視点として，脳死，尊厳死，積極的安楽死については，医学的，倫理的，法律的の3つの側面からさまざまな考え方や議論があることを知っておく必要がある。

各選択肢については，以下のとおりである。

脳死	脳全体の機能が失われ，回復しない状態
突然死	予期できない心機能の低下による死亡のこと
尊厳死	死期が迫っていることを患者本人が自覚し，延命を目的とした治療を受けずに，自然な死を受け入れる死のこと
積極的安楽死	筋弛緩剤などの致死薬を患者に使用して死なせること
心臓死	医師により呼吸停止，心停止，対光反射消失の三徴候が確認された状態

Bさんは「延命を目的とした治療は受けずに，自然な最期を迎えたい」と願っていることから，上記の表より，尊厳死が正答となる。

したがって，**1**＝×，**2**＝×，**3**＝○，**4**＝×，**5**＝×となる。

解答―3

介護福祉士が実施できる経管栄養の行為

問題　109　社会福祉士及び介護福祉士法で規定されている介護福祉士が実施できる経管栄養の行為として，**正しいものを１つ**選びなさい。

1　栄養剤の種類の変更

2　栄養剤の注入速度の決定

3　経鼻経管栄養チューブの胃内への留置

4　栄養剤の注入

5　胃ろうカテーテルの定期交換

Point　**介護福祉士が実施できる経管栄養の行為についての問題である。社会福祉士及び介護福祉士法の規定により，喀痰吸引と経管栄養の医行為の範囲は決められており，すべて医師の指示のもとに行われる。喀痰吸引や経管栄養は，人為的な行為であり生命に直結する危険を伴うこともある。また十分留意していても，予期せぬ出来事（リスク）が起こることがある。そのため，介護福祉士ができる範囲，役割の正しい理解が必要である。**

1 ＝×　栄養剤の種類の変更は，医師が行う。どの栄養剤を使うかは，利用者の治療の内容や消化吸収能力，嚥下の状態などに応じて，個々の利用者に合った栄養剤を医師が決定する。介護福祉士は，医師の指示どおりの栄養剤の注入を行う。

2 ＝×　栄養剤の注入速度の決定は，医師が行う。注入速度は消化吸収状態など身体状況に合わせて設定している。注入速度が速いと，下痢や血糖値の急激な変化を起こしやすい。注入速度が遅いと，利用者の拘束時間が長くなり活動が制限されてしまうリスクがある。

3 ＝×　経鼻経管栄養チューブの胃内への留置は，医師や看護職が行う。経鼻経管栄養チューブは左右どちらか一方の鼻腔から胃内に挿入留置する。このチューブは抜けやすいことや，チューブが胃ではなく気道に留置されていることに気づかずに栄養剤を注入すると，重篤な合併症を引き起こしてしまう危険があるため，チューブが正確に胃の中に挿入されていることの確認を，医師または看護職が行う。介護福祉士は，チューブ挿入部や固定部の清潔保持や皮膚の状態の観察，チューブの抜けや口腔内での停滞や蛇行の観察を行い，いつもと違う状況がみられたら，医師・看護職に報告をする。

4 ＝○　医師の指示内容に沿った栄養剤の注入は，介護福祉士が認められている医行為の１つである。介護福祉士には，栄養剤注入の実施前～実施後の観察，必要物品の準備と管理，医師・看護職への報告と記録を行い，安全にケアを提供することが求められる。

5 ＝×　胃ろうカテーテル（胃ろうチューブ）の定期交換は，医師の役割である。胃ろうとは，腹部に内視鏡などの手術によりつくられた小さな口（ろう孔）のことをいい，胃ろう経管栄養は，このろう孔に胃ろうカテーテルを留置して，直接胃に栄養剤を注入する方法である。介護福祉士は，挿入部周囲の清潔を保ち，皮膚の状態やカテーテルの固定状態等の観察を行う。いつもと違う状況がみられたら，医師・看護職に報告をする。

解答— 4

気管カニューレ内部の喀痰吸引後に注意すべき項目

問題 110 気管カニューレ内部の喀痰吸引で，指示された吸引時間よりも長くなった場合，吸引後に注意すべき項目として，**最も適切なものを 1 つ**選びなさい。

1 体温
2 血糖値
3 動脈血酸素飽和度
4 痰の色
5 唾液の量

Point 気管カニューレ内部の喀痰吸引で，指示された吸引時間よりも長くなった場合に，吸引後に注意して観察すべき利用者の状態について問う問題である。喀痰吸引では，医師によって決められている利用者ごとの吸引チューブの挿入の深さ，吸引圧，吸引チューブの挿入時間（吸引時間）を守ることが大切である。特に吸引中は，利用者は十分な呼吸ができなくなるため，からだの中の酸素が不足して生命に危険を及ぼす可能性もあるため，吸引前後の利用者の状態を十分観察するとともに，決められた吸引時間を確実に守ることが大切である。

喀痰吸引は苦痛を伴うため，吸引の実施中から実施直後においては，絶えず利用者の呼吸状態，吸引による弊害の有無，痰や唾液の残留の有無など，利用者の状態に変化がないか観察を行う必要がある。

特に，気管カニューレからの吸引が必要な利用者は，気道内に痰がたまったり，吸引中に呼吸ができないことで換気（空気を吸って吐く）が不十分になる。これにより血液中の酸素量が減るため，低酸素状態（酸素飽和度の低下）をきたす。そのため，気管カニューレ内部の喀痰吸引で，指示された吸引時間よりも長くなった場合，利用者の体内の酸素量をさらに低下させてしまい，低酸素状態を起こす可能性があるので，吸引後に注意すべき項目として，動脈血酸素飽和度の確認が必要となる。

したがって，**1**＝×，**2**＝×，**3**＝○，**4**＝×，**5**＝×となる。

なお，動脈の血液中の酸素量を測定するには，パルスオキシメーターを手足の指に当てて測定する方法があり，介護福祉士も使用することができる。このパルスオキシメーターで測定した値を「経皮的動脈血酸素飽和度（SpO_2）」といい，基準値はおおよそ 95～100％である。血液中の酸素量が減ると，数値も下がる。測定値のみで判断はせず，顔色や呼吸状態の観察を行い，医師・看護職への報告も行う必要がある。

また，喀痰吸引では医師の指示にある吸引時間を確実に守らなくてはならない。自己判断で，指示に反する行為を行うことは禁じられている。問題文にある，指示された吸引時間よりも長くなってしまった理由として，痰が 1 回の吸引では取りきれないことがあげられるが，1 回の吸引で取りきれなくても，無理をせずにいったん吸引チューブを抜いて休み，利用者の呼吸を整えてから再度行う。

解答— 3

呼吸器官の換気とガス交換

問題 111 呼吸器官の換気とガス交換に関する次の記述のうち，**最も適切なものを１つ**選びなさい。

1 換気とは，体外から二酸化炭素を取り込み，体外に酸素を排出する働きをいう。
2 呼吸運動は，主として大胸筋によって行われる。
3 １回に吸い込める空気の量は，年齢とともに増加する。
4 ガス交換は，肺胞内の空気と血液の間で行われる。
5 筋萎縮性側索硬化症（amyotrophic lateral sclerosis：ALS）では，主にガス交換の働きが低下する。

呼吸器官の換気とガス交換についての問題である。呼吸器官の主な働きは，換気とガス交換である。呼吸の正常な働きは，この換気とガス交換が適切に行われることによって維持されている。呼吸のしくみと働きについての理解が必要である。

1＝× 換気とは，体外から酸素を取り込み，体外に二酸化炭素を排出する働きをいう。換気をするには肺を膨らませるための呼吸運動が必要である。呼吸運動は胸を膨らませたり，縮めたりする筋肉（横隔膜や肋間筋）による運動が必要であり，この働きが低下したり，空気の通り道が狭くなったりすると，換気の働きが低下する。換気の働きが低下する病気には，筋萎縮性側索硬化症（ALS）や気管支喘息（bronchial asthma）などがある。

2＝× 呼吸運動は，主として横隔膜と肋間筋によって行われる。息を吸う吸気は横隔膜と外肋間筋が縮むことで，肺が膨らみ空気が肺に入る。また，息を吐く呼気は，外肋間筋と横隔膜が緩むことで，肺にある空気は押し出される。

3＝× １回に吸い込める空気の量は，一般的に高齢者では低下するので，年齢とともに増加するわけではない。加齢に伴い全身の筋肉量の減少とともに呼吸運動に必要な筋肉も減り，胸郭や肺の弾力性も低下する。そのため，肺活量（空気を深く吸い込み，吐き出すことのできる空気の量）の低下や残気量（呼気の後に残っている量）の増加がみられる。

4＝○ ガス交換は，肺胞に運ばれた空気と血液の間で，酸素や二酸化炭素の受け渡しをする働きである。吸気によって空気を取り込み，空気に含まれた酸素が，肺胞から血液中に入り，動脈血となって全身に運ばれる。また全身を回り静脈血となった血液は二酸化炭素を多く含み，血液中から肺胞へ移動し呼気によって排出される。

5＝× 選択肢**1**の解説で述べたように，筋萎縮性側索硬化症（ALS）では，換気の働きが低下する。筋萎縮性側索硬化症は，運動を司る神経（運動ニューロン）が変性し，徐々に筋肉の萎縮と筋力の低下をきたす，原因不明の難病である。手足の麻痺による運動障害や話しにくい構音障害，食べ物が飲み込みにくい嚥下障害の症状がみられやすく，やがて呼吸障害もみられる。ガス交換の働きが低下する代表的な疾患としては，慢性閉塞性肺疾患（chronic obstructive pulmonary disease）がある。

解答―4

半固形タイプの栄養剤の特徴

問題 112 経管栄養で用いる半固形タイプの栄養剤の特徴に関する次の記述のうち，**最も適切なものを1つ**選びなさい。

1 経鼻経管栄養法に適している。
2 液状タイプと同じ粘稠度である。
3 食道への逆流を改善することが期待できる。
4 仰臥位（背臥位）で注入する。
5 注入時間は，液状タイプより長い。

半固形タイプの栄養剤の特徴についての問題である。半固形タイプの栄養剤は，胃ろうまたは腸ろうによる経管栄養で用いられる。液体と固体の両方の性質をもつ半流動体の栄養剤で，胃食道逆流を起こしやすい場合や座位の時間を短縮する必要がある場合，腸の蠕動を改善したい場合などに用いられる。経管栄養で使用される栄養剤の種類や特徴についての理解が求められる。

解説

1 =☒ 半固形タイプの栄養剤は，胃ろうまたは腸ろうによる経管栄養に適している。経鼻経管栄養法で用いる鼻腔から胃内に挿入するチューブは，長く細いという特徴をもつ。また胃ろうチューブは，直接胃内に挿入しているので経鼻経管栄養チューブに比べると短く太い特徴をもつ。半固形タイプの栄養剤は粘稠度が高いため，経鼻経管栄養チューブからの注入は困難であるため適切ではない。

2 =☒ 半固形タイプの栄養剤は，液状タイプの栄養剤より，粘稠度は高い。半固形タイプの栄養剤は，液体と固体の両方の性質をもつ半流動体の特徴をもつ。粘稠度と固形分の割合により硬さは異なる。

3 =◯ 半固形タイプの栄養剤は，液状タイプの栄養剤と比べ粘稠度が高いため，食道への逆流を改善することが期待できる。そのため，誤嚥性肺炎（aspiration pneumonia）の予防が期待できる。その他，下痢などの腸の蠕動を改善したり，注入時間を短縮できることから座位の時間を短縮することが期待できる。

4 =☒ 注入する際は，上半身を30〜45度程度起こし，腹部の緊張を緩和する体位とする。仰臥位（背臥位）での注入は，下部食道括約筋の弛緩や胃内圧の上昇により，胃内容物が逆流する胃食道逆流が起きやすい。

5 =☒ 半固形タイプの栄養剤は，液状タイプの栄養剤より注入時間が短い。半固形タイプの栄養剤は粘稠度が高く，液状タイプの栄養剤と比べ胃内滞留時間を長くし吸収を緩やかにする特徴をもつため短時間で注入することができる。一方，液状タイプの栄養剤は，胃食道逆流の危険性もあることから，時間をかけてゆっくり注入する。

解答— 3

白湯を経管栄養チューブに注入する理由

問題 113　経管栄養で，栄養剤の注入後に白湯を経管栄養チューブに注入する理由として，**最も適切なもの**を**1つ**選びなさい。

1　チューブ内を消毒する。
2　チューブ内の栄養剤を洗い流す。
3　水分を補給する。
4　胃内を温める。
5　栄養剤の濃度を調節する。

Point

経管栄養の栄養剤注入後の白湯の役割についての問題である。経管栄養チューブからの注入は栄養剤だけではない。水分補給を目的としたものや，薬剤などがある。
チューブ内は注入したものが付着し，適切なケアを行わないと付着したものの腐敗やチューブ内の閉塞を起こす可能性がある。注入する内容物の特徴と注入後の経管栄養チューブの管理方法についての理解が必要である。

白湯とは，真水を沸騰させたお湯を，飲める温度までぬるく冷ましたものである。
栄養剤の注入後に，カテーテルチップシリンジに吸い上げておいた30～50 mlの白湯を経管栄養チューブに注入する。白湯を注入する目的は，チューブ内の栄養剤を洗い流すことで，注入口のつまりと，チューブの閉塞を防ぐためである。
胃ろう経管栄養チューブや経鼻経管栄養チューブは，交換時以外は挿入したままで留置させなくてはならない。そのためチューブ内の消毒や洗浄は困難である。経管栄養剤は高カロリーで粘稠度が高いものが多く，チューブ内に付着しやすい。経管栄養チューブ内に残留物が貯留していると腐敗や雑菌の繁殖がみられるほか，チューブの閉塞の原因となる。チューブ内の汚染は目視で確認することもでき，不快感を覚える可能性もあるため，白湯を流し清潔に保つ必要がある。
したがって，**1**＝×，**2**＝○，**3**＝×，**4**＝×，**5**＝×となる。

解答―2

総合問題 1

次の事例を読んで，**問題 114 から問題 116 まで**について答えなさい。

〔事　例〕

Cさん（83 歳，女性）は，一人暮らしで，近所に買い物に行く以外はテレビを見て過ごしている。近県に息子がいるが，仕事が忙しく，会いに来ることはあまりなかった。

ある日，息子が久しぶりに訪問すると，部屋の中がごみや衣類などで散らかっていた。病院を受診するとCさんはアルツハイマー型認知症（dementia of the Alzheimer's type）と診断され，要介護 1 と認定された。

Cさんは，時々，電気湯沸しポットの使い方がわからなくなって湯が出せなかったり，お茶を入れる順番がわからずに混乱する様子が見られた。

心配した息子は，介護保険サービスを利用することにした。後日，介護支援専門員（ケアマネジャー）が訪問し，介護保険サービスの利用についてCさんや息子と話し合った。週 2 回，訪問介護（ホームヘルプサービス）を利用することになり，介護支援専門員（ケアマネジャー）は，「自宅で，衛生的な生活ができる」をケアプランの長期目標とした。

事例の情報を整理する

●Cさんの情報

人物設定	83歳，女性，要介護 1
心身の状況（疾患や障害）	アルツハイマー型認知症
サービスの利用状況	週 2 回，訪問介護（ホームヘルプサービス）を利用
生活の状況	・一人暮らし ・近県に息子が居住 ・息子は仕事が忙しく，会いに来ることはあまりない ・部屋の中がごみや衣類などで散らかっている ・時々電気湯沸しポットの使い方がわからなくなる ・お茶を入れる順番がわからなくなる
ケアプランの長期目標	「自宅で，衛生的な生活ができる」

短期目標

問題 114 Cさんを担当する訪問介護員（ホームヘルパー）は，サービス提供責任者と共に訪問介護計画書を作成することになった。

次の記述の中で，短期目標として，**最も適切なもの**を１つ選びなさい。

1 掃除機を利用して，１人で掃除をすることができるようになる。
2 電気湯沸しポットを使い，１人でお茶を入れることができるようになる。
3 Cさんの残存機能に着目して支援する。
4 週２回，息子にCさんの自宅を訪問してもらう。
5 訪問介護員（ホームヘルパー）と一緒に掃除をすることができるようになる。

訪問介護計画書の短期目標についての問題である。正答を導くためには，事例で示されている「自宅で，衛生的な生活ができる」というケアプランの長期目標に沿った内容であるかどうかを判断できることが求められる。また，「利用者を主語とすること」「実現可能な目標を段階的に設定すること」「後で評価できるように，具体的な目標を設定すること」など，目標を書くうえでの基本的な知識を理解していることも求められる。

解説

1 =☒ 選択肢は，短期目標として適切ではない。ケアプランの長期目標の「自宅で，衛生的な生活ができる」という目標を達成するためには，選択肢の目標は重要ではあるが，Cさんはアルツハイマー型認知症（dementia of the Alzheimer's type）で，電気湯沸しポットの使い方がわからなくなって湯が出せないなどの遂行機能障害がある状況なので，「掃除機を利用して，１人で掃除をすることができるようになる」という目標を短期間で達成することは難しい。

2 =☒ 選択肢は，ケアプランの長期目標の内容と合っていないため，適切ではない。電気湯沸しポットを使い，１人でお茶を入れることができるようになることは，「自宅で，衛生的な生活ができる」というケアプランの長期目標を達成するための段階的な目標として適切ではない。

3 =☒ 選択肢は，利用者が主語となっていないため，適切ではない。Cさんの残存機能に着目して支援することは大切であるが，この主語は訪問介護員である。

4 =☒ 選択肢は，利用者が主語となっていないため，適切ではない。また，事例には，「近県に息子がいるが，仕事が忙しく，会いに来ることはあまりなかった」とあることから，週２回，息子にCさんの自宅を訪問してもらうこと自体も，Cさんの支援を考えるうえで適切とはいえない。

5 =◎ 選択肢は，短期目標として適切である。まずは，訪問介護員と一緒に掃除をすることができるようになるという短期目標を立案することで，段階的にケアプランの長期目標であるCさんの衛生的な生活を目指すことが可能になることが考えられる。

解答―5

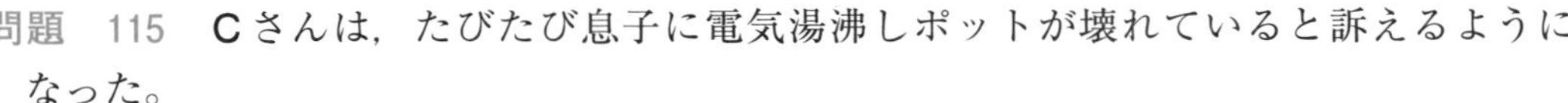

Cさんの状態

問題　115　Cさんは，たびたび息子に電気湯沸しポットが壊れていると訴えるようになった。

Cさんのこのような状態に該当するものとして，**適切なものを1つ選びなさい。**

1　空間認知障害
2　視覚認知障害
3　遂行機能障害
4　失認
5　観念運動失行

Cさんの認知症（dementia）の症状が中核症状のうちのどれにあたるかを問う問題である。認知症の症状には，中核症状と認知症の行動・心理症状（BPSD）がある。中核症状には，記憶障害，見当識障害，遂行機能障害，空間認知障害，視覚認知障害（視覚失認），失語・失認・失行などがある。それぞれの症状についての理解が求められる。

解説

1＝× 空間認知障害とは，対象の空間における位置や対象との位置関係がわからなくなる障害である。空間認知障害では，自分と電気湯沸しポットとの位置関係がわからなくなる状態である。

2＝× 視覚認知障害では，物体の形の認知が低下し，見間違いが増える。レビー小体型認知症（dementia with Lewy bodies）では幻視を中心とする視覚認知障害が現れるが，実際に存在するものを人や動物などに見間違える錯視が多くある。設問では，電気湯沸しポットを認識しているため，適切ではない。

3＝○ 遂行機能障害とは，作業の段取りを考え，効率よく作業をこなすことがうまくできなくなる障害である。事例文に「電気湯沸しポットの使い方がわからなくなって湯が出せなかったり，お茶を入れる順番がわからずに混乱する様子が見られた」とあることから，Cさんは遂行機能障害により，電気湯沸しポットの使い方がわからなくなったので「電気湯沸しポットが壊れている」と訴えるようになったと考えられる。

4＝× 失認とは，目に障害などがないにもかかわらず，目の前で見ていることを脳が認識できない場合のことをいう。見えているのに見えないといった状況が当てはまる。設問では，電気湯沸しポットは認識しており，目の前の物は見えていることがわかるため，適切ではない。

5＝× 失行とは，手足の機能は保たれているが，脳の運動野に障害があり，うまく行為ができない状況のことをいう。観念運動失行は，意識して行う行動がうまくできなくなる状況のことである。設問では，実際に行動を行おうとしてはいない状況であり，適切ではない。

解答―3

介護保険で対応可能な支援

問題 116　Cさんの家に訪問介護員（ホームヘルパー）が通い始めて数か月が経過した頃，Cさんの息子から訪問介護員（ホームヘルパー）に以下の希望が挙げられた。

介護保険で対応可能な支援として，**適切なもの**を１つ選びなさい。

1　Cさんと息子が出かけている間に洗濯物を取り込む。
2　Cさんの処方薬を薬局で受け取る。
3　地域のお祭りにCさんと一緒に行く。
4　Cさんの部屋の壁紙を張り替える。
5　訪ねて来た親戚にお茶を入れる。

Point　**介護保険の範囲で訪問介護員が対応可能な支援について問う問題である。訪問介護の内容は，①身体介護，②生活援助，③通院等のための乗車または降車の介助の３つに区分される。正答を導くためには，生活援助に含まれる内容を正しく理解している必要がある。**

1 ＝☒　洗濯物の取り込みについては生活援助に含まれるが，生活援助は「利用者が単身，家族が障害･疾病などのため，本人や家族が家事を行うことが困難な場合に行われるもの」をいうので，Cさんと息子が出かけている間に行うことは適切ではない。

2 ＝◎　処方薬を薬局で受け取ることは，生活援助の薬の受け取りにあたるので，介護保険で対応が可能な支援である。

3 ＝☒　選択肢は，以下の表の２「日常生活の援助」に該当しない行為の「①訪問介護員が行わなくても日常生活を営むのに支障が生じないと判断される行為」にあたるので，介護保険の生活援助の範囲に含まれない。

4 ＝☒　選択肢は，以下の表の模様替えにあたり，介護保険の生活援助の範囲に含まれない。

5 ＝☒　選択肢は，以下の表の来客の応接にあたり，介護保険の生活援助の範囲に含まれない。

●一般的に介護保険の生活援助の範囲に含まれないと考えられる事例

1 「直接本人の援助」に該当しない行為 **主として家族の利便に供する行為又は家族が行うことが適当であると判断される行為**	・利用者以外のものにかかる洗濯，調理，買い物，布団干し ・主として利用者が使用する居室等以外の掃除 ・来客の応接（お茶，食事の手配等） ・自家用車の洗車・清掃　等
2 「日常生活の援助」に該当しない行為 **①訪問介護員が行わなくても日常生活を営むのに支障が生じないと判断される行為**	・草むしり ・花木の水やり ・犬の散歩等ペットの世話　等
②日常的に行われる家事の範囲を超える行為	・家具・電気器具等の移動，修繕，模様替え ・大掃除，窓のガラス磨き，床のワックスがけ ・室内外家屋の修理，ペンキ塗り ・植木の剪定等の園芸 ・正月，節句等のために特別な手間をかけて行う調理　等

解答— 2

総合問題 2

次の事例を読んで，**問題 117 から問題 119 まで**について答えなさい。

〔事　例〕

Dさん（70 歳，男性）は，19 歳のときに統合失調症（schizophrenia）を発症し，入退院を繰り返しながら両親と一緒に生活してきた。両親が亡くなったことをきっかけとして不安に襲われ，妄想や幻聴の症状が強く現れるようになった。そのため，兄に付き添われて精神科病院を受診し，医療保護入院となった。

現在は，入院から 3 年が経過し，陽性症状はほとんどなく，病棟で日中はレクリエーションに参加するなど落ち着いて生活している。

事例の情報を整理する

●Dさんの情報

人物設定	70歳，男性
心身の状況（疾患や障害）	・統合失調症の陽性症状（妄想や幻聴）
サービスの利用状況	・精神科病院に入院中である（医療保護入院）
生活の状況	・19歳のときに統合失調症を発症し，入退院を繰り返しながら両親と一緒に生活してきた ・両親が亡くなったことをきっかけに統合失調症の陽性症状が現れるようになった ・精神科病院へ入院し，3 年が経過している ・現在は陽性症状はほとんどなく，病棟で日中はレクリエーションに参加するなど，落ち着いて生活している

精神科病院の入院形態

問題　117　Dさんが3年前に入院した医療保護入院の制度に関する次の記述のうち，**正しいものを1つ**選びなさい。

1　Dさんの同意による入院

2　精神保健指定医2名以上の診察の結果が，入院させなければ自傷他害の恐れがあると一致した場合の入院

3　精神保健指定医1名が診察し，入院させなければ自傷他害の恐れがあると判断した場合，72時間以内に制限した入院

4　精神保健指定医1名が診察し，Dさんの同意が得られず，家族等1名の同意がある入院

5　精神保健指定医1名が診察し，Dさんの同意が得られず，さらに家族等の同意が得られないため72時間以内に制限した入院

精神科病院への入院形態について問う問題である。精神科病院への入院形態は，精神保健福祉法を根拠としている。それぞれの入院形態の「対象と要件」について確認しておきたい。

●精神保健福祉法に基づく精神科病院への入院形態

任意入院（法第20条，第21条）	対　象：入院を必要とする精神障害者で，入院について本人の同意がある者 要件等：精神保健指定医の診察は不要
措置入院（法第29条）	対　象：入院させなければ自傷他害の恐れのある精神障害者 要件等：精神保健指定医2名以上の診察の結果が一致した場合に都道府県知事が措置
緊急措置入院（法第29条の2）	対　象：措置入院と同様 要件等：急速な入院を要し，精神保健指定医1名の診察で足りるが，入院期間が72時間以内に制限される
医療保護入院（第33条）	対　象：入院を必要とする精神障害者で，自傷他害の恐れはないが，任意入院を行う状態にない者 要件等：精神保健指定医の診察および家族等のうちいずれかの者の同意が必要
応急入院（第33条の7）	対　象：入院を必要とする精神障害者で，自傷他害の恐れはないが，任意入院を行う状態になく，急速を要し，家族等の同意が得られない者 要件等：精神保健指定医の診察が必要であり，入院期間は72時間以内に制限される

1＝☒　任意入院の説明である。

2＝☒　措置入院の説明である。

3＝☒　緊急措置入院の説明である。

4＝◯　医療保護入院の説明である。

5＝☒　応急入院の説明である。

（注）法改正により，医療保護入院については，2024年（令和6年）4月1日から，患者の家族等が同意又は不同意の意思表示を行わない場合に，市町村長の同意によって行うことができることとなった。

解答—4

各施設の特徴

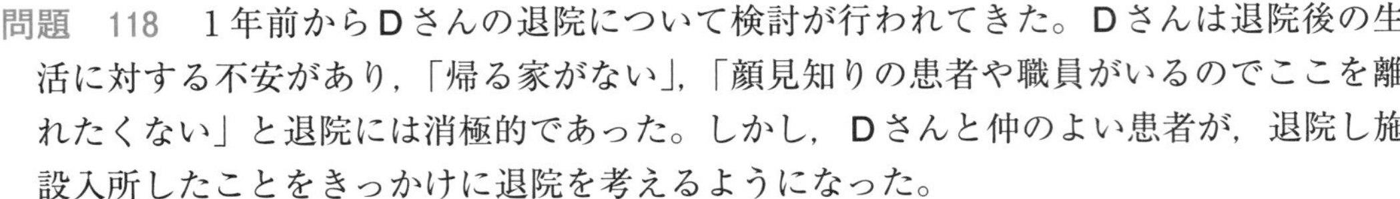

問題　118　1年前からDさんの退院について検討が行われてきた。Dさんは退院後の生活に対する不安があり，「帰る家がない」，「顔見知りの患者や職員がいるのでここを離れたくない」と退院には消極的であった。しかし，Dさんと仲のよい患者が，退院し施設入所したことをきっかけに退院を考えるようになった。

Dさんは，整容，入浴，排泄，食事，移動は見守りがあればできる。また，介護福祉職の助言を受ければ，日用品などを買うことはできる。経済状況は，障害基礎年金2級と生活保護を受給している。要介護認定を受けたところ，要介護1と認定された。

Dさんの退院先の候補になる施設として，**最も適切なものを1つ**選びなさい。

1　養護老人ホーム
2　老人福祉センター
3　更生施設
4　地域生活定着支援センター
5　介護老人福祉施設

Dさんの現在の日常生活動作（Activities of Daily Living：ADL）や経済状況等の生活状況を総合的に理解するとともに，各施設の特徴の理解について問う問題である。Dさんの日常生活動作の自立度の高さや，経済的な困窮状態にあることを読み取る必要がある。

1＝○　養護老人ホームは，老人福祉法に規定されている老人福祉施設である。65歳以上の者であって，環境上の理由および経済的理由により居宅において養護を受けることが困難な者に対し，必要な援助を行う施設である。Dさんの経済状況や退院後の生活に対する不安についても必要な支援を行う施設として適切である。

2＝×　老人福祉センターは，老人福祉法に規定されている老人福祉施設である。無料または低額な料金で各種相談に応じ，健康増進や教養向上およびレクリエーションを行う施設である。Dさんの退院後の生活を全般的に支援することが難しいため，適切ではない。

3＝×　更生施設は，生活保護法に規定されている保護施設である。身体上または精神上の理由により養護および生活指導を必要とする者を入所させ，生活扶助を行うことを目的とする施設である。Dさんは日常生活に関しては自立度が高いことから，適切ではない。

4＝×　地域生活定着支援センターは，高齢または障害により支援を必要とする矯正施設退所者に対して，保護観察所と協働して入所中から福祉的な支援を行い，地域生活への円滑な移行を図ることを目的とする更生保護分野の施設である。Dさんには適切ではない。

5＝×　介護老人福祉施設は，介護保険法に規定されている介護保険施設である。入所条件は原則要介護3以上であるため，要介護1に認定されているDさんには適切ではない。

解答—1

コミュニケーション技術

問題 119　Dさんは施設への入所が決まり，うれしそうに退院の準備をするようになった。ある夜，1人で荷物の整理をしていたときに転んでしまい，顔を強打して大きなあざができた。後遺症はないことがわかったが，Dさんは自信をなくし，介護福祉職に，「これでは施設も自分を受け入れてくれないだろう」と言い，「施設入所がうれしくて早く準備がしたかった」と話した。

そばに寄り添い，Dさんの話を聴き終えた介護福祉職が，「施設入所がうれしくて，早く準備をしたかったのですね」と言うと，Dさんは，「退院を諦めていたけど，自分にも暮らせる場所があると思った」とやりたいことや夢を語り出した。

介護福祉職が行ったコミュニケーション技術として，**最も適切なもの**を1つ選びなさい。

1　あいづち
2　言い換え
3　要約
4　繰り返し
5　閉じられた質問

Point　介護福祉職としてDさんとの信頼関係を得るためのコミュニケーション技術について問う問題である。事例中の「施設入所がうれしくて早く準備がしたかった」というDさんから語られた思いを受け止めたうえで，どのようにかかわることで信頼関係を構築していけるかという点が重要な視点である。

解説

1＝☒　あいづちは，相手の話を真剣に聞き，話の内容に同意していることを伝える技法である。相手のペースに合わせながら同時にうなずく動作をすると効果的である。

2＝☒　言い換えは，話し手が自分の思いを十分に言葉で表現できない場合などに，聞き手がそれまでに理解した内容や情報をもとに話し手に伝える技法である。言い換えを行う際に，話し手の伝えたい思いと差異が生じると信頼関係の構築に逆効果となることもある。

3＝☒　要約は，話された内容を総合的にまとめ，話し手に伝える技法である。話し手は要約されて伝えられることで，自分の気持ちや考えが整理され確認することができる。

4＝◯　繰り返しは，話し手の話した感情や話のキーワードをそのまま繰り返して伝える技法である。介護福祉職が「施設入所がうれしくて，早く準備をしたかったのですね」と繰り返したことで，Dさんがやりたいことや夢を語り出しており，最も適切である。

5＝☒　閉じられた質問は，質問に対する答えが「はい，いいえ」で答えられる質問，または「AかBか」のように質問者が提示した選択肢の中から答えを選ぶ質問である。開かれた質問との違いを理解したうえで，状況に応じて使い分けることが求められる。

解答―4

総合問題 3

次の事例を読んで，**問題 120 から問題 122 まで**について答えなさい。

〔事　例〕

Eさん（35 歳，男性）は，1 年前に筋萎縮性側索硬化症（amyotrophic lateral sclerosis：ALS）と診断された。当初の症状としては，ろれつが回らず，食べ物の飲み込みが悪くなり，体重の減少がみられた。

その後，**E**さんの症状は進行し，同居している両親から介護を受けて生活をしていたが，両親の介護負担が大きくなったため，障害福祉サービスを利用することになった。障害支援区分の認定を受けたところ，障害支援区分 3 になった。**E**さんは訪問介護員（ホームヘルパー）から食事や入浴の介護を受けて自宅で生活をしている。

事例の情報を整理する

●Eさんの情報

人物設定	35歳，男性，障害支援区分 3
心身の状況（疾患や障害）	・筋萎縮性側索硬化症（ALS） ・当初の症状は，①ろれつが回らない，②食べ物の飲み込みが悪くなった，③体重の減少がみられた ・症状は進行している
サービスの利用状況	・障害福祉サービスを利用し，訪問介護員から食事や入浴の介護を受けている
生活の状況	・同居している両親から介護を受けていた ・両親の介護負担が大きくなったため，障害福祉サービスを利用することになった ・自宅で生活している

ポイント解説

●筋萎縮性側索硬化症（ALS）

本事例は，筋萎縮性側索硬化症（ALS）の医学的側面の理解がポイントとなる。進行に合わせてみられる症状を理解することから始め，それに伴うコミュニケーション手段などの支援の方法も整理して理解する必要がある。

筋萎縮性側索硬化症の症状

問題 120 Eさんが病院を受診するきっかけになった症状に該当するものとして，**最も適切なものを1つ選びなさい。**

1 対麻痺
2 単麻痺
3 球麻痺
4 安静時振戦
5 間欠性跛行

Point この問題では，筋萎縮性側索硬化症（ALS）の症状に関する医学的な知識が問われている。筋萎縮性側索硬化症（ALS）は，筋肉を動かすための神経（運動ニューロン）に異常が発生し，自力での運動が困難となる難病である。手や指など上肢の筋萎縮から症状が出現し，球麻痺症状，嚥下障害，呼吸困難など，進行性の経過をたどることが多い。どの症状もよく問われるため，併せて理解しておこう。

1 =☒ 対麻痺とは，主として両下肢の麻痺のことをいう。事例文中に，Eさんが病院を受診するきっかけになった症状として，両下肢の麻痺に該当する記述は見当たらない。

2 =☒ 単麻痺とは，左右どちらかの上肢または下肢のみの麻痺のことをいう。事例文中に，Eさんが病院を受診するきっかけになった症状として，単麻痺の症状に該当する記述は見当たらない。

3 =◯ 球麻痺とは，延髄にある脳神経核が障害されることにより，構音障害や嚥下障害のほか，呼吸障害などが出現する麻痺である。事例文中に，「ろれつが回らず，食べ物の飲み込みが悪くなり」とあることから，球麻痺症状の可能性があることを確認できる。

4 =☒ 安静時振戦とは，筋肉が収縮することにより自分の意思とは関係なく手などがふるえることをいう。これはパーキンソン病（Parkinson disease）に代表的な症状である。事例文中に，Eさんが病院を受診するきっかけになった症状として，安静時振戦に該当する記述は見当たらない。

5 =☒ 間欠性跛行とは，一定の距離を歩行すると足にしびれや痛みが出現し，そのまま歩行を継続することが困難となるものである。これは脊柱管狭窄症（spinal stenosis）に代表的な症状である。事例文中に，Eさんが病院を受診するきっかけになった症状として，間欠性跛行に該当する記述は見当たらない。

解答—3

筋萎縮性側索硬化症のある人のコミュニケーションの道具

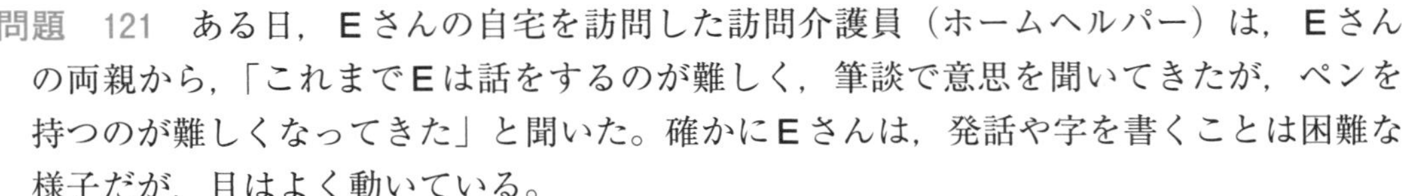

問題 121　ある日，Eさんの自宅を訪問した訪問介護員（ホームヘルパー）は，Eさんの両親から，「これまでEは話をするのが難しく，筆談で意思を聞いてきたが，ペンを持つのが難しくなってきた」と聞いた。確かにEさんは，発話や字を書くことは困難な様子だが，目はよく動いている。

次のうち，今後，Eさんが家族とコミュニケーションをとるときに使うことのできる道具として，**最も適切なもの**を1つ選びなさい。

1　ホワイトボード
2　絵や写真
3　透明文字盤
4　拡声器
5　補聴器

この問題では，筋萎縮性側索硬化症（ALS）のある人のコミュニケーションを支援する道具に関する知識が問われている。正答を導くためには，まず，選択肢の道具の使い方を理解していることが求められる。そのうえで，Eさんの状態を踏まえて，その道具をEさんが効果的に使えるかどうかを判断できる力が求められている。

1＝☒　ホワイトボードは，その上に文字などを書く筆談によって意思を伝えることのできる道具である。Eさんはペンを持つのが難しくなってきていることから，ホワイトボードに文字を書くことが困難であると考えられるため，適切ではない。

2＝☒　絵や写真は，言いたいことを言語化するのが難しい場合に，示して意思を伝えることのできる道具である。Eさんは言いたいことを言語化するのには困難がないため，適切ではない。

3＝◯　透明文字盤は，発信者と受信者が五十音表が記入された文字盤を挟んで向かい合い，発信者が伝えたい文字を見つめ，受信者が視線からその文字を読み取ることで，意思を伝えることのできる道具である。そのため，主に筋萎縮性側索硬化症（ALS）のある人のコミュニケーションを支援するために使用される。Eさんは「目はよく動いている」とあることから，Eさんの意思を伝えることのできる道具である。

4＝☒　拡声器は，音を大きくして届けることのできる道具である。Eさんは発話自体が困難であるため，適切ではない。

5＝☒　補聴器は，補聴器のマイクに入って来た音を大きくして聞くことのできる道具である。Eさんの聴覚に障害があるという記述はないため，適切ではない。

解答―3

障害福祉サービス

問題 122　3年後，Eさんの症状はさらに進行し，障害支援区分6になった。Eさんはこれまでどおり，自宅での生活を希望し，Eさんの両親は障害福祉サービスを利用しながら最期まで自宅でEさんの介護を行うことを希望している。

Eさんと両親の希望の実現に向けて，現在の状態からEさんが利用するサービスとして，**最も適切なものを1つ**選びなさい。

1　育成医療
2　就労定着支援
3　共同生活援助（グループホーム）
4　行動援護
5　重度訪問介護

Point

筋萎縮性側索硬化症（ALS）が進行すると，介護にかかる負担は増大する。そのような状態で在宅での生活を継続するために利用するサービスについての知識が問われている。主にポイントとなるのは，障害福祉サービスの種類ごとに対象とサービス内容を整理して理解できているかという点になる。また，障害者総合支援法に基づく自立支援医療や地域生活支援事業についても併せて理解しておきたい。

解説

1＝☒　育成医療は，身体障害児（18歳未満）を対象に，健全な育成を図るため，その障害児に対し行われる生活の能力を得るために必要な医療のことである。サービスの対象・内容ともに適切ではない。

2＝☒　就労定着支援は，一般就労した障害者を対象に，一定期間にわたり，就労の継続を図るために必要な事業所の事業主，障害福祉サービス事業を行う者，医療機関その他の者との連絡調整などを提供するサービスである。サービスの対象・内容ともに適切ではない。

3＝☒　共同生活援助（グループホーム）は，障害者を対象に，主として夜間において，共同生活を営むべき住居において相談，入浴，排泄または食事の介護その他の日常生活上の援助を提供するサービスである。サービスの内容が適切ではない。

4＝☒　行動援護は，知的障害または精神障害により行動上著しい困難があり，常時介護を必要とする障害者・障害児を対象に，行動する際に生じ得る危険を回避するために必要な援護，外出時における移動中の介護，排泄や食事等の介護，行動する際に必要な援助を提供するサービスである。サービスの対象・内容ともに適切ではない。

5＝◎　重度訪問介護は，重度の肢体不自由者または重度の知的障害もしくは精神障害により行動上著しい困難を有する障害者であって，常時介護を要するものを対象に，居宅における入浴・排泄・食事等の介護，調理・洗濯・掃除等の家事，生活等に関する相談や助言その他の生活全般にわたる援助，外出時における移動中の介護を総合的に提供するサービスである。サービスの対象・内容ともに適切である。

解答―5

総合問題 4

次の事例を読んで，**問題 123 から問題 125 まで**について答えなさい。

〔事　例〕

Fさん（50 歳，女性，障害支援区分 5）は，アテトーゼ型（athetosis）の脳性麻痺（cerebral palsy）による四肢・体幹機能障害がある。居宅介護を利用し，入浴の支援を受けながら母親（79 歳）と暮らしていた。Fさんは障害基礎年金 1 級を受給していて，Fさん名義の貯蓄がある。金銭管理は母親が行っていた。

Fさんは，3 年前に誤嚥性肺炎（aspiration pneumonia）で入院したことがある。言語障害があり，慣れた人でないと言葉が聞き取りにくい。自宅では車いすに乗り，足で床を蹴って移動し，屋外は母親が車いすを押していた。Fさんは自宅内の移動以外の日常生活については，母親から全面的に介護を受けて生活していた。

最近，日中活動の場と短期入所（ショートステイ）の利用について，市の障害福祉課に相談するようになった。

ところが，母親が持病の心疾患（heart disease）で亡くなり，市の障害福祉課がFさんと当面の生活について検討することになった。

Fさんは 1 人で生活することは難しいと思い，施設入所を希望している。

事例の情報を整理する

●Fさんの情報

人物設定	50歳，女性，障害支援区分 5
心身の状況（疾病や障害）	・脳性麻痺（アテトーゼ型）による四肢・体幹機能障害 ・言語障害（慣れた人でないと言葉が聞き取りにくい） ・3 年前に誤嚥性肺炎で入院したことがある
サービスの利用状況	・居宅介護を利用し，入浴の支援を受けている ・日中活動の場・短期入所（ショートステイ）の利用について，市の障害福祉課に相談するようになった
生活の状況	・母親（79歳）と同居していた ・金銭管理・自宅内の移動以外の日常生活などの全面的な介護を母親から受けていた ・母親が持病の心疾患で亡くなった ・障害基礎年金 1 級を受給していて，Fさん名義の貯蓄がある
Fさんの思い	・1 人で生活することは難しいため，施設入所を希望

脳性麻痺の特徴

問題 123 Fさんの脳性麻痺（cerebral palsy）の特徴に関する次の記述のうち，**最も適切なものを 1 つ選びなさい。**

1 強い筋緊張から，四肢の突っ張りが強い。
2 不随意運動が生じて，運動コントロールが困難になる。
3 文字の読みの不正確さがあり，読んだ内容を理解しにくい。
4 動作は緩慢で，表情が乏しくなる。
5 着衣失行が生じる。

この問題を解くには，脳性麻痺の特徴について理解しておく必要がある。特に脳性麻痺の種類・障害の内容・麻痺の部位などの知識を深めておくことが大切である。

アテトーゼ型は，四肢麻痺が出現し運動機能障害が生じる脳性麻痺である。具体的には，過緊張と低緊張を繰り返す・協調運動が妨げられる・音や刺激で筋緊張が強くなる・重度な発語困難を伴うなどの特徴がある。

解説

1＝☒ 強い筋緊張から四肢の突っ張りが強くなることが特徴の脳性麻痺は，痙直型・固縮型である。

2＝◯ 選択肢のとおりである。アテトーゼ型は不随意運動が生じることが特徴で，運動のコントロールが困難になる。

3＝☒ 文字の読みの不正確さや内容が理解しにくくなるなどの知的障害を伴う脳性麻痺は，痙直型・固縮型や混合型である。

4＝☒ 動作が緩慢になったり表情が乏しくなることが特徴の疾病は，パーキンソン病（Parkinson disease）である。

5＝☒ 着衣失行は，高次脳機能障害（higher brain dysfunction）や認知症（dementia）の中核症状などで生じる症状である。運動麻痺などがないにもかかわらず，衣服を正しく着る動作ができなくなるものである。

解答—2

短期目標の設定

問題　124　Ｆさんは，障害者支援施設に入所できることになり，アセスメント（assessment）が行われた。

相談支援専門員は，Ｆさんの希望をもとに，これまでの生活状況と身体の様子等から，もう少し本人にできることがあるのではないかと考え，「障害者支援施設で施設入所支援と生活介護を利用しながら，将来の生活を考える」という方針を立てた。また，長期目標を，「自分に適した介護を受けながら，様々な生活体験を積む」とした。

Ｆさんの短期目標として，**最も適切なものを１つ**選びなさい。

1　入浴時に自分でからだを洗えるようになる。
2　毎日字を書く練習を行い，筆談で会話ができるようになる。
3　施設内は，車いす介助を受けながら安全に移動する。
4　経管栄養で食事がとれるようになる。
5　日中活動として外出や興味のあるグループ活動に参加する。

Point

短期目標の設定について問う問題である。短期目標は，長期目標を達成するための段階的な目標である。問題文中の「自分に適した介護を受けながら，様々な生活体験を積む」という長期目標と，Ｆさんの希望や現在の状況を照らし合わせることで，正解を導くことができる。また，目標を設定する際には，利用者自身が取り組むことができる（能力を最大限に発揮する）内容であることにも留意したい。

1＝×　Ｆさんはアテトーゼ型の脳性麻痺（cerebral palsy）であり，複数の動作をまとめて行う協調運動が妨げられている。自分でからだを洗うのは難しく，Ｆさん自身で取り組むことはできないため適切ではない。

2＝×　筆談での会話は難しく，Ｆさん自身で取り組むことはできないため適切ではない。

3＝×　Ｆさんは，自宅では車いすに乗り，足で床を蹴って移動していた。選択肢はその残存機能を活用しておらず，Ｆさん本人の能力を発揮できていないため適切ではない。

4＝×　Ｆさんの嚥下機能に合わせた食形態や食事方法の工夫等により経口摂取が可能であると考えられるため，適切ではない。

5＝○　選択肢の内容は，活動を通して長期目標の「様々な生活体験を積む」ことを可能にするため，適切である。

解答—5

社会福祉協議会の事業内容

問題 125　入所してから３か月が経ち，支援の見直しが行われた。

Ｆさんは施設生活にも慣れ，相談できる人も増えている。また，「自分でお小遣いを使えるようになりたい」と言い，外出時に必要なお金を介護福祉職と一緒に考えるようになった。将来の地域生活を考えて，社会福祉協議会の金銭管理に切り替えることが検討された。

Ｆさんが活用できる社会福祉協議会が行う金銭管理として，**最も適切なものを１つ**選びなさい。

1　日常生活自立支援事業
2　生活福祉資金
3　自立訓練
4　生活困窮者家計改善支援事業
5　自発的活動支援事業

Point　**この問題を解くポイントは，社会福祉協議会の役割や事業の内容，各種制度や事業についての知識を深めておくことである。また，金銭管理に関する制度や事業にどのようなものがあるのかを，社会の理解・障害の理解などで学んだ知識も含め整理して解くことが効果的である。**

1 =○　日常生活自立支援事業は，都道府県社会福祉協議会または指定都市社会福祉協議会が主体となり，日常的金銭管理を行う事業である。対象は判断能力が不十分な人（認知症高齢者・知的障害者・精神障害者等）でこの事業の契約内容について判断し得る能力をもっている人である。Ｆさんの症状であるアテトーゼ型脳性麻痺（cerebral palsy）の特徴は，知的発達は正常に保たれることが多いため，この事業を活用するのは適切である。

2 =×　生活福祉資金は，都道府県社会福祉協議会が主体となり，生活福祉資金の貸付けを行うことで，低所得者・高齢者・障害者の生活を経済的に支えるとともに，在宅福祉および社会参加の促進を目的としている。

3 =×　自立訓練は，地域生活を営むうえで必要な生活能力の維持・向上等のために，一定期間の訓練が必要な障害者のための障害福祉サービスである。

4 =×　生活困窮者家計改善支援事業とは，全国の福祉事務所を設置している自治体が実施主体となって，生活困窮者を対象に家計の状況を適切に把握することや家計の改善の意欲を高めることなどを支援する事業である。

5 =×　自発的活動支援事業とは，障害者総合支援法に基づき各市町村が実施する地域生活支援事業の１つである。ピアサポート活動支援，災害対策活動支援，孤立防止活動支援，社会活動支援，ボランティア活動支援などを実施する事業である。

解答―1

索引

◎索引の使い方

索引は，ある語句が掲載されているページを示したものです。苦手な分野がある場合，その分野に含まれる語句を索引で引けば，過去3年分の問題の中から，苦手分野の問題だけを選んで解くことができます。

（例）ICF が苦手で…という場合

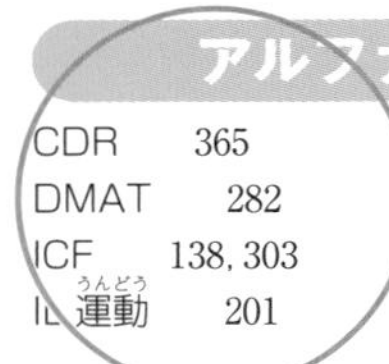

索引を見ると，ICF という用語が 138, 303 ページで出てくることがわかります。そのページに戻って問題や解説をチェックすれば，ICF について過去の問題でどのように問われたかだけでなく，その周辺知識についても学習することができます。

※本書が掲載しているのは過去3年分の国家試験の問題です。そのため，重要語句であっても，過去3年分の国家試験の出題に関連しない場合は，索引に載っていません。そのような語句については，弊社の『介護福祉士国家試験模擬問題集 2025』（2024年6月刊行予定）や『介護福祉士国家試験受験ワークブック 2025（上）（下）』（2024年6月刊行予定）などで学習してください。

アルファベット

あ

か

さ

た

な

は

ま

や

ら

第 36 回　執筆者一覧（五十音順）

新井恵子（あらい けいこ）
静岡福祉大学教授

石岡周平（いしおか しゅうへい）
町田福祉保育専門学校副校長

伊東一郎（いとう いちろう）
介護コンサルLink株式会社代表取締役

井上修一（いのうえ しゅういち）
大妻女子大学教授

岩川亮太（いわかわ りょうた）
鹿児島県立加世田常潤高等学校教諭

大久保　功（おおくぼ いさお）
静岡福祉大学准教授

太田つぐみ（おおた つぐみ）
大川学園医療福祉専門学校専任教員

大西典子（おおにし のりこ）
山野美容芸術短期大学教授

大谷佳子（おおや よしこ）
NHK学園社会福祉士養成課程講師

亀島千枝（かめじま ちえ）
町田福祉保育専門学校主任

木田茂樹（きだ しげき）
群馬医療福祉大学短期大学部講師

金　美辰（きむ みじん）
大妻女子大学教授

小林哲也（こばやし てつや）
静岡福祉大学准教授

島﨑将臣（しまざき たかとみ）
神戸女子大学助手

竹田幸司（たけだ こうじ）
田園調布学園大学准教授

中岡　勉（なかおか つとむ）
高知福祉専門学校学科長

長山圭子（ながやま けいこ）
中央福祉医療専門学校副校長

西川千登世（にしかわ ちとせ）
大妻女子大学非常勤講師

馬場千草（ばば ちぐさ）
HAPPY&SMILE COLLEGE教務主任

林　雅美（はやし まさみ）
目白大学専任講師

東野幸夫（ひがしの ゆきお）
専門学校YICリハビリテーション大学校教員

東原由佳（ひがしはら ゆか）
四国医療福祉専門学校教員

飛田和樹（ひだ かずき）
大妻女子大学専任講師

福島岳志（ふくしま たけし）
葛飾区自立生活支援くらしのまるごと相談課相談支援員

福田智久（ふくだ ともひさ）
群馬医療福祉大学短期大学部准教授

古市孝義（ふるいち たかよし）
大妻女子大学助教（実習担当）

堀米史一（ほりごめ ふみかず）
目白大学准教授

前田美貴（まえだ みき）
石巻赤十字病院人事課主事

松井康成（まつい やすなり）
松井社会福祉士事務所代表

宮元預羽（みやもと よはね）
湘南医療大学介護福祉別科設立準備室

森　聖志（もり まさし）
一般社団法人三重県介護福祉士会会長

森田直子（もりた なおこ）
中部学院大学准教授

山下喜代美（やました きよみ）
東京福祉大学准教授

山田誠峰（やまだ せいほう）
宮城学院女子大学非常勤講師

山田弥生（やまだ やよい）
読売理工医療福祉専門学校専任教員

山本貴一（やまもと きいち）
学校法人日本教育財団首都医校教員

第 35 回　執筆者一覧（五十音順）※肩書きは執筆当時

青木宏心（あおき ひろむね）
桜美林大学連携研究員

石岡周平（いしおか しゅうへい）
町田福祉保育専門学校副校長

伊東一郎（いとう いちろう）
介護コンサルLink株式会社代表取締役

井上修一（いのうえ しゅういち）
大妻女子大学教授

岩川亮太（いわかわ りょうた）
鹿児島県立加世田常潤高等学校教諭

大久保　功（おおくぼ いさお）
静岡福祉大学講師

太田つぐみ（おおた つぐみ）
東京都立多摩職業能力開発センター講師

大西典子（おおにし のりこ）
山野美容芸術短期大学教授

大谷佳子（おおや よしこ）
NHK学園社会福祉士養成課程講師

亀島千枝（かめじま ちえ）
町田福祉保育専門学校主任

金　美辰（きむ みじん）
大妻女子大学教授

小林哲也（こばやし てつや）
静岡福祉大学講師

白井孝子（しらい たかこ）
東京福祉専門学校副学校長

杉田雅治（すぎた まさはる）
大妻女子大学助教（実習担当）

竹田幸司（たけだ こうじ）
田園調布学園大学准教授

中岡　勉（なかおか つとむ）
高知福祉専門学校学科長

長山圭子（ながやま けいこ）
中央福祉医療専門学校副校長

能田茂代（のうだ しげよ）
元四天王寺大学教授

馬場千草（ばば ちぐさ）
HAPPY&SMILE COLLEGE教務主任

東野幸夫（ひがしの ゆきお）
専門学校YICリハビリテーション大学校教員

東原由佳（ひがしはら ゆか）
四国医療福祉専門学校教員

飛田和樹（ひだ かずき）
大妻女子大学専任講師

廣瀬圭子（ひろせ けいこ）
ルーテル学院大学准教授

福島岳志（ふくしま たけし）
医療ビジネス観光福祉専門学校教務主任

古市孝義（ふるいち　たかよし）
大妻女子大学助教（実習担当）

松井康成（まつい　やすなり）
松井社会福祉士事務所代表

八城　薫（やしろ　かおる）
大妻女子大学教授

山田弥生（やまだ　やよい）
読売理工医療福祉専門学校専任教員

堀米史一（ほりごめ　ふみかず）
目白大学准教授

宮元預羽（みやもと　よはね）
沖縄大学助教

山下喜代美（やました　きよみ）
東京福祉大学准教授

渡邊祐紀（わたなべ　ゆうき）
東海大学専任講師

前田美貴（まえだ　みき）
石巻赤十字病院人事課主事

森　聖志（もり　まさし）
一般社団法人三重県介護福祉士会会長

山田誠峰（やまだ　せいほう）
宮城学院女子大学非常勤講師

第 34 回　執筆者一覧（五十音順）※肩書きは執筆当時

青木宏心（あおき　ひろむね）
桜美林大学連携研究員

石岡周平（いしおか　しゅうへい）
町田福祉保育専門学校主任

伊東一郎（いとう　いちろう）
介護コンサルLink株式会社代表取締役

井上修一（いのうえ　しゅういち）
大妻女子大学准教授

岩川亮太（いわかわ　りょうた）
鹿児島県立加世田常潤高等学校教諭

大久保　功（おおくぼ　いさお）
静岡福祉大学講師

大田京子（おおた　きょうこ）
一般社団法人三重県介護福祉士会会長

太田つぐみ（おおた　つぐみ）
東京都立多摩職業能力開発センター講師

大西典子（おおにし　のりこ）
山野美容芸術短期大学教授

大谷佳子（おおや　よしこ）
昭和大学講師

亀島千枝（かめじま　ちえ）
町田福祉保育専門学校専任教員

金　美辰（きむ　みじん）
大妻女子大学准教授

小林哲也（こばやし　てつや）
静岡福祉大学講師

白井孝子（しらい　たかこ）
東京福祉専門学校副学校長

竹田幸司（たけだ　こうじ）
田園調布学園大学准教授

千葉安代（ちば　やすよ）
特別養護老人ホームノテふるさと看護師

中岡　勉（なかおか　つとむ）
高知福祉専門学校教員

長山圭子（ながやま　けいこ）
中央福祉医療専門学校教務部長

能田茂代（のうだ　しげよ）
四天王寺大学教授

馬場千草（ばば　ちぐさ）
専任介護教員

東野幸夫（ひがしの　ゆきお）
専門学校YICリハビリテーション大学校教員

東原由佳（ひがしはら　ゆか）
四国医療福祉専門学校教員

飛田和樹（ひだ　かずき）
大妻女子大学助教（実習担当）

廣瀬圭子（ひろせ　けいこ）
ルーテル学院大学准教授

福島岳志（ふくしま　たけし）
医療ビジネス観光福祉専門学校教務主任

古市孝義（ふるいち　たかよし）
北翔大学講師

堀米史一（ほりごめ　ふみかず）
目白大学准教授

前田美貴（まえだ　みき）
石巻赤十字病院人事課主事

松井康成（まつい　やすなり）
松井社会福祉士事務所代表

宮元預羽（みやもと　よはね）
沖縄大学助教

八城　薫（やしろ　かおる）
大妻女子大学教授

山下喜代美（やました　きよみ）
東京福祉大学准教授

山田誠峰（やまだ　せいほう）
宮城学院女子大学非常勤講師

山田弥生（やまだ　やよい）
読売理工医療福祉専門学校専任教員

渡邊祐紀（わたなべ　ゆうき）
東海大学講師

■ 本書に関する訂正情報等について
弊社ホームページ（下記URL）にて随時お知らせいたします。
https://www.chuohoki.co.jp/foruser/care/

■ 本書へのご質問について
下記のURLから「お問い合わせフォーム」にご入力ください。
https://www.chuohoki.co.jp/contact/

介護福祉士国家試験過去問解説集2025
第34回—第36回全問完全解説

2024年5月1日　発行

編　　集●中央法規介護福祉士受験対策研究会
発 行 者●荘村明彦
発 行 所●中央法規出版株式会社
〒110-0016　東京都台東区台東3-29-1　中央法規ビル
TEL 03-6387-3196
https://www.chuohoki.co.jp/

印刷・製本●株式会社太洋社
本文デザイン●ケイ・アイ・エス有限会社
本文イラスト●大野文彰　有限会社イオジン　株式会社ブルーフィールド
巻頭カラー・装幀デザイン●二ノ宮匡（ニクスインク）
装幀キャラクター●坂木浩子

定価はカバーに表示してあります。
ISBN978-4-8243-0029-4

A029